JN412091

東洋古典譯註叢書 142

譯註 管子 2

著者 管仲 編者 劉向 註 房玄齡

책임번역 李錫明 공동번역 金帝蘭

전통문화연구회

飜譯委員

企劃編輯　東洋古典飜譯編輯委員會
責任飜譯　李錫明
共同飜譯　金帝蘭
常任原文校閱　吳圭根
飜譯硏究管理　南賢熙
潤　　文　南賢熙
校　　訂　朴相水 南賢熙
出　　版　白俊哲 李承俊
裝　　幀　김진디자인

圖書管理

弘報管理　白漢基
普　　及　徐源英
古典情報化　東洋古典情報化硏究室

東洋古典譯註叢書를 발간하면서

우리의 古典國譯事業은 민족문화 진흥의 기초사업으로 1960년대부터 政府 支援으로 古文獻 現代化 작업을 추진하여 많은 成果를 거두었다. 당시 이 사업 추진의 先行課題로 東洋古典이라 일컬어지는 중국의 基本古典을 먼저 飜譯하여야 한다는 學界의 주장이 있었음에도 불구하고 우리 고전이 아니라는 일부의 偏狹한 視角과 財政 事情 등으로 인하여 배제되어 왔다.

전통적으로 중국의 기본고전은 우리 歷史와 함께 숨쉬며 각종 교육기관의 教科書로 활용됨은 물론이고 지식인들의 必讀書가 되어 왔으며, 우리 文化의 基底에 자리잡고 거의 모든 방면의 體系와 根幹을 형성하여 왔다. 그래서 학문연구의 기본서 역할을 해 왔을 뿐만 아니라 오늘날에도 우리의 國學徒 및 東洋學 研究者들에게 같은 역할을 하고 있음은 주지의 사실이다. 그럼에도 불구하고 中國古典은 우리 것이 아니라 하여 專門機關의 飜譯對象에 포함하지 않음으로써, 대부분 原典에서의 직접 번역이 아닌 重譯이나 拔萃譯의 방식이 주를 이루면서 教養水準으로 出版되어 왔다.

오늘날 東洋 三國 중에서 우리의 東洋學 연구가 가장 부진한 이유는, 東洋基本古典에 대한 폭넓은 이해의 부족과 漢文古典 讀解力의 저하에 기인함을 우리는 솔직히 인정하여야 한다. 따라서 이들 중국고전에 대한 신뢰할 만한 國譯이 이루어지는 것이 한국학 연구를 촉진시키는 시급한 先行課題라 할 수 있다.

이에 韓國學 및 東洋學의 연구와 古典現代化의 基盤構築을 위해서는, 전문기관으로 하여금 동양고전을 단기간에 각 분야의 專門 研究者와 漢學者가 상호 협동하여 연구번역하여 飜譯의 傳統性과 效率性, 研究의 專門性을 높일 수 있도록 政策的 配慮가 있어야 한다.

이에 本會에서는 元老 및 中堅 漢學者와 斯界의 專攻者로 하여금 協同硏究飜譯하여 공부하는 사람들이 믿고 引用하거나 깊이 있는 註釋 등을 활용할 수 있게 하고, 知識人들의 敎養을 증진시켜 줄 수 있는 東洋古典의 國譯書 간행을 지속적으로 추진해 왔다. 근래에 다행히 이 사업에 대하여 각계 지도층의 폭넓은 이해와 지원에 힘입어 2001년도부터 國庫補助를 받아 東洋古典譯註叢書를 간행하게 되었다. 이를 계기로 우리 先學의 註釋과 見解를 반영하는 등 국역사업의 內實을 기하게 되었음을 이 자리를 빌어 衷心으로 감사드리며, 아울러 國譯에 參與하신 관계자 여러분의 勞苦에 깊은 謝意를 표한다.

끝으로 우리의 이러한 작업은 오랜 역사 위에 축적된 先賢들의 業績과 現代學問을 이어주는 튼튼한 架橋와 礎石이 되어 진정한 韓國學과 東洋學 발전에 기여할 것을 굳게 믿으며, 21세기를 우리 文化의 世紀로 열어 가는 밑거름이 되도록 우리의 力量을 本 事業에 경주하고자 한다. 江湖諸賢의 부단한 관심과 지원을 기대해 마지않는다.

社團法人 傳統文化硏究會 理事長 李啓晃

凡 例

1. 본서는 ≪譯註 管子≫의 제1책이다.
2. 본서는 국립중앙도서관 소장(古古1-48-3) 二十二子本 ≪管子≫(房玄齡 註)를 저본으로 삼았다. 二十二子本 ≪管子≫는 趙用賢 ≪管韓合刻≫本을 飜刻하였고, 光緒 2년(1876) 浙江書局에서 출간되었다.
3. 본서는 원전의 傳統性과 번역의 現代性을 구현하기 위해 노력하였다.
4. 原文은 우리나라 전통 방식으로 懸吐하였다.
5. 原註인 房玄齡 註는 본문 아래 '①, ②……'의 형식으로 달았다.
6. 讀音이 특수하거나 僻字인 경우에는 ( ) 속에 한글로 音을 달아주었다.
7. 각 篇마다 간략한 해설을 달아 독자의 이해를 돕고자 하였다.
8. 飜譯은 原義에 충실하게 하되, 이해가 어려운 부분은 意譯 또는 補充譯을 하였다.
9. 飜譯文은 한글과 漢字를 混用하였으며, 맞춤법과 띄어쓰기는 한글 맞춤법과 표준어 규정을 따르는 것을 원칙으로 하였다.
10. 校勘은 원문의 衍字, 誤字, 脫字, 倒文 등을 대상으로 하였다.
11. 본서의 校勘에 사용된 符號는 다음과 같다.
    ( )〔 〕: (저본의 誤字)〔교감한 正字〕
    〔 〕: 저본의 脫字 보충
    ( ): 저본의 衍字 삭제
12. 본서에 사용된 주요 符號는 다음과 같다.
    " ": 對話, 각종 引用
    ' ': " " 안에서 再引用, 强調
    「 」: ' ' 안에서 再引用, 强調

( ) : 원문에서는 讀音이 다른 글자나 僻字의 音
번역문에서는 간단한 譯註

〔 〕 : 번역문의 이해를 돕기 위한 原文의 漢字나 句節
譯註에서 인용한 原文
疏에서 설명 대상으로 제시한 經이나 傳의 단어나 구절

≪ ≫ : 書名이나 典據

〈 〉 : 篇章名, 作品名, 補充譯

目 次

管子 10卷

〔附 錄〕

譯註 管子 2

管子 6卷

明 吳郡 趙氏本
唐 司空 房玄齡 註

第16편 법으로 법을 행하다 法法
외언 7 外言 七

* 이 편에서는 법의 제정과 구체적 집행을 강조하며 지도자와 백성들이 법을 지키면서 규범을 완성할 것을 강조한다. 아울러 명령의 시행에 대해서도 온정적인 정책은 결과적으로 백성에게 해를 끼치기 때문에 엄격한 형벌이 유익하며 信賞必罰이 필요함을 역설한다. 따라서 단순한 법의 강조가 아닌 국가 통치의 일반론으로도 연결된다.

그러나 이 편에서 儒家的 관점이나 서술이 있는 점은 주목할 만하다. ≪孟子≫와 유사한 君子와 小人의 구별에 대한 논의가 있지만 ≪荀子≫에 근접한 내용도 나타나고 있다. 또한 君主를 둘러싼 다양한 장벽에 대한 논의가 세 가지 판본으로 제시되는 것도 ≪管子≫의 문헌적 成立에 여러 가지 시사하는 바가 있는 것 또한 주목할 만하다.

법을 제정하고도 법으로 다스리지 않으면 일에 일정함이 없고, 법이 법답지 않으면 명령이 시행되지 않는다. 명령했으나 시행되지 않는 것은 명령이 법에 합치되지 않기 때문이고, 명령이 법에 합치하는데도 시행되지 않는 것은 법령을 제정한 사람이 법을 자세히 살피지 않았기 때문이다. 법령을 자세히 살폈는데도 명령이 시행되지 못하는 것은 상벌이 가볍기 때문이고, 상벌이 무거운데도 명령이 시행되지 않는 것은 상벌이 신뢰받지 못하기 때문이다. 상벌이 신뢰받는데도 명령이 시행되지 않는 것은 군주 자신이 솔선하지 않기 때문이다. 따라서 "禁令을 군주 자신이 준수하면 명령이 백성에게 잘 시행된다."고 말한다.

不法法이면 **則事毋常**①하고 **法不法**이면 **則令不行**②이니 **令而不行**은 **則令不法也**요 **法而不行**은

則修令者不審也③요 **審而不行**은 **則賞罰輕也**④요 **重而不行**은 **則賞罰不信也**⑤요 **信而不行**은 **則不以身先之也**⑥라 **故曰 禁勝於身**⑦이면 **則令行於民矣**라

① 不法法 則事毋常 : 법을 설정하고도 아랫사람들을 법으로 다스리지 않기 때문에 일에 常規가 없다.
不設法以法下니 故事無常이라

② 法不法 則令不行 : 비록 다시 법을 설정하고도 법의 마땅함을 얻지 못하였으니, 그러므로 명령이 시행되지 않는다.
雖復設法이나 不得法之宜라 故令不行이라

③ 法而不行 則修令者不審也 : 법이 이미 마땅함을 얻었는데도 여전히 시행되지 않는 것은, 법령을 제정한 사람이 법을 자세히 살피지 않았기 때문이다.
法旣得宜로되 而猶不行은 則以修令者未審之故也라

④ 審而不行 則賞罰輕也 : 법령을 제정한 사람이 이미 법을 자세히 살폈으나 여전히 시행되지 않는 것은, 윗사람이 賞罰을 가볍게 하였기 때문이다.
修令者旣審이로되 而猶不行은 則以上輕於賞罰也라

⑤ 重而不行 則賞罰不信也 : 賞罰이 이미 무거운데도 여전히 시행되지 않는 것은, 비록 상벌을 시행하지만 그것에 신뢰가 없기 때문이다.
賞罰旣重이로되 而猶不行은 則以雖賞罰而不信也라

⑥ 信而不行 則不以身先之也 : 賞罰이 이미 신뢰가 있으나 여전히 시행되지 않는 것은, 군주 자신이 먼저 스스로 그 법을 준수하지 않기 때문이다.
賞罰旣信이로되 而猶不行은 則以身不先自行其法也라

⑦ 禁勝於身 : 군주 자신이 禁令을 준수하는 것이다.
身從禁也라

賢人이 있다는 말을 듣고도 등용하지 않으면 위태롭고, 선한 사람이 있다는 말을 듣고도 찾지 않으면 위태롭다. 유능한 사람을 보고서도 임용해 쓰지 않으면 위태롭고, 사람을 친애하면서도 〈그 관계를〉 굳건히 하지 않으면 위태롭다. 함께 일을 도모하면서 배신하면 위태롭고, 사람을 위태롭게 하고자 하였으나 그렇게 할 수 없으면 위태롭다. 사람을 폐출했다가 다시 기용하면 위태롭고, 할 수 있는데도 하지 않으면 위태롭다. 재물이 충분한데도 베풀지 않으면 위태롭고, 은미한 일을 주도면밀하게 하지 못하면 위태롭다.

聞賢而不擧면 **殆**①하고 **聞善而不索**이면 **殆**하고 **見能而不使**면 **殆**하고 **親人而不固**면 **殆**하고 **同謀**

而離면 **殆**하고 **危人而不能**이면 **殆**②하고 **廢人而復**(부)**起**면 **殆**③하고 **可而不爲**면 **殆**④하고 **足而不施**면 **殆**⑤요 **幾而不密**이면 **殆**⑥라

① 聞賢而不擧 殆 : 賢人이 있다는 말을 듣고도 그를 등용하지 않으면 그것을 듣지 않은 것만 못하다. 그러므로 위태로움이 있는 것이다.
聞賢不擧면 不若不聞이니 所以有殆라

② 危人而不能 殆 : 어떤 사람을 위태롭게 만들고자 하였으나 〈그렇게〉 할 수 없으면, 〈애초〉 위태롭게 하지 않은 것만 못하다.
危人不能이면 不若不危라

③ 廢人而復起 殆 : 어떤 사람을 이미 폐출했다가 다시 기용하면, 그가 혹 묵은 원망의 감정을 드러낼 수 있다.
旣廢更起면 或發其宿嫌이라

④ 可而不爲 殆 : 할 수 있는데도 하지 않으면 종종 후회를 낳는다.
可爲而不爲면 多生後悔라

⑤ 足而不施 殆 : 재물이 충분한데 베풀지 않으면 반드시 원망과 질투가 생겨난다.
足而不施면 怨疾必生이라

⑥ 幾而不密 殆 : 은미한 일을 주도면밀하게 하지 않으면 해로움이 형성된다.[1)]
幾事不密이면 則害成이라

군주가 주도면밀하지 못하면 바른말을 하고 올곧은 행위를 하는 선비가 위태롭고, 바른말을 하고 올곧은 행위를 하는 선비가 위태로우면 군주는 고립되고 좋은 계책들이 들어오지 않으며, 군주가 고립되고 계책이 들어오지 않으면 신하들이 黨派를 만들고 패거리를 이룬다. 군주를 고립시켜 계책이 들어오지 않게 하고 신하들이 당파를 만들고 패거리를 이루게 하는 것은, 신하들의 죄가 아니라 군주의 잘못이다.

人主不周密이면 **則正言直行之士**가 **危**①하고 **正言直行之士 危**하면 **則人主孤而毋內**②하며 **人主孤而毋內**이면 **則人臣黨而成群**③이니 **使人主孤而毋內**하고 **人臣黨而成群者**는 **此非人臣之罪也**요 **人主之過也**④라

① 人主不周密……危 : 이른바 군주가 주도면밀하지 못하면 신하를 놓친다는 것이다.
所謂君不密則失臣이라

1) 은미한……형성된다 : ≪周易≫ 〈繫辭 上〉에서 다음과 같이 말한다. "군주가 주도면밀하지 못하면 신하를 잃고, 신하가 주도면밀하지 못하면 자기 몸을 잃으며, 은미한 일을 주도면밀하게 하지 않으면 해로움이 형성된다.〔君不密 則失臣 臣不密 則失身 幾事不密 則害成〕"

② 人主孤而毋內 : 계책이 군주에게 들어오지 못한다.
策謀毋自入也라

③ 人臣黨而成群 : 군자의 도가 줄어들면 소인의 도가 늘어난다.[2)]
君子道消면 則小人道長也라

④ 人主之過也 : 군주가 주도면밀하지 못한 과오다.
君不密之過라

백성에게 重罪가 없는 것은 잘못이 크지 않기 때문이고, 백성에게 큰 잘못이 없는 것은 윗사람이 용서하지 않기 때문이다. 윗사람이 작은 잘못을 용서하면 백성에게 중죄가 많게 되는 것이니, 이는 작은 잘못들이 쌓여서 생기는 것이다. 그러므로 "赦免令이 〈자주〉 발표되면 백성은 군주를 공경하지 않게 되고, 은혜가 베풀어지면 잘못이 날로 늘어난다."라고 한다.

백성에게 은혜와 용서가 베풀어지면, 비록 감옥이 가득 차고 사형이 빈번해도 간악함을 이기지 못한다. 그러므로 "사악함은 일찍 금지하는 것이 가장 좋다."라고 한다.

잘못을 용서하고 은혜를 베풀면 〈죄를 짓지 않도록〉 백성을 장려하지 못한다. 잘못이 있으면 용서하지 않고 은혜를 베풀지 않으면 〈죄를 짓지 않도록〉 백성을 장려하는 도가 작용한다. 그러므로 "현명한 군주는 결단하는 자다."라고 한다.

民毋重罪는 **過不大也**①요 **民毋大過**는 **上毋赦也**②라 **上赦小過**면 **則民多重罪**니 **積之所生也**③라 **故曰 赦出則民不敬**④하고 **惠行則過日益**⑤이라 **惠赦加於民**이면 **而囹圄雖實**하고 **殺戮雖繁**이라도 **姦不勝矣**⑥라 **故曰 邪莫如蚤禁之**⑦라 **赦過遺善**이면 **則民不勵**⑧니 **有過不赦**하고 **有善不遺**하면 **勵民之道**를 **於此乎用之矣**라 **故曰 明君者**는 **事斷者也**라

① 毋重罪 過不大也 : 큰 잘못이 있은 다음에 重罪가 있게 된다.
有大過然後에 有重罪라

② 民毋大過 上毋赦也 : 용서하지 않으면 두려워하며 덕을 닦게 된다.
不赦則懼而修德이라

③ 積之所生也 : 이른바 '작은 것을 쌓아서 큰 것을 이룬다.'[3)]는 것이다.

---

2) 군자의……늘어난다 : ≪周易≫ 否卦의 象傳에 나오는 말이다.

3) 작은……이룬다 : ≪周易≫ 升卦에서 나오는 말이다. 升卦의 象傳에서는 다음과 같이 말한다. "땅 속에서 나무가 자라는 모습이 升이다. 군자는 이를 본받아, 덕에 순응하고 작은 것을 쌓아서 큰 것을 이룬다〔地中生木 升 君子以 順德 積小以高大〕"

所謂積小而成高大라

④ 赦出則民不敬 : 죄가 있어도 잡아 죽이지 않으면 어찌 공경하는 태도를 취하겠는가?
有罪不誅면 則安用敬이리오

⑤ 惠行則過日益 : 은혜를 믿고서 공손하지 못하니, 허물이 아니고 무엇이겠는가?
恃恩不恭이니 非過而何오

⑥ 姦不勝矣 : 간악한 짓을 저지르고 용서를 기대한다.
造姦以待赦也라

⑦ 邪莫如蚤禁之 : 번성하지 못하게 해야 한다. 번성하면 처리하기 어렵다.[4)]
無使滋蔓이니 蔓難圖也라

⑧ 赦過遺善 則民不勵 : '善'은 곧 은혜다.
善卽惠也라

군주는 백성에게 세 가지 바람이 있는데, 그 세 가지 바람이 절제되지 않으면 윗사람의 지위가 위태로워진다. 세 가지 바람이란 무엇인가? 첫째는 요구이고, 둘째는 금지이며, 셋째는 명령이다.

요구하면 반드시 얻고자 하고, 금지하면 반드시 멈춰지기를 바라며, 명령하면 반드시 실행되기를 바란다. 요구가 많은 자는 그 얻는 것이 적고, 금지가 많은 자는 그 멈추는 것이 적으며, 명령이 많은 자는 그 실행이 적다. 요구하여 얻지 못하면 위엄이 날로 손상되고, 금지하여 멈추지 않으면 형벌이 모욕되며, 명령하여 실행되지 않으면 아랫사람이 윗사람을 능멸하는 것이 된다. 그러므로 일찍이 많은 것을 요구하여 많이 얻는 경우가 없었고, 금지하여 많은 것이 멈춰질 수 있는 경우가 없었으며, 많이 명령하여 많이 실행될 수 있는 경우가 없었다.

따라서 "윗사람이 가혹하면 아랫사람들이 명령을 따르지 않고, 아랫사람들이 명령을 따르지 않을 때 형벌로 강요하면 윗사람을 대중이 도모할 것을 모의한다."라고 한다. 윗사람인데 대중이 그를 도모하길 모의한다면, 비록 위태롭지 않고자 해도 위태롭지 않을 수 없다.

君有三欲於民이니 **三欲不節**이면 **則上位危**라 **三欲者**는 **何也**오 **一曰求**요 **二曰禁**이요 **三曰令**이라 **求必欲得**하고 **禁必欲止**하며 **令必欲行**이니 **求多者**는 **其得寡**①하고 **禁多者**는 **其止寡**②하고 **令多**

---

4) 번성하지……어렵다 : ≪春秋左氏傳≫ 隱公 원년에, "일찍 도모하여 번성하지 않게 하는 것이 좋다. 번성하면 처리하기 어렵다.〔不如早爲之所 無使滋蔓 蔓難圖也〕"라는 말이 나온다.

者는 **其行寡**③라 **求而不得**이면 **則威日損**④하고 **禁而不止**면 **則刑罰侮**⑤하며 **令而不行**이면 **則下凌上**⑥이라 **故未有能多求而多得者也**요 **未有能多禁而多止者也**요 **未有能多令而多行者也**라 **故曰 上苛則下不聽**하고 **下不聽而强以刑罰**이면 **則爲人上者衆謀矣**니 **爲人上而衆謀之**면 **雖欲毋危**나 **不可得也**라

① 求多者 其得寡 : 만족함이 없으면 〈그 욕구를〉 충족시키기 어렵다. 따라서 그 얻는 것이 적어진다.
無厭則難供이니 故其得寡라
② 禁多者 其止寡 : 법령이 늘어나면 도적이 많아진다.[5)]
法令滋章이면 盜賊多有라
③ 令多者 其行寡 : 두 번 세 번 명령하면 모독하는 것이니, 따라서 그 실행이 적어진다.
再三則瀆이니 故其行寡라
④ 求而不得 則威日損 : 홀로 외칠 뿐 〈아무도〉 화답하지 않으니, 손실이 아니고 무엇이겠는가?
獨唱莫和니 非損而何오
⑤ 禁而不止 則刑罰侮 : 금지할수록 더욱 침범하니 모욕이 아니고 무엇이겠는가?
愈禁愈犯이니 非侮而何오
⑥ 令而不行 則下凌上 : 그 명령을 따르지 않으니 능멸이 아니고 무엇이겠는가?
不稟其命이니 非凌而何오

號令이 이미 나왔는데 이를 다시 변경하고, **禮義**가 이미 시행되고 있는데 이를 다시 중지하며, **度量**이 이미 제정되었는데 이를 다시 변경하고, **刑法**이 이미 시행되고 있는데 이를 다시 개정한다. 이와 같으면 비록 상이 두터워도 백성들이 권장되지 않고, 비록 살육의 〈형벌이〉 빈번해도 백성들이 두려워하지 않는다.

그러므로 "군주에게 일관된 뜻이 없으면 아래 백성들에게 의심이 생겨나고, 나라에 일정한 원칙이 없으면 백성들의 힘이 반드시 소진된다."라고 하니, 이는 〈필연적인〉 불변의 이치이다.

號令已出이나 **又易之**하고 **禮義已行**이나 **又止之**하며 **度量已制**나 **又遷之**하고 **刑法已錯**[6)]이나 **又移之**라 **如是則慶賞雖重**이라도 **民不勸也**며 **殺戮雖繁**이라도 **民不畏也**라 **故曰 上無固植**①이면 **下**

5) 법령이……많아진다 : ≪老子≫ 57장에 나오는 말이다.
6) 錯 : 措와 통하며, '시행하다'는 뜻이다.

有疑心하고 **國無常經**이면 **民力必竭**이라하니 **數也**②라

① 上無固植 : 植은 '뜻'이다.
植은 志라

② 國無常經……數也 : 數는 '이치'이다. 나라에 일정한 원칙이 없으면 백성의 힘이 반드시 고갈된다. 그런데 고갈되지 않는다고 말하면, 이는 이치에 어긋나는 말이다.
數는 理也라 國無常經이면 人力必竭이니 而曰不竭者는 此非理之言也라

현명한 군주가 윗자리에 있으면 백성들 중 감히 사사로운 논의를 내세우며 스스로를 귀하게 여기는 자가 없고, 나라에서 기이한 일을 행하지 않으면 엄숙하여 잡스러움이 없고 풍속에는 이상한 예의가 없으며 선비들은 사사로운 논의를 하지 않는다. 제멋대로 법령을 변경하고 의례를 만들고 제도를 바꾸고 사사로이 의론하는 자는 모두 죽인다.

그러므로 강한 자는 부러뜨리고 날카로운 자는 꺾고 완강한 자는 깨뜨려, 법률로 이끌고 형벌로 바로잡는다. 이렇게 하면 모든 백성이 모두 마음으로 복종하고 윗사람을 따르게 되니, 밀면 나아가고 이끌면 다가온다.

明君在上位면 **民無敢立私議自貴者**①하고 **國毋怪**하면 **嚴毋雜**하며 **俗毋異禮**하며 **士毋私議**②라 **倨傲易令**하고 **錯儀畫制**하고 **作議者 盡誅**③라 **故彊者折**하고 **銳者挫**하고 **堅者破**요 **引之以繩墨**하고 **繩之以誅僇**이라 **故萬民之心**이 **皆服而從上**이니 **推之而往**하고 **引之而來**라

① 民無敢立私議自貴者 : 사사로운 논의를 세우는 자는 반드시 스스로 귀하다고 믿는다.
立私議者는 必自恃爲貴也라

② 國毋怪……士毋私議 : 나라에서 기괴한 일을 행하지 않으면 엄숙하여 잡스러움이 없고 풍속에는 일정한 禮가 있으며 선비들은 모두 공적인 논의를 한다.
國不作奇怪면 則嚴肅而無雜하고 俗有常禮하고 士皆公議라

③ 倨傲易令……盡誅 : '易令'은 법령을 변경하는 것을 말하고, '錯儀'는 의례를 별도로 만드는 것을 말하며, '畫制'는 제도를 바꾸는 것을 말한다. 이러한 행위를 하는 자들은 모두 법으로 주살한다.
易令은 謂變令이요 錯儀는 謂別置儀요 畫制는 謂更畫制니 凡此는 盡以法誅之라

저 아랫사람들 중 자신의 사적인 논의를 내세우고 스스로 귀하게 여기면서 〈조정에서〉 다투다가 물러나는 자가 있으면, 이로부터 군주의 명령이 시행되지 않는

다. 그러므로 "사적인 논의가 세워지면 군주의 도가 낮아진다."라고 한다. 하물며 제멋대로 법령을 변경하고 의례를 만들고 제도를 바꾸고 풍속을 바꾸며, 기이한 복장을 하고 괴이한 설을 펼치는 경우이겠는가?

彼下有立其私議自貴하고 **分爭而退者**면 **則令自此不行矣**①라 **故曰 私議立則主道卑矣**니 **況**(主)〔其〕[7] **倨傲易令**하고 **錯儀畫制**하며 **變易風俗**하고 **詭服殊說猶立**②이리오

① 彼下有立其私議自貴……則令自此不行矣 : 〈신하들이〉 사사로이 異論을 세우고 〈조정에서〉 다투다가 물러나는데도 죽이지 않으면, 그 이후로는 명령이 다시는 시행되지 않는다.
立議分爭하고 退而不誅면 從此之後에 令不復行이라

② 私議立則主道卑矣……詭服殊說猶立 : 사사로운 설을 세우는 것만으로도 군주의 〈도가〉 낮아질 수 있는데, 하물며 제멋대로 풍속을 바꾸면서 여전히 논의를 세우는 자가 있는 경우이겠는가?
立私說도 尙能卑主이니 況其倨傲易風俗而猶有立者乎아

위로는 군주의 명령을 실행하지 않고 아래로는 鄕里에 부합하지 않으면서, 제멋대로 변경하고 고쳐 나라의 기존 풍속을 바꾸는 자를 "기르지 못할 백성〔不牧之民〕"이라고 이름한다. '기르지 못할 백성'은 법령 밖에 있으니, 법령 밖에 있는 자는 주살한다.

上不行君令하고 **下不合於鄕里**하며 **變更自爲**하여 **易國之成俗者**를 **命之曰不牧之民**①이라 **不牧之民**은 **繩之外也**니 **繩之外**는 **誅**라

① 上不行君令……命之曰不牧之民 : 위로는 군주의 명령을 시행하지 않고 아래로는 향리에 부합하지 않으면서, 단지 자기 뜻대로 행하여 나라의 풍속을 바꾼다. 그러므로 "기르지 못할 백성"이라고 말하니, 그런 자는 기를 수 없음을 말한 것이다.
於上不行君令하고 於下不合鄕里하고 但率意自爲하여 易國之成俗이라 故曰不牧之民이니 言其不可養也라

賢者는 능력으로 먹고 살게 하고 鬪士는 戰功으로 먹고 살게 하라. 현자가 능력으로 먹고 살면 윗사람은 존중받고 백성은 순종하며, 투사가 전공으로 먹고 살면

---

7) (主)〔其〕: 兪樾(淸)의 견해에 의거하여 '主'를 '其'로 바로잡았다. 그는 舊注에 의거하여 '主'는 '其'의 오자로 보았다.(≪諸子平議≫) 참고로, 丁士涵(淸)은 '主'를 衍文으로 보았고(≪管子校本≫), 郭沫若(中)은 '主'를 '夫'의 誤字로 보았다.(≪管子集校≫)

병졸들이 환난을 가볍게 여기고 적을 두려워하지 않게 된다. 윗사람이 존중받고 백성이 순종하며 병졸들이 환난을 가볍게 여기고 적을 두려워하지 않아, 이 두 가지가 나라에 시행되면 천하가 다스려지고 군주가 편안해질 것이다.

使賢者食於能하고 **闘士食於功**이니 **賢者食於能**하면 **則上尊而民從**하고 **闘士食於功**하면 **則卒輕患而傲敵**이라 **上尊而民從**하고 **卒輕患而傲敵**하여 **二者設於國**이면 **則天下治而主安矣**라

무릇 '赦免'은 이로움은 작고 해로움은 크다. 그러므로 그것을 오래 행하면 그 禍를 이기지 못한다. '사면하지 않음'은 해로움은 작고 이로움은 크다. 그러므로 그것을 오래 행하면 그 福을 이기지 못한다. 그러므로 '사면'은 날뛰는 말의 고삐를 놓치는 것과 같고, '사면하지 않음'은 종기를 치유하는 돌침과 같다.

凡赦者는 **小利而大害者也**①니 **故久而不勝其禍**②요 **毋赦者**는 **小害而大利者也**③니 **故久而不勝其福**④이라 **故赦者**는 **犇馬之委轡**⑤[8]요 **毋赦者**는 **痤**⑥**雎**[9]**之礦石也**⑦라

① 小利而大害者也 : 구차하게 대중의 마음을 기쁘게 하니, "작은 이로움"이라고 말하는 것이다. 사람들은 익숙해지면 법을 어기기 쉬우니, "큰 해로움"이라고 말하는 것이다.
苟悅衆心이니 故曰 小利라 人則習而易(이)犯法이니 故曰 大害也라

② 久而不勝其禍 : 법을 위반하는 일이 점차 넓어지고 더욱더 군주를 위태롭게 하려고 한다. 그러므로 "그 禍를 이기지 못한다."고 말하는 것이다.
犯法漸廣하여 轉欲危君하니 故曰 不勝其禍라

③ 小害而大利者也 : 사람들이 처음에는 기뻐하지 않으니, "작은 해로움"이라고 말하는 것이다. 그것으로 인해 덕을 닦으니, "큰 이로움"이라고 말하는 것이다.
人初不悅이니 故曰小害라 創而修德이니 故曰大利也라

④ 久而不勝其福 : 집안이 바로잡히고 천하가 안정되면 태평성대를 이룰 수 있다. 그러므로 "그 복을 이기지 못한다."라고 말하는 것이다.
家正而天下定이면 則太平可致라 故曰 不勝其福也라

⑤ 赦者 犇馬之委轡 : 반드시 편안함을 뒤엎게 된다.
必致覆佚也라

8) 犇馬之委轡 : '犇'은 '奔'과 같고, '委'는 '棄'의 의미이다. 날뛰는 말에 올라타 고삐를 놓치면 반드시 위험이 미치게 된다.

9) 雎 : 劉績(明)은 '疽' 혹은 '癰'일 것으로 보았고(≪管子補註≫), 孫星衍(淸)은 '疽'의 誤字로 보았다.(≪管子集校≫)

⑥ 痤 : 徂와 禾의 반절이고, '종기'라는 의미이다.
徂禾切이요 癰也라
⑦ 礦石也 : 〈礦石은〉 질병을 치료할 수 있다.
疾可瘳也라

爵位가 높지 않고 俸祿이 두텁지 않은 자와는 어려운 일을 도모하거나 위험을 무릅쓰지 않는다. 그런 자의 道[10]는 아직 어려움과 위험을 요구할 수 있을 정도가 아니기 때문이다. 따라서 고대의 先王이 軒冕[11]을 제정한 것은 貴賤을 드러내기 위한 것이지 아름다움을 추구하기 위한 것이 아니었고, 작위와 봉록의 제도를 설정한 것은 복장 규정을 지키기 위한 것이지 외관을 추구하기 위한 것이 아니었다.

爵不尊하고 **祿不重者**는 **不與圖難犯危**니 **以其道爲未可以求之也**①라 **是故先王制軒冕**은 **足以著貴賤**이요 **不求其美**요 **設爵祿**은 **所以守其服**이요 **不求其觀也**라

① 爵不尊……以其道爲未可以求之也 : 그런 사람의 道는 아직 〈어려움과 위험을〉 요구할 만하다 여기지 않기 때문에 높은 작위와 후한 봉록을 주지 않은 것이다. 이미 그에게 높은 작위와 후한 봉록을 주었다면, 그와 함께 어려운 일을 도모하고 위험을 무릅쓸 수 있다.
以其道未可求니 故不與尊爵重祿이요 旣與之尊爵重祿이면 則可與之圖難犯危也라

군자는 정신노동으로 먹고살게 하고 소인은 육체노동으로 먹고살게 하라. 군자가 정신노동으로 먹고살면 윗사람이 존중되고 백성이 순종하며, 소인이 육체노동으로 먹고살면 재화가 풍부하고 생활이 풍족하게 된다. 윗사람이 존중되고 백성이 순종하며 재화가 풍부하고 생활이 풍족하여, 이들 네 가지가 체제를 갖추면 서로 만족하게 된다. 〈이런 상태에서〉 윗사람이 때를 잘 살피면 천하에 왕 노릇 하는 것이 어렵지 않다.

使君子食於道하고 **小人食於力**하라 **君子食於道**면 **則上尊而民順**하고 **小人食於力**이면 **則財厚而養足**이라 **上尊而民順**하고 **財厚而養足**하여 **四者備體則胥足**①이니 **上尊時而王不難矣**라

10) 그런……道 : 여기서 말하는 '道'는 그 사람의 정신적 태도나 수준을 의미한다.
11) 軒冕 : 軒은 고대에 大夫 이상이 타던 수레를 말하고, 冕은 고대에 천자・제후・대부 이상이 썼던 冠帽를 말한다.

① 四者備體則胥足 : '胥'는 '서로'라는 의미이다.
胥는 相也라

文事에서는 세 번 너그럽게 대할 수 있으나, 武事에서는 단 한 번의 용서도 하지 말라. '은혜'란 용서를 많이 하는 것이다. 은혜는 처음에는 좋지만 나중에는 어렵게 되는 것이니, 〈은혜를 베푸는 상황이〉 오래되면 그것으로 인한 禍를 감당하지 못하게 된다. 법은 처음에는 어렵지만 나중에는 쉽게 되는 것이니, 〈법을 따르는 상황이〉 오래되면 그것으로 인한 福을 다 감당할 수 없게 된다. 그러므로 '은혜'는 백성의 원수이고, '법'은 백성의 부모이다.

가장 좋은 것은 제도에 의해 법도를 제정하는 것이다. 그다음은 실수해도 이를 고칠 수 있게 하는 것이니, 〈이렇게 하면〉 비록 과오가 있더라도 심하지 않을 것이다.

文有三侑①나 **武毋一赦**하라 **惠者**는 **多赦者也**니 **先易**(이)**而後難**하여 **久而不勝其禍**요 **法者**는 **先難而後易**하니 **久而不勝其福**이라 **故惠者**는 **民之仇讐也**②요 **法者**는 **民之父母也**③라 **太上**은 **以制制度**[12]하고 **其次**는 **失而能追之**④니 **雖有過**라도 **亦不甚矣**라

① 文有三侑 : '侑'는 '너그러움'이다.
侑는 寬也라
② 惠者 民之仇讐也 : 은혜는 禍를 생겨나게 하기 때문에 원수가 된다.
惠者는 生其禍라 故爲仇讐也라
③ 法者 民之父母也 : 법은 福을 생겨나게 하기 때문에 부모가 된다.
法者는 生其福라 故爲父母也라
④ 能追之 : 뉘우치고 후회할 수 있다.
能追悔也라

현명한 군주가 宗廟를 지을 때는 賓客을 모시고 제사를 지낼 수 있도록 지을 뿐 아름다움을 추구하지 않고, 궁실·누대·정자를 만들 때는 건조와 습기, 추위와 더위를 피할 수 있도록 지을 뿐 그 웅대함을 추구하지 않으며, 무늬를 아로새기고 조각할 때는 貴賤을 구별하기에 충분하도록 할 뿐 그 외관을 추구하지 않는다. 따라서 농부는 적당한 농사철을 놓치지 않고, 工人은 해야 할 일을 놓치지 않으며,

12) 以制制度 : 국가와 조정의 예법이나 제도에 의해 사회제도나 법률을 제정하는 것을 말한다.

상인은 놓치는 이익이 없고, 백성은 한가롭게 노는 날이 없고, 재물은 적체되지 않는다. 그러므로 "검소함이 올바른 길이다!"라고 하는 것이다.

明君制宗廟는 **足以設賓祀**요 **不求其美**하고 **爲宮室臺榭**는 **足以避燥濕寒暑**요 **不求其大**하며 **爲雕文刻鏤**는 **足以辨貴賤**이요 **不求其觀**이라 **故農夫不失其時**하고 **百工不失其功**하며 **商無廢利**하고 **民無游日**①하며 **財無砥墆**②라 **故曰 儉其道乎**인저

① 民無游日 : 한가롭게 노는 날이 없다.
無閒游之日이라
② 財無砥墆 : '墆'는 '오랫동안 적체된다'는 의미이다.
墆는 久積也라

명령이 아직 공포되지 않았는데 백성이 혹 이를 행하였다고 해서 상을 준다면, 이는 윗사람이 상을 함부로 주는 것이다. 윗사람이 상을 함부로 주면 공로가 있는 신하가 원망하게 되고, 공로가 있는 신하가 원망하면 어리석은 백성이 함부로 일을 만들어 행동한다. 어리석은 백성이 함부로 일을 만들어 행동하면 이는 큰 혼란의 근본이 된다.

명령이 아직 공포되지 않았는데 벌이 미친다면 이는 윗사람이 함부로 誅殺하는 것이다. 윗사람이 함부로 주살하면 백성이 생명을 경시하게 된다. 백성이 생명을 경시하면 폭도가 흥기하고 패거리가 일어나 세상을 어지럽히는 도적들이 생겨난다.

令未布而民或爲之에 **而賞從之**면 **則是上妄予也**①니 **上妄予則功臣怨**하고 **功臣怨而愚民操事於妄作**이니 **愚民操事於妄作**은 **則大亂之本也**라 **令未布而罰及之**②면 **則是上妄誅也**니 **上妄誅則民輕生**이라 **民輕生則暴人興**③하고 **曹黨起而亂賊作矣**라

① 令未布而民或爲之……則是上妄予也 : 아직 명령이 공포되지 않았는데 행하는 것을, 이른바 때에 앞서는 자라고 한다. 〈이런 자는〉 마땅히 처형해야 하는데 상을 내리니, 그러므로 "상을 함부로 준다."고 말하는 것이다.
未布而爲를 所謂先時者也라 當刑而賞이니 故曰 妄與也라
② 令未布而罰及之 : 이른바 명령을 내리지 않았는데 처벌하는 것이다.
所謂不令而罰이라
③ 民輕生則暴人興 : 생명을 가볍게 여기기 때문에 포악함과 난리를 일으킨다.
輕生이라 故爲暴亂이라

명령이 이미 공포되었는데 상이 따르지 않으면, 이는 백성이 힘쓰도록 권장하지 않는 것이다. 〈그러면〉 백성은 法制를 실행하지 않고, 節義를 위해 죽지 않는다. 백성이 힘쓰도록 권장되지 않고 법제를 실행하지 않으며 절의를 위해 죽지 않는다면, 전쟁에 이기지 못하고 수비는 굳건하지 못하다. 전쟁에 이기지 못하고 수비가 굳건하지 못하면 국가는 불안정하다.

令已布而賞不從이면 則是使民不勸勉이니 不行制하고 不死節이라 民不勸勉하고 不行制하며 不死節이면 則戰不勝而守不固하고 戰不勝而守不固면 則國不安矣라

명령이 이미 공포되었는데도 벌이 미치지 않으면, 이는 백성이 명령을 따르지 않도록 가르치는 것이다. 백성들이 명령을 따르지 않으면 강한 자가 나타나고, 강한 자가 나타나면 군주의 지위가 위태롭다. 그러므로 "법률과 제도는 반드시 道를 본받고, 명령은 반드시 밝게 드러내며 賞罰은 반드시 신뢰가 있고 치밀해야 한다."라고 하는 것이다. 이것이 백성을 바로잡는 원칙이다.

令已布而罰不及이면 則是敎民不聽이니 民不聽則彊者立하고 彊者立則主位危矣라 故曰 憲律制度必法道하고 號令必著明하며 賞罰必信密이니 此正民之經也라

무릇 大國의 군주는 존귀하고 小國의 군주는 비천하다. 대국의 군주가 존귀할 수 있는 이유는 무엇인가. 그를 위해 쓰이는 자가 많기 때문이다. 소국의 군주가 비천한 이유는 무엇인가. 그를 위해 쓰이는 자가 적기 때문이다. 그러므로 그를 위해 쓰이는 자가 많으면 존귀하고, 그를 위해 쓰이는 자가 적으면 비천하다. 그러니 군주가 자신을 위해 쓰이는 백성이 많기를 어찌 바라지 않을 수 있겠는가?

凡大國之君尊하고 小國之君卑하니 大國之君所以尊者는 何也오 曰 爲之用者衆也요 小國之君所以卑者는 何也오 曰爲之用者寡也라 然則爲之用者衆則尊하고 爲之用者寡則卑하니 則人主安能不欲民之衆爲己用也리오

많은 백성이 자신을 위해 쓰이도록 하기 위해서는 어떻게 해야 하는가? 법이 확립되고 명령이 시행되면 쓰이는 백성들이 많게 된다. 법이 확립되지 않고 명령이

시행되지 않으면 쓰이는 백성들이 적게 된다.

그러므로 법이 확립되고 명령이 시행되는 경우가 많고 폐지되는 경우가 적으면 백성이 비방을 늘어놓지 않고, 백성이 비방을 늘어놓지 않으면 군주의 명령을 듣고 따르게 된다.

법이 확립되고 명령이 시행되는 경우가 그것들이 폐지되는 경우와 대등하면 나라에 일정한 원칙이 없게 되고, 나라에 일정한 원칙이 없으면 백성들이 함부로 행동하게 된다.

법이 확립되고 명령이 시행되는 경우가 적고 폐지되는 경우가 많으면 백성이 군주의 명령을 듣지 않게 되고, 백성이 군주의 명령을 듣지 않으면 포악한 인간들이 일어나고 간사함이 생겨난다.

使民衆爲已用은 **奈何**오 **曰 法立令行則民之用者衆矣**요 **法不立令不行則民之用者寡矣**라 **故法之所立**과 **令之所行者多**하고 **而所廢者寡**면 **則民不誹議**하고 **民不誹議則聽從矣**라 **法之所立**과 **令之所行**이 **與其所廢者鈞**이면 **則國毋常經**이요 **國毋常經則民妄行矣**라 **法之所立**과 **令之所行者寡**하고 **而所廢者多**면 **則民不聽**하고 **民不聽則暴人起而姦邪作矣**라

윗사람이 백성을 아끼는 이유를 따져보면 그들을 쓰기 위해 아끼는 것이다. 백성을 아낀다는 이유로, 법을 훼손하고 명령을 파괴하는 자들을 곤란하게 하지 않는다면, 이는 이른바 백성을 아끼는 이유를 상실하는 것이다. 무릇 백성을 사랑하는 태도로 백성을 쓰면 백성을 제대로 쓰지 못할 것이 분명하다. 무릇 백성을 잘 쓰는 사람은 백성을 죽이고 위태롭게 하고 수고롭게 하고 괴롭히고 굶주리게 하고 목마르게 한다. 백성을 쓰는 자는 백성을 이러한 극한까지 이르게 한다. 그러나 백성들은 자기를 해치는 군주에 대한 모의에 참여하지 않는다.[13)]

計上之所以愛民者면 **爲用之愛之也**니 **爲愛民之故**로 **不難毁法虧令**이면 **則是失所謂愛民矣**라

---

13) 윗사람이……않는다 : 이 단락의 의미에 대해 劉績(明)은 다음과 같이 말하였다. "사람을 사랑하는 것으로는 백성을 사용하기에 부족하다. 백성을 잘 사용할 수 있는 사람의 경우는, 오히려 백성을 죽이고 위태롭게 하고 수고롭게 하고 굶주리게 하고 목마르게 만든다. 이러한 극한에 이르러야 마침내 백성이 쓰일 수 있으며, 윗사람을 해치려 모의하는 자가 없게 된다. 대개 평소 법으로 실행하면, 백성들 모두 자신이 좋아하는 사사로움을 버리고 자신이 싫어하는 공적인 것을 행하게 된다.〔愛人不足用民 及至能用民者 反殺危勞苦飢渴之 以至此極 民遂爲之用 而無謀害上者 蓋以法素行 民皆舍好之私 而行此惡之公也〕"(≪管子補註≫)

夫以愛民用民이면 **則民之不用**이 **明矣**①니 **夫至用民者**는 **殺之危之**하고 **勞之苦之**하고 **飢之渴之**라 **用民者**는 **將致之此極也**로되 **而民毋可與慮害己者**②라

① 夫以愛民用民……明矣 : 무릇 백성을 쓰는 자는 마땅히 법령에 의해 백성을 아껴야 한다. 법을 폐지하고 백성을 쓰려고 하면 백성을 쓸 수 없게 된다.
夫用人者는 當以法令以愛人이라 廢法而用之면 則人不可用也라

② 夫至用民者……而民毋可與慮害己者 : '至'는 '善'의 의미이다. 무릇 사람을 잘 쓰는 사람은 반드시 법으로 한다. 법을 따르지 않으면 심한 경우는 위태롭게 하고 죽이고, 그다음은 수고롭게 하고 굶주리게 하고 목마르게 한다. 장차 사람을 쓰고자 하면 반드시 이런 극단에 이르게 된다. 그러면 간악한 자들은 감히 그릇된 일을 하지 못하고, 선량한 자는 기뻐하며 명령을 따른다. 〈이렇게 되면〉 자신을 해치는 군주에 대한 모의에 참여할 자를 구하고 싶어도 구할 수 있겠는가!
至는 善也라 夫善用人者는 必以法이니 其不從法은 甚者危殺之하고 其次勞苦飢渴之하니 將欲用之면 必至此極이라 則姦者不敢爲非하고 善者悅而從命이니 欲求可與謀害己者라도 其可得哉리오

현명한 왕이 위에 있어 나라에 道와 法이 시행되면, 백성들 모두 좋아하는 것을 버리고 싫어하는 것을 행한다. 그러므로 백성을 잘 쓰는 사람은 아랫사람들에게 〈사적인 총애로〉 함부로 賞을 내려 의심 사지 않고, 윗사람들[14]에게 〈사적인 감정으로〉 함부로 刑罰을 휘두르지 않는다.

이렇게 하면 어진 사람은 권장되고 포악한 자는 제지된다. 어진 사람은 권장되고 포악한 자가 제지되고 나면, 공적과 명예가 올바로 수립된다. 〈그러면〉 백성들은 시퍼런 칼날에 베이고 화살과 돌을 맞고 물과 불에 들어가면서도 군주의 명령을 따르게 된다. 군주가 명령하면 모두 시행되고 금지하면 모두 중지되니, 그들을 이끌어 부리면 백성들이 감히 자신들의 노력을 회피하지 않고, 그들을 내몰아 전투를 시키면 백성들이 감히 자신들의 죽음을 아끼지 않는다. 감히 노력을 회피하지 않으니 그런 뒤에 공적이 생겨나고, 감히 죽음을 아끼지 않으니 그런 뒤에 대적할 자가 없게 된다. 나아가면 대적할 자가 없고 물러나면 공적이 있으니, 이 때문에 三軍의 무리가 모두 자신들의 목숨을 보존할 수 있게 되고, 부모와 처자가 국내에서 안전하게 된다.

그러므로 백성들은 일의 초기 계획에는 참여할 수 없으나 이루어진 공은 함께 즐

14) 윗사람들 : 卿大夫나 重臣 등과 같은 고위 관료들을 말한다.

길 수 있다. 이 때문에 어진 사람, 지혜로운 사람, 도를 지닌 사람은 대중과 함께 일의 시작을 도모하지 않는다.

明王在上하여 **道法行於國**이면 **民皆舍所好而行所惡**(오)①라 **故善用民者**는 **軒冕不下儗**하고 **而斧鉞不上因**②이니 **如是則賢者勸而暴人止**하고 **賢者勸而暴人止則功名立其後矣**라 **蹈白刃, 受矢石, 入水火**하여 **以聽上令**이니 **上令盡行**하고 **禁盡止**하니 **引而使之**면 **民不敢轉其力**③하고 **推而戰之**면 **民不敢愛其死**라 **不敢轉其力然後有功**하고 **不敢愛其死然後無敵**이니 **進無敵**하고 **退有功**이라 **是以三軍之衆**이 **皆得保其首領**하고 **父母妻子完安於內**라 **故民未嘗可與慮始**요 **而可與樂成功**이라 **是故仁者, 知者, 有道者**는 **不與大慮始**④라

① 民皆舍所好而行所惡(오) : 좋아하는 것은 사적인 욕망이고, 싫어하는 것은 공적인 의리이다.
所好者는 私欲也요 所惡者는 公義也라

② 軒冕不下儗 而斧鉞不上因 : 아랫사람들에게 사적인 총애로 함부로 상을 내려 의심을 사지 않는다. 윗사람들에게 사적인 감정으로 인해 함부로 형벌을 가해 죽이는 바가 없다.
不以下有私寵하여 妄以軒冕으로 有所許儗요 不因上有私憾하여 妄以斧鉞로 有所誅戮也라

③ 民不敢轉其力 : '轉'은 '避(회피하다)'와 같다.
轉은 猶避也라

④ 不與大慮始 : '大'는 '衆(대중)'과 같다.
大는 猶衆也라

나라가 작거나 불행하지도 않는데 영토가 줄거나 멸망하는 것은, 반드시 개인적으로는 군주와 대신의 덕행이 상실되었기 때문이고, 대내적으로는 官職과 法制와 政教가 상실되었기 때문이며, 대외적으로는 제후들에 대한 계책이 상실되었기 때문이다. 그러므로 영토가 줄고 나라가 위태롭게 되는 것이다.

나라가 크거나 행운도 없는데 공적과 명성이 있는 것은, 반드시 개인적으로는 군주와 대신의 덕행이 갖추어졌기 때문이고, 대내적으로는 관직과 법제와 정교가 갖추어졌기 때문이며, 대외적으로는 제후들에 대한 계책이 갖추어졌기 때문이다. 이렇게 된 후에 공적이 세워지고 명성이 이루어지는 것이다.

國無以小與不幸而削亡者는 **必主與大臣之德行失於身也**요 **官職, 法制, 政教 失於國也**요 **諸侯之謀慮失於外也**라 **故地削而國危矣**①라 **國無以大與幸而有功名者**는 **必主與大臣之德行得於身也**요 **官職, 法制, 政教得於國也**요 **諸侯之謀慮得於外也**니 **然後**에 **功立而名成**②이라

① 國無以小與不幸而削亡者……地削而國危矣 : 나라가 작지 않고 불행이 없는데도 줄어들고 망한 것을 말한다. 그 나라가 줄어들고 망한 것은 신하와 군주가 덕을 잃었기 때문이다.
言國無以小與不幸而削亡者니 其削亡也는 則以臣主有失故也라

② 國無以大與幸而有功名者……功立而名成 : 나라가 크지도 않고 행운이 없는데도 공적과 명성이 있는 것을 말한다. 그 나라가 공적과 명성이 있는 것은 신하와 군주가 덕을 얻었기 때문이다.
言國無以大與幸而有功名者니 其有功名也는 則以臣主有得故也라

그렇다면 어찌 나라에 바른 도가 없을 수 있으며, 어찌 바른 사람을 구하지 않을 수 있겠는가? 바른 도를 얻어 백성을 이끌고 賢者를 얻어서 부리면, 장차 이익을 일으키고 해로움을 제거하는 것을 크게 기대할 수 있다. 이익을 일으키고 해로움을 제거하는 것을 기대하기 위해서는 무엇보다도 자기 자신을 잘 세워야 한다. 군주가 고립되고 심한 손상을 입게 되는 것은 반드시 먼저 명령의 권위가 실추됨에서 비롯된다. 군주가 명령의 권위를 실추하면 〈아랫사람들에 의해〉 가려지고, 가려지면 겁박당하고, 겁박당하고 나서는 시해된다.

然則國何可無道며 **人何可無求**리오 **得道而導之**하고 **得賢而使之**하면 **將有所大期於興利除害**니 **期於興利除害**는 **莫急於身而君獨甚傷也**는 **必先令之失**①이라 **人主失令而蔽**②하고 **已蔽而劫**하며 **已劫而弑**라

① 期於興利除害……必先令之失 : 먼저 자기 자신에게 해로움이 없고 이로움이 있고 나서 다른 사람들에게 미칠 수 있다. 지금 군주가 고립되어 함께하는 사람이 없으니, 이는 해로움이 있는 것이다. 따라서 매우 손상될 수 있다. 그렇게 되는 까닭은 무엇보다도 명령의 권위가 실추되었기 때문이다.
先身無害而有利然後可以及物이니 今君獨立無與則是有害라 故甚可傷이라 所以然者는 則由先令之失也라

② 人主失令而蔽 : 명령의 권위가 실추되면 아랫사람들에 의해 가려지고 막히게 된다.
失令則爲下所蔽塞也라

무릇 군주가 군주일 수 있는 근거는 權勢이다. 따라서 군주가 권세를 상실하면 신하가 군주를 제어한다. 권세가 아래에 있으면 군주가 신하에게 제어되고, 권세가 위에 있으면 신하가 군주에게 제어된다. 따라서 군주와 신하의 위상이 바뀌는 것은 권

세가 아래에 있기 때문이다.

권세가 신하에게 있은 지 1년이 지나면 신하가 不忠하여도 군주가 그것을 빼앗을 수 없으며, 자식에게 있은 지 1년이 지나면 자식이 不孝하여도 아비가 자식을 복종시킬 수 없다. 따라서 ≪春秋≫에서 기록하기를, "신하들 중에 자기 군주를 죽이는 자가 있을 것이고, 자식들 중에 자기 부친을 죽이는 자가 있을 것이다."라고 하였다.

凡人君之所以爲君者는 **勢也**라 **故人君失勢則臣制之矣**라 **勢在下則君制於臣矣**요 **勢在上則臣制於君矣**라 **故君臣之易位**는 **勢在下也**라 **在臣期年**이면 **臣雖不忠**이라도 **君不能奪也**[①]요 **在子期年**이면 **子雖不孝**라도 **父不能服也**[②]라 **故春秋之記**[③]에 **臣有弑其君**하고 **子有弑其父者矣**라

① 在臣期年……君不能奪也 : 신하가 권세를 얻은 지 1년이 지나면, 군주가 비록 신하의 불충함을 알더라도 그 권세를 빼앗을 수 없으니 어떻게 할 수 없다.
臣得勢期年이면 君雖知其不忠이라도 而不能奪이니 無如之何也라

② 在子期年……父不能服也 : 〈자식의 경우에도〉 또한 어떻게 할 수 없다.
亦無如之何라

③ 春秋之記 : ≪春秋≫는 바로 周公의 凡例이며 제후들의 國史다.
春秋는 卽周公之凡例요 而諸侯之國史也라

그러므로 "堂 위가 백 리보다 멀고, 堂 아래가 천 리보다 멀며, 대문 안의 뜰〔門廷〕이 만 리보다 멀다."라고 한다.

이제 하루 동안 걸어 다니면 백 리 안의 사정에 통하게 된다. 그러나 〈권세가 신하에게 있으면〉 堂 위에 일이 있어도 군주가 열흘이 지나도록 이를 듣지 못하니, 이것이 이른바 "백 리보다 멀다."는 것이다.

열흘 동안 걸어 다니면 천 리 안의 사정에 정통하게 된다. 그러나 〈권세가 신하에게 있으면〉 堂 아래에 일이 있어도 군주가 한 달이 지나도록 이를 듣지 못하니, 이것이 이른바 "천 리보다 멀다."는 것이다.

백일 동안 걸어 다니면 만 리 안의 사정에 정통하게 된다. 그러나 〈권세가 신하에게 있으면〉 대문 안의 뜰에 일이 있어도 군주가 일 년이 지나도록 이를 듣지 못하니, 이것이 이른바 "만 리보다 멀다."는 것이다.

故曰 堂上遠於百里하고 **堂下遠於千里**하며 **門廷遠於萬里**라 **今步者一日**에 **百里之情通矣**로되 **堂上有事**에 **十日而君不聞**[①]하니 **此所謂遠於百里也**요 **步者十日**에 **千里之情通矣**로되 **堂下有**

事에 **一月而君不聞**하니 **此所謂遠於千里也**요 **步者百日**에 **萬里之情通矣**로되 **門廷有事**에 **期年而君不聞**하니 **此所謂遠於萬里也**라

① 堂上有事 十日而君不聞 : 그 일이 마침 堂 위에서 일어났더라도, 군주는 끝내 열흘이 지나도록 이를 듣지 못한다.
其事適在堂上耳나 而君遂十日不聞이라

그러므로 실정에 대한 보고가 들어갔지만 〈그것에 합당한 조치가〉 나오지 않는 것을 '소멸〔滅〕'이라 하고, 어떤 일에 대한 보고가 나왔지만 군주에게 들어가지 않는 것을 '단절〔絶〕'이라 하며, 어떤 일에 대한 보고가 들어갔으나 군주에게 이르지 못하는 것을 '침해〔侵〕'라 하고, 어떤 일에 대한 조치가 나왔으나 중도에서 끊어지는 것을 '차단〔壅〕'이라 한다. 소멸·단절·침해·차단이 있는 군주는 자기의 대문을 닫고 자기의 방문을 막아서가 아니라, 政令에 시행되지 않는 것이 있기 때문이다.

故請[15] **入而不出**을 **謂之滅**①이요 **出而不入**을 **謂之絶**②이요 **入而不至**를 **謂之侵**③이요 **出而道止**를 **謂之壅**④이니 **滅絶侵壅之君者**는 **非杜其門而守其戶也**⑤라 **爲政之有所不行也**라

① 請入而不出 謂之滅 : 신하가 실정을 보고하여 그 보고가 이미 대궐로 들어갔는데도 〈그것에 합당한 조치가〉 나오지 않는다. 이는 좌우 측근들이 〈군주가 내린 조치를〉 아래로 통보하지 않는 것이니, 그 일이 마침내 소멸된다.
臣有請告하여 旣入而不出이니 此則左右不爲通於下하여 其事遂消滅也라

② 出而不入 謂之絶 : 그 일에 대한 보고가 이미 나왔으나 〈그것에 대한 보고가 군주에게〉 들어가지 않는다. 이는 좌우 측근들이 군주에게 알리지 않는 것이니, 그 일에 대한 보고가 마침내 단절된다.
其事旣出而不入이니 此則左右不爲通於上하여 其事遂斷絶也라

③ 入而不至 謂之侵 : 그 일에 대한 보고가 이미 들어갔으나 군주에게 이르지 못한다. 이는 좌우 측근들이 군주의 일을 침해하였기 때문이다.
其事旣入이나 不得至於君이니 此則左右侵君事故也라

④ 出而道止 謂之壅 : 그 일에 대한 조치가 이미 내려왔으나 중도에서 멈춘다. 이는 좌우 측근들이 군주의 일을 차단하였기 때문이다.
其事旣出이나 中道而止니 此則左右壅君事故也라

---

15) 請 : '情'과 통한다. 이 점에 대해 丁士涵(淸)은 다음과 같이 말하였다. "請과 情은 古字에서 통용되었다. 이것은 앞 문장에 나온 '情通'을 이어받는 말이다."(≪管子校本≫)

⑤ 減絶侵壅之君者 非杜其門而守其戶也 : 政令이 시행되지 않는 것은 스스로 침해와 차단에 이르렀기 때문이지, 대문을 닫고 방문을 막아서가 아니다.
政之不行은 自致侵壅이요 非由杜門守戶也라

그러므로 "命令은 보물보다 귀중하고, 社稷은 친척보다 우선하며, 法은 백성보다 중요하며, 威嚴과 權力은 爵位와 俸祿보다 귀하다."라고 한다. 따라서 귀중한 보물 때문에 명령을 경시하지 않고, 친척 때문에 사직을 뒤로 하지 않으며, 백성을 사랑하기 때문에 법률을 왜곡하지 않고, 작위와 봉록 때문에 위엄과 권력을 나누지 않는다. 그러므로 "권세는 남에게 주는 것이 아니다."라고 말하는 것이다.

故曰 令重於寶하고 **社稷先於親戚**하며 **法重於民**하고 **威權貴於爵祿**이라 **故不爲重寶輕號令**하고 **不爲親戚後社稷**하며 **不爲愛民枉法律**하고 **不爲爵祿分威權**이라 **故曰 勢**는 **非所以予人也**①라

① 勢 非所以予人也 : 무릇 이상의 일들 때문에 그 권세를 남에게 주어서는 안 된다. 그러므로 권세는 군주가 전적으로 소유하는 것이다.
凡此上事로 其勢不當與人이니 故君專之라

정치〔政〕는 올바름〔正〕이다. 올바름이란 만물의 명칭을 바르게 정하는 것이다. 이런 까닭에 성인은 덕을 정미하게 하고 中道를 세워서 올바름을 낳고, 올바름을 밝힘으로써 나라를 다스린다. 따라서 올바름이란 지나친 것은 멈추게 하고 못 미치는 것은 도달하게 하는 것이다. 지나치거나 못 미치는 것은 모두 올바름이 아니니, 올바름이 아니면 나라를 손상시킨다는 점에서 동일하다.

政者는 **正也**니 **正也者**는 **所以正定萬物之命也**①라 **是故聖人精德立中以生正**②하고 **明正以治國**이라 **故正者**는 **所以止過而逮不及也**③라 **過與不及也**는 **皆非正也**④니 **非正則傷國一也**⑤라

① 正也者 所以正定萬物之命也 : 만물의 명칭은 올바름에 의해서 정해진다.
萬物之命이 由正而定이라

② 精德立中以生正 : 덕이 정미하면서 지나치지 않으니 그 올바름이 저절로 생겨난다.
德精而不過니 其正自生也라

③ 正者 所以止過而逮不及也 : 올바름은 〈치우치지 않게〉 가운데에 서는 것이다. 따라서 지나친 것은 그치게 하고, 이르지 못한 것은 미치게 한다.
正者中立이라 故過者令止之하고 不及者令逮之라

④ 過與不及也 皆非正也 : 올바름은 〈치우치지 않게〉 가운데에 서는 것에 달려 있다.
正在於中立이라
⑤ 非正則傷國一也 : 지나침과 모자람은 나라를 해친다는 점에서 동일하다.
過與不及은 傷國一也라

그러므로 용감해도 의롭지 않으면 군대를 손상하고, 어질어도 법에 합당하지 않으면 올바름을 손상한다. 그러므로 군대의 패배는 의롭지 않음에서 생기고, 법령의 침해는 바르지 못함에서 생긴다. 그러므로 말에는 번지르르하지만 내용이 없는 것이 있고, 행동에는 敬畏스럽지만 선하지 않은 것이 있다. 따라서 말은 반드시 내용이 있어야 할 뿐 굳이 반지르르할 필요는 없고, 행동은 반드시 선함을 지향할 뿐 굳이 경외스러울 필요는 없다.

故勇而不義면 **傷兵**①하고 **仁而不法**이면 **傷正**②이라 **故軍之敗也**는 **生於不義**③요 **法之侵也**는 **生於不正**④이라 **故言有辯而非務者**⑤하고 **行有難**[16]**而非善者**⑥라 **故言必中務**하고 **不苟爲辯**이요 **行必思善**하고 **不苟爲難**이라

① 勇而不義 傷兵 : 〈의로움이〉 용맹에 미치지 못하므로 군대를 손상한다.
不及於勇이니 故傷兵也라
② 仁而不法 傷正 : 〈법이〉 어짊에 미치지 못하므로 올바름을 손상한다
不及於仁이니 故傷正이라
③ 軍之敗也 生於不義 : 의롭지 못하면 마땅함을 잃으므로 군대가 패한다.
不義則失宜니 故軍敗라
④ 法之侵也 生於不正 : 바르지 못하면 그릇됨으로 들어가므로 법이 침범당한다.
不正則入邪하니 故法侵也라
⑤ 言有辯而非務者 : 말이 번지르르하지만 허황되면 핵심적 내용이 없다.
言辯而浮誕이면 則非要務也라
⑥ 行有難而非善者 : 행동이 敬畏스럽지만 기괴하므로 바르고 선하지 않다.
行難而詭怪이니 故非正善也라

걸음쇠〔規〕와 곱자〔矩〕는 네모와 원을 그리는 올바른 표준이다. 비록 뛰어난 시력과 예리한 솜씨가 있더라도, 조잡한 걸음쇠와 곱자로 네모와 원을 그리는 것만

16) 難 : '戁(경외하다)'의 의미이다.

못하다. 그러므로 기술이 뛰어난 사람은 걸음쇠와 곱자를 만들 수 있지만, 걸음쇠와 곱자를 버리고 네모와 원을 올바르게 그릴 수 없다.

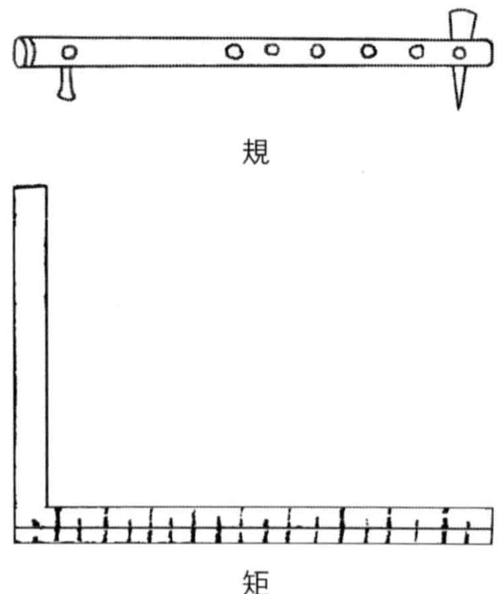
規

矩

〈이와 마찬가지로〉 성인은 비록 법을 만들 수 있어도 법을 폐기하고 나라를 다스릴 수는 없다. 따라서 비록 밝은 지혜와 고상한 행실이 있더라도 법을 등지고 나라를 다스린다면, 이는 걸음쇠와 곱자를 버리고 네모와 원을 바르게 그리려는 것과 같다.

規矩者는 **方圜之正也**니 **雖有巧目利手**라도 **不如拙規矩之正方圜也**라 **故巧者能生規矩**로되 **不能廢規矩而正方圓**이요 **雖聖人能生法**이로되 **不能廢法而治國**이라 **故雖有明智高行**이라도 **倍**[17] **法而治**면 **是廢規矩而正方圓也**라

이런 말이 있다. "무릇 군주의 덕행과 위엄은 특별히 다른 모든 사람들보다 뛰어날 수는 없다. '군주'라고 하니 따르고 존귀하게 여겨, 감히 그의 덕행의 높고 낮음을 논하지 못하는 것이다."

군주는 사람을 죽이고 살리는 권한을 지니고 있으므로, 〈그의 위엄은〉 사람의 죽음을 관장하는 司命[18]보다 더 두렵다. 사람을 부유하게 할 수도 있고 가난하게 할 수도 있으며, 사람들을 서로 기르게 할 수도 있다. 〈또한〉 사람을 귀하게 만들 수도 있고 천하게 만들 수도 있으며, 사람들을 서로 부리게 할 수도 있다.

一曰① **凡人君之德行威嚴**이 **非獨能盡賢於人也**②라 **曰人君也**하니 **故從而貴之**하여 **不敢論其德行之高卑**③라 **有故爲其殺生**이 **急於司命也**④니 **富人貧人**하여 **使人相畜**(휵)**也**⑤며 **貴人賤人**하여 **使人相臣也**⑥라

① 一曰 : 管仲이 옛 말을 언급하는 것이니, 따라서 "이런 말이 있다."라고 하는 것이다.
管氏稱古言이니 故曰一曰이라

② 凡人君之德行威嚴 非獨能盡賢於人也 : 군주의 덕행은 비록 위엄이 있어야 하지만, 모

17) 倍 : 劉績(明)에 의하면 고대에 '倍'는 '背'와 통용되었다고 한다.(≪管子補註≫)
18) 司命 : 사람의 목숨을 관장하는 神이다.

든 일에 다 현명한 지혜를 발휘할 수 없으니, 또한 賢者를 받아들여 자신을 보완해야 한다. 그러므로 "스스로 스승을 얻을 수 있는 자가 왕이 된다."[19]라고 하였다.

人君之德行은 雖當威嚴이나 旣不能事事盡賢이요 亦須納賢而自輔라 故曰 能自得師者王이라

③ 從而貴之 不敢論其德行之高卑 : 사람들이 "이 사람은 군주이다."라고 말하는 것은, 그 사람이 도가 갖추어지고 덕이 완성되었다는 의미이다. 그 사람의 옳고 그름을 따지지 않고 곧바로 따르고 귀하게 여기니, 어찌 감히 그의 존귀함과 비천함을 다시 논하겠는가?

人曰此人君也는 謂其道備德成이라 不察其是非하고 卽從而貴之니 豈敢更論其高卑乎리오

④ 有故爲其殺生 急於司命也 : 군주의 위세를 타고서, 한번 노하면 시체가 즐비하고 유혈이 낭자하며, 한번 기뻐하면 벼슬과 작록을 받은 사람들이 길에 가득하다. 그러므로 군주의 위엄은 司命神보다 더 두렵다.

乘人君之勢하여 怒則伏尸流血하고 喜則軒冕塞路이니 故急於司命也라

⑤ 富人貧人 使人相畜(휵)也 : 군주는 사람을 부유하게 할 수도 있고 가난하게 할 수도 있으며, 사람을 시켜 부자가 가난한 자를 기르게 할 수도 있다.

人君富人亦可요 貧人亦可요 使人以富畜貧亦可라

⑥ 貴人賤人 使人相臣也 : 사람을 귀하게 할 수도 있고 천하게 할 수도 있으며, 사람을 시켜 존귀한 사람이 미천한 사람을 부리게 할 수도 있다.

貴人亦可요 賤人亦可요 使人以貴臣賤亦可라

군주는 이 〈生·殺·貧·富·貴·賤의〉 여섯 가지를 장악하여 자기 신하들을 기르고, 신하들 또한 이 여섯 가지를 희망하며 자기 군주를 섬기니, 군주와 신하의 만남은 바로 이 여섯 가지가 매개체가 된다.

이 여섯 가지가 신하에게 있은 지 1년이 지나면 신하가 不忠하여도 군주가 박탈할 수 없으며, 자식에게 있은 지 1년이 지나면 자식이 不孝하더라도 부친이 박탈할 수 없다. 그러므로 ≪春秋≫에서 기록하기를 "신하가 군주를 시해하고, 자식이 부친을 시해하는 자가 있을 것이다."라고 하였다. 〈신하와 자식이〉 이 여섯 가지를 얻은 것은 군주와 부친이 지혜롭지 못하였기 때문이고, 이 여섯 가지가 신하에게 있으면 군주는 〈신하 뒤에〉 가려진다.

人主操此六者以畜其臣①하고 **人臣亦望此六者以事其君**②이니 **君臣之會**는 **六者謂之謀**③라 **六**

19) 스스로……된다 : 이 말은 ≪尙書≫ 〈商書 仲虺之誥〉에 나오는 다음과 같은 말에서 인용되었다. "내가 듣기에, '스스로 스승을 얻을 수 있는 자는 왕이 되고, 다른 사람들은 아무도 나만 못하다고 하는 자는 망한다.'라고 하였다.〔予聞曰 能自得師者王 謂人莫己若者亡〕"

者在臣期年이면 **臣不忠**이라도 **君不能奪**하고 **在子期年**이면 **子不孝**라도 **父不能奪**이라 **故春秋之記**에 **臣有弑君**하고 **子有弑其父者**라 **得此六者**는 **而君父不智也**④요 **六者在臣**이면 **則主蔽矣**라

① 人主操此六者以畜其臣 : '六者'는 살림과 죽임, 부유함과 존귀함, 가난함과 비천함을 말한다.
六者는 謂生殺富貴貧賤이라

② 人臣亦望此六者以事其君 : 신하들이 임금을 섬기는 것 또한 이 여섯 가지를 장악하여 아랫사람들 위에 군림하고자 함이다.
人臣事君에 亦望操此六者 以臨下라

③ 君臣之會 六者謂之謀 : 군주와 신하가 서로 힘을 합하는 이유는, 그들 모두 이 여섯 가지를 장악하고자 하기 때문이다.
君臣所以相合은 皆欲操六者라

④ 得此六者 而君父不智也 : 이제 신하와 자식이 이 여섯 가지를 얻은 것은, 군주와 부친이 지혜롭지 못하기 때문이다.
今臣子得此六者는 是君父之不智也라

군주가 가려지는 것은 명령의 권위를 상실했기 때문이다. 그러므로 명령이 들어가지만 나오지 못하는 것을 일러 '가림〔蔽〕'이라 하고, 명령이 나갔으나 들어오지 못하는 것을 '막힘〔壅〕'이라 하며, 명령이 나갔으나 실행되지 못하는 것을 '견제〔牽〕'라 하고, 명령이 들어왔으나 이르지 못하는 것을 '틈남〔瑕〕'이라 한다.

가림, 막힘, 견제, 틈남의 상태에 있는 군주는 그가 대문을 닫고 방문을 막고 있기 때문이 아니라 명령이 실행되지 않고 있기 때문이다. 그렇게 되는 이유는 賢人이 이르지 않고 忠臣이 등용되지 않기 때문이다. 그러므로 군주는 그의 명령을 신중하게 하지 않을 수 없으니, 명령은 군주의 중요한 보물이다.

主蔽者는 **失其令也**라 **故曰 令入而不出**을 **謂之蔽**요 **令出而不入**을 **謂之壅**이요 **令出而不行**을 **謂之牽**①이요 **令入而不至**를 **謂之瑕**②니 **牽瑕蔽壅之事君者**는 **非敢杜其門而守其戶也**요 **爲令之有所不行也**라 **此其所以然者**는 **由賢人不至**하고 **而忠臣不用也**라 **故人主不可以不愼其令**이니 **令者**는 **人主之大寶也**라

① 令出而不行 謂之牽 : 좌우 측근들에 의해 견제되는 것이다.
牽於左右라

② 令入而不至 謂之瑕 : 군주와 신하가 서로 사이를 두고 있으므로 '틈남'이라고 한다.
君臣相間이니 故曰瑕라

이런 말이 있다. "賢人이 이르지 않는 것을 '가림〔蔽〕'이라 하고, 충신이 등용되지 않는 것을 '닫힘〔塞〕'이라 하며, 명령해도 시행되지 않는 것을 '막음〔障〕'이라고 하고, 금지해도 중지되지 않는 것을 '거역〔逆〕'이라고 한다. 가림, 닫힘, 막음, 거역의 상태에 있는 군주는 감히 대문을 닫고 방문을 막고 있기 때문이 아니다. 賢者가 이르지 않고 명령이 시행되지 않기 때문이다.

一曰 賢人不至를 **謂之蔽**요 **忠臣不用**을 **謂之塞**이요 **令而不行**을 **謂之障**이요 **禁而不止**를 **謂之逆**이니 **蔽塞障逆之君者**는 **不敢杜其門而守其戶也**요 **爲賢者之不至**하고 **令之不行也**라

무릇 백성이 윗사람을 따르는 것은 윗사람의 입이 말하는 것을 따르는 것이 아니라, 윗사람의 심정이 좋아하는 바를 따르는 것이다. 윗사람이 용맹을 좋아하면 백성은 죽음을 가볍게 여기고, 윗사람이 어진 것을 좋아하면 백성은 재물을 가볍게 여긴다. 그러므로 윗사람이 좋아하는 바는 백성이 반드시 그보다 더 심하게 좋아한다.

이런 까닭에 현명한 군주는 백성이 반드시 윗사람의 마음을 백성들 자신의 마음으로 삼는다는 것을 안다. 따라서 법을 설치해 자기 자신을 다스리고, 儀禮를 정립해 자기 자신을 바로잡는다. 그러므로 윗사람이 실행하지 않으면 백성이 따르지 않으니, 저들 백성이 법에 복종하지 않고 제도를 위해 죽음을 무릅쓰지 않으면 나라가 반드시 혼란하게 된다. 이 때문에 도를 지닌 군주는 법을 실행하고 제도를 닦아, 백성에 앞서 법을 실천한다.

凡民從上也는 **不從口之所言**이요 **從情之所好者也**니 **上好勇則民輕死**하고 **上好仁則民輕財**라 **故上之所好**는 **民必甚焉**이라 **是故明君知民之必以上爲心也**라 **故置法以自治**하고 **立儀以自正也**라 **故上不行則民不從**이 **彼民不服法死制**면 **則國必亂矣**라 **是以有道之君**은 **行法修制**하여 **先民服也**①라

① 先民服也 : '服'은 실천함이다. 먼저 스스로 법을 실천하여 사람들을 이끈다.
服은 行也라 先自行法以率人이라

무릇 인물을 논할 때는 요체가 있다.

남에게 으스대는 사람 중에는 큰 선비가 없으니, 그 으스대는 사람은 교만하기 때문이다. 가득 차 있는 것은 비게 되어 있다. 교만한 자는 실속이 없다. 교만하여 실속 없이 남을 대하면 남에게 제어된다. 〈그러므로〉 으스대는 사람은 소인의 부류이다.

凡論人有要①하니 **矜物之人**은 **無大士焉**②이니 **彼矜者滿也**라 **滿者虛也**③라 **滿虛在物**이니 **在物爲制也**④라 **矜者**는 **細之屬也**⑤라

① 凡論人有要 : 사람의 재능과 행실을 논함에는 각기 핵심이 있다.
論人才行이 各有綱要라

② 矜物之人 無大士焉 : 큰 선비는 교만하지 않으니, 겸손한 태도로 남을 대한다.
大士不矜하니 謙而接物이라

③ 滿者虛也 : 이른바 "교만하면 손해를 자초한다."[20]는 것이다.
所謂滿招損者也라

④ 滿虛在物 在物爲制也 : 이미 가득 찼다가 비워지니, 이를 제어하는 것은 외물에 달려 있는 것이다.
旣滿而虛니 則制之在物이라

⑤ 矜者 細之屬也 : 스스로 교만한 자는 소인의 부류이다.
自矜者는 小人之類라

무릇 사람을 논하면서 옛날의 가르침을 멀리하는 자 중에는 고상한 선비가 없다. 옛것을 이미 알지 못하면서도 옛것의 功을 쉽게 여기는 자 중에는 지혜로운 선비가 없다. 덕행이 자신에게 완성되었다 할지라도 옛날의 가르침을 멀리하고 남을 업신여기면, 그가 행하는 일에 올바른 바탕이 없는 것이다. 그런 사람은 바른 도가 행해지는 때를 만나면 그의 일이 忽視될 것이니, 어리석은 사람이다.

凡論人而遠古者는 **無高士焉**①이요 **旣不知古而易**(이)**其功者**는 **無智士焉**②이라 **德行成於身而遠古卑人也**엔 **事無資**요 **遇時而簡其業者**는 **愚士也**③라

---

20) 교만하면……자초한다 : ≪尙書≫ 〈大禹謨〉에서 益이 禹에게 다음과 같이 말하였다. "오직 덕만이 하늘을 움직여, 아무리 먼 곳의 사람도 모두 감화 굴복시키는 것이다. 교만하면 손해를 자초하고, 겸손하면 이익을 얻게 된다. 이것이 곧 하늘의 이치다.〔惟德動天 無遠弗屆 滿招損 謙受益 時乃天道〕"

① 論人而遠古者 無高士焉 : 높은 선비는 반드시 옛날의 도를 따르고 살핀다.
高士는 必順考古道也라

② 既不知古而易(이)其功者 無智士焉 : 지혜로운 선비는 반드시 옛날을 알고, 〈옛날에 이루어졌던〉 功業에 부지런히 힘쓴다.
智士는 必知古而謹功也라

③ 德行成於身……愚士也 : 덕행이 비록 이루어졌다고 하더라도 옛날의 도를 멀리하고 사람들을 무시하면, 이는 일에 타고난 자질이 없는 것이다. 만약 〈그와 같은 사람이〉 도가 있는 때를 만나면 그의 일은 반드시 忽視될 것이니, 이와 같은 자는 어리석은 선비라고 할 수 있다.
德行雖曰成이나 而乃遠古卑人이면 則是事無資稟이라 若遇有道之時면 其業必見簡棄하니 如此者는 可謂愚士라

명성을 노리는 사람 중에는 현명한 선비가 없고, 이익을 노리는 군주 중에는 王道를 행하는 군주가 없다. 賢人은 일을 행할 때 명성을 생각하지 않고, 왕도를 행하는 군주는 治道를 행할 때 功業의 이룸을 생각하지 않는다. 賢人의 행위와 王道를 행하는 군주의 도는 멈출 수 없기 때문에 행하는 것이다.

釣名之人은 **無賢士焉**[①]이요 **釣利之君**은 **無王主焉**[②]이라 **賢人之行其身也**는 **忘其有名也**요 **王主之行其道也**는 **忘其成功也**니 **賢人之行**과 **王主之道**는 **其所不能已也**[③]라

① 釣名之人 無賢士焉 : 현명한 선비는 반드시 내실을 닦아서 이름을 이룬다.
賢士는 必修實而成名이라

② 釣利之君 無王主焉 : 王道를 행하는 군주는 반드시 義를 헤아려 이익을 취한다.
王主는 必度(탁)義而取利라

③ 其所不能已也 : 그만둘 수 없는 이후에 움직인다.
不能已而後動이라

현명한 군주는 國事를 공정하게 하고 백성을 하나로 만들어 세상 사람들의 의견을 듣고, 忠臣은 도를 바르게 하고 벼슬자리에 나아가 자신의 능력을 평가받는다. 현명한 군주는 俸祿과 爵位를 자신이 아끼는 사람에게 사적으로 주지 않고, 충신은 자신의 능력을 과장해서 작위와 봉록을 구하지 않는다. 군주가 국가를 사적으로 다스리지 않고 신하가 능력을 과장하지 않는다면, 이러한 도를 행하는 나라는 비록

크게 잘 다스려지지는 못한다 할지라도 백성을 다스리는 원칙을 바르게 한다.

자신의 능력을 과장하는 신하가 국가를 사적으로 다스리는 군주를 섬기면서, 공과 명성을 이룰 수 있는 경우는 예나 지금이나 없었다. 자신의 능력을 과장하는 사람은 알기 쉽다.

明君은 **公國一民以聽於世**①하고 **忠臣直進以論其能**②이라 **明君**은 **不以祿爵私所愛**③하고 **忠臣**은 **不誣能以干爵祿**④이니 **君不私國**하고 **臣不誣能**하면 **行此道者**는 **雖未大治**라도 **正民之經也**⑤라 **今以誣能之臣**으로 **事私國之君而能濟功名者**는 **古今無之**니 **誣能之人**은 **易**(이)**知也**⑥라

① 明君 公國一民以聽於世 : 현명한 군주는 반드시 나랏일에 공정과 성실로 임하여, 백성들의 마음을 하나로 만든다.
賢明之君은 必公誠於國하여 以一其民人之心이라

② 忠臣直進以論其能 : 충성스러운 신하는 반드시 도를 바르게 하고 벼슬자리에 나아가기를 구한다.
忠臣은 必直道而求進이라

③ 明君 不以祿爵私所愛 : 오직 현명한 이와 함께한다.
唯賢是與라

④ 忠臣 不誣能以干爵祿 : 능력을 헤아려 녹봉을 받는다.
量能而受祿也라

⑤ 行此道者……正民之經也 : 다스림이 비록 크지 않지만, 백성을 바르게 하는 법도를 완성하기에는 충분하다.
治雖未大나 足成正民之經이라

⑥ 誣能之人 易(이)知也 : 자신의 능력을 과장하는 사람이 공과 명예를 이루지 못하는 이유는 쉽사리 알 수 있다. 〈이 점에 대해서는〉 아래의 글에서 언급된다.
誣能之人이 功名所以不濟는 易可知니 起下文也라

禹

내가 이를 先王에게서 헤아려보건대 舜임금이 천하를 소유하였을 때 禹는 司空이었고, 契(설)은 司徒였으며, 皐陶(고요)는 李官이었고, 后稷은 田正이었다. 이들 네 명의 선비는 천하의 현인이었지만 오히려 하나의 직무에 전념하면서 군주를 섬겼다.

오늘날 능력을 과장하는 사람은 직무에 종사하고

관직을 담당하는 것이, 혼자서 이들 네 현인의 능력을 모두 겸하고 있다. 이로써 살펴보건대 〈능력을 과장하는 사람의〉 공과 명성이 이루어지지 않을 것은 또한 쉽게 알 수 있다.

后稷

臣度(탁)**之先王者**①컨대 **舜之有天下也**에 **禹爲司空**하고 **契爲司徒**하며 **皐陶爲李**②[21]하고 **后稷爲田**이라 **此四士者**는 **天下之賢人也**로되 **猶尙精一德**③**以事其君**이어늘 **今誣能之人**은 **服事任官**이 **皆兼四賢之能**하니 **自此觀之**면 **功名之不立**을 **亦易知也**④라

① 臣度(탁)之先王者 : '臣'은 관중이 스스로 자신을 칭하는 말이다.
臣은 管氏自稱也라
② 李 : 고대에 獄事를 다스리는 관리이니, 이 李官을 만들었다.
古治獄之官이니 作此李官이라
③ 精一德 : 각자 하나의 일에만 집중함을 말한다.
謂各精一事也라
④ 自此觀之……亦易知也 : 윗 문장의 〈뜻을〉 종결한다.
結上文也라

그러므로 班列이 높고 俸祿이 후하면 받지 않은 자가 없고, 權勢가 이롭고 官職이 크면 좇지 않는 자가 없다. 〈그러나〉 이런 상태로 군주를 섬기면, 이는 이른바 능력을 과장하고 이익을 빼앗는 신하가 되는 것이다. 세상에 국사를 공정하게 다스리는 군주가 없으면 도를 바르게 하여 벼슬자리에 나아가는 선비도 없고, 능력을 올바로 평가하는 군주가 없으면 공을 이루는 신하도 없다.

옛날 〈夏·殷·周의〉 三代에는 〈무능한 자가 유능한 자에게〉 서로 전해주었다. 어찌 천하를 옛날과 오늘로 나누어, 〈오늘날에는〉 살육을 행하고 있는가?

故列尊祿重이면 **無以不受也**①요 **勢利官大**면 **無以不從也**②니 **以此事君**이면 **此所謂誣能篡利之臣者也**라 **世無公國之君**이면 **則無直進之士**요 **無論能之主**면 **則無成功之臣**이라 **昔者 三代之相授也**에 **安得二天下而殺之**③리오

---

21) 李 : 劉績(明)의 주장에 의거하면 '李'는 '理'와 통용된다.(≪管子補註≫)

① 列尊祿重 無以不受也 : 덕이 그 지위에 걸맞지 않다.
德不足以與其位也라

② 勢利官大 無以不從也 : 단지 권세가 이롭고 관직이 크기 때문이니 그러므로 등용하기만 하면 반드시 이를 좇았다.
直以勢利官大니 故每擧必從之라

③ 昔者三代之相授也 安得二天下而殺之 : 三代의 시대에는 무능한 사람이 유능한 사람에게 전수하였는데, 桀과 紂는 이를 잃었고 湯王과 武王은 이를 얻었다. 오늘의 천하는 바로 옛날의 천하다. 어찌 천하를 옛날과 오늘로 나누어, 〈오늘날에는〉 형벌과 살륙을 행하고 있는가?
三代에 無能授於有能하여 桀紂失之하고 湯武得之라 今之天下는 卽古之天下니 豈有二天下而行其刑殺哉리오

백성을 가난하게 하고 재물을 손상하는 것으로 군대보다 큰 것이 없고, 국가를 위태롭게 하고 군주를 근심하게 만드는 것으로 군대보다 빠른 것이 없다.

이 네 가지[22]가 재난임은 분명하지만, 예나 지금이나 아무도 군대를 폐기할 수 없었다. 군대는 폐기되어야 하는데 폐기하지 못하고 있으니 예나 지금이나 미혹된 일이다. 이 두 가지(군대를 폐기함과 폐기하지 않음)는 폐기되지 못하는데 이를 폐기하고자 한다면 이 또한 미혹된 일이다. 이 두 가지는 국가를 손상한다는 점에서는 마찬가지이다.

貧民傷財는 **莫大於兵**하고 **危國憂主**로는 **莫速於兵**이니 **此四患者明矣**로되 **古今莫之能廢也**라 **兵當廢而不廢則古今惑也**①라 **此二者不廢而欲廢之則亦惑也**②니 **此二者**는 **傷國一也**③라

① 兵當廢而不廢則古今惑也 : 군대에는 네 가지 환난이 있으니 마땅히 폐기해야 하고, 다섯 가지 재능[23]이 함께 쓰이니 폐지해서는 안 된다. 〈이러한〉 廢棄와 興起의 이치를 밝히기 어려우니 따라서 미혹된다.
兵有四患則當廢也요 五材竝用則不當廢라 廢興之理難明이니 故惑也라

② 此二者不廢而欲廢之則亦惑也 : '二者'는 폐기함과 폐기하지 않음을 말한다. 이미 폐기되지 못하는데 이를 또 폐기하고자 한다면 이 또한 미혹이다.

22) 네 가지 : '백성을 가난하게 함', '재물을 손상하게 함', '국가를 위태롭게 함', '군주를 근심하게 함'의 네 가지를 말한다.

23) 다섯 가지 재능 : ≪六韜≫ 〈龍韜〉에서 장수 된 자의 "이른바 '다섯 가지 재능'이라는 것은 勇, 智, 仁, 信, 忠이다.〔所謂五材者 勇智仁信忠也〕"라고 하였다.

二者는 謂廢與不廢라 旣不廢矣에 又欲廢之면 則亦惑也라

③ 此二者 傷國一也 : 군대를 폐기하면 외적이 쳐들어와도 방어할 수 없으니 참으로 나라를 손상하고, 군대를 폐기하지 않으면 재물이 낭비되고 군주를 근심하게 만드니 또한 나라를 손상한다. 그러므로 '마찬가지이다'라고 말하는 것이다.

廢之則寇來에 無以禦니 固傷國이요 不廢則費財憂主니 亦傷國也라 故曰一也라

黃帝와 堯임금과 舜임금은 융성한 제왕들이었으니, 온 천하를 보유하여 천하를 제어함이 제왕 한 사람에게 있었다. 이런 때를 만나서도 軍備는 폐지하지 않았다. 이제 덕이 고대의 황제·요·순의 三帝에게 미치지 못하고 천하가 순종하지도 않는다. 그런데도 군대를 폐기할 것을 요구하면 어렵지 않겠는가?

그러므로 현명한 군주는 전념해야 할 바를 알고 근심해야 할 바를 안다. 나라가 다스려지고 백성이 재물의 축적에 힘쓰는 것이 군주가 이른바 전념해야 할 바이고, 움직일 때와 머무를 때를 아는 것이 근심해야 할 바다. 이런 까닭에 현명한 군주는 전념해야 할 바를 살펴서 근심해야 할 바를 대비한다.

黃帝

黃帝, 唐, 虞는 **帝之隆也**니 **資有天下**하여 **制在一人**①이니 **當此之時也**에 **兵不廢**어늘 **今德不及三帝**하고 **天下不順**②이어늘 **而求廢兵**은 **不亦難乎**아 **故明君**은 **知所擅**하고 **知所患**이라 **國治而民務積**은 **此所謂擅也**③요 **動與靜**은 **此所患也**④라 **是故明君**은 **審其所擅**하여 **以備其所患也**라

① 資有天下 制在一人 : '資'는 '사용하다'는 의미이다. 모든 땅 위에 왕의 신하가 아닌 사람이 없으니,[24] 그러므로 "제어함이 한 사람에게 있다."고 말한다.

資는 用也라 率(솔)土之濱이 莫非王臣이니 故曰 制在一人이라

② 今德不及三帝 天下不順 : 三帝의 시대에는 천하가 모두 복종하여 군대를 운용할 필요가 없었다.

三帝之時는 天下皆服하여 不須用兵이라

③ 國治而民務積 此所謂擅也 : '擅'은 '전념하다'는 의미이다. 군주가 전념할 것은, 국가를

---

24) 모든……없으니 : ≪詩經≫ 〈北山〉에 실려 있는 다음과 같은 구절에서 나오는 말이다. "온 하늘 아래 왕의 땅이 아닌 곳이 없으며, 모든 땅 위에 왕의 신하가 아닌 자가 없다. 〔溥天之下 莫非王土 率土之濱 莫非王臣〕"

잘 다스리고 백성이 재물을 축적하도록 하는 데 있다.
擅은 專也라 君之所專爲는 在於國家治民務積聚也라

④ 動與靜 此所患也 : 움직일 때와 멈출 때 그 마땅함을 잃으면 근심이 생긴다.
動靜失宜면 則患生也라

사나운 군주는 외부의 환난을 벗어나지 못하고, 나약한 군주는 내부의 혼란을 벗어나지 못한다.

사나운 군주는 사람 죽이는 것을 가볍게 여기니, 사람 죽이는 것을 가볍게 여기는 것이 유행하면 正道를 걷는 사람이 불안하게 된다. 정도를 걷는 사람이 불안하면 재능이 있는 신하가 망명해 떠나간다. 〈망명해 간〉 저 지혜로운 자는 우리의 내부사정을 잘 알고 있으니, 그가 적을 위해 우리를 〈해치려고〉 도모하면 외부의 환난이 이로부터 이르게 된다. 그러므로 "사나운 군주는 외부의 환난을 벗어나지 못한다."고 말하는 것이다.

猛毅之君은 **不免於外難**하고 **懦弱之君**은 **不免於內亂**이라 **猛毅之君者**는 **輕誅**니 **輕誅之流**면 **道正者不安**[①]하고 **道正者不安**이면 **則材能之臣去亡矣**라 **彼智者**는 **知吾情僞**하니 **爲敵謀我**면 **則外難自是至矣**[②]라 **故曰 猛毅之君**은 **不免於外難**이라

① 輕誅之流 道正者不安 : 사람 죽이는 것을 가볍게 여기면 正道를 어그러뜨리니, 그러므로 정도를 걷는 선비가 불안해한다.
輕誅則乖正하니 故道正之士不安이라

② 彼智者……則外難自是至矣 : 지혜로운 사람이란 바로 정도를 걷는 선비다. 군주가 사람 죽이는 것을 가볍게 여기는 것 때문에 망명하여 적국으로 가게 되는데, 그는 이미 우리의 실정을 안다. 그는 반드시 적을 위해 우리를 〈해치려고〉 도모할 것이니, 이 때문에 외부의 환난이 이르게 된다.
智者는 卽道正之士라 從此亡之敵國하여 旣知我情이라 必爲敵謀我니 所以外難至也라

나약한 군주는 사람 죽이는 것을 어렵게 여긴다. 사람 죽이는 것을 어렵게 여기는 것이 지나치면 사악함을 행하는 자가 바뀌지 않는다. 사악함을 행하는 자가 오랫동안 바뀌지 않으면 여러 신하들이 결탁하고, 여러 신하들이 결탁하면 군주의 미덕을 가리고 악행을 드러낸다. 군주의 미덕을 가리고 악행을 드러내면 내부의 혼란이 이로부터 일어난다. 그러므로 "나약한 군주는 내부의 혼란에서 벗어나지

못한다."고 말하는 것이다.

懦弱之君者는 **重誅**①니 **重誅之過**면 **行邪者不革**요 **行邪者久而不革**이면 **則群臣比周**요 **群臣比周**면 **則蔽美揚惡**②이요 **蔽美揚惡**이면 **則內亂自是起**라 **故曰 懦弱之君**은 **不免於內亂**이라

① 懦弱之君者 重誅 : 죽이고 벌 주는 것을 어렵게 여긴다.
難爲誅罰이라
② 蔽美揚惡 : 군주의 미덕을 가리고 악행을 드러낸다.
蔽君美하고 揚君惡이라

현명한 군주는 친척 때문에 社稷을 위태롭게 하지 않으니, 사직이 친족보다 가깝기 때문이다. 자신의 욕구 때문에 명령을 변경하지 않으니, 명령이 군주보다 존귀하기 때문이다. 귀중한 보물 때문에 위엄을 나누지 않으니, 위엄이 보물보다 귀중하기 때문이다. 백성을 아끼기 때문에 그 법을 훼손하지 않으니, 법을 백성보다 아끼기 때문이다.

明君은 **不爲親戚**하여 **危其社稷**이니 **社稷戚於親**이요 **不爲君欲**하여 **變其令**이니 **令尊於君**이요 **不爲重寶**하여 **分其威**니 **威貴於寶**요 **不爲愛民**하여 **虧其法**이니 **法愛於民**이라

제17편 군대를 다스리는 방법 兵法

외언 8 外言 八

＊이 편에서는 用兵의 이치에 대해 말하고 있다. 우선 서두에서 군사력에 의해 얻게 되는 霸道의 존재 의미에 대해 언급하고, 이어서 전쟁에서 승리하기 위해 필요한 여러 조건들에 대해 하나씩 기술한다.

그 구체적인 내용으로 우선 三官·五教·九章에 대해 상세히 설명하고, 이어서 무기와 훈련의 중요성, 병사들의 사기를 진작시키는 법, 用兵의 바른 도리 등에 대해 말한다. 여기서 특히 주목할 점은, 적을 상대하여 전쟁을 벌일 때 權謀術數를 지양하고 도덕적이고 공정한 방법으로 임해야 할 것을 강조하면서, 위엄과 무력만을 앞세우는 세속적 병법을 비판한다는 점이다.

본편은 앞서 나온 〈七法〉·〈幼官〉, 그리고 뒤에 나오는 〈禁藏〉·〈地圖〉·〈勢〉 등과 함께 '管子兵法'을 구성하는 핵심이 된다.

'하나〔一〕'에 밝은 자는 皇道를 얻고, '道'를 관찰하는 자는 帝道를 얻으며, '德'에 통하는 자는 王道를 얻고,[1] 도모하는 것을 얻고 전쟁에 승리하는 자는 霸道를 얻는다. 그러므로 무릇 군대는 비록 도에 못 미치고 덕에 부족하다 할지라도 王者를 보좌하고 霸者를 이룰 수 있다.

〈그러나〉 지금 시대에 用兵하는 자는 그렇지 못하니, 용병의 權道를 알지 못하기 때문이다. 그러므로 군대를 움직이는 날에 국내는 가난해지고, 전쟁하면 반드시 승리하는 것은 아니며, 승리한다 해도 전사자가 많고, 영토를 얻어도 나라가 망가진다. 이 네 가지는 용병의 재앙이니, 나라에 이 네 가지가 생기면 위태롭지 않을 수 없을 것이다.

1) 하나〔一〕에……얻고 : 아래의 舊注에서 "'皇道'·'帝道'·'王道'는 시대에 따라 세워지는 이름이니 그 실질적 내용은 같다."라고 하였다. 따라서 이런 관점에서 보면 여기서 언급되는 '하나〔一〕'·'道'·'德'은 상황에 따라 달리 표현되는 개념일 뿐 그 실질적 내용은 같다고 볼 수 있다.

明一者는 **皇**이요 **察道者**는 **帝**요 **通德者**는 **王**①이요 **謀得兵勝者**는 **霸**②라 **故夫兵**은 **雖非備道至德也**나 **然而所以輔王成霸**③2)라 **今代之用兵者**는 **不然**하여 **不知兵權者也**④라 **故擧兵之日**에 **而境內貧**⑤하고 **戰不必勝**이요 **勝則多死**⑥하고 **得地而國敗**⑦라 **此四者**는 **用兵之禍者也**⑧니 **四禍其國而無不危矣**⑨라

① 明一者皇……通德者王 : '一'은 氣質이 아직 분화되지 않아 '하나'의 상태에 있는 것이고, '德'은 도에 말미암아 이루어진 것이다. 무릇 '皇道'·'帝道'·'王道'는 시대에 따라 세워지는 이름이니, 그 실질적 내용은 같다.

一者는 氣質未分에 至一者也요 德者는 道由以成者也라 夫皇帝王道는 隨世立名者也니 其實則一也라

② 謀得兵勝者霸 : 도모하는 바는 반드시 얻고 군대를 움직이면 반드시 승리한다. 그러므로 霸者가 된다.

所謀必得하고 用兵必勝이라 故霸라

③ 夫兵……然而所以輔王成霸 : 군대는 상서롭지 않은 도구이니 부득이한 경우에만 사용한다.3) 그러므로 〈군대는〉 道에 비추어보면 미비하고, 德에 비추어보면 부족하다. 그러나 군대를 사용하면 위로는 王者를 보좌할 수 있고 아래로는 霸者가 될 수 있다.

兵者는 不祥之器니 不得已而用之라 故於道則未備하고 於德則未至라 然用之에 上可以輔王하고 下可以成霸라

④ 不知兵權者也 : '權'은 일의 輕重을 아는 것이다. 이미 군대 운용의 權道를 알지 못하면 〈군대 운용에 있어〉 輕重의 절도를 잃게 된다.

權者는 所以知輕重이니 旣不知兵權이면 則失輕重之節이라

⑤ 擧兵之日 而境內貧 : 군대 10만을 움직이면 하루에 千金의 비용이 든다.

行師十萬이면 日費千金이라

⑥ 勝則多死 : 비록 이제 승리를 얻었다 할지라도 전사자가 너무 많다.

雖今得勝이라도 死者已多라

⑦ 得地而國敗 : 비록 다시 영토를 얻었다 할지라도 백성이 이미 가난해지고 많이 죽었으므로 나라가 패망하게 된다.

雖復得地라도 旣貧且死니 所以國敗라

⑧ 此四者 用兵之禍者也 : '四者'는 '국내적으로 가난해짐', '승리하지 못함', '많은 백성이

2) 然而所以輔王成霸 : 許維遹(中)은 '所以'를 '可以'와 같은 글자로 보았다. 그는 그 근거로 본서 〈法法〉에 나오는 "是故先王制軒冕 足以著貴賤" 구절에서 '足以'는 곧 '可以'와 같다는 점, 그리고 ≪墨子≫ 〈天志 下〉에 나오는 "今人處若家得罪 將猶有異家 所以避逃之者" 구절에서 '所以'가 '可以'와 같다는 점을 들었다.(≪管子集校≫) 역자도 이에 의거하여 해석하였다.

3) 군대는……사용한다 : ≪노자≫ 31장에 나오는 말이다.

죽음', '나라가 망가짐'을 가리킨다.

四者는 謂內貧, 不勝, 多死, 國敗也라

⑨ 四禍其國而無不危矣 : 한번 군대를 일으켜 나라에 네 가지 재앙이 생기면, 무엇을 행한들 위태롭지 않을 것인가?

一擧兵而國四禍면 則何爲而不危矣리오

≪大度書≫[4]에서 "군대를 일으키는 날에 나라 안이 가난해지지 않고, 전쟁하면 반드시 승리하며, 승리하고도 전사자가 많지 않고, 영토를 얻어도 나라가 패망하지 않는다."고 하였다. 이 네 가지가 행해지기 위해서는 어떻게 해야 하는가?

군대를 일으키는 날에 나라 안이 가난해지지 않는 것은 軍費 계산이 적절하기 때문이고, 전쟁하면 반드시 승리하는 것은 법도가 세밀하기 때문이며, 승리하여도 전사자가 많지 않은 것은 군대가 잘 훈련되고 무기가 날카로워 적이 감히 대응하지 못하기 때문이고, 영토를 얻어도 나라가 망가지지 않는 것은 적국의 백성을 거스르지 않기 때문이다.

적국의 백성을 거스르지 않으면 호령과 제도가 잘 발휘되는 것이고, 군대가 잘 훈련되고 무기가 날카로우면 군사편제가 갖추어져 있는 것이며, 법도가 세밀하면 지킴이 있는 것이고, 군비 계산이 적절하면 밝은 지혜가 있는 것이다.

大度之書曰① **擧兵之日**에 **而境內不貧**하고 **戰而必勝**하며 **勝而不死**하고 **得地而國不敗**니 **爲此四者**는 **若何**②오 **擧兵之日**에 **而境內不貧者**는 **計數得也**요 **戰而必勝者**는 **法度審也**요 **勝而不死者**는 **教器備利而敵不敢校也**요 **得地而國不敗者**는 **因其民也**라 **因其民**이면 **則號制有發也**③요 **教器備利**면 **則有制也**④요 **法度審**이면 **則有守也**⑤요 **計數得**이면 **則有明也**⑥라

① 大度之書 : 법도를 크게 진술한 책을 말한다.

謂大陳法度之書라

② 爲此四者 若何 : '四者'는 가난하지 않음, 승리를 얻음, 죽지 않음, 망가지지 않음을 가

4) 大度書 : 현재 ≪大度書≫라는 古籍은 찾아볼 수 없다. 따라서 이것을 둘러싸고 주석가들 사이에 여러 의견들이 제시되고 있다. 우선 張佩綸(淸)은 '大度'를 '六弢'의 誤字로 보았다. 그리고 '六弢'는 곧 太公望 呂尙의 병법서로 알려지고 있는 ≪六韜≫로 추정한다. 다만 현재의 ≪六韜≫에는 해당 문장이 없다.(≪管子學≫) 한편, 許維遹(中)은 '大度'를 '大弢'의 誤字로 보고, '大弢'는 書名이 아니라 人名으로 보았다. 그는 그 근거로 ≪漢書≫에 "周史大弢"라는 표현이 있고, ≪莊子≫ 〈則陽〉에도 "仲尼問於大史大弢"라는 말이 나온다는 점을 들었다.(≪管子集校≫) 역자는 ≪管子≫ 원문 및 舊注에 의거하여 書名으로 해석하였다.

리킨다.

四者는 謂不貧, 得勝, 不死, 不敗也라

③ 因其民 則號制有發也 : 호령과 제도가 적국 백성의 상황에 맞게 발휘된다.

號令制度 因彼而發이라

④ 教器備利 則有制也 : 〈정비된〉 군사편제가 있으면 훈련이 갖추어지고 무기가 날카로울 수 있다.

有制면 則能備利라

⑤ 法度審 則有守也 : 지키는 바가 있으면 법도가 세밀하다.

有所守면 則法度審也라

⑥ 計數得 則有明也 : 밝은 지혜가 있으면 계산이 적절하다.

有明이면 則計數得이라

군대를 다스리는 데에는 度數가 있고 적에게 승리하는 데에는 이치가 있으니, 度數를 살펴 이치를 알고, 무기의 성능을 살펴 승리할 방법을 찾아보며, 이치를 밝혀 적에게 승리한다. 宗廟를 안정시키고 남녀를 기르고 관직을 士·農·工·商 四民으로 구분하면 위엄을 정립하고 덕을 행할 수 있다. 법도와 의례를 제정하고 호령을 내린 이후에 대중을 통일하고 백성을 다스릴 수 있다.

治衆有數①하고 **勝敵有理**②니 **察數而知理**하고 **審器而識勝**③하며 **明理而勝敵**④이라 **定宗廟**,⑤ **遂男女**,⑥ **官四分**⑦이면 **則可以定威〔行〕德**[5]이요 **制法儀, 出號令然後可以一衆治民**이라

① 治衆有數 : 스스로 자기 군대를 다스리는 데에는 度數가 있다.

自治其軍에 有數存焉이라

② 勝敵有理 : 적국에 승리하는 데에는 이치가 있다.

勝於敵國에 有理存焉이라

③ 審器而識勝 : 무기가 갖추어지고 날카로우면 적에게 승리할 수 있다.

器備利면 則敵可勝也라

④ 明理而勝敵 : 적에게 승리하는 것은 이치를 밝게 아는 데 달려 있다.

勝敵者는 在於明理也라

⑤ 定宗廟 : 외적이 준동하지 않으면 종묘가 안정된다.

寇寧이면 則宗廟定이라

---

5) 可以定威〔行〕德 : 許維遹(中)의 견해에 의거하여 '行'을 보충하였다. 그는 그 근거로 〈幼官〉에 "官四分 則可以立威行德"으로 되어 있다는 점을 들었다.(≪管子集校≫)

⑥ 遂男女 : 백성이 편안하면 남녀가 잘 길러진다.
人安이면 則男女遂라

⑦ 官四分 : 종묘가 이미 안정되고 편안하면 관직을 士·農·工·商 四民으로 구분하여 각자의 직분을 지키게 한다.
旣定且寧이면 則四分官以守之라

군대에 主將이 없으면 적의 상황을 미리 알지 못하고, 들판에 田吏가 없으면 축적된 곡식이 없게 되며, 관청에 常規가 없으면 아랫사람들이 윗사람을 원망하게 되고, 무기가 정교하지 않으면 朝廷이 안정되지 못하며, 상과 벌이 분명하지 않으면 백성들이 자신들의 생업을 경시하게 된다.

그러므로 "적의 상황을 미리 알면 자유자재로 진군할 수 있고, 축적된 곡식이 있으면 전쟁 기간이 오래되어도 군량이 부족하지 않으며, 무기가 정교하면 전쟁에 나서도 무기가 쉽게 소모되지 않고, 상과 벌이 분명하면 용사들이 힘쓰게 된다."라고 한다.

兵無主則不蚤知敵①하고 **野無吏則無蓄積**②하며 **官無常則下怨上**③하고 **器械不巧則朝無定**④하며 **賞罰不明則民輕其産**⑤이라 **故曰 蚤知敵則獨行**하고 **有蓄積則久而不匱**하며 **器械巧則伐而不費**하고 **賞罰明則勇士勸也**라

① 兵無主則不蚤知敵 : 군대에 主將이 없으면 병사들이 경솔한 마음을 품게 된다. 그러므로 적을 알 수 없다.
兵無主면 則人懷苟且라 故不能知敵이라

② 野無吏則無蓄積 : 들판에 田吏가 없으면 사람들이 농사를 게을리하게 된다. 그러므로 축적된 곡식이 없다.
野無田吏면 則人惰本業이라 故無蓄積이라

③ 官無常則下怨上 : 관청에 常規가 없으면 세금 징수에 절도가 없다. 그러므로 아랫사람들이 윗사람을 원망하게 된다.
官無常이면 則徵賦不節이라 故下怨上이라

④ 器械不巧則朝無定 : 무기가 정교하지 않으면 외적의 침입을 당한다. 그래서 조정이 안정됨이 없다.
器械不巧면 則寇敵見凌이라 故朝無定이라

⑤ 賞罰不明則民輕其産 : 상과 벌이 분명하지 않으면 사람들이 의지하고 살 수가 없다. 그러므로 자신들의 생업을 경시하게 된다.
賞罰不明이면 則人無聊生이라 故輕其産이라

三官에 착오가 없고 五敎가 어지럽지 않고 九章이 밝으면, 위태롭고 위태로워도 해로움이 없고 궁하고 궁해도 어려움이 없다. 그러므로 계책으로 멀리까지 이를 수 있고, 제어함으로 강적을 복종시킬 수 있다.

三官不繆하고 **五敎不亂**하고 **九章著明**이면 **則危危而無害**하고 **窮窮而無難**①이라 **故能致遠以數**하고 **縱強以制**②[6]라

① 危危而無害 窮窮而無難 : '危危'와 '窮窮'은 모두 거듭 그 일이 있는 것이다.
危危 窮窮은 皆重有其事라

② 能致遠以數 縱強以制 : 계책이 있으면 멀리까지 이를 수 있고, 제어함이 있으면 강적도 복종시킬 수 있다.
有數則遠可致요 有制則強可縱이라

三官은, 첫째는 북이다. 북은 〈행장을〉 정리하게 하는 것이고, 〈병사들을〉 출동하게 하는 것이고, 진격하게 하는 것이다. 둘째는 징이다. 징은 〈병사들을〉 머물게 하는 것이고, 후퇴하게 하는 것이고, 휴전하게 하는 것이다. 셋째는 旗이다. 기는 병사들을 세우게 하는 것이고, 병사들을 제어하게 하는 것이고, 병사들을 해산하게 하는 것이다. 이들을 '삼관'이라 하는 것이니, 이 세 가지의 지휘 명령이 있으면 군대는 兵法에 따라 잘 다스려진다.

三官은 **一曰鼓**니 **鼓**는 **所以任也**①며 **所以起也**며 **所以進也**라 **二曰金**이니 **金**은 **所以坐也**며 **所以退也**며 **所以免也**라 **三曰旗**니 **旗**는 **所以立兵也**며 **所以(利)〔制〕兵也**[7]며 **所以偃兵也**라

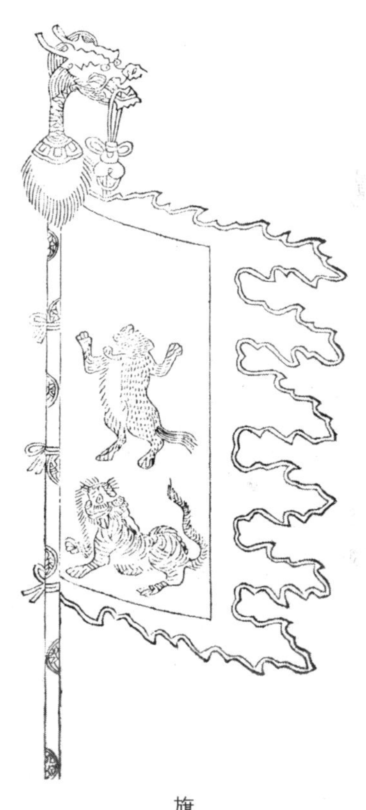

旗

6) 縱強以制 : 兪樾(淸)은 '縱'을 '從'으로 읽고, 여기서 '從'은 곧 '服'과 같다고 주장하였다. 그는 그 근거로 ≪春秋左氏傳≫ 襄公 10년에 나오는 "從之將退" 구절에 대한 杜注에서 "從 猶服也"라고 한 점을 들었다. 고대 문자에서 '縱'과 '從'은 통용되었고, 또 '從'에는 '服'의 의미가 있다는 것이다.(≪諸子平議≫)

7) 所以(利)〔制〕兵也 : 陶鴻慶(淸)의 견해에 의거하여 '利兵'을 '制兵'으로 바로잡았다. 隸書에서 '制'와 '利'는 그 글자 형태가 서로 유사함으로 인해 혹 잘못 옮겨졌을 수 있다는 것이다.(≪讀管子札記≫)

此之謂三官이니 **有三令而兵法治也**라

① 鼓 所以任也 : '任'은 '載'와 같다. 지금의 '행장을 정리하다'는 의미이다.
任은 猶載也라 謂今之倣裝也라

五敎는, 첫째 병사의 눈을 五色의 旗로 가르치고, 둘째 병사의 귀를 호령하는 숫자로 가르치며, 셋째 병사의 발을 나아가고 물러나는 절도로 가르치고, 넷째 병사의 손을 길고 짧은 병기의 이로움으로 가르치며, 다섯째 병사의 마음을 信賞必罰로 가르친다. 이들 오교를 각각 익히면 병사들은 이에 의지하여 용감해질 것이다.

五敎는 **一曰敎其目以形色之旗**①요 **二曰敎其(身)〔耳〕以號令之數**②[8]요 **三曰敎其足以進退之度**요 **四曰敎其手以長短之利**③요 **五曰敎其心以賞罰之誠**④이니 **五敎各習而士負以勇矣**⑤라

① 敎其目以形色之旗 : 오색의 기는 각각 마땅함이 있다. 가령 봄에는 청색을 높이고 여름에는 적색을 높이는 식이다.
五色之旗는 各有所當이니 若春尙靑하고 夏尙赤之類라

② 敎其(身)〔耳〕以號令之數 : 앉게 하거나 일어나게 하는 수를 말한다.
謂坐起之數라

③ 敎其手以長短之利 : 긴 병기와 짧은 병기는 각자 이로운 바가 있다. 먼 곳은 긴 병기를 사용하고, 가까운 곳은 짧은 병기를 사용한다.
長兵, 短兵은 各有所利니 遠用長하고 近用短也라

④ 敎其心以賞罰之誠 : 상은 탐하고 벌은 두려워하니, 병사들이 이에 스스로 힘쓰게 된다.
貪賞畏罰하니 士乃自厲라

⑤ 士負以勇矣 : '負'는 '의지하다'는 의미이다. 그 익숙하게 익힌 바에 의지하여 용감해진다.
負는 恃也니 恃其便習而勇也라

九章은, 첫째, 해가 그려진 깃발을 들면 낮에 행군한다. 둘째, 달이 그려진 깃발을 들면 밤에 행군한다. 셋째, 용이 그려진 깃발을 들면 물을 건넌다. 넷째, 호랑

---

8) 敎其(身)〔耳〕以號令之數 : 洪頤煊(淸)의 견해에 의거하여 '身'을 '耳'로 바로잡았다. 호령의 횟수는 귀로 듣는 것이지 몸으로 듣는 것이 아니라는 것이다. 또한 '身'과 '耳'는 그 글자 형태가 서로 유사함으로 인해 잘못 옮겨졌을 수 있다는 것이다. 따라서 "謂坐起之數"로 풀이한 舊注는 잘못되었다고 본다.(≪管子義證≫)
許維遹(中) 또한 홍이훤의 견해에 동조하며, 그는 그 근거를 ≪呂氏春秋≫ 및 ≪孫子≫에서 찾는다. 즉 ≪呂氏春秋≫ 〈不二〉에서 "有金鼓所以一耳也"라고 하였고, ≪孫子≫ 〈軍爭〉에서는 "夫金鼓旌旗者 所以一民之耳目也"라고 하였다는 것이다.(≪管子集校≫)

이가 그려진 깃발을 들면 숲을 행군한다. 다섯째, 까마귀가 그려진 깃발을 들면 비탈길을 행군한다. 여섯째, 뱀이 그려진 깃발을 들면 늪지대를 행군한다. 일곱째, 까치가 그려진 깃발을 들면 평지를 행군한다. 여덟째, 이리가 그려진 깃발을 들면 산을 행군한다. 아홉째, 활집이 그려진 깃발을 들면 군량을 싣고 짐수레를 움직인다. 구장이 이미 정해지면 움직임과 멈춤에 착오가 없게 된다.

九章은 **一曰擧日章則晝行**이요 **二曰擧月章則夜行**이요 **三曰擧龍章則行水**요 **四曰擧虎章則行林**이요 **五曰擧(鳥)〔烏〕章則行陂**[9]요 **六曰擧蛇章則行澤**이요 **七曰擧鵲章則行陸**이요 **八曰擧狼章則行山**이요 **九曰擧**韟**章則載食而駕**①니 **九章旣定**에 **而動靜不過**라

① 擧韟章則載食而駕 : '韟(고)'는 활집이다. 활집이 그려진 깃발을 들면 양식을 싣고 수레를 움직인다는 의미이다.
韟는 韜也라 謂韜其章而擧之면 則載其所食而駕行矣라

三官・五教・九章은 〈그 운용에 있어〉 시작에 실마리가 없어야 하고 끝에 끝자락이 없어야 한다. 시작에 실마리가 없는 것은 道이고, 끝에 끝자락이 없는 것은 德이다. 도는 헤아릴 수 없고 덕은 셈할 수 없다. 그러므로 헤아릴 수 없으면 여러 강적들도 나를 도모할 수 없고, 셈할 수 없으면 속임수도 감히 나를 향하지 못한다.

이 두 가지가 갖추어져 시행되면 진격이나 수비에 모두 공을 얻게 되는데, 이는 적이 알지 못하는 사이에 갑자기 나아가고 적이 생각하지 못하는 순간에 출동하기 때문이다. 알지 못하는 사이에 갑자기 나아가므로 아무도 막을 수 없고, 생각하지 못하는 순간에 출동하므로 아무도 대응할 수 없는 것이다. 그러므로 온전히 승리하여 아무런 피해가 없다. 편리한 상황에 따라 훈련하고 이로운 상황에 맞추어 행군하며, 훈련에 일정함이 없고 행군에 일정함이 없게 하라. 이 두 가지가 모두 갖추어 실시되면, 움직이기만 하면 곧 공이 있게 된다.

三官五教九章은 **始乎無端**하고 **卒乎無窮**①이니 **始乎無端者**는 **道也**요 **卒乎無窮者**는 **德也**라 **道不可量**하고 **德不可數也**라 **故不可量則衆强不能圖**하고 **不可數則僞詐不敢嚮**이니 **兩者備施**면 **則動靜有功**이니 **徑乎不知**②하고 **發乎不意**라 **徑乎不知**하니 **故莫之能禦也**요 **發乎不意**니 **故莫**

9) 擧(鳥)〔烏〕章則行陂 : 郭沫若(中)의 견해에 의거하여 '鳥章'을 '烏章'으로 바로잡았다. 古本에 '烏章'으로 되어 있고, 또 '鳥章'이라고 하면 어떤 새 그림인지 알 수 없다는 것이다. (≪管子集校≫)

之能應也라 **故全勝而無害**라 **因便而教**하고 **准利而行**하며 **教無常**[③]하고 **行無常**[④]이니 **兩者備施**면 **動乃有功**[⑤]이라

① 始乎無端 卒乎無窮 : '실마리가 없음'과 '끝자락이 없음'은 모두 불의에 적을 공격한다는 것이니, 적은 이를 미리 헤아릴 수 없다.
無端 無窮은 皆出敵不意이니 彼不能測知也라
② 徑乎不知 : '徑'은 '갑자기'라는 의미이다. 곧장 나아가기 때문에 적이 알지 못한다.
徑은 謂卒然이라 直指하니 故敵不知라
③ 教無常 : 훈련은 편리한 상황에 따르므로 일정함이 없다.
教既因便하니 故無常也라
④ 行無常 : 행군은 유리한 상황에 맞추어 이루어지므로 이 또한 일정함이 없다.
行既准利하니 故亦無常也라
⑤ 兩者備施 動乃有功 : '두 가지'는 훈련과 행군을 말한다.
兩者는 謂教與行이라

무기가 완성되고 훈련이 잘 실시되면, 도망가는 적을 추격하고 달아나는 적을 쫓아가는 것이 마치 회오리바람 같고, 격파하고 공격하는 것이 마치 번개와 같다. 외떨어진 지역은 지키지 못하고, 견고함을 의지하고 있는 적은 공략하지 못한다. 〈어느 쪽으로도 결정이 가능한〉 알맞은 곳에 머물면, 대적할 적이 없고 명령하면 반드시 시행된다.

무기가 완성되고 훈련이 잘 시행되면, 군대를 전개하면 어디로 가는지 알 수 없고 집결시키면 〈그 신속함을〉 헤아릴 수 없다. 훈련이 갖추어지고 무기가 날카로우면 나아가고 물러남이 마치 번개처럼 신속하여 〈결정하지 못하고〉 머뭇거리다가 패하여 궁색해지는 바가 없다.

器成教施면 **追亡逐遁若飄風**하고 **擊刺若雷電**이요 **絶地不守**[①]하고 **恃固不拔**[②]이라 **中處而無敵**하고 **令行而不留**[③]라 **器成教施**면 **散之無方**하고 **聚之不可計**라 **教器備利**면 **進退若雷電**하여 **而無所疑匱**[④]라

① 絶地不守 : 외떨어진 지역은 의지할 수 있는 험준함과 견고함이 없으므로 지키지 못함을 이른다.
謂孤絶之地는 無險固可恃니 故不守라
② 恃固不拔 : 견고한 지역에 의지해 수비하는 적을 공략하는 것은 반드시 비용이 많이

들고 얻는 공이 없다.

拔恃固之守는 必多費而無功也라

③ 中處而無敵 令行而不留 : 군대를 운용하는 도는 어느 쪽으로도 결정이 가능한 알맞은 곳에 머물면 적은 멀리 달아나 대적하려 하지 않고, 명령을 내리면 반드시 시행되고 유보하지 않는다.

用兵之道에 常能處可否之中이면 則彼遠避而不能敵하고 有令必行而不留也라

④ 無所疑匱 : '匱'는 '고갈되다'는 의미이다.

匱는 竭也라

병사들의 기운을 오롯하게 하여 전일하고 안정되게 하면 널리 통하여 의심하는 바가 없고, 병사들을 잘 훈련시키고 병기를 날카롭게 하면 어려움을 겪어도 힘이 소진되지 않는다. 전진함에 있어 의심하는 바가 없고 후퇴함에 있어 힘이 소진되지 않으면 적이 나의 쓰임이 된다.

〈그러면 병사들은〉 산악을 오를 때 갈고리와 사다리를 기다리지 않고, 계곡물을 건널 때 배와 노를 기다리지 않는다. 외떨어진 지역을 습격하고 견고함에 의지하는 적을 공격하면서, 자유자재로 진격하고 후퇴하여도 아무도 막을 수 없다. 적의 보물을 취할 때 홀로 들어가지 않으므로 아무도 멈추게 할 수 없고, 적의 보물을 홀로 보지 않으므로 〈사사로이 보물을〉 거둘 수 없다. 은밀히 이름이 드러나지 않게 하여 〈보물을〉 다 획득할 때까지 이르니, 보물을 모두 다 취하여도 적이 알아차리지 못한다. 그러므로 적이 이를 짐작할 수 없으므로 신묘한 것이다.

一氣專定하면 **則傍通而不疑**①하고 **厲士利械**하면 **則涉難而不匱**②니 **進無所疑**하고 **退無所匱**하면 **敵乃爲用**③이라 **凌山阬**에 **不待鉤梯**④하고 **歷水谷**에 **不須舟檝**⑤이라 **徑於絶地**하고 **攻於恃固**에 **獨出獨入而莫之能止**⑥라 **寶不獨入**하니 **故莫之能止**⑦요 **寶不獨見**⑧하니 **故莫之能斂**⑨이라 **無名之至盡**⑩하니 **盡而不意**라 **故不能疑神**⑪이라

① 一氣專定 則傍通而不疑 : 그 기운을 오롯하게 하여 전일하고 안정되게 하므로 의심하지 않는다.

精一其氣하여 專而且定하니 故不疑라

② 厲士利械 則涉難而不匱 : 병사들이 이미 잘 훈련되고 병기가 이미 날카로우므로 패하지 않는다.

士旣厲하고 械旣利하니 故不匱라

③ 進無所疑……敵乃爲用 : 이미 〈결정 짓지 못하고〉 머뭇거리다라 패함이 없으니, 이에 적은 복종하여 나의 쓰임이 된다.
既無疑匱에 敵乃服從而爲己用이라

④ 淩山阬 不待鉤梯 : 산에 익숙하기 때문이다.
習山故也라

⑤ 歷水谷 不須舟檝 : 물에 익숙하기 때문이다. '歷'은 '멀리 거쳐서 건넌다'는 의미이다.
習水故也라 歷은 謂遠歷而渡라

⑥ 獨出獨入而莫之能止 : 그 틈을 보기 때문이다.
見其隟故라

⑦ 寶不獨入 故莫之能止 : 적국의 寶玉을 포획할 때는 반드시 정예 용사들을 선발하여 함께 간다. 그러므로 홀로 들어가지 않는다고 말하는 것이다.
俘厥寶玉에 必選精勇與俱라 故曰 不獨入也라

⑧ 寶不獨見 : 정예 용사들과 함께 寶玉을 본다.
與精勇으로 俱見之라

⑨ 莫之能斂 : 寶玉은 神에게 제물로 바쳐 홍수와 가뭄의 재앙이 없게 하는 것이다. 그러므로 보옥을 취하여도 싫어하지 않는 것이다.
寶玉은 所以禮神하여 使無水旱之災라 故取之不嫌也라

⑩ 無名之至盡 : 寶玉을 취할 때는 은밀히 숨어 이름이 드러나지 않게 하여, 모두 다 획득하여 남기지 않는다.
其取寶玉也에 潛伏不名하여 至能盡獲而不匱也라

⑪ 盡而不意 故不能疑神 : 이미 寶玉을 모두 다 취하는 것은 전혀 그들이 생각하지 못한 바이다. 따라서 그들이 짐작할 수 없었으므로 이를 신묘하다고 한다.
既盡寶玉이 皆非彼所意라 故不能疑度(탁)하여 謂之爲神이라

道로 기르면 백성들이 화목하고, 德으로 양육하면 백성들이 화합한다. 화목하고 화합하므로 조화롭게 어울릴 수 있고, 조화롭게 어울리므로 하나로 단합할 수 있다. 모두 다 조화롭게 어울리고 하나로 단합하면 아무도 해칠 수 없다.

一至[10)]를 정하고, 二要[11)]를 실행하고, 三權을 휘두르고, 四教를 실시하고, 五機

10) 一至 : 郭沫若(中)은 앞에서 말한 '無名之至'를 가리킨다고 주장하였고(≪管子集校≫), 張佩綸(清)은 '至'를 '寶'로 고쳐야 한다고 주장하였다.(≪管子學≫) 그러나 舊注에서 지적하듯이, '一至'의 정확한 내용은 알 수 없다.

11) 二要 : 郭沫若(中)은 앞에서 언급된 "편리한 상황에 따라 훈련하고 이로운 상황에 맞추어 행군하며, 훈련에 일정함이 없고 행군에 일정함이 없게 하라.〔因便而教 准利而行 教無常

를 발동하고,[12] 六行을 설치하고, 七數를 논의하고, 八應을 지키고,[13] 九器를 살피고 十號를 밝힌다. 이렇게 하므로 온전히 승리하고 크게 승리할 수 있다.

畜之以道則民和하고 **養之以德則民合**이니 **和合故能諧**하고 **諧故能輯**이라 **諧輯以悉**이면 **莫之能傷**①이라 **定一至**하고 **行二要**하고 **縱三權**하고 **施四教**하고 **發五機**하고 **設六行**하고 **論七數**하고 **守八應**하고 **審九器**하고 **章十號**②라 **故能全勝大勝**③이라

① 諧輯以悉 莫之能傷 : 나의 군사들이 모두 조화롭게 어울리고 하나로 단합하므로 적이 해칠 수 없다.
我之軍士 悉以諧輯하니 故敵不能傷也라

② 定一至……章十號 : '一至' 이하는 관자가 그 구체적 항목을 말하지 않았으므로 알 수가 없다.
自一至已下는 管氏不言其數하여 無得而知也라

③ 全勝大勝 : '全勝'은 나를 온전히 하면서 상대에게 승리하는 것을 말한다. '大勝'은 여러 나라를 두루 복종시키는 것을 말한다.
全勝은 謂全我而勝彼요 大勝은 謂遍服諸國이라

한 가지 책략을 고수하지 않으므로 〈항상〉 승리를 지킬 수 있다. 자주 전쟁하면 병사들이 피로하고, 자주 승리하면 군주가 교만해진다. 무릇 교만한 군주가 피로한 병사들을 부리면 나라가 어찌 위태롭지 않을 수 있겠는가? 그러므로 최선책은 싸우지 않고 〈이기는 것이고,〉 그다음은 〈승리하여도 승리로 여기지 않는〉 한결같은 태도다. 큰 나라를 깨뜨리고 강한 나라에 승리하는 것은 〈승리하여도 승리로 여기지 않는〉 한결같은 태도로 임하기 때문이다.

적을 어지럽힐 때 변칙적인 계책을 쓰지 않고, 적을 공략할 때 기만적인 계책을 쓰지 않으며, 적에게 승리할 때 속임수를 쓰지 않는다. 이 모두는 '한결같은 태도'

行無常]"가 '二要'의 내용이라고 보았다.(≪管子集校≫)

12) 四教를……발동하고 : 張佩綸(淸)은 일단 '四教'는 '五教'로, '五機'는 '四機'로 고쳐야 한다고 보았다. 그리고 '四機'는 〈幼官〉에서 언급되는 "四機不明 不過九日而游兵驚軍(네 가지 機務 사항에 밝지 않으면 9일이 지나지 않아 병사들이 흩어지고 군대가 놀란다.)"의 '四機'를 가리키고, '五教'는 본편의 앞에서 언급된 '五教'를 가리킨다고 주장하였다.(≪管子學≫)

13) 六行을……지키고 : 張佩綸(淸)은 '六行'·'七數'·'八應'은 모두 〈幼官〉에 나오는 것들을 가리킨다고 주장하였다.(≪管子學≫) 그러나 舊注에서 지적하였듯이 이들 각각의 구체적 내용은 알 수 없다.

의 구체적 내용들이다.

가까운 적은 실질적인 힘을 사용하고 멀리 있는 적은 호령을 행한다. 그 힘은 헤아릴 수 없고, 그 강함은 추측할 수 없고, 그 기세는 한정할 수 없고, 그 덕은 측량할 수 없는 것은 '한결같은 태도'를 근본으로 삼기 때문이다.

많은 무리를 동원할 때는 時雨처럼 점차적으로 하고, 적은 무리를 동원할 때는 회오리바람처럼 신속하게 하는 것이니, 이 또한 '한결같은 태도'를 끝까지 유지하는 것이다.

無守也니 **故能守勝**①이라 **數**(삭)**戰則士罷**(피)하고 **數勝則君驕**라 **夫以驕君使罷民**하면 **則國安得無危**리오 **故至善**은 **不戰**②이요 **其次**는 **一之**③니 **破大勝强**은 **一之至也**④라 **亂之不以變**⑤하고 **乘之不以詭**⑥하며 **勝之不以詐**⑦는 **一之實也**⑧라 **近則用實**하고 **遠則施號**⑨라 **力不可量**하고 **强不可度**(탁)하고 **氣不可極**하고 **德不可測**은 **一之原也**⑩요 **衆若時雨**하고 **寡若飄風**은 **一之終也**⑪라

① 無守也 故能守勝 : '無守'는 '한 가지 책략을 고수하지 않는다'는 의미이다. 그렇기 때문에 항상 승리를 지킬 수 있다.
無守는 謂不守一數라 故能常守其勝也라

② 至善 不戰 : 〈싸우지 않고〉 덕으로 복종시킨다.
服之以德이라

③ 一之 : 비록 승리하여도 승리로 여기지 않는다.
雖勝不勝이라

④ 破大勝强 一之至也 : 승리를 승리로 여기지 않으므로 큰 나라를 깨뜨리고 강한 나라에게 승리할 수 있는 것이다.
不以勝爲勝하니 故能破大勝强也라

⑤ 亂之不以變 : 적을 어지럽힐 때 변칙적인 계책을 부리지 않는다.
亂敵에 不設計變也라

⑥ 乘之不以詭 : 적을 공략할 때 기만적인 계책으로 하지 않는다.
乘敵에 不以詭計라

⑦ 勝之不以詐 : 적에게 승리할 때 속임수로 하지 않는다.
勝敵에 不以詐謀라

⑧ 一之實也 : 무릇 이 모두는 〈승리하여도 승리로 여기지 않는〉 한결같은 태도에 이르는 구체적 내용들이다.
凡此는 皆至一之實也라

⑨ 遠則施號 : 〈號는〉 '十號'를 가리킨다.

謂十號라

⑩ 一之原也 : '原'은 '근본'이다. 무릇 이들 모두는 내가 '한결같은 태도'를 지키고 있지만 적은 이를 알 수 없기 때문이다.

原은 本也라 凡此는 皆我守其一이나 彼不能知라

⑪ 衆若時雨……一之終也 : 많은 무리를 사용할 때는 상세하게 살피는 것이 중요하다. 그러므로 점차적으로 적셔오는 時雨처럼 한다. 소수의 무리를 사용할 때는 기계처럼 신속한 것이 중요하다. 그러므로 순식간에 이르는 회오리바람처럼 한다. 이들 모두 '한결같음'을 근본으로 삼으므로 궁극적으로 이 道에 이를 수 있는 것이다.

用衆貴詳審하니 故若時雨之漸이요 用寡貴機速하니 故若飄風之卒至니 皆以一爲本이라 故能終致此道라

〈兵仗器가〉 날카롭고 적절한 것은 무기의 지극함이고, 적을 이용하게 되는 것은 훈련이 최상으로 행해진 결과다. 무기를 지극하게 할 수 없는 자는 병장기를 날카롭고 적절하게 할 수 없고, 훈련을 최상으로 행하게 할 수 없는 자는 적을 이용할 수 없다. 적을 이용할 수 없는 자는 궁하게 되고, 무기를 지극하게 할 수 없는 자는 곤란하게 된다.

군대를 멀리 원정시키면 반드시 승리할 수 있고, 들고 날 때 비정상적인 길을 이용하면 적에 의해 손상을 입게 된다. 적국 깊숙이 침입하여 위험해지면 병사들이 스스로 노력하게 되고, 병사들이 스스로 노력하면 마음과 힘을 하나로 모으게 된다.

用兵을 잘하는 사람은 적을 마치 공허한 곳에 머물 듯이 하고 그림자를 잡는 것처럼 만든다. 계책을 펼칠 곳이 없고 잡을 형체가 없어 〈향할 곳이〉 없으면 적은 공을 이룰 수 없고, 〈볼 수 있는〉 형체가 없고 행할 계책이 없어 존재하는 것이 없으면 변화할 수 없다. 이런 것을 '道'라고 하는 것이니, 〈도를 행하면〉 마치 사라진 듯하지만 이내 존재하고, 뒤에 있는 듯하지만 이내 앞선다. 위엄으로는 병사들을 명령하기에 부족하다.

利適은 **器之至也**①요 **用敵**은 **敎之盡也**②니 **不能致器者**는 **不能利適**이요 **不能盡敎者**는 **不能用敵**③이라 **不能用敵者**는 **窮**④하고 **不能致器者**는 **困**⑤이라 **遠用兵則可以必勝**⑥이요 **出入異塗則傷其敵**⑦이라 **深入危之則士自修**⑧하고 **士自修則同心同力**이라 **善者之爲兵也**는 **使敵若據虛**,⑨ **若搏景**⑩이라 **無設無形焉**하여 **無**하면 **不可以成也**⑪요 **無形無爲焉**하여 **無**하면 **不可以化也**⑫니 **此之謂道矣**⑬라 **若亡而存**하고 **若後而先**이라 **威不足以命之**⑭라

① 利適 器之至也 : 병기가 날카롭고 적절한 것은 그 무기가 마땅함을 얻은 지극함이다.
兵刃利而適者는 其器得宜之至라

② 用敵 教之盡也 : 병사들이 명령을 받들어 적을 복종시키는 것은 훈련이 최상으로 행해졌기 때문이다.
士卒用命而敵(者)〔服〕[14]은 則教練之盡이라

③ 不能致器者……不能用敵 : 무기가 이미 날카롭지 않고 훈련 또한 최상으로 행해지지 않으면 적이 복종하지 않을 것인데, 어찌 적을 이용할 수 있겠는가?
器旣不利하고 教又不盡이면 敵則不服이니 豈能用之哉리오

④ 不能用敵者 窮 : 이미 적을 이용할 수 없으면 오히려 적이 침략해올 것이다. 그러므로 궁해진다.
旣不能用敵이면 敵則反侵이라 故窮也라

⑤ 不能致器者 困 : 무기를 지극하게 할 수 없으면 적에게 대응할 수단이 없다. 그러므로 곤란해진다.
不能致器면 則無以應敵이니 故困也라

⑥ 遠用兵則可以必勝 : 군대를 멀리 원정시키는 것은 고향을 돌아보는 마음을 끊기 위한 것이다. 그러므로 반드시 승리한다.
兵遠用은 所以絶其反顧之心이라 故必勝이라

⑦ 出入異塗則傷其敵 : 들고 날 때 비정상적인 길을 이용하면 군대가 혹 손상당할 수 있다. 길을 잃고 헤매므로 적에 의해 손상당하게 되는 것이다.
出入異塗에 或有所傷也라 有迷而失道니 故爲敵所傷也라

⑧ 深入危之則士自修 : 적국 깊숙이 침입하면 그 처지가 또한 위험하니, 이른바 死地에 놓이게 된다. 그러므로 병사들은 스스로 노력하여 생명을 구하게 된다.
深入敵國하면 其處又危니 所謂置之死地라 故士自修以求生也라

⑨ 若據虛 : 항상 두려움에 머문다.
居常畏懼라

⑩ 若搏景 : 공격하여도 얻는 바가 없다.
擊無所獲이라

⑪ 無設無形焉 無 不可以成也 : 펼칠 계책이 없고 찾을 형체가 없어 향하는 바가 모두 없다. 그러므로 공을 이룰 수 없다.
無策可以設하고 無形可以尋하여 所向皆無라 故不可以成功也라

⑫ 無形無爲焉 無 不可以化也 : 볼 수 있는 형체가 없고 행할 계책이 없어 존재하는 것이

---

14) 士卒用命而敵(者)〔服〕: 저본에는 '者'로 되어 있으나, 劉績(明)의 ≪管子補註≫에 의거하여 '服'으로 바로잡았다.

모두 없다. 그러므로 변화할 수 없다.

無形可以覩하고 無計可以爲하여 所在皆無라 故不可以變化也라

⑬ 此之謂道矣 : 찾아 따질 형체와 흔적이 없는 것을 '道'라고 한다.

無形迹可尋詰者를 道之謂라

⑭ 若亡而存……威不足以命之 : 用兵을 잘하는 사람은 道를 체득하여 변화를 행하는 자이다. 그러므로 사라진 듯하지만 이내 존재하고 뒤에 있는 듯하지만 이내 앞선다. 그런데 지금 사람들은 위엄과 무력으로 명령하고 있으니, 도와 거리가 멀다.

善用兵者는 體道以爲變化者也라 故若亡者而乃存하고 若後者而乃先이라 今以威武命之하니 去之遠矣라

明 吳郡 趙氏本
唐 司空 房玄齡 註

제18편 왕의 잘못을 바로잡다(1) 大匡
내언 1 內言 一

＊齊나라에서 혼란이 발생하는 과정부터 시작하여, 魯나라로 망명했던 관중이 제나라로 돌아와 桓公을 만나 재상의 직위를 맡게 되는 과정, 그리고 관중이 환공을 도와 천하를 제패하게 되는 과정을 編年體 형식으로 기술하고 있다. 이 편의 내용은 다음 19편의 〈中匡〉 및 20편의 〈小匡〉과 서로 긴밀히 연결되어 있다.

〈大匡은〉 큰 일로 군주를 바로 잡는다는 의미이다.
謂以大事匡君

齊 僖公은 公子 諸兒(제아), 공자 糺(규), 공자 小白을 낳았다. 희공이 鮑叔에게 소백을 보좌할 것을 요청하였으나 포숙은 사양하고 병을 핑계로 나아가지 않았다. 管仲이 召忽과 함께 포숙을 찾아가서 말하였다.

“어째서 나아가지 않는가?”

포숙이 말하였다.

“옛사람들이 말하기를, ‘자식을 아는 자로는 아비만 한 이가 없고, 신하를 아는 자로는 임금만 한 이가 없다.’고 하였네. 지금 임금은 내가 현명하지 않다는 것을 알고, 이 때문에 나 같은 미천한 신하를 시켜 소백을 보좌하게 한 것이네. 나는 내가 결국 버려지게 될 것을 알고 있네.”

소홀이 말하였다.

“그대는 끝까지 사양하고 나가지 말게. 내가 그대가 죽을병에 걸렸다는 핑계를 대면서 그대를 책임지고 보호해주겠네. 그러면 그대는 반드시 죽음을 면할 것이네."

포숙이 말하였다.

"그대가 그렇게 해준다면 내가 어찌 죽음을 면하지 못하겠는가?"

관중이 말하였다.

"안 되네. 社稷과 宗廟를 지키는 자는 〈어려운〉 일을 사양하지 않고, 〈개인적인〉 편안함을 널리 구하지 않는 법이네. 〈그리고 세 공자들 중〉 앞으로 누가 나라를 소유하게 될지는 아직 알 수 없네. 그대는 나가도록 하게."

管仲

소홀이 말하였다.

"안 되네. 제나라에서 우리 세 사람은 비유하자면 솥의 세 다리와 같으니, 그중 하나를 빼버리면 반드시 온전히 서지 못할 것이네. 내가 볼 때, 소백은 결코 후계자가 되지 못할 것이네."

관중이 말하였다.

"그렇지 않다네. 무릇 나라 사람들이 규의 어머니를 미워하여 그 미움이 규 자신에까지 미쳤지만, 소백은 어머니가 없음으로 인해 오히려 동정을 받고 있네. 그리고 제아는 장남이지만 〈품성이〉 천박하니, 앞으로의 일은 알 수 없다네. 무릇 제나라를 안정시킬 수 있는 사람은 이 두 공자가 아니면 할 수가 없네. 소백의 사람됨은 작은 지혜는 없지만, 조심성이 있고 원대한 생각을 지니고 있으니, 나 夷吾가 아니면 아무도 그를 포용할 수 없네. 불행히도 하늘이 제나라에 재앙을 내리면 규가 비록 임금자리에 오르더라도 國事를 잘 수습하지 못할 것이네. 〈이때〉 그대가 〈소백을 보좌하여〉 사직을 안정시키지 않으면 그 누가 하겠는가?"

소홀이 말하였다.

"백 년 후에 〈희공께서 崩御하시고〉 우리 임금의 자손들이 우리 임금의 명을 범하여, 내가 세운 이를 폐하여 우리 공자 규를 빼앗는다면, 나는 비록 천하를 얻더라도 살아 있지 않을 것이다. 하물며 내가 제나라의 정치에 참여하겠는가? 임금의 명령을 받으면 변경하지 말아야 하네. 세운 바를 받들어 폐하지 않는 것이 나의 신하 된 의리네."

관중이 말하였다.

"나 이오가 행하는 君臣간의 의리는, 장차 임금의 명을 받들어 사직을 도와 종묘를 지킬 뿐이네. 어찌 규 한 사람을 위해 죽겠는가? 내가 죽는 경우는 사직이 깨어지고 종묘가 사라지고 제사가 끊기는 상황이네. 그렇게 되면 나는 죽을 것이네. 그러나 이 세 가지의 경우가 아니라면 나는 살아남을 것이네. 내가 살아 있으면 제나라에 이익이 될 것이고, 내가 죽으면 제나라에 이익이 되지 않을 것이네."

포숙이 말하였다.

"그렇다면 어떻게 해야 하는가?"

관자가 대답하였다.

"그대는 나아가 임금의 명을 받드는 것이 옳을 것이네."

포숙이 허락하고 이에 나아가 명을 받들어 마침내 소백을 보좌하게 되었다.

포숙이 관중에게 말하였다.

"어떻게 행해야 하는가?"

관중이 대답하였다.

"신하된 자가 임금에게 온 힘을 다하지 않으면 신임을 받지 못하고, 신임을 받지 못하면 말을 들어주지 않으며, 말을 들어주지 않으면 사직이 안정되지 않네. 무릇 임금을 섬기는 자는 두 마음을 가져서는 안 되네."

이에 포숙이 허락하였다.

齊僖公이 生公子諸兒, 公子糾, 公子小白이라 使鮑叔傅小白하니 鮑叔辭하여 稱疾不出이라 管仲與召忽往見之曰 何故不出고 鮑叔曰 先人有言曰 知子莫若父요 知臣莫若君이라 今君知臣〔之〕[1)]不肖也라 是以使賤臣傅小白也①니 賤臣知棄矣로라 召忽曰 子固辭無出하라 吾權任子以死亡이면 必免子리라② 鮑叔曰 子如是면 何不免之有乎아 管仲曰 不可③라 持社稷宗廟者는 不讓事 不廣閒④이라 將有國者를 未可知也⑤니 子其出乎인저 召忽曰 不可라 吾三人者之於齊國也는 譬之猶鼎之有足也니 去一焉則必不立矣⑥라 吾觀小白컨대 必不爲後矣라 管仲曰 不然也라 夫國人憎惡(오)糾之母하여 以及糾之身而憐小白之無母也요 諸兒長而賤하니 事未可知也라 夫所以定

1) 〔之〕: 저본에는 '之'가 없으나, 宋本 및 古本에 의거하여 보충하였다. 劉本 및 朱本에도 '之'가 들어 있다.

齊國者는 非此二公子者면 將無已也⑦라 小白之爲人은 無小智나 惕而有大慮⑧하니 非夷吾莫容小白⑨이라 天不幸降禍加殃于齊면 糺雖得立이라도 事將不濟리니 非子定社稷이면 其將誰也리오⑩ 召忽曰 百歲之後에 吾君卜世[2]에 犯吾君命而廢吾所立하고 奪吾糺也면 雖得天下라도 吾不生也⑪라 兄與我齊國之政也[3]니 受君令而不改하고 奉所立而不(濟)〔廢〕[4] 是吾義也라⑫ 管仲曰 夷吾之爲君臣也⑬는 將承君命하여 奉社稷以持宗廟니 豈死一糺哉⑭아 夷吾之所死者는 社稷破, 宗廟滅, 祭祀絶이면 則夷吾死之요 非此三者則夷吾生이니 夷吾生則齊國利요 夷吾死則齊國不利라 鮑叔曰 然則奈何오 管子曰 子出奉令則可⑮라 鮑叔許諾하고 乃出奉令하여 遂傅小白이라 鮑叔謂管仲曰 何行⑯고 管仲曰 爲人臣者 不盡力於君則不親信⑰하고 不親信則言不聽하고 言不聽則社稷不定이라 夫事君者는 無二心⑱이라 鮑叔許諾하니라

① 今君知臣〔之〕不肖也 是以使賤臣傅小白也 : 鮑叔은 小白이 나이가 어릴 뿐만 아니라 똑똑하지도 않고 미천하므로 그를 보필하기를 꺼린 것이다.
鮑叔以小白年幼하고 又不肖而賤이라 故難爲之傅也라

② 子固辭無出……必免子 : '任'은 '보호하다'는 의미이다. 임금이 만약 의심하면, 그대의 병이 아주 심하여 죽을 지경에 이르렀다고 말함으로써 내가 그대를 보호해 주겠다. 그렇게 하면 그대의 몸은 죽음을 면할 수 있을 것이다.
任은 保也라 君若有疑我當保子以疾困至於死亡이면 此可以免子之身이라

③ 不可 : 召忽의 말이 잘못되었다는 것이다.
以召忽言非라

④ 持社稷宗廟者……不廣閒 : 社稷과 宗廟는 지극히 중요하다. 그러므로 어려운 일을 사양함으로써 개인적인 편안함을 널리 구해서는 안 된다.
社稷, 宗廟는 至重이라 故不可讓難事而廣求門安[5]이라

---

2) 吾君卜世 : 兪樾(淸)은 '卜世'를 '下世'의 오자로 보았다.(≪諸子平議≫) 이때 '下世'는 '세상을 떠나다'의 의미가 된다. 그러나 舊注에서는 '卜世'를 '후손'이라는 의미로 풀이하고 있다. 兪樾의 견해도 어느 정도 타당하지만 역자는 舊注에 따라 번역하였다.

3) 兄與我齊國之政也 : 대부분의 주석가들은 '兄'을 '況'과 같은 글자로 본다. 가령 王念孫(淸)은 다음과 같이 말하였다. "≪困學紀聞≫ 〈諸子類〉에서 張嵲의 ≪讀管子≫를 인용하여 '兄의 古字는 況이다.'라고 하였다. 그런데 注에서는 '소홀이 관중을 형이라 불렀다.〔召忽稱管仲爲兄〕'라고 하였으니, 그 견해가 고루하다."(≪讀書雜志≫) '兄'을 '況'으로 읽을 경우 "兄與我齊國之政也"는 "하물며 내가 제나라의 정치에 참여하겠는가?"로 해석된다. 역자도 이에 따랐다.

4) 奉所立而不(濟)〔廢〕 : 저본에는 '濟'로 되어 있으나, 兪樾(淸)의 견해에 의거하여 '廢'로 바로잡았다. 유월에 의하면 "奉所立而不濟"와 "是吾義也"는 말이 순조롭게 연결되지 않는다. 舊注에서도 "更有所立不濟而死"라고 하여 '濟' 다음에 '死'자가 더 나온다. 따라서 '濟'는 앞 문장에서 나오는 "事將不濟"로 인해 잘못 들어온 글자라는 것이다.(≪諸子平議≫)

⑤ 將有國者 未可知也 : 세 公子에 대해, 그들 사람 됨됨이에 대해서는 아직 정확히 알 수 없다.
於三公子에 未可的知其人이라

⑥ 吾三人者之於齊國也……去一焉則必不立矣 : 세 사람은 그 나아감과 물러남을 달리해서는 안 된다는 의미이다.
言三人不可異其出處라

⑦ 夫所以定齊國者……將無已也 : '두 공자'는 諸兒와 공자 糾를 가리킨다. 두 공자가 齊나라를 안정시킬 수 없고 또 小白을 임금으로 세우지 못하면, 아무 쓸모가 없게 될 것이라는 말이다. 이는 곧 소백이 반드시 임금 자리를 얻게 될 것이라는 의미이다.
二公은 謂諸兒子糾라 言二子旣不能定齊國하고 而又不立小白이면 卽是將更無所用이니 謂小白必得立矣라

⑧ 小白之爲人……惕而有大慮 : 비록 작은 지혜는 없지만 조심하고 두려워할 줄 알며 원대한 사려를 지녔다는 말이다.
言雖無小智이나 能惕懼而有大慮라

⑨ 非夷吾莫容小白 : 小白은 작은 지혜가 없어 반드시 세상 사람들과 부딪칠 것이니, 그러므로 管仲이 아니면 아무도 그를 포용할 수 없다.
小白旣無小智하여 必乖迕於俗人이라 故非夷吾莫能容이라

⑩ 非子定社稷 其將誰也 : 糾가 국사를 수습하지 못하면 그다음 순서는 小白이다. 소백을 보좌하여 사직을 안정시킬 자는 그대가 아니면 누구이겠는가? '그대'는 소홀을 가리킨다.
糾旣不濟면 次在小白이니 輔小白而定社稷은 非子而誰리오 子는 謂召忽이라

⑪ 百歲之後……吾不生也 : '吾君卜世'는 僖公의 아들인 小白 등을 가리킨다. '君命'은 희공이 공자 糾를 세우라는 명령을 가리킨다. 지금 그것을 빼앗으면 나는 마땅히 목숨을 바칠 것이다.
吾君卜世는 謂僖公之子小白等也라 君命은 謂僖公之命使立子糾라 今而奪焉이면 我當致死라

⑫ 兄與我齊國之政也……是吾義也 : 召忽이 管仲을 형이라 불렀다. '與我齊國之政'은 정치를 맡게 하였다는 말이다. 지금 임금의 명령을 받아 공자 糾를 세웠으면 그 받드는 대상을 바꾸지 않아야 한다. 더욱이 세운 바가 이루어지지 않으면 죽는 것이 신하 된 자의 의리이다.
召忽稱管仲爲兄이라 與我齊國之政은 謂使知政也라 今受君令而立子糾면 不改其所奉이라 更有所立不濟而死는 是爲臣之義也라

⑬ 夷吾之爲君臣也 : 내가 세운 군신간의 의리는 召忽과 다르다는 의미이다.
言己立君臣之義與召忽異라

---

5) 門安 : 黎翔鳳(中)의 ≪管子校注≫에는 '閑安'으로 되어 있다.

⑭ 將承君命……豈死一糺哉 : 종묘・사직을 위해서는 마땅히 목숨을 바치겠지만, 糺 한 사람을 위해서는 죽지 않겠다는 의미이다.
言當爲宗廟社稷致死요 不死於一糺라

⑮ 子出奉令則可 : 그대가 나아가 명을 받들면 小白이 의지할 곳이 있다. 그러므로 "可"라고 말한 것이다.
子出奉令이면 則小白有所依라 故曰可라

⑯ 鮑叔謂管仲曰 何行 : 임금을 섬길 때 어떻게 행해야 하는가를 묻는 것이다.
問其事君에 當何所行이라

⑰ 不親信 : 임금에게 신임을 받지 못한다.
不爲君親信이라

⑱ 不親信則言不聽……無二心 : 이런 것이 임금을 섬기는 자가 행할 일이다.
此事君之所行이라

僖公의 동복 동생인 夷仲年이 公孫無知를 낳았는데, 공손무지는 희공의 총애를 받아 의복에 세자와 같은 대우를 받았다. 희공이 죽자 장자인 諸兒가 임금이 되었는데 이 사람이 바로 襄公이다.

양공은 즉위 이후에 공손무지를 쫓아내었고, 공손무지는 크게 노하였다. 일찍이 양공은 連稱(연칭)과 管至父(관지보)[6]를 葵丘[7]의 국경 수비대에 파견하면서, "오이가 익을 무렵에 갔다가 오이가 익을 무렵에 돌아오라."라고 하였다. 그러나 1년이 지나도 양공의 부름이 이르지 않았고, 교대를 청하였으나 허락받지 못하였다. 이에 두 사람은 공손무지와 함께 난을 일으켰다.

僖公之母弟夷仲年이 **生公孫無知**하니 **有寵於僖公**하여 **衣服禮秩如適**①이라 **僖公卒**에 **以諸兒長得爲君**하니 **是爲襄公**이라 **襄公立後絀無知**하니 **無知怒**라 **公令連稱, 管至父**를 **戍葵丘曰 瓜時而往**하여 **及瓜時而來**하라 **期戍**에 **公問不至**하고 **請代不許**라 **故二人因公孫無知以作亂**이라

① 僖公之母弟夷仲年……衣服禮秩如適 : 公孫無知에 대한 총애가 세자와 같았다는 의미이다.
言無知之寵이 與適子同이라

魯 桓公의 부인 文姜은 齊나라 여자였는데, 환공이 제나라에 갈 때 부인과 함께 가려고 하였다. 이에 申兪가 다음과 같이 간언하였다.

---

6) 連稱(연칭)과 管至父(관지보) : 齊 襄公 시절의 대부들이다.
7) 葵丘 : 당시 齊나라의 변방 지역으로, 지금의 산동성 臨淄 서쪽 일대가 된다.

“안 됩니다. 여자는 시집이 있고 남자는 처가가 있습니다. 이 양쪽이 서로 문란하지 않은 것이 禮입니다.” 그러나 환공은 듣지 않고 마침내 문강을 데리고 濼水 가에서 제나라 제후(襄公)와 만났다. 문강이 襄公과 간통하자, 환공이 이를 듣고 문강을 책망하였다. 그러자 문강은 이 일을 양공에게 고자질하였고, 양공은 크게 화가 났다. 〈이에 양공은〉 환공을 연회에 초대하고는, 公子 彭生을 시켜 〈술에 취한〉 환공을 부축하여 수레에 오르게 하면서 환공의 갈비뼈를 부러뜨리게 하였으니, 환공은 수레 안에서 사망하였다. 豎曼이 말하였다.

“어진 사람은 忠義를 위해 죽어 의심을 없애니 백성들이 그에게 의지하고, 지혜로운 사람은 이치를 궁리하여 사려가 뛰어나니 죽음을 면합니다. 지금 팽생은 군주께 두 가지 잘못을 저질렀으니,[8] 〈누이와 간통하는 것에 대해〉 충성스럽게 간언하지 않고 아첨하는 행위를 하여 오히려 우리 군주를 희롱하였고, 우리 군주께서 친척 사이의 예의와 명분을 잃게 하였습니다. 또한 힘으로 우리 군주의 禍를 키워 양국 사이의 원한을 맺게 하였으니, 팽생이 어찌 죄를 면할 수 있겠습니까? 이번 재앙은 팽생 때문에 생겨난 것입니다.

무릇 군주께서는 〈노 환공을〉 화나게 함으로써 禍를 키웠고,[9] 누이와의 간통이 소문나는 것을 두려워하지 않고 저질렀으니, 이 같은 어리석음은 族類(同族)를 알지 못하여 생겨났습니다. 이번 일이 어찌 팽생에게만 책임을 묻는 데서 끝날 수 있겠습니까? 노나라에서 자기네 군주를 시해한 일을 문제 삼는다면 반드시 팽생을 그 구실로 삼을 것입니다.”

魯桓公夫人文姜은 **齊女也**라 **公將如齊**에 **與夫人皆**[10]**行**①이어늘 **申俞諫曰 不可**②하니 **女有**

---

8) 지금……저질렀으니 : 원문 “今彭生二於君”에 대한 번역이다. 舊注에서는 “〈팽생은〉 바른 도리로 임금을 보좌하지 않고 임금의 어리석음을 좇았다. 그러므로 ‘두 가지의 잘못’이라고 말하는 것이다.〔不以正道輔君 而從之於昏 故曰二〕”라고 말함으로써, ‘二’의 구체적 내용을 이어지는 문장의 내용과 별개로 처리하고 있다. 그러나 문장 구조상으로 볼 때 ‘二’의 내용은 이어지는 두 개의 문구 즉 “無盡言而諛行 以戱我君”과 “使我君失親戚之禮命”으로 보는 것이 타당하다. 따라서 역자는 이 구절의 번역에 있어 舊注를 따르지 않았다.

9) 무릇……키웠고 : 원문 “夫君以怒遂禍”에 대한 해석이다. 舊注에서는 “군주(양공)는 노나라 환공을 노하게 만들었고, 팽생은 그 재앙을 더욱 키웠다.〔君怒魯桓 彭生則遂成其禍〕”라고 풀이함으로써, ‘怒’와 ‘禍’를 생성하는 주체를 양공과 팽생 두 사람으로 분리시키고 있다. 그러나 문장 구조상으로 보자면 ‘怒’와 ‘禍’를 생성하는 주체는 단지 ‘君’ 즉 양공 한 사람이 된다. 따라서 이 구절의 해석은 舊注를 따르지 않았다.

10) 皆 : 여기서 ‘皆’는 ‘偕’로 읽는다. 이 점에 대해 李哲明(中)은 다음과 같이 말하였다. “‘皆’

家하고 男有室[3]하여 無相瀆也를 謂之有禮라하니 公不聽하고 遂以文姜會齊侯於濼하니 文姜通於齊侯어늘 桓公聞하고 責文姜한대 文姜告齊侯하니 齊侯怒하여 饗公하고 使公子彭生乘魯侯脅之[4]하여 公薨於車라 豎曼曰[5] 賢者는 死忠以振疑하여 百姓寓焉[6]하고 智者는 究理而長慮하여 身得免焉[7]이니이다 今彭生二於君[8]하고 無盡言而諛行하여 以戱我君하고 使我君失親戚之禮命[9]이니이다 又力成吾君之禍하여 以構二國之怨[10]하니 彭生其得免乎아 禍理屬焉[11]이니이다 夫君以怒遂禍[12]하고 不畏惡親聞容하니 昏生無醜也[13]니이다 豈及彭生而能止之哉[14]리오 魯若有誅면 必以彭生爲說이니이다

① 公將如齊 與夫人皆行 : '公'은 桓公을 말한다.
公은 謂桓公이라

② 申兪諫曰 不可 : '申兪'는 魯나라 대부이다.
申兪는 魯大夫也라

③ 女有家 男有室 : 여자에게는 시집이 있고, 남자에게는 처가가 있다.
女有夫之家하고 男有妻之室이라

④ 使公子彭生乘魯侯脅之 : '乘'은 桓公을 부축하여 수레에 오르게 하였다는 의미이다. 〈환공이 수레에 오르자〉 환공의 갈비뼈를 부러뜨려 죽였다.
乘은 謂扶公升車라 拉其脅而殺之라

⑤ 豎曼曰 : '豎曼'은 齊나라 대부이다.
豎曼은 齊大夫也라

⑥ 賢者……百姓寓焉 : '振'은 '구제하다'의 의미이다. 어진 사람은 忠義를 위해 죽음으로써 당시의 의심을 없앤다. 그러므로 백성들은 그런 사람에게 의탁하게 된다. '寓'는 '의지하다'의 의미이다.
振은 救也라 賢者는 死於忠義하여 以救當時之疑라 故百姓有所託焉이라 寓는 寄託也라

⑦ 智者……身得免焉 : 지혜로운 사람은 이치를 깊이 살펴 계략과 사려가 또한 뛰어나다. 그러므로 위험과 죽음을 면하는 것이다.
智者는 旣盡理而謀慮又長이라 故免於危亡이라

⑧ 今彭生二於君 : 〈彭生은〉 바른 도리로 임금을 보좌하지 않고 임금의 어리석음을 좇았다. 그러므로 '두 가지의 잘못'이라고 말하는 것이다.
不以正道輔君하고 而從之於昏이라 故曰二라

⑨ 無盡言而諛行……使我君失親戚之禮命 : '無盡'은 襄公이 누이와 간통하는 것에 대해 충성스럽게 간언하지 않았다는 말이다. 그러므로 "친척 사이의 예의와 명분을 잃었다."

는 '偕'로 읽는다. 古字에서는 서로 통용되었다. ≪尙書≫ 〈湯誓〉에 나오는 '予及女皆亡'이 ≪孟子≫에서는 '偕亡'으로 쓰여 있으니, 이런 종류는 매우 많다."(≪管子校義≫)

라고 말하는 것이다.

無盡은 言謂不忠諫襄公通其妹라 故曰 失親戚之禮命이라

⑩ 又力成吾君之禍 以構二國之怨 : 〈彭生은〉 자신의 힘이 센 것을 믿고 魯나라 군주의 〈갈비뼈를〉 부러뜨려 죽였다. 그러므로 "힘으로 우리 임금의 화를 키웠다."라고 말하는 것이다.

恃其多力하여 拉殺魯君이라 故曰力成吾君之禍라

⑪ 禍理屬焉 : 재앙이 생겨난 이치가 彭生에게 속해 있다.

禍敗之理屬於彭生이라

⑫ 君以怒遂禍 : 임금(襄公)은 魯 桓公을 노하게 만들었고, 彭生은 마침내 그 재앙을 키웠다.

君怒魯桓하고 彭生則遂成其禍라

⑬ 不畏惡親聞容 昏生無醜也 : 임금(襄公)이 누이와 간통하였으니 이것을 '惡親'이라 하였다. 이 일이 멀리 소문날 것을 두려워하지 않고 이를 차마 용인하였다. 그러나 이런 어리석은 일은 자기의 族類(同族)를 알지 못함에서 생겨났다. 그러므로 "昏生無醜"라고 말하는 것이다. '醜'는 '族類'다.

君而通妹를 是謂惡親이라 不畏此事遠聞而忍容之라 然此昏愚之生於不識其類[11]라 故曰 昏生無醜라 醜는 類也라

⑭ 豈及彭生而能止之哉 : '及'은 '이르다'는 의미이다. 禍가 彭生으로부터 말미암았으니, 즉 팽생의 힘이 이렇게 만든 것이다. 이제 그가 화를 이루었으므로 마땅히 팽생을 죽여야 하는 것이다.

及은 如也라 禍由彭生則彭生力能之니 今而成禍라 故當誅之라

2월에 魯나라 사람이 齊나라에 가서 말하였다.

"저희 군주께서는 제나라 군주의 위엄을 두려워하여 감히 편안히 지내지 못하니 이전의 우호를 회복하길 바랍니다. 예가 이루어지면 다시 예전으로 돌아가는 일이 없어야 하고, 허물이 생겨나는 곳이 없어야 합니다. 彭生을 제거해 주십시오."

이에 제나라에서는 팽생을 죽여 노나라에 사죄하였다. 5월에 襄公이 貝丘[12]에

---

11) 不識其類 : 여기서 '類'는 '族類'를 의미한다. ≪春秋左氏傳≫ 定公 4년 조에 다음과 같은 말이 나온다. "殷나라 민족 여섯 종족 즉, 條氏·徐氏·蕭氏·索氏·長勺氏·尾勺氏를 그 수장으로 하여금 그 本宗의 同族을 거느리고 그 支派의 族屬을 모으고, 그 族類(同族)의 사람들을 이끌고 周公을 본받게 하였다.〔殷民六族 條氏·徐氏·蕭氏·索氏·長勺氏·尾勺氏 使帥其宗氏 輯其分族 將其類醜 以法則周公〕"

12) 貝丘 : ≪史記≫ 〈齊世家〉에는 '沛丘'로 되어 있다. 지금의 산동성 博昌縣 남쪽 지역에 해당한다.

서 사냥을 하는데 돼지가 나타났다. 시종들이 외쳤다.

"공자 팽생이다!"

양공이 노하여 말하여다.

"공자 팽생이 어찌 감히 나타난단 말인가!"

그러면서 활로 쏘았다. 그러자 돼지가 사람처럼 서서 울부짖었다. 이에 양공이 벌벌 떨면서 수레 아래로 떨어져 발을 다치고 신발을 잃어버렸다. 궁으로 돌아온 후 시종 費에게 신발을 찾으라고 독촉했으나 찾지 못하였다. 〈이에 양공은 비를〉 피가 나도록 채찍질하였다. 비는 뛰쳐나가다가 문에서 반란군[13]을 만났다. 반란군이 비를 위협하여 묶으려 하였다. 그러자 비가 웃통을 벗어 〈피나는〉 등을 보여주자 반란군이 그를 믿었다. 반란군이 그를 먼저 들여보내자, 비는 양공을 숨기고 밖으로 나와 대문에서 반란군과 싸우다가 죽었다. 〈시종〉 石之紛如는 계단 아래에서 죽었고, 孟陽은 양공을 대신해 침상에 누워 있다가 반란군에 의해 죽임을 당했다. 이때 반란군들이 외쳤다.

"임금이 아니다, 그를 닮지 않았다!"

〈반란군이 양공을 찼던 중〉 양공의 발이 쪽문 아래로 드러났다. 마침내 반란군은 양공을 살해하고 公孫無知를 임금으로 세웠다.

二月에 **魯人告齊曰 寡君畏君之威**하여 **不敢寧居**하여 **來修舊好**러니 **禮成而不反**하여 **無所歸(死)〔咎〕**[14]라 **請以彭生除之**하노라 **齊人爲殺彭生**하여 **以謝於魯**라 **五月**에 **襄公田于貝丘**러니 **見豕彘**[15]어늘 **從者曰 公子彭生也**라하니 **公怒曰 公子彭生**이 **安敢見**이리오 **射之**라 **豕人立而啼**어늘 **公懼**하여 **墜於車下**에 **傷足亡屨**하고 **反**하여 **誅屨於徒人費**호되 **不得也**①라 **鞭之見血**이러니 **費走而出**이라가 **遇賊於門**이라 **脅而束之**어늘 **費袒而示之背**하니 **賊信之**라 **使費先入**하니 **伏公而出鬪**하여 **死于門中**하고 **石之紛如死于階下**라 **孟陽代君寢于牀**이어늘 **賊殺之**하고 **曰 非君也**라 **不類**라 **見公之足于戶下**하여 **遂殺公而立公孫無知也**라

13) 반란군 : 원문 '賊'에 대한 번역이다. 여기서 언급되는 '賊'은 단순한 도적이 아니라, 당시 반란을 일으켜 쳐들어오던 公孫無知의 무리를 말한다.

14) 無所歸(死)〔咎〕 : 王念孫(淸)의 견해에 의거하여 '死'를 '咎'로 바로잡았다. 그는 다음과 같이 말하였다. "'無所歸死'는 ≪春秋左氏傳≫에 의거하여 '無所歸咎'로 고쳐야 한다. 글자의 오류이다."(≪讀書雜志≫)

15) 豕彘 : 丁士涵(淸)은 '彘'를 후대 사람들이 注로 붙인 글자로 보았다.(≪管子校本≫)

① 誅屨於徒人費 不得也 : '誅'는 '재촉하다'는 의미이다.
誅는 責이라

鮑叔牙는 公子 小白을 모시고 莒(거)나라로 도망쳤고, 管夷吾와 召忽은 공자 糺를 모시고 魯나라로 도망쳤다. 9년[16]에 公孫無知가 雍廩(옹름)을 학대하자 옹름이 공손무지를 살해하였다.[17] 桓公이 거나라에서 먼저 齊나라로 들어왔다. 노나라 사람들은 제나라를 공격하면서 공자 규를 들이려고 하였다. 乾時[18]에서 전투가 벌어졌는데 관중이 활을 쏘아 환공의 허리띠쇠를 맞혔다. 그러나 노나라 군대는 연달아 패배하였고 마침내 환공이 군주자리에 올랐다. 이때 환공은 노나라를 협박하여 노나라에서 공자 규를 죽이게 하였다.

鮑叔牙는 **奉公子小白**하여 **奔莒**하고 **管夷吾, 召忽**은 **奉公子糺**하여 **奔魯**라 **九年**에 **公孫無知 虐於雍廩**하야 **雍廩殺無知也**라 **桓公自莒先入**하고 **魯人伐齊**하며 **納公子糺**러니 **戰於乾時**에 **管仲射桓公中鉤**하고 **魯師敗績**이라 **桓公踐位**에 **於是劫魯**하여 **使魯殺公子糺**①라

① 於是劫魯 使魯殺公子糺 : '劫'은 군대를 동원하여 협박하는 것을 말한다.
劫은 謂興兵脅之라

桓公이 鮑叔에게 물었다.

"어떻게 하면 社稷을 안정시킬 수 있는가?"

포숙이 대답하였다.

"管仲과 召忽을 얻으면 사직이 안정될 것입니다."

환공이 말하였다.

"管夷吾와 소홀은 나의 적이었다."

포숙이 환공에게 그들이 예전에 꾸몄던 계획을 말하였다. 환공이 물었다.

16) 9년 : 安井衡(日)에 의하면 여기서 말하는 '9년'은 '魯 莊公 9년'을 말한다. 당시 齊나라 사람들은 齊나라의 紀年을 사용하였는데 여기서 노나라 기년을 사용하고 있는 것은, 이 글이 左丘明의 ≪春秋≫ 이후에 쓰여졌기 때문이라는 것이다.(≪管子纂詁≫)

17) 公孫無知가……살해하였다 : '雍廩'은 제나라 대부이다. 단 尹桐陽(中)은 '雍廩'을 ≪史記≫에 나오는 '雍林'을 가리키는 것으로 보고 지역명으로 보기도 한다.(≪管子新釋≫) 이 경우 이 구절은 "公孫無知가 雍廩(옹름) 사람을 학대하자 옹름 사람들이 공손무지를 살해하였다."가 된다.

18) 乾時 : 오늘날 산동성 博興縣 남쪽 지역에 해당한다.

"그렇다면 이들을 얻을 수 있는가?"

포숙이 대답하였다.

"만약 서두르면 얻을 것이요, 서두르지 않으면 얻지 못할 것입니다. 魯나라 施伯은 관이오의 사람됨이 지혜롭다는 것을 알고 있습니다. 그래서 그는 반드시 노나라 군주로 하여금 노나라 정치를 관이오에게 맡기게 하려 할 것입니다. 관이오가 이를 받아들이면 그는 齊나라를 약하게 할 방법을 알게 될 것이고, 만약 관이오가 받아들이지 않으면 그가 장차 제나라로 돌아가려는 것을 알고 반드시 그를 죽일 것입니다."

환공이 물었다.

"그렇다면 관이오는 장차 노나라의 정치를 맡게 될 것인가? 그렇지 않을 것인가?"

포숙이 대답하였다.

"맡지 않을 것입니다. 무릇 관이오가 公子 糺를 위해 죽지 않은 것은, 제나라의 사직을 안정시키려는 생각이 있기 때문입니다. 지금 노나라의 정치를 맡는다는 것은, 제나라를 약하게 하는 행위가 됩니다. 관이오가 군주를 섬김에 있어서는 두 마음이 없습니다. 비록 죽게 될 줄 알더라도 그는 결코 노나라 정치를 맡지 않을 것입니다."

환공이 말하였다.

"그가 나에 대한 마음이 이와 같단 말인가?"

포숙이 대답하였다.

"전하 때문이 아니고, 先君 때문입니다. 그가 전하에 대한 마음은 공자 규에 대한 것만큼 각별하지 않습니다. 공자 규가 죽지 않았다면 과연 전하를 섬기겠습니까? 전하께서 제나라의 사직을 안정시키고자 하신다면 서둘러 그를 맞아들이십시오."

환공이 말하였다.

"제때 그를 데려오지 못할까 두렵소. 어찌하면 좋겠소?"

포숙이 대답하였다.

"무릇 시백의 사람 됨됨이는 일처리가 민첩하기는 하지만 두려움이 많습니다. 전하께서 먼저 그를 돌려달라고 하시면, 시백은 제나라와 원한을 맺게 될까 두려워 결코 죽이지 못할 것입니다."

환공이 말하였다.

"그렇게 하도록 합시다."

桓公問於鮑叔曰 將何以定社稷고 鮑叔曰 得管仲與召忽則社稷定矣리이다 公曰 夷吾與召忽은 吾賊也라 鮑叔乃告公其故圖①하니 公曰 然則可得乎아 鮑叔曰 若亟召則可得也요 不亟不可得也리이다 夫魯施伯은 知夷吾爲人之有慧也라 其謀必將令魯致政於夷吾하리니 夷吾受之면 則彼知能弱齊矣요 夷吾不受면 彼知其將反於齊也라 必將殺之②리이다 公曰 然則夷吾將受魯之政乎아 其否也아 鮑叔對曰 不受니이다 夫夷吾之不死糾也는 爲欲定齊國之社稷也요 今受魯之政은 是弱齊也니 夷吾之事君無二心也라 雖知死必不受也③리이다 公曰 其於我也에 曾若是乎④아 鮑叔對曰 非爲君也요 爲先君也니이다 其於君不如親糾也⑤니 糾之不死而況君乎⑥잇가 君若欲定齊之社稷인댄 則亟迎之⑦하소서 公曰 恐不及하니 奈何오 鮑叔曰 夫施伯之爲人也는 敏而多畏⑧하니 公若先反하면 恐注怨焉[19]이라 必不殺也⑨리이다 公曰 諾⑩다

① 鮑叔乃告公其故圖 : '故圖'는 이전에 管仲이 鮑叔으로 하여금 小白을 보필하여 장차 그를 군주로 세우려 했던 계획을 말한다.
故圖는 謂管仲始謀令鮑叔傅小白하야 將立之라

② 夷吾不受……必將殺之 : 管仲이 魯나라의 정치를 맡지 않고 齊나라로 돌아가면, 관중이 장차 노나라의 해가 될까 걱정되므로 그를 죽이려는 것이다.
既不受魯政而反於齊면 恐其將爲魯害라 故殺之라

③ 夷吾之事君無二心也 雖知死必不受也 : '君'은 桓公을 가리킨다.
君은 謂桓公이라

④ 其於我也曾若是乎 : '曾'은 '곧'이다. 〈군주에 대해〉 곧 두마음이 없을 수 있는 것이 이와 같단 말인가?
曾은 則也라 則能無二心이 如是乎아

⑤ 其於君不如親糾也 : 管仲은 小白보다 糾와 더 친했다는 말이다.
言管仲親糾多於小白也라

⑥ 糾之不死而況君乎 : 친한 사람을 위해서도 죽지 않았으니, 친하지 않은 사람에 대해서 어떻게 할지 알 수 있다.
親尙不死하니 疏則可知라

⑦ 君若欲定齊之社稷 則亟迎之 : 管仲은 이미 그 뜻이 齊나라의 社稷을 안정시키는 데 있다. 그러므로 서둘러 그를 맞아들여야 한다.
管仲既志在定齊社稷이라 故須急迎之라

---

19) 公若先反 恐注怨焉 : 兪樾(淸)은 '反'을 '彼'의 誤字로 보았다. 이 경우 이 구절은 "公若先 彼恐注怨焉"으로 읽혀지게 되고, 이때 '彼'는 '施伯'을 가리키게 된다는 것이다.(≪諸子平議≫) 참고할 만한 의견이지만, 역자는 舊注에 의거하여 해석하였다.

⑧ 敏而多畏 : 두려움이 많으니 염려가 깊다.
多畏則念慮深이라

⑨ 公若先反……必不殺也 : 만약 齊나라에서 먼저 管仲을 돌려받고자 하는데 施伯이 관중을 죽인다면, 제나라가 반드시 원한을 품게 된다. 그러므로 감히 죽이지 못하는 것이다.
若先反管仲에 而施伯殺之면 齊必注怨이라 故不敢殺이라

⑩ 公曰 諾 : 鮑叔의 말을 따랐다.
從鮑叔之言也라

施伯이 魯나라 군주에게 나아가 말하였다.

"管仲에게 급박한 일이 벌어졌는데 그 일이 성공하지 못하여, 지금 노나라에 와 있습니다. 전하께서는 그에게 노나라의 정치를 맡기십시오. 그가 이를 받아들이면 齊나라를 약하게 할 수 있습니다. 〈그러나〉 그가 받아들이지 않으면 그를 죽이십시오. 관중을 죽임으로써 제나라 군주를 기쁘게 하여, 〈관중에 대한〉 제나라 군주의 노여움에 동참하십시오. 이렇게 하는 것이 그를 죽이지 않는 것보다 현명합니다."

노나라 군주가 대답하였다.

"그렇게 하라."

노나라에서 아직 관중에게 정치를 맡기지 않았는데, 제나라 사신이 와 제나라 군주의 말을 전하였다.

"管夷吾와 召忽은 과인의 적이오. 그들이 지금 노나라에 있는데, 과인은 그들을 산 채로 얻고 싶소. 만약 그들을 얻지 못하게 된다면 노나라 군주는 과인과 적이 될 것이오."

노나라 군주가 이 일을 시백에게 물으니 시백이 대답하였다.

"전하께서는 그들을 제나라에 넘기십시오. 제가 듣기에 제나라 군주는 성질이 급하고 아주 교만하다고 하니, 비록 賢者를 얻더라도 어찌 반드시 쓸 수 있겠습니까? 제나라 군주가 관중을 쓸 수 있으면 管子의 사업은 반드시 성공할 것입니다. 무릇 관중은 천하의 큰 성인입니다. 지금 그가 제나라로 돌아가면 천하가 모두 그를 바라볼 것이니, 어찌 노나라만 그렇겠습니까? 지금 만약 그를 죽인다면, 그는 鮑叔의 친구이니 포숙은 이 일을 빌미 삼아 전쟁을 일으킬 것이니, 전하께서는 결코 상대할 수 없습니다. 차라리 제나라에 내어주는 것이 낫습니다."

이에 마침내 노나라 군주는 관중과 소홀을 포박하였다.

施伯進對魯君曰 管仲有急하여 **其事不濟**라 **今在魯**니 **君其致魯之政焉**①하소서 **若受之則齊可弱也**어니와 **若不受則殺之**하소서 **殺之以說**(열)**於齊也**하여 **與同怒**가 **尙賢於已**②니이다 **君曰 諾**다 **魯未及致政**에 **而齊之使至曰 夷吾與召忽也**는 **寡人之賊也**라 **今在魯**하니 **寡人願生得之**라 **若不得也**면 **是君與寡人賊比也**라 **魯君問施伯**하니 **施伯曰 君與之**하소서 **臣聞齊君惕而亟驕**하니 **雖得賢**이라도 **庸必能用之乎**리오③ **及齊君之能用之也**면 **管子之事濟也**④리이다 **夫管仲**은 **天下之大聖也**라 **今彼反齊**면 **天下皆鄕之**이리니 **豈獨魯乎**리오 **今若殺之**면 **此鮑叔之友也**라 **鮑叔因此以作難**하리니 **君必不能待也**⑤니 **不如與之**니이다 **魯君乃遂束縛管仲與召忽**하니라

① 管仲有急……君其致魯之政焉 : 〈齊나라에〉 급박하고 혼란한 일이 벌어져 〈管仲은〉 小白과 제나라를 다투었다. 지금 그 일이 성공하지 못하여 그는 魯나라에 와 있다. 지금 이 일로 인하여 그에게 정치를 맡길 수 있다고 하였다.
有急難之事하여 與小白爭國이라 其事旣不濟라 故來在魯니 可因此事而致政이라

② 殺之以說(열)於齊也……尙賢於已 : 施伯은 管仲이 齊나라로 돌아가 魯나라의 해가 될까 두려워 그를 죽이고자 하였는데, 이것은 마치 관중에 대한 제나라 노여움과 함께하는 것 같다. 이와 같이 하는 것이 관중을 죽이지 않는 것보다 낫다고 여긴 것이다.
施伯恐管仲反齊爲害하여 欲殺之니 有若與齊同怒라 如此猶賢於不殺也라

③ 庸必能用之乎 : '庸'은 '어찌'와 같은 의미이다.
庸은 猶何也라

④ 及齊君之能用之也 管子之事濟也 : '及'은 '就(나아가다)'와 같다. 나아가 管仲을 쓸 수 있으면 管子의 사업이 반드시 이루어질 것이다.
及은 猶就也라 就令能用之면 管子之事必濟也라

⑤ 君必不能待也 : 齊나라는 강국이고 鮑叔은 현명하니 견줄 수 없다. '待'는 '견주다'의 의미이다.
齊國强이요 鮑叔賢이라 故不能待라 待는 猶擬也라

管仲이 召忽에게 물었다.

"그대는 두려운가?"

소홀이 대답하였다.

"어찌 두렵겠는가? 내가 일찍 죽지 않은 것은 제나라가 안정되길 기다렸기 때문이네. 지금 제나라가 이미 안정되었으니, 〈제나라 군주는〉 자네를 왼쪽에서 제나라를 돕게 하고 나를 오른쪽에서 제나라를 돕게 할 것이네. 그러나 〈모시던〉 主君을 죽이고 내 몸을 〈다른 사람을 위해〉 쓴다는 것은 나를 두 번 욕되게 하는 것이

네. 그대는 〈살아서 주군을 모시는〉 生臣이 되게. 나는 〈죽어서 주군을 모시는〉 死臣이 되겠네. 나 소홀이 대국의 재상이 될 수 있음을 알고도 죽으니, 公子 糾는 '死臣'이 있었다는 말을 듣게 될 것이네. 그대가 살아남아서 제후들을 제패하면 공자 규는 '生臣'이 있었다는 말을 듣게 될 것이네. 죽은 자는 〈忠義의〉 행실을 이루고 산 자는 〈사직을 안정시켰다는〉 명예를 이룰 것이네. 산 자의 명예와 죽은 자의 명예를 동시에 세울 수 없고, 충의의 행위는 대가 없이 이르지 않는다네. 그대는 살아서 노력하게. 죽고 사는 것에는 정해진 분수가 있네."

이렇게 말하면서 가다가 제나라 국경에 들어서자 소홀은 자살하고 관중은 마침내 제나라로 들어갔다.

어떤 君子가 이 소식을 듣고 말하였다.

"소홀이 죽은 것은 살아남은 것보다 현명하였고, 관중이 살아남은 것은 죽는 것보다 현명하였다."

管仲謂召忽曰 子懼乎아 **召忽曰 何懼乎**리오 **吾不蚤死**는 **將胥有所定也**①라 **今旣定矣**②니 **令子相齊之左**면 **必令忽相齊之右**리라 **雖然殺君而用吾身**은 **是再辱我也**③니 **子爲生臣**하라 **忽爲死臣**④하리다 **忽也知得萬乘之政而死**하면 **公子糾可謂有死臣矣**요 **子生而霸諸侯**면 **公子糾可謂有生臣矣**라 **死者成行**⑤하고 **生者成名**⑥이면 **名不兩立**⑦하고 **行不虛至**⑧니 **子其勉之**하라 **死生有分矣**라 **乃行**하여 **入齊境**에 **自刎而死**하고 **管仲遂入**이라 **君子聞之曰 召忽之死也**는 **賢其生也**⑨요 **管仲之生也**는 **賢其死也**⑩라

① 吾不蚤死 將胥有所定也 : '胥'는 '기다리다'의 의미이다.
胥는 待也라

② 今旣定矣 : 小白이 이미 齊나라를 안정시켰다는 의미이다.
謂小白已定齊라

③ 雖然殺君而用吾身 是再辱我也 : '君'은 公子 糾를 말한다.
君은 謂子糾라

④ 子爲生臣 忽爲死臣 : 살아 있으면 社稷을 안정시키고, 죽으면 忠義를 드러낸다.
生則定社稷하고 死則顯忠義라

⑤ 死者成行 : 죽어서 忠義의 행실을 이룬다.
死成忠義之行이라

⑥ 生者成名 : 살아서 社稷을 안정시켰다는 명예를 얻는다.
生定社稷之名이라

⑦ 名不兩立 : 이미 산 자의 명예를 이루었다면, 다시 죽은 자의 명예를 이룰 수는 없다. 旣成生名이면 不可又成死名이라
⑧ 行不虛至 : 반드시 몸을 바쳐 운명을 받아들여야 '忠義의 행실'이라고 불린다. 必致身受命이라야 乃謂之行也라
⑨ 召忽之死也 賢其生也 : 召忽은 살아 남았다 하더라도 제후들을 제패할 수 없다. 召忽之生은 不能霸諸侯라
⑩ 管仲之生也 賢其死也 : 관중이 죽었다면 제후들을 규합하는 공을 이루지 못하였을 것이다. 管仲之死면 不成九合之功이라

어떤 기록에는 다음과 같이 말한다.

襄公이 즉위한 다음해에 양공이 小白을 좇아내니 소백이 莒(거)로 달아났다. 3년 후 양공이 죽자 公子 糾가 군주 자리에 올랐으나 齊나라 사람들이 소백을 불렀다. 鮑叔이 말하였다.

"어째서 가려 하지 않습니까?"

소백이 대답하였다.

"불가하오. 무릇 管仲은 지혜롭고 召忽은 무력이 뛰어나니, 비록 나라 사람들이 나를 부른다고 하더라도 나는 여전히 들어갈 수 없소."

포숙이 말하였다.

"관중이 그의 지혜를 나라에 실행할 수 있었으면 어찌 나라가 어지러워지겠습니까? 소홀이 무력이 뛰어나다 할지라도 어찌 그 혼자 우리를 도모할 수 있겠습니까?"

소백이 말하였다.

"무릇 관중이 그의 지혜를 실행할 수 없었다 할지라도 어찌 지혜가 없다고 할 수 있겠소? 소홀이 비록 무리를 얻지 못했다 할지라도, 환난의 상황에 이르면 어찌 우리를 도모할 수 없겠소?"

포숙이 대답하였다.

"무릇 나라가 어지러울 때 지혜로운 사람이 국내 일을 처리할 수 없고, 동료 무리들이 서로 모여들지 않는다면, 그런 나라는 한번 도모해볼 수 있습니다."

이에 수레를 준비하라고 명하고, 포숙이 직접 수레를 몰고 소백이 수레에 올라타고 莒를 출발하였다. 이때 소백이 말하였다.

"저 관중과 소홀 두 사람이 군주의 명을 받들어 대항해오면, 우리는 시도해볼 수

없을 것이오."

그러면서 소백이 수레에서 내리려고 하였다. 포숙이 소백의 발을 밟으면서 말하였다.

"이제 일이 거의 다 이루어졌습니다. 만약 일이 성공하지 못한다 해도, 이 늙은 신하는 죽게 되겠지만 공자께서는 그래도 살아남을 것입니다."

그리고는 행군을 계속하여 제나라 도성의 근교에 이르렀다. 여기서 포숙은 20대의 수레는 앞서게 하고 10대의 수레는 뒤를 따르게 하였다. 그런 다음 포숙은 소백에게 다음과 같이 말하였다.

"무릇 우리를 따르는 사람들은 비록 의구심이 있지만, 아무도 차마 이 늙은 신하의 말을 어기지 못하고 있습니다. 〈만약〉 일이 성공하지 못한다면 이 늙은 신하가 수레로 길을 막겠습니다."

이에 포숙이 따르는 무리에게 다음과 같이 선포하였다.

"일이 성공하면 나의 명령을 따를 것이고, 만약 일이 실패하면 공자께서 죽음에서 벗어나게 하는 것을 최우선으로 하라. 우리가 죽는 것은 그다음이다. 나는 5대의 수레를 이끌고 나아가 길을 막겠다."

이에 포숙이 앞으로 달려가, 마침내 도성 안으로 들어가 공자 규를 쫓아내었다. 이때 관중이 활을 쏘아 소백의 허리띠쇠를 맞혔으나 실패하였다. 관중이 공자 규와 소홀과 함께 魯나라로 달아났다. 桓公이 군주 자리에 오르자, 노나라가 제나라를 쳐서 공자 규를 들이고자 하였으나 실패하였다.

或曰 明年①에 **襄公逐小白**하니 **小白走**莒라 **三年**에 **襄公薨**하고 **公子**糺**踐位**하니 **國人召小白**이어늘 **鮑叔曰 胡不行矣**오 **小白曰 不可**하다 **夫管仲知**하고 **召忽强武**하니 **雖國人召我**라도 **我猶不得入也**니라 **鮑叔曰 管仲得行其知於國**이면 **國可謂亂乎**②[20]아 **召忽强武**라도 **豈能獨圖我哉**③리오 **小白曰 夫雖不得行其知**라도 **豈且不有焉乎**④아 **召忽雖不得衆**이나 **其及豈不足以圖我哉**⑤[21]오

20) 國可謂亂乎 : 郭沫若(中)은 '可'는 '何'와 같은 글자로 보고, '謂'는 '爲'와 같은 글자로 본다. 따라서 "國可謂亂乎"는 "國何爲亂乎"로 읽을 수 있다는 것이다.(≪管子集校≫) 한편 安井衡(日)은 '謂'는 '以'로 고쳐야 한다고 보았다.(≪管子纂詁≫) 역자는 郭沫若의 견해를 따랐다.

21) 其及豈不足以圖我哉 : '及'을 '友'의 誤字로 보는 견해들이 있다. 우선 宋翔鳳(淸)은 '及'을 '反'으로 고쳐야 하고, 이때 '反'은 '友'의 誤字가 된다고 보았다.(≪管子識誤≫) 郭沫若(中) 또한 劉績(明)의 ≪管子補註≫에서 "及 謂所從黨與也"라고 말하고 있다는 점에 의거하여, 劉績이 판본에는 본래 '及'이 '友'로 되어 있었을 거라고 주장하였다.(≪管子集校≫) 그러

鮑叔對曰 夫國之亂也에 **智人不得作內事**⑥하고 **朋友不能相合摎**이면 **而國乃可圖也**⑦라 **乃命車駕**하여 **鮑叔御**하고 **小白乘而出於莒**라 **小白曰 夫二人者奉君令**하면 **吾不可以試也**⑧라하고 **乃將下**어늘 **鮑叔履其足曰 事之濟也**는 **在此時**니이다 **事若不濟**면 **老臣死之**라도 **公子猶之免也**⑨리이다 **乃行**하여 **至於邑郊**에 **鮑叔令車二十乘先**하고 **十乘後**⑩하고 **鮑叔乃告小白曰 夫國之疑二三子**는 **莫忍老臣**⑪이니이다 **事之未濟也**면 **老臣是以塞道**⑫니이다 **鮑叔乃誓曰 事之濟也**면 **聽我令**하고 **事之不濟也**면 **免公子者爲上**이요 **死者爲下**라 **吾以五乘之實距路**⑬하리라 **鮑叔乃爲前驅**하여 **遂入國**하고 **逐公子糺**라 **管仲射小白中鉤**하고 **管仲與公子糺召忽遂走魯**라 **桓公踐位**에 **魯伐齊**하여 **納公子糺而不能**이라

① 或曰 明年 : 글을 모으는 자가 다시 異說을 들었으므로 '或曰'이라고 말하는 것이다. '明年'은 襄公이 즉위한 다음해이다.
集書者更聞異說이라 故言或曰이라 明年은 襄公立之明年也라

② 管仲得行其知於國 國可謂亂乎 : 管仲이 그의 지혜를 나라에 실행할 수 있었다면 나라가 어지러워지지 않았을 것이다. 지금 나라가 어지러운 것은 그의 지혜를 실행할 수 없었기 때문이다.
管仲得行其知於國이면 國則不亂이니 今亂은 是不得行其智라

③ 召忽强武 豈能獨圖我哉 : 나라 사람들이 이미 小白을 불러들였으니, 그들이 召忽과 함께 우리를 도모하지 않을 것이다.
國人이 旣召小白則不與召忽圖我라

④ 夫雖不得行其知 豈且不有焉乎 : 단지 지혜를 실행하지 못했다고 하더라도 지혜가 없다고 말할 수 없다.
直是智不行이나 不得言無智라

⑤ 召忽雖不得衆 其及豈不足以圖我哉 : 召忽이 비록 무리를 얻지 못했다 할지라도, 환난의 상황에 이르면 그 혼자서라도 우리를 도모할 수 있다.
召忽雖不得衆이라도 若及獨能圖我라

⑥ 夫國之亂也 智人不得作內事 : 지혜로운 사람이 국내 일을 처리하면 그 나라는 다스려진다.
智人作內事면 則其國理라

⑦ 朋友不能相合摎 而國乃可圖也 : '摎(규)'는 '결탁을 맺다'는 의미이다. 동료들이 서로 우호를 맺지 못하면 무리가 약해진다. 그러므로 곧 도모할 수 있는 것이다.

나 舊注에서 "若及獨能圖我"로 언급하고 있고, 또 安井衡(日) 역시 이 구절을 "소홀이 비록 무리를 얻지 못하더라도, 환난의 상황에 이르면 그의 힘이 어찌 우리를 도모하기에 부족하겠는가?〔言召忽雖不得衆 其及患難 其力豈不足以圖我哉〕"로 풀이하고 있다.(≪管子纂詁≫) 따라서 역자는 舊注 및 安井衡의 견해에 의거하여 해석하였다.

摎는 交入也라 朋友不能相交合則黨與弱이라 故乃可圖라

⑧ 夫二人者奉君令 吾不可以試也 : '二人'은 管仲과 召忽을 가리킨다. 이들이 군주의 명령을 받들면 죽을힘을 다해 나에게 저항할 것이다. 그러므로 시도해볼 수 없는 것이다.
二人은 指管仲, 召忽이라 奉君令則致死拒我라 故不可試也라

⑨ 事若不濟……公子猶之免也 : 鮑叔이 "일이 만약 성공하지 못하면 자신은 죽게 될 것이지만, 공자(小白)는 여전히 살아남을 수 있을 것이다."라고 하였다.
鮑叔言 事若不濟면 則已致死라도 公子猶可得免脫이라

⑩ 鮑叔令車二十乘先 十乘後 : 20대의 수레를 앞세워 鮑叔이 그들과 함께 齊나라 안으로 진입하려 하였고, 10대의 수레를 뒤따르게 하여 公子 小白을 보호하게 하였다.
二十乘先하여 鮑叔欲與之入國하고 十乘後하여 令衛公子라

⑪ 夫國之疑二三子 莫忍老臣 : '二三子'는 소백을 따르는 자들을 말한다. 늙은 신하의 말을 차마 어기지 못하므로 따르지만 마음 속에는 의심이 가득 차 있다.
二三子는 謂從小白者라 不忍違老臣이라 故相從中心實疑라

⑫ 事之未濟也 老臣是以塞道 : 일이 성공하지 못한다면, 진실로 20대의 수레로 먼저 나아가 길을 막겠다는 것이다.
以事未濟면 故以二十乘先行塞道라

⑬ 吾以五乘之實距路 : 鮑叔이 앞선 20대의 수레에 5대의 수레를 더하여 이들을 이끌고 앞으로 나아가 길을 막아, 公子 糾의 무리가 小白에 미치지 못하도록 한 것이다.
鮑叔 於前二十乘에 更將五乘으로 先行距路하여 不令子糾之黨得及小白이라

桓公 원년에 환공이 군주자리에 올라 管仲을 불렀다. 관중이 이르자 환공이 물었다.

"社稷을 안정시킬 수 있는가?"

관중이 대답하였다.

"전하께서 霸王이 되시면 사직이 안정될 것이고, 그렇지 않으면 사직이 안정되지 않을 것입니다."

환공이 말하였다.

"과인은 감히 그렇게 거창한 일에 도달할 수 없고, 단지 사직의 안정만 바랄 뿐이오."

관중이 거듭 요청했으나 환공은 "할 수 없다."고 하였다. 이에 관중이 환공에게 辭職을 요청하면서 말하였다.

"전하께서 저의 죽음을 면해주신 것은 저의 행운입니다. 그러나 제가 糾를 위해 죽지 않은 것은 사직을 안정시키고자 해서였습니다. 지금 사직이 안정되지 않고 있는데, 제가 齊나라의 정치에 참여해 녹을 받고, 규를 위해 죽지도 않는 것은 감히 바랄 수 없습니다."

이에 관중이 빠른 걸음으로 내달아 궁문에 이르니 환공이 관중을 불렀다. 관중이 돌아오자 환공이 땀을 흘리면서 말하였다.

"〈패왕이 되는 일을〉 멈출 수 없다면, 과인이 패왕이 되도록 노력해보겠소."

관중이 두 번 절하고 머리를 조아리면서 일어나 말하였다.

"지금 전하께서 패왕을 이루시겠다고 하시니, 저는 삼가 명을 받들어 재상의 자리에 서도록 하겠습니다."

이에 관중은 五官에 명령을 내리면서 업무를 시작하였다.

다른 날에 환공이 관중에게 말하였다.

"제후들 사이에 싸움이 일어나지 않는 틈을 타, 안으로 兵器를 정비하고자 하오."

관중이 말하였다.

"불가합니다. 백성들의 삶이 고달프니 전하께서는 백성들을 먼저 보살피고 병기의 일은 잠시 미루어두십시오. 軍備를 강화하는 것보다 백성의 삶을 넉넉하게 하는 것이 낫습니다. 제나라의 사직이 아직 안정되지 않았는데 전하께서 백성들의 일부터 시작하지 않고 군대의 일부터 시작한다면, 밖으로는 제후들과 멀어지고 안으로는 백성들과 멀어지게 됩니다."

환공이 말하였다.

"그렇게 하도록 하오."

환공의 정치에는 아직 특별히 시행하는 바가 없었다.

桓公(二)〔元〕年에 **踐位**①[22] **召管仲**이라 **管仲至**에 **公問曰 社稷可定乎**아 **管仲對曰 君霸王**이면 **社稷定**하고 **君不霸王**이면 **社稷不定**이리이다 **公曰 吾不敢至於此其大也**요 **定社稷而已**로라 **管仲**

22) 桓公(二)〔元〕年 踐位 : 저본에는 '二'로 되어 있으나, 郭沫若(中)의 견해에 의거하여 '元'으로 바로잡았다. 그는 '元'자가 손상되어 '二'자가 되었다고 보았다.(≪管子集校≫) '二'를 '一'의 誤字로 보는 견해도 있다. 舊注에서는 "제나라에 입국한 지 2년이 되어서야 군주 자리에 오를 수 있었다.〔入國二年 方得踐位〕"라는 주석을 달고 있으나, 역자는 이를 따르지 않았다.

又請이나 君曰 不能이라하니 管仲辭於君曰 君免臣於死는 臣之幸也라 然臣之不死糾也는 爲欲定社稷也라 社稷不定이면 臣祿齊國之政而不死糾也는 臣不敢②이라하고 乃走出至門하니 公召管仲이라 管仲反하니 公汗出曰 勿已면 其勉霸乎③라 管仲再拜稽首而起曰 今日君成霸면 臣貪承命하여 趨立於相位④[23]리이다 乃令五官行事라 異日에 公告管仲曰 欲以諸侯之間無事也에 (小)〔內〕修兵革[24]하노라 管仲曰 不可니이다 百姓病하니 公先與百姓而藏其兵⑤하소서 與其厚於兵으론 不如厚於人⑥이니이다 齊國之社稷未定에 公未始於人而始於兵하면 外不親於諸侯하고 內不親於民이니이다 公曰 諾다 政未能有行也라

① 桓公(二)〔元〕年 踐位 : 齊나라에 입국한 지 2년이 되어서야 군주자리에 오를 수 있었다.
入國二年에 方得踐位라

② 社稷不定……臣不敢 : 이미 糾를 위해 죽지도 못하였는데, 하는 일 없이 齊나라의 정치에 〈참여하여〉 녹을 먹기만 하면서 社稷을 안정시키지 못하고 있는 것은 신이 감히 바라지 못한다는 뜻이니, 차라리 죽는 것이 낫다는 말이다.
旣不死糾하고 空食齊政之祿而不定社稷은 臣則不敢이니 言將致死리라

③ 勿已 其勉霸乎 : 반드시 霸王이 되게 하고자 함을 멈출 수 없다면, 내가 앞으로 힘써 노력하여 패왕이 되도록 하겠다는 뜻이다.
必欲令霸王而不已면 我將勉力而求霸也라

④ 今日君成霸……趨立於相位 : '전하께서 이미 패왕이 될 것을 허락하시니, 저는 기꺼이 명을 받들 것입니다. 그러므로 서둘러 재상의 자리에 나아가겠습니다.'라는 뜻이다.
君旣許霸하니 臣貪於承命이라 故趨立相位라

⑤ 百姓病 公先與百姓而藏其兵 : 백성들이 피곤하고 병들어 있으니 마땅히 백성들에게 먼저 관심을 보이고, 군대의 일은 잠시 미루어두는 것이 좋다는 뜻이다.
百姓困病하니 當先賦與之하고 而兵事且可藏이라

⑥ 與其厚於兵 不如厚於人 : 백성들이 넉넉해지면 군대는 저절로 강해진다.
人厚면 兵自强이라

---

23) 臣貪承命 趨立於相位 : 陳奐(淸)은 '貪'을 '欽'으로 읽어야 한다고 보았다. 그는 그 근거로 ≪詩經≫ 〈大雅 皇矣〉에 나오는 "無然歆羨"에 대해 毛傳에서 "無是貪羨"이라고 언급한 점을 든다. 즉 여기서 '貪'은 '歆'의 빌린 글자로 쓰였다는 것이다. 고대에 '歆'·'欽'·'貪'은 소리가 동일하였기 때문에 서로 통용되었다는 것이다.(≪管子集校≫) 역자도 이 견해에 의거하여 번역하였다.

24) (小)〔內〕修兵革 : 저본에는 '小'로 되어 있으나, 許維遹(中)의 견해에 의거하여 '內'로 바로잡았다. 그는 그 근거로 ≪逸周書≫ 〈商誓〉에 나오는 "小史昔"이 ≪尙書≫ 〈酒誥〉에 "內史友"로 쓰여 있다는 점을 든다. 또한 이하의 문장에서 "內修兵革"이라는 표현이 두 차례나 등장한다는 점도 또 하나의 근거로 들었다.(≪管子集校≫)

桓公 2년에 나라가 더욱 어지러워졌다. 환공이 또다시 管仲에게 말하였다.

"軍備를 강화하고자 하오."

관중이 또다시 말하였다.

"안 됩니다."

환공이 듣지 않고 군비를 강화하기 시작하였다. 환공과 宋夫人이 뱃놀이를 하면서 술을 마셨는데, 송부인이 배를 흔들어 환공을 놀라게 하였다. 환공이 화가 나 송부인을 친정 나라인 〈宋나라로〉 쫓아 보냈다. 이에 송나라에서는 송부인을 받아들여 蔡나라 제후에게 시집보냈다.[25] 다음해 환공이 화가 나 관중에게 말하였다.

"송나라를 치고자 하오."

관중이 말하였다.

"안 됩니다. 제가 듣건대 內政이 다스려지지 않으면 대외적인 일이 성공하지 못한다고 하였습니다."

환공이 듣지 않고 송나라를 공격하였다. 그러자 제후들이 군대를 일으켜 송나라를 구하러 와 齊나라 군대를 크게 패퇴시켰다. 환공이 화가 난 채 귀국하여 관중에게 말하였다.

"군비를 강화하길 요청하오. 우리 군대는 훈련이 되어 있지 않고 병기도 충실하지 않았소. 이 때문에 제후들이 감히 우리의 원수를 구한 것이오. 그러니 안으로 군대를 정비해야겠소."

관중이 말하였다.

"안 됩니다. 제나라가 위태로워집니다. 안으로 백성의 財用을 빼앗고 병사들에게 용감해지기만을 장려하는 것은, 외부에서 닥쳐오는 난리의 근본 원인이 됩니다. 밖으로 제후들을 공격하면 백성들의 원망이 많아집니다. 義를 행하는 선비가

---

25) 환공과……보냈다 : ≪史記≫ 〈齊太公世家〉 및 〈管蔡世家〉에 이와 유사한 이야기가 실려 있다. 즉 桓公과 그의 부인 蔡姬가 뱃놀이를 하고 있었는데 채희가 장난으로 배를 흔들어 환공을 놀라게 하였고, 화가 난 환공은 채희를 친정인 채나라로 돌려보냈다. 이에 채나라에서도 화가 나 쫓겨 온 채희를 다른 사람에게 시집을 보내자, 이 사실을 안 환공은 군대를 이끌고 채나라를 멸망시켰다는 것이다. 요컨대 ≪사기≫에는 宋夫人이 채희로 되어 있고, 宋나라가 蔡나라로 되어 있다는 차이가 있다. 이에 대해 何如璋(淸)은 ≪春秋左氏傳≫에서는 이 사건이 환공 29년에 일어난 것으로 되어 있는데, 본편에서는 환공 2년으로 되어 있다는 문제점을 지적하면서, 본편의 이야기가 무엇을 근거로 하고 있는지 알 수 없다고 하였다.(≪管子析疑≫)

제나라에 들어오지 않으면 어찌 위태로움이 없을 수 있겠습니까?"

鮑叔이 말하였다.

"公께서는 반드시 管夷吾의 말을 들으십시오."

환공이 듣지 않고 이에 국내의 군비 강화를 명령하고, 關門과 시장에서 거둬들이는 세금을 과도하게 하였다. 그리고 환공은 오직 용감함만을 기준으로 병사들에게 俸祿을 수여하였다.

二年에 (**桓公**)〔**國**〕**彌亂**①이어늘 〔**桓公**〕**又告管仲曰**[26] **欲繕兵**하노라 **管仲又曰 不可**니이다 **公不聽**하고 **果爲兵**이라 **桓公與宋夫人飮船中**이러니 **夫人蕩船而懼公**이라 **公怒出之**하니 **宋受而嫁之蔡侯**라 **明年**에 **公怒告管仲曰 欲伐宋**이라하니 **管仲曰 不可**니이다 **臣聞**호니 **內政不修**면 **外擧事不濟**니이다 **公不聽**하고 **果伐宋**이어늘 **諸侯興兵而救宋**하여 **大敗齊師**라 **公怒**하여 **歸告管仲曰 請修兵革**하노라 **吾士不練**하여 **吾兵不實**이라 **諸侯故敢救吾讐**하니 **內修兵革**하리라 **管仲曰 不可**하니 **齊國危矣**리이다 **內奪民用**하고 **士勸於勇**이 **外亂之本也**②니이다 **外犯諸侯**면 **民多怨也**③요 **爲義之士 不入齊國**④이면 **安得無危**리오 **鮑叔曰 公必用夷吾之言**하소서 **公不聽**하고 **乃令四封之內修兵**하고 **關市之政侈之**⑤하여 **公乃遂用以勇授祿**⑥하니라

① 彌亂 : 管夷吾의 말을 온전히 실행하지 않았으므로 더욱 어지러워진 것이다.
不盡行夷吾之言하니 故彌亂이라

② 內奪民用……外亂之本也 : 군대를 정비하면 〈백성들의〉 財用이 피폐해진다. 그러므로 "백성들의 財用을 빼앗는다"고 말하는 것이다. 병사들에게 용감함만을 장려하게 되면 적을 가볍게 여기게 된다. 그러므로 외부에서 닥쳐오는 난리의 근본 원인이 된다.
修兵則用廢라 故曰 奪人用이요 士所勸者唯勇則輕敵이라 故爲外亂之本也라

③ 外犯諸侯 民多怨也 : 밖으로 〈제후들을〉 공격하면 반드시 많은 손상이 있게 된다. 그러므로 백성들의 원망을 사게 된다.
外犯必多殘害라 故爲人所怨이라

④ 爲義之士 不入齊國 : 군주가 不義를 행하므로 의로운 선비들이 귀의하지 않는다.
君爲不義하니 故義士不歸也라

⑤ 關市之政侈之 : '侈'는 일상적 기준을 넘어선다는 의미이니, 세금과 부역을 과중하게 함

---

26) 二年……〔桓公〕又告管仲曰 : 저본에는 "二年 桓公彌亂 又告管仲曰"로 되어 있으나, 丁士涵(淸)의 견해에 의거하여 '二年 國彌亂 桓公又告管仲曰'로 바로잡았다. 옮겨 쓰는 사람이 '國'을 빠뜨렸고, 글자의 순서를 잘못 옮겼다는 것이다.(≪管子校本≫) 許維遹(中)도 이 견해에 동의하면서, 아래에 나오는 "鮑叔謂管仲曰 異日者 公許子霸 今國彌亂"은 바로 이 문장을 이어받는 문장이 된다고 보았다.(≪管子集校≫)

을 이른다.

侈는 謂過常也니 謂重其稅賦라

⑥ 公乃遂用以勇授祿 : 병사가 용감하면 그에게 俸祿을 주었다.

士勇則與之祿이라

鮑叔이 管仲에게 말하였다.

"예전에 公이 그대에게 霸王이 될 것을 약속했네. 그런데 지금 나라는 더욱더 어지러워지고 있으니 그대는 어찌할 작정인가?"

관중이 대답하였다.

"우리 군주는 성질이 급하기는 하지만 그 지혜가 많아 가르칠만 하네. 그가 스스로 道[27]에 이를 때까지 잠시 기다리고 있네."

포숙이 말하였다.

"그가 스스로 도에 이를 때까지 기다리다 보면 나라가 망하지 않을까?"

관중이 말하였다.

"아닐세. 국내 정치는 내가 은밀히 손써놓았으니 어지러워지기야 하겠는가? 아직은 〈군주가 스스로 도에 이를 때까지〉 기다려볼 만하네. 다른 나라 제후들을 보좌하는 사람들 중 우리 두 사람만 한 인재가 없으니, 감히 우리나라를 침범하지는 못할 것이네."

다음해 조정에는 俸祿을 다투어 서로 찌르고 목을 자르거나 베는 일이 끊이지 않았다. 포숙이 관중에게 말하였다.

"나라에 죽어 나가는 사람이 많네. 이는 곧 나라에 해가 되지 않을까?"

관중이 말하였다.

"어찌 그렇겠는가? 그들은 모두 탐욕스러운 자들이네. 내가 걱정하는 것은 제후들 가운데 義를 행하는 자들이 아무도 齊나라에 들어오려 하지 않고, 제나라 선비들 가운데 의를 행하는 자들이 아무도 벼슬길에 나오려 하지 않는 것이네. 이런 것이 내가 걱정하는 바이네. 저 〈봉록 때문에 서로 살상하면서〉 죽어 나가는 자들을 내가 어찌 아까워하겠는가?"

鮑叔謂管仲曰 異日者에 **公許子霸**로되 **今國彌亂**하니 **子將何如**오 **管仲曰 吾君惕**이나 **其智多**

27) 道 : 治道, 즉 바른 정치의 이치를 말한다.

誨①니 姑少胥其自及也②[28]니라 鮑叔曰 比其自及也에 國無闕亡乎아 管仲曰 未也라 國中之政은 夷吾尙微爲焉이니 亂乎아 尙可以待③요 外諸侯之佐에 旣無有吾二人者하니 未有敢犯我者④라 明年에 朝之爭祿相刺하고 裚領而刎頸者不絶⑤이어늘 鮑叔謂管仲曰 國死者衆矣라 毋乃害乎아 管仲曰 安得已然가 此皆其貪民也⑥라 夷吾之所患者는 諸侯之爲義者莫肯入齊하고 齊之爲義者莫肯仕니 此夷吾之所患也⑦라 若夫死者를 吾安用而愛之⑧리오

① 其智多誨 : 지혜가 많으면 가르쳐볼 수 있다.
智多則可試誨之也라

② 姑少胥其自及也 : '胥'는 '기다리다'는 의미이다. 그가 스스로 도에 이를 수 있을 때까지 기다리는 것이다.
胥는 待也니 待其自能及道라

③ 國中之政……尙可以待 : 국정을 은밀히 손써놓았으니 나라가 어지러워지는 데까지 이르지 않을 것이다. 군주가 스스로 道에 이를 때까지는 기다려볼 수 있다.
國政微爲則未至亂이니 可待君自及이라

④ 外諸侯之佐……未有敢犯我者 : 제후들을 보좌하는 사람들 중에 우리 두 사람만 한 인재가 없으니, 감히 우리나라를 침범하지는 못할 것이다.
諸侯之佐에 旣無有如我二人이라 故不敢犯我라

⑤ 裚領而刎頸者 : '裚(제)'는 '끌어당겨 끊다'는 의미이다.
裚는 爲掣斷之也라

⑥ 鮑叔謂管仲曰……此皆其貪民也 : 탐욕스러운 자들이 俸祿 때문에 스스로 해치고 있지만, 이 또한 〈나라〉 자체에 해가 되지는 않는다.
貪人은 爲祿自殘이니 亦未能自爲害也라

⑦ 夷吾之所患者……此夷吾之所患也 : 의로운 선비가 안팎으로 귀의하지 않으니 어지러움과 망함이 곧 닥칠 것이다. 그러므로 이런 것이 근심된다.
有義之士內外不歸하여 亂亡立至라 故可患也라

⑧ 若夫死者 吾安用而愛之 : 탐욕스러운 자들이 스스로 서로 죽이고 해치고 있으니, 내가 어찌 그들을 아까워하겠는가?
貪人이 自相殺傷이니 吾何能惜之리오

桓公이 또다시 안으로 군비를 강화하였다. 환공 3년에 환공이 魯나라를 정벌하려고 하면서 말하였다.

---

28) 其智多誨 姑少胥其自及也 : 王引之(淸)는, '誨'는 '悔'와 같은 글자이고, '及'은 '反'의 誤字로 보아야 한다고 주장하였다.(≪讀書雜志≫)

"노나라는 우리나라와 가까이 있소. 이 때문에 노나라가 宋나라를 구하러 오는 것이 빠른 것이오. 이에 과인이 노나라를 치려고 하오."

管仲이 말하였다.

"안 됩니다. 제가 듣기에 일국의 군주가 군비 증강에 힘쓰지 않고 모욕당하는 것을 꺼리지 않고 자기 잘못을 조장하지 않으면 社稷이 안정되고, 군비 증강에 힘쓰고 모욕당하는 것을 꺼리고 자기 잘못을 조장하면 사직이 위태롭다고 하였습니다."

환공은 듣지 않고 군대를 일으켜 노나라를 공격하기 위해 長勺(장작)에 이르렀다. 이에 魯 莊公은 군대를 일으켜 齊나라 군대와 상대하여 〈제나라를〉 크게 패배시켰다. 환공이 말하였다.

"우리 군대의 수가 여전히 너무 적었소. 우리 병력이 3배수로 저들을 포위했다면 저들이 어찌 우리를 당할 수 있었겠는가?"

公又內修兵이라 **三年**에 **桓公將伐魯曰 魯與寡人近**①이라 **於是其救宋也疾**②하니 **寡人且誅焉**하리라 **管仲曰 不可**니이다 **臣聞有土之君**이 **不勤於兵**하고 **不忌於辱**하고 **不輔其過**면 **則社稷安**이요 **勤於兵**하고 **忌於辱**하고 **輔其過**면 **則社稷危**라하니이다 **公不聽**하고 **興師伐魯**하여 **造於長勺**이라 **魯莊公興師逆之**하여 **大敗之**라 **桓公曰 吾兵猶尙少**하니 **吾參圍之**면 **安能圉我**③리오

① 魯與寡人近 : 나라들이 서로 이웃해 있다는 말이다.
謂國相隣이라

② 其救宋也疾 : '疾'은 다른 제후들에 앞서 이른다는 말이다.
疾은 謂先諸侯至라

③ 吾參圍之 安能圉我 : 우리가 3배의 병력으로 저들을 포위했더라면, 저들이 어찌 우리를 당할 수 있었겠는가?
吾以三倍之兵圍之면 則何能圉我리오

桓公 4년에 군대를 정비하여 완전 무장한 甲兵 10만과 戰車 5천 량이 되었다. 환공이 管仲에게 말하였다.

"우리 군사들은 이미 훈련이 잘되어 있고 병력도 충분하니, 과인은 魯나라를 치고자 하오."

관중이 크게 탄식하면서 말하였다.

"齊나라가 위태롭게 될 것입니다. 군주께서는 덕 쌓는 것에 힘쓰지 않으시고 군

사력 증강에만 몰두하고 계십니다. 지금 천하에 10만의 병력을 갖춘 나라들은 적지 않습니다. 저는 작은 군대를 일으켜 큰 군대를 정복하고자 합니다. 그런데 안으로 우리 대중을 잃고 〈밖으로는〉 제후들이 방비를 갖추면, 우리가 속임수를 쓴다 해도 나라가 위태롭지 않을 수 있겠습니까?

환공이 듣지 않고 노나라를 공격하였다. 노나라는 감히 싸우려 하지 않고 도성 밖 50리에 국경 關門을 설정하였다. 그리고 노라는 제나라의 영향권 내에 깃들면서 제나라를 섬길 것이니, 제나라도 더이상 노나라를 침범하지 말 것을 요청해 왔다. 환공이 허락하였다. 이에 노나라 사람들이 條約 맺기를 청하면서 다음과 같이 말하였다.

"노라는 小國입니다. 〈조약 회담 때〉 무기를 소지하지 않겠습니다. 만약 무기를 소지하고 있으면 〈노나라와 제나라가〉 交戰하였다는 소문이 제후들에게 들릴 수 있습니다. 〈이렇게 되는 것보다〉 군주께서 차라리 〈조약 회담을〉 멈추는 것이 낫습니다. 병기를 물리기를 청합니다."

환공이 말하였다.

"좋다."

이에 따르는 사람들에게 병기를 지니지 말라고 명하였다.

四年에 **修兵**하여 **同甲十萬**①이요 **車五千乘**이라 **謂管仲曰 吾士旣練**하고 **吾兵旣多**니 **寡人欲服魯**라 **管仲喟然嘆曰 齊國危矣**로다 **君不競於德而競於兵**②하니 **天下之國**에 **帶甲十萬者不鮮矣**라 **吾欲發小兵以服大兵**③이면 **內失吾衆**④하고 **諸侯設備**⑤면 **吾人設詐**⑥라도 **國欲無危**를 **得已乎**잇가 **公不聽**하고 **果伐魯**라 **魯不敢戰**하고 **去國五十里**하여 **而爲之關**⑦하고 **魯請比於關內**하여 **以從於齊**하니 **齊亦毋復**(부)**侵魯**⑧하고 **桓公許諾**이라 **魯人請盟曰 魯小國也**라 **固不帶劍**이니 **今而帶劍**이면 **是交兵聞於諸侯**니 **君不如已**⑨니 **請去兵**하소서 **桓公曰 諾**다하고 **乃令從者毋以兵**이라

① 同甲十萬 : '同甲'은 모두 다 완전하고 견고한 것을 말한다.
同甲은 謂完堅齊等이라

② 君不競於德而競於兵 : 군주는 德과 義로 멀리 있는 사람들을 복종시켜야 하는 것이지, 군사력을 놓고 경쟁해서는 안 된다.
人君當以德義服遠이요 不當競於兵也라

③ 吾欲發小兵以服大兵 : 齊나라를 통해 제후국들을 복종시켜서 霸王이 되는 데 이르고자 한다. 그러므로 "작은 군대로 큰 군대를 정복한다."고 말하는 것이다.

欲以齊國服諸侯而致霸王이라 故曰 以小兵而服大兵也라

④ 內失吾衆 : 사람들을 자주 동원하면 대중은 지쳐서 흩어진다는 말이다.
謂數(삭)搖動人이면 則衆疲而散이라

⑤ 諸侯設備 : 자주 침범을 당하므로 방비를 갖추는 것이다.
數見侵伐이라 故設備라

⑥ 吾人設詐 : 힘이 부족하면 속임수로 유지한다.
力不足則詐以繼之라

⑦ 去國五十里 而爲之關 : 나라의 경계를 다시 세워 국경 關門으로 삼았다.
更立國界하여 而爲之關이라

⑧ 魯請比於關內……齊亦毋復(부)侵魯 : 魯나라가 齊나라에 복종하여 제나라에서 요구하는 것을 바치고 제나라의 영역 안에 깃들기를 요청하였다는 말이다.
(服)〔謂魯〕[29]請從服於齊하여 供其徵求하고 比於齊之關內라

⑨ 是交兵聞於諸侯 君不如已 : 〈魯나라와 齊나라가〉 交戰하였다는 소문이 제후들에 들리게 되느니 차라리 〈회담을〉 중지하고 조약을 맺지 않는 것이 낫다.
若以交兵聞於諸侯면 不如止而不盟也라

管仲이 말하였다.

"안 됩니다. 제후들이 군주께 원한을 품고 있으니, 군주께서는 이 상태에서 물러나는 것이 좋습니다. 군주께서 진실로 魯나라 군주를 약하게 만들면 제후들은 또다시 군주께 탐욕스럽다는 이름을 부여할 것입니다. 이후에 일이 생기면, 小國들은 더욱 강경해질 것이고 大國들은 防備를 갖출 것이니, 이는 齊나라의 이익이 되지 않습니다."

그러나 桓公은 듣지 않았다. 이에 관중이 또다시 諫言하였다.

"군주께서는 무장을 해제해서는 안 됩니다. 노나라가 어찌 병기를 쓰지 않겠습니까? 曹劌(조귀)[30]의 사람됨이 완강하고 독하여 그와의 약속을 신뢰할 수 없습니다."

환공은 듣지 않고 결국 노나라 군주와 만났다.

管仲曰 不可니이다 **諸侯加忌於君**하리니 **君如是以退可**①라 **君果弱魯君**이면 **諸侯又加貪於君**②하여

29) (服)〔謂魯〕: 저본에는 '服'으로 되어 있으나, 劉績(明)의 ≪管子補註≫에 의거하여 '謂魯'로 바로잡았다.

30) 曹劌 : 춘추시대 魯 莊公의 장수이다. 齊 桓公을 위협하여 제나라에게 빼앗겼던 노나라 영토를 되찾은 사건으로 유명하다. ≪春秋公羊傳≫ · ≪戰國策≫ · ≪史記≫ 등에는 '曹沫'로 되어 있다.

後有事하리니 **小國彌堅**하고 **大國設備**③는 **非齊國之利也**니이다하고 **桓公不聽**하니 **管仲又諫曰 君必不去**면 **魯胡不用兵**이리오 **曹劌之爲人也**는 **堅强以忌**[31)]하니 **不可以約取也**④니이다하고 **桓公不聽**하고 **果與之遇**하니라

① 諸侯加忌於君 君如是以退可 : '忌'는 '원한'이다. 제후들은 동맹을 맺음으로써 군주에게 원한이 이르게 하고자 한다. 지금 〈魯나라와〉 조약을 맺지 말기를 청하니, 이 상태에서 물러나는 것이 옳다.
忌는 怨也라 諸侯欲以結盟致怨於君이라 今請不盟하니 從此卽退可也라
② 果弱魯君 諸侯又加貪於君 : 만약 진실로 魯나라 군주를 약하게 만들면, 제후들은 또다시 탐욕스럽다는 이름을 군주에게 부여할 것이다.
若果弱魯하면 諸侯又以貪名加君이라
③ 小國彌堅 大國設備 : 이미 〈齊나라 군주가〉 탐욕스럽고 원망스럽다는 이름이 있으니, 모두 방비를 갖추게 되는 것이다.
旣有貪忌之名이라 故皆設備라
④ 不可以約取也 : 약속하는 것을 신뢰할 만하지 않다.
不可以盟取信也라

魯 莊公은 몰래 칼을 품고 있었고 曹劌 또한 칼을 품고 있었다. 섬돌에 올라서자 장공이 품에서 칼을 꺼내면서 말하였다.

"노나라 국경이 도읍지로부터 겨우 50리 밖에 있으니, 이는 곧 죽은 것과 다름이 없소."

그리고 왼손으로는 桓公을 찌르려 하면서, 오른손으로는 자신을 가리키며 말하였다.

"모두 죽는 마당이니, 당신 앞에서 죽겠소."

管仲이 齊나라 군주를 향해 달려가니 조귀가 칼을 꺼내 양쪽 계단 사이를 가로막고 말하였다.

"두 군주께서 지도를 고칠 것이니, 누구도 앞으로 나오지 마시오!"

관중이 말하였다.

"군주께서는 노나라의 땅을 내어 주십시오. 汶 지역으로 경계로 삼으십시오."

31) 堅强以忌 : 丁士涵(淸)에 의하면 '忌'는 '惎'와 같으며, ≪說文解字≫에 "惎 毒也"로 되어 있다.(≪管子校本≫)

환공이 이를 허락하고, 汶 지역을 경계로 삼고 귀국하였다. 환공은 귀국한 이후부터는 政事에만 신경쓰고 군비강화에 힘쓰지 않았다. 스스로 말을 몰고 주변 사람들을 물리쳤으며, 이전의 과오를 반성하여 군사력 증강을 멈추었다.

莊公自懷劍하고 **曹劌亦懷劍**하고 **踐壇**에 **莊公抽劍其懷曰 魯之境去國五十里**니 **亦無不死而已**라 **左揕桓公**하고 **右自承曰 均之死也**니 **戮死於君前**[①]하리라 **管仲走君**하니 **曹劌抽劍**하고 **當兩階之間曰 二君將改圖**리니 **無有進者**[②]라하니 **管仲曰 君與地**하여 **以汶爲竟**하소서 **桓公許諾**하고 **以汶爲竟而歸**라 **桓公歸而修於政**하고 **不修於兵革**이라 **自圉辟人**하고 **以過弭師**[③]라

① 左揕桓公……戮死於君前 : 왼손으로는 검을 들어 桓公을 찌르려 하면서 또 오른손으로는 자신을 가리키면서 말하였다. "齊나라가 魯나라 국경을 압박해오니 죽을 지경이고 지금 당신을 죽여도 죽을 것이니, 결국 죽는 것은 마찬가지이다. 우선 당신을 죽이고 나서 자살할 것이다." 그러므로 "모두 죽는 마당이니, 당신 앞에서 죽겠습니다."라고 말한 것이다.
左手擧劍將揕桓公하고 且以右手自承而言曰 齊迫魯境亦死요 今殺君亦死니 同是死也라 將殺君하고 次自殺이라 故曰 均之死也니 戮死於君前이라

② 二君將改圖 無有進者 : 칼을 빼서 계단을 막아선 것은 管仲을 막기 위한 것이다. 魯나라와 齊나라의 두 군주가 이전에 그어진 국경 지도를 고치고자 하니, 지금 아무도 앞으로 나서는 자가 있어서는 안 된다는 말이다.
拔劍當階는 所以拒管仲이라 言魯齊二君이 欲改先者之所圖하니 今不當有進者也라

③ 不修於兵革……以過弭師 : 이미 군비강화에 힘쓰지 않았다. 그러므로 출입할 때 스스로 말을 몰고 주변 사람들을 물리쳤다. 이전의 과오로 인해 군사력 증강을 멈춘 것이다.
旣不修其兵革이라 故出入自圉하고 辟其人也라 以先者之過로 故弭息其師라

桓公 5년에 宋나라가 杞나라를 공격하였다. 환공이 管仲과 鮑叔에게 말하였다. "무릇 송나라는 과인이 오래전부터 치려고 하였던 나라요. 제후들이 〈송나라를 구하려고 하지 않는다면〉 어찌 하는것이 좋소? 무릇 기나라는 夏나라의 후손이오. 지금 송나라가 기나라를 공격하고 있으니 내가 기나라를 구하고자 하는데 괜찮겠소?"

관중이 대답하였다.

"안 됩니다. 제가 듣건대 국내 정치가 다스려지지 않은 채 밖으로 나가 義를 행하면 남들이 신뢰하지 않는다고 하였습니다. 군주께서 장차 밖으로 나가 의를 행하고자 하신다면 국내 정치부터 다져야 합니다. 그러면 제후들을 잘 따르게 할 수

있습니다."

환공이 말하였다.

"지금 기나라를 구하지 않으면 나중에 송나라를 칠 구실이 없소."

관중이 말하였다.

"제후국의 군주는 땅을 탐해서는 안 됩니다. 땅을 탐하게 되면 반드시 군대에 힘쓰게 되고, 군대에 힘쓰게 되면 반드시 백성들을 힘들게 하며, 백성들이 힘들게 되면 속임수를 자주 쓰게 됩니다. 무릇 속임수가 잠잠해진 이후에 움직이는 자가 승리하는 것이니, 속임수가 있으면 백성들에게 신뢰를 얻지 못합니다. 무릇 백성에게 신뢰를 얻지 못하면 나라가 어지러워지고, 국내 상황이 흔들리면 군주 자신이 위태로워집니다. 이 때문에 先王의 道를 들은 옛사람들은 군비증강에 앞다투지 않았습니다."

환공이 물었다.

"그러면 어찌해야 하오?"

관중이 대답하였다.

"저의 생각은 군주와 다릅니다. 우선 사람을 시켜 송나라에 값진 禮物을 보내 공격을 멈추게 하십시오. 그렇게 해도 되지 않으면 군주께서는 기나라의 군주를 받아들여 封土를 내려주십시오."

환공이 포숙에게 물었다.

"어찌하면 좋겠소?"

포숙이 대답하였다.

"공께서는 관중의 말대로 하십시오."

이에 환공은 曹孫宿을 송나라에 사신으로 보냈다. 그러나 송나라는 말을 듣지 않고 결국 기나라를 공격하였다. 이에 환공은 緣陵에 성을 쌓고 기나라의 군주를 봉해주고, 수레 100량과 甲兵 1,000명을 보내주었다.

五年에 **宋伐杞**어늘 **桓公謂管仲與鮑叔曰 夫宋**은 **寡人固欲伐之**로되 **無若諸侯何**① 오 **夫杞**는 **明王之後也**②라 **今宋伐之**하니 **予欲救之 其可乎**아 **管仲對曰 不可**니이다 **臣聞內政之不修**면 **外擧義不信**이라하니 **君將外擧義**어든 **以行先之**③면 **則諸侯可令附**니이다 **桓公曰 於此不救**면 **後無以伐宋**④이라 **管仲曰 諸侯之君**은 **不貪於土**니 **貪於土**면 **必勤於兵**하고 **勤於兵**이면 **必病於民**이요 **民病則多詐**니이다 **夫詐密而後動者勝**⑤하고 **詐則不信於民**이라 **夫不信於民則亂**하고 **內動則危**

於身이라 **是以古之人聞先王之道者**는 **不競於兵**⑥이니이다 **桓公曰 然則奚若**고 **管仲對曰 以臣則不〔然〕**⑦[32]이니 **而令人以重幣使之**⑧하고 **使之而不可**⑨면 **君受而封之**⑩하소서 **桓公問鮑叔曰 奚若**고 **鮑叔曰 公行夷吾之言**하소서 **公乃命曹孫宿使於宋**하니 **宋不聽**하고 **果伐杞**⑪어늘 **桓公築緣陵以封之**⑫하고 **予車百乘甲一千**⑬하니라

① 無若諸侯何 : 제후들이 宋나라를 구하려고 하지 않는다면 어찌할까?
無若諸侯救宋何오

② 夫杞 明王之後也 : 杞는 夏나라의 후손이다.
杞는 夏之後라

③ 以行先之 : 국내 정치를 우선해야 한다.
以內行先之라

④ 於此不救 後無以伐宋 : 지금 杞나라를 구하지 않으면 나중에 宋나라를 칠 구실이 없다.
今不救杞면 於後無辭以伐宋이라

⑤ 夫詐密而後動者勝 : '密'은 '잠잠하다'는 의미이다.
密은 靜이라

⑥ 不競於兵 : 군대는 흉한 도구이니, 군비증강을 앞다투면 위태로워진다.
兵者는 凶器니 競之則危라

⑦ 以臣則不〔然〕 : 신의 생각은 군주와 같지 않다.
以臣之意는 則不與君同이라

⑧ 令人以重幣使之 : 값진 禮物을 보내 宋나라로 하여금 杞나라에 보낸 군대를 물러나게 한다.
以重幣使宋하여 令罷杞兵이라

⑨ 使之而不可 : 宋나라가 명령을 따르지 않는다는 의미이다.
謂宋不從令也라

⑩ 君受而封之 : 杞나라의 〈군주를〉 받아들여 하늘에 고하고 봉해주었다.
受杞告命而建封之라

⑪ 果伐杞 : 송나라가 결국 杞나라를 공격하였다.
宋果伐杞라

⑫ 桓公築緣陵以封之 : 緣陵은 杞나라의 성이다.
緣陵은 杞城이라

⑬ 予車百乘甲一千 : 杞나라에 주었다는 말이다.
謂與杞也라

---

32) 以臣則不〔然〕 : 저본에는 '然'이 없으나, 古本에 의거하여 보충하였다. 舊注에서도 "以臣之意 則不與君同"이라고 풀이하고 있으므로, 의미상 '然'자가 있는 것이 타당하다.

다음해 狄人[33]이 邢나라를 공격하였다. 형나라 군주가 제나라로 달려가 구원을 요청하니 桓公이 夷儀에 성을 쌓고 封土를 내리고 수레 100량과 병졸 1,000명을 보내주었다. 그 다음해 狄人이 衛나라를 공격하였다. 위나라 군주가 虛 지역으로 도망쳐 오니 환공이 또 그에게 봉토를 내려주었다. 隰朋(습붕)과 賓胥無(빈서무)가 간하였다.

"안 됩니다. 세 나라가 망하게 된 것은 다만 나라 규모가 작았기 때문입니다. 지금 군주께서 근래에 망한 나라들에게 봉토를 내려주시는데, 〈이렇게 하다가〉 나라가 모두 소진되면 어찌하시렵니까?"

환공이 管仲에게 물었다.

"어찌해야 하오?"

관중이 말하였다.

"군주께서 행하는 명분이 있으니 어찌 실질적 이익을 따집니까? 군주께서는 그대로 행하십시오."

환공이 이 일을 다시 포숙에게 물으니, 포숙이 대답하였다.

"군주께서는 管夷吾의 말대로 행하십시오."

이에 환공은 楚丘에 성을 쌓고 봉토를 내리고, 수레 300량과 갑병 5,000명을 보내주었다.

明年에 **狄人伐邢**하니 **邢君出致於齊**①어늘 **桓公築夷儀以封之**②하고 **予車百乘卒千人**하니라 **明年**에 **狄人伐衛**하니 **衛君出致於虛**③어늘 **桓公且封之**라 **隰朋 賓胥無諫曰 不可**니이다 **三國所以亡者**는 **絶以小**④[34]어늘 **今君**(蘄)〔**近**〕[35]**封亡國**하니 **國盡若何**⑤[36]리오 **桓公問管仲曰 奚若**고

33) 狄人 : 중국의 북쪽 변방에 거주하던 오랑캐들이다.

34) 三國所以亡者 絶以小 : 舊注에서는 이 구절에 대해 "〈이들〉 小國이 망하게 된 데에는 이치상 그럴만한 이유가 있었으니 封地를 내리면 안 된다.〔小國之亡 理則然矣 不當封也〕"라는 주를 달고 있다. 이에 대해 孫星衍(淸)은 "세 나라가 망하게 된 것은 토지가 작아 스스로 보존하기에 부족하였기 때문이다."라고 풀이하면서, 舊注가 잘못되었음을 지적하였다. (≪管子集校≫) 역자도 손성연의 견해에 의거하여 해석하였다.

35) (蘄)〔近〕: 저본에는 '蘄'이 없으나, 古本에 의거하여 '近'으로 바로잡았다. 劉本・朱本에도 '近'으로 되어 있다.

36) 國盡若何 : 舊注에서는 "國之車盡於封亡國 其若之何"라고 하여, 망한 나라들을 봉해주는 데 사용되는 수레가 모두 소진되는 것을 걱정하고 있는 것으로 풀이하고 있다. 그러나 이런 풀이는 본문의 문맥에 부합하지 않는다. 따라서 역자는 이 구절의 해석에서 舊注를 따르지 않았다.

管仲曰 君有行之名하니 **安得有其實**⑥[37]이리오 **君其行也**하소서 **公又問鮑叔**하니 **鮑叔曰 君行夷吾之言**하소서 **桓公築楚丘以封之**하고 **與車三百乘甲五千**하니라

① 邢君出致於齊 : 齊나라에 위급함을 알리면서 구원을 요청하였다.
致命於齊以告急이라
② 桓公築夷儀以封之 : 夷儀(이의)는 邢나라 성이다.
夷儀는 邢城이라
③ 衛君出致於虛 : '虛'는 지명이다. ≪詩經≫ 〈鄘風 定之方中〉에서 "저 虛에 올라, 楚나라를 바라보네."라고 하였다.
虛는 地名이니 詩所謂升彼虛矣以望楚矣라
④ 三國所以亡者 絶以小 : 〈이들〉 小國이 망하게 된 데에는 이치상 그럴만한 이유가 있었으니 封地를 내려서는 안 된다.
小國之亡은 理則然矣니 不當封也라
⑤ 今君(蘄)〔近〕封亡國國盡若何 : 망한 나라들을 封해주는 데에 나라의 수레가 모두 소진되고 있으니, 이를 어찌할 것인가?
國之車盡於封亡國하니 其若之何오
⑥ 君有行之名 安得有其實 : 이미 〈망한 나라들을〉 봉해준다는 명분이 있으면 나라가 텅 비더라도 행해야 하는 것이니, 어찌 富와 실질적 이익을 따지는가?
旣有行封之名이면 則當虛國而爲之니 安得有其富實乎아

衛나라를 봉해주고 난 다음해에, 桓公이 管仲에게 앞으로 무엇을 해야 하느냐고 물었다. 관중이 대답하였다.

"公께서 안으로 정치를 닦고 백성들을 권장하면, 제후들에게 신뢰를 얻을 수 있을 것입니다."

환공이 받아들여 세금을 가볍게 하고 통행세와 시장세를 완화하며 租稅와 俸祿의 제도를 정비하였다. 환공이 이상의 일들을 수행하자, 관중이 또 다음과 같이 요청하였다.

"병든 신하를 위문하시고, 〈백성들이〉 賞을 원하고 罰을 피하게 하십시오. 이같

---

37) 君有行之名 安得有其實 : 이 구절은 古本·劉本·朱本 등에 모두 "君有行之實 安得有其名"으로 되어 있다. 한편 張文虎(淸)는 "安得有其實"의 '有'는 '無'로 고쳐야 한다고 보았다. (≪舒藝室隨筆≫) 이에 대해 郭沫若(中)은 古本·劉本·朱本을 따르는 것이 타당하고, '安'은 '爰'과 같은 용법으로 쓰였다고 주장하였다.(≪管子集校≫)

이 5년 동안 하면 제후들을 친근히 따르게 할 수 있습니다."

환공이 말하였다.

"그렇게 하겠소."

환공이 이상의 일들을 이미 수행하자, 관중이 또 다음과 같이 요청하였다.

"제후들과 교류할 때, 齊나라에서 표범 가죽을 보내면 작은 나라의 제후들은 사슴 가죽으로 보답하게 하고, 제나라에서 말을 보내면 작은 나라의 제후들은 개로 보답하게 하십시오."

豹

환공이 받아들여 이를 실행하였다. 관중은 또다시 나라 사람들 및 제후들에게 상을 줄 것을 청하였다. 군주가 허락하고 이를 실행하였다. 관중은 나라 사람들에게 상을 주었고, 군주는 제후들에게 상을 주었다. 제후들 가운데 선한 행위를 한 사람에게는 값진 예물을 보내 그 행위를 격려하였고, 제나라의 여러 선비 이하에서 착한 사람은 의복으로 격려하였다. 무릇 제후들의 여러 신하 가운데 자기 군주에게 좋은 諫言을 하는 자는 印章을 〈새겨주어〉 위문하였는데, 이를 통해 그들의 간언이 훌륭하였다는 것을 증명해주었다.

既以封衛하고 **明年**에 **桓公問管仲將何行**①고 **管仲對曰 公內修政而勸民**하면 **可以信於諸侯矣**니이다 **君許諾**하여 **乃輕稅**하고 **弛關市之征**하며 **爲賦祿之制**라 **既已**②에 **管仲又請曰 問病臣**③하고 **願賞而無罰**하소서 **五年**에 **諸侯可令傳**④니이다 **公曰 諾**다 **既行之**에 **管仲又請曰 諸侯之禮**⑤에 **令齊以豹皮往**하면 **小侯以鹿皮報**하고 **齊以馬往**하면 **小侯以犬報**⑥니이다 **桓公許諾**하고 **行之**라 **管仲又請賞於國以及諸侯**하니 **君曰 諾**다 **行之**에 **管仲賞於國中**하고 **君賞於諸侯**라 **諸侯之君有行事善者**는 **以重幣賀之**하고 **從列士以下有善者**는 〔**以**〕[38)] **衣裳賀之**⑦하고 **凡諸侯之臣有諫其君而善者**는 **以璽問之**하니 **以信其言**⑧이라

① 桓公問管仲將何行 : 행할 바의 정치를 다시 물었다.
更問以所行之政也라

38) 〔以〕: 저본에는 '以'가 없으나, 古本·劉本·朱本 등에 의거하여 보충하였다.

② 卽已 : 이미 위의 일들을 수행했다는 말이다.
謂已行上事라

③ 問病臣 : 신하들 가운데 병든 자가 있으면 군주는 그들을 위문해야 한다.
臣有病者면 君當慰問之라

④ 五年 諸侯可令傅 : 이런 일들을 5년 동안 행하면 제후들을 친근히 따르게 할 수 있다.
行此五年이면 可令諸侯親附라

⑤ 管仲又請曰 諸侯之禮 : 제후들과 교류하는 禮法을 요청하였다.
請諸侯交聘之禮라

⑥ 令齊以豹皮往……小侯以犬報 : 값진 물건을 보내고 값싼 물건을 받는 것은, 이른바 "大國이 아래로 小國을 잘 대해주면 소국을 얻게 된다."[39]이다.
往重報輕은 所謂大國善下小國則取小國이라

⑦ 從列士以下有善者 〔以〕衣裳賀之 : '列士'는 齊나라의 여러 선비를 말한다. 管仲 자신은 의복으로 이들을 치하하였다.
列士는 謂齊之列士라 管仲自以衣裳賀之라

⑧ 凡諸侯之臣有諫其君而善者……以信其言 : 桓公은 印章을 〈새겨주어〉 그들을 위문하였는데, 이를 통해 그들이 諫言한 말이 훌륭하였다는 것을 증명해주었다는 의미이다.
謂桓公以璽問之하여 以信驗其所諫之言爲善이라

桓公이 이런 일들을 수행하고 나서 다시 管仲에게 물었다.

"무엇을 행해야 하오?"

관중이 대답하였다.

"隰朋은 총명하고 민첩하니 동쪽 제후국들을 다스리게 할 수 있고, 賓胥無는 성격이 강직하고 선량하니 서쪽 지역을 다스리게 할 수 있습니다. 衛나라의 政教는 경박하고 이익만 쫓을 뿐입니다. 公子 開方의 사람됨은 총명하고 민첩하지만 참을성이 없어 새로운 것만 좋아하니, 위나라에 사신으로 보낼 만합니다. 魯나라의 정교는 겸손함을 좋아하고 禮를 따릅니다. 季友의 사람됨은 매우 공손하고 예에 밝으며 다소 신용이 있으니 노나라에 사신으로 보낼 만합니다. 楚나라의 정교는 꾸밈을 지향하고 이익을 추구하여, 大義를 세우는 것을 좋아하지 않고 자잘한 신용 지키기를 좋아합니다. 蒙孫은 가르침에 밝고 말에 기교가 뛰어나지만 대의를 세우

39) 大國이……된다 : 《老子》 61장에 "大國이 小國에게 자기를 낮추면 소국을 얻게 된다. 〔大國以下小國 則取小國〕"라는 유사한 말이 나온다.

는 것을 좋아하지 않고 작은 신용 지키기를 좋아하니 초나라에 사신으로 보낼만 합니다. 작은 제후국들이 복종하고 큰 제후국들이 따르면 비로소 정사를 펼칠 수 있습니다."

군주가 말하였다.

"그렇게 하겠소."

이에 공자 개방을 위나라로 보내고, 계우를 노나라로 보내며, 몽손을 초나라로 보냈다. 5년이 지나자 제후들이 귀의해 왔다.

公旣行之하고 **又問管仲曰 何行**고 **管仲曰 隰朋聰明捷給**하니 **可令爲東國**①이요 **賓胥無堅强以良**하니 **可(以)〔令〕爲西土**②[40]니이다 **衛國之教**는 (危傅)〔詭薄〕**以利**③[41]요 **公子開方之爲人也**는 **慧以給**하나 **不能久而樂始**하니 **可游於衛**④니이다 **魯(邑)〔國〕之教**는 **好(邇)〔遜〕而訓於禮**⑤[42]요 **季友之爲人也**는 **恭以精**하고 **博於(糧)〔禮〕**[43]하며 **多小信**하니 **可游於魯**⑥니이다 **楚國之教**는 **巧文以利**하나 **不好立大義**하고 **而好立小信**이요 **蒙孫博於教而文巧於辭**하나 **不好立大義**하고 **而好結小信**하니 **可游於楚**니이다 **小侯旣服**하고 **大侯旣附**⑦하여 **夫如是則始可以施政矣**니이다 **君曰 諾**다 **乃游公子開方於衛**하고 **游季友於魯**하며 **游蒙孫於楚**라 **五年**에 **諸侯附**라

① 隰朋聰明捷給 可令爲東國 : '東國'은 齊나라 동쪽에 있는 나라들이다. 隰朋을 시켜 이들 나라를 다스리게 하라는 것이다.

---

40) 可(以)〔令〕爲西土 : 저본에는 '以'로 되어 있으나, 古本에 의거하여 '令'으로 바로잡았다. 앞의 문장에 "可令爲東國"이라 하였으므로 여기서도 "可令爲西土"가 되는 것이 타당하다. 安井衡(日) 및 丁士涵(淸) 등의 주석가들도 이와 같이 주장하였다.(≪管子纂詁≫, ≪管子校本≫)

41) (危傅)〔詭薄〕: 저본에는 '危傅'로 되어 있으나, 郭沫若(中)의 견해에 의거하여 '詭薄'으로 바로잡았다. '危'는 '詭'로 읽어야 하고, '傅'는 '薄'로 읽어야 한다는 것이다. 이때 '詭薄'은 '儇薄'과 같다고 보았다.(≪管子集校≫) 兪樾(淸)도 '危'는 '詭'로 읽어야 한다고 주장하면서, 그 근거로 ≪淮南子≫ 〈說林〉에 나오는 '詭'가 ≪文子≫ 〈上德〉에 '危'로 표기되었다는 점을 들었다. 고대에 '危'와 '詭'는 서로 통용되었다는 것이다.(≪諸子平議≫) 舊注에서는 '危'를 '高危'로 해석하고 있어 의미가 순조롭게 통하지 않는다. 역자는 곽말약의 견해에 의거하여 해석하였다.

42) 魯(邑)〔國〕之教 好(邇)〔遜〕而訓於禮 : 戴望(淸)의 견해에 의거하여 '邑'은 '國'으로, '邇'는 '遜'으로 바로잡았다. 그는 다음과 같이 주장하였다. "'魯邑'은 '魯國'이 되어야 하고, '邇'는 곧 '遜'의 오자다. 〈小匡〉에서 '公子擧爲人博聞而知禮 好學而辭遜, 請使游於魯'라고 하였다. '遜'과 '邇'는 형태가 서로 비슷하니, '好邇'는 '好遜'으로 고쳐 써야 한다."(≪管子校正≫) 참고로, 于省吾(中)는 '好邇'는 곧 '好藝'로 되어야 한다고 주장하였고(≪管子新證≫), 許維遹(中)은 이때 '藝'는 곧 '六藝'를 의미한다고 보았다.(≪管子集校≫)

43) (糧)〔禮〕: 저본에는 '糧'으로 되어 있으나, 劉績의 견해에 의거하여 '禮'로 바로잡았다. '糧'은 곧 '禮'의 誤字라는 것이다.(≪管子補註≫) 단 舊注에서는 '糧' 그대로 읽는다.

東國은 謂自齊東之國이니 令隰朋理之라

② 賓胥無堅强以良 可(以)〔令〕爲西土 : '西土'는 齊나라의 서쪽 지역을 가리킨다. 賓胥無를 시켜 이들 지역을 다스리게 하라는 것이다. '國'과 '土'는 互文이다.

西土는 謂齊西之土니 令胥無理之라 國與土는 交(兵)〔互言也〕[44]라

③ 衛國之教 (危傅)〔詭薄〕以利 : 그 政教가 이미 아주 위험하고 또한 이익으로 이끈다는 것이니, 이익에 의해 풍속을 이룬다는 말이다.

謂其教旣高危하고 且相傅以利하니 謂以利成俗이라

④ 公子開方之爲人也……可游於衛 : 그 사람의 성격이 경솔하여 하나의 태도를 오래 유지할 수 없으니, 이른바 "시작이 없는 사람은 없지만 끝맺음이 있는 사람은 드물다."[45] 이다. 그러므로 "새로운 것만 좋아한다."고 말하는 것이다. 이런 사람을 衛나라에 보내 위나라 사람들을 부추겨 제나라로 귀의하게 한다.

其人性輕率하여 不能持久하니 所謂靡不有初하고 鮮克有終이라 故曰 樂始라 使此人遊於衛하여 誘動之하여 令歸於齊也라

⑤ 魯(邑)〔國〕之教 好(邇)〔遜〕而訓於禮 : 〈魯나라 사람들은〉 이미 禮에 대한 가르침을 받았다. 예는 모습을 절도 있게 하는 것이니, 그러므로 "가까운 것을 좋아한다."고 말하는 것이다. '邇'는 '가까움'이라는 의미이다.

旣訓學於禮라 禮者는 所以節貌라 故曰 好邇니 邇는 近也라

⑥ 博於糧 : '博於糧'은 〈식량을〉 많이 쌓아둔다는 의미이다.

博於糧은 謂委多積이라

⑦ 小侯旣服 大侯旣附 : 후하게 보내고 가볍게 보답받는 것은 작은 제후국들을 복종시키는 방법이고, 세 사람을 세 나라에 사신으로 보내는 것은 큰 제후국들을 따르게 하는 방법이다.

厚往輕報는 所以服小侯요 遊三人於三國은 所以附大侯라

狄人이 공격해 오자 桓公이 제후들에게 알렸다.

"침략자를 물리칩시다. 이에 동의하는 제후들은, 大國은 수레 200량과 병사 2,000명, 小國은 수레 100량과 병사 1,000명을 동원합시다."

제후들이 모두 동의하였다. 齊나라에서는 수레 1,000 량을 내어 병졸들이 緣陵에 먼저 이르게 하였다. 〈제후 연합국들이〉 後에서 전투하여 狄人을 물리쳤다. 포

44) 國與土交(兵)〔互言也〕 : 저본에는 '兵'으로 되어 있으나, 劉績(明)의 ≪管子補註≫에 의거하여 '互言也'로 바로잡았다.

45) 시작이……드물다 : ≪詩經≫ 〈大雅 蕩〉에서 나오는 말이다.

획한 수레와 갑옷과 재화는 소국들에게 나누어주었고, 제나라와 가까이 있는 대국들에게는 제나라의 縣을 나누어주었으며, 狄의 도성은 끝내 침입하여 짓밟지 않았다. 北州의 제후들은 아무도 오지 않았다. 이에 환공이 召陵에서 南州의 제후들을 만나 말하였다.

"적인은 무도하여 天子의 명을 어기고 우리 제나라를 쳐들어왔습니다. 여러분들은 천자의 명으로 인해 삼가 天命을 받들어 침략자를 물리치러 왔습니다. 그런데 北州의 제후들은 아무도 오지 않았으니, 이는 위로는 천자의 명령을 듣지 않은 것이고, 아래로는 제후들에게 무례를 범한 것입니다. 이에 과인은 북주의 제후들을 징벌할 것을 요청합니다."

여러 제후들이 이를 허락하였고, 이에 환공은 북으로 令支를 정벌하고 鳧之山(부지산)을 공략하였으며, 孤竹의 군주를 죽이고 山戎을 제압하였다.

狄人伐①이어늘 **桓公告諸侯曰 請救伐**하노라 **諸侯許諾**하여 **大侯**는 **車二百乘, 卒二千人**이요 **小侯**는 **車百乘, 卒千人**하라 **諸侯皆許諾**이라 **齊車千乘**으로 **卒先致緣陵**②하여 **戰於後**하여 **故敗狄**③이라 **其車甲與貨**는 **小侯受之**④하고 **大侯近者**는 **以其縣分之**요 **不踐其國**⑤이라 **北州侯莫來**⑥어늘 **桓公遇南州侯於召陵**⑦**曰 狄爲無道**하여 **犯天子令以伐小國**⑧이라 **以天子之故**로 **敬天之命**하여 **令以救伐**⑨이로되 **北州侯莫至**하니 **上不聽天子令**하고 **下無禮諸侯**라 **寡人請誅於北州之侯**하노라 **諸侯許諾**하니 **桓公乃北伐令支**⑩하고 **下鳧之山**하며 **斬孤竹**⑪하고 (遇)〔遏〕[46]**山戎**이라

① 狄人伐 : 齊나라로 침입해 들어왔다는 말이다.
謂入伐齊라

② 卒先致緣陵 : '先'은 병졸들이 緣陵을 지키게 하였다는 의미이다. 지금 狄人의 난이 있었기 때문에 그들을 그곳에 보냈던 것이다.
先者는 使卒戍緣陵이니 今有狄難故致之라

③ 戰於後 故敗狄 : '後'는 옛 지명이다.
後는 故地名이라

④ 其車甲與貨 小侯受之 : 狄人을 물리치고 얻은 수레와 갑옷과 재화는 모두 소국의 제후들에게 나누어주었다는 의미이다.
謂敗狄所得車甲及貨를 盡與小侯라

---

46) (遇)〔遏〕山戎 : 저본에는 '遇'로 되어 있으나, 郭沫若(中)의 견해에 의거하여 '遏'로 바로잡았다. '遏'이 古本에는 '過'로 되어 있고, 劉本·朱本·趙本 등에는 '遇'로 되어 있다. 그러나 곽말약은 '過' 혹은 '遇'는 모두 '遏'의 誤字로 보아야 한다는 것이다.(≪管子集校≫)

⑤ 大侯近者……不踐其國 : 齊나라와 가까이 있는 大國들에게는 제나라의 縣을 나누어주었고, 狄의 도성은 끝내 침입하여 짓밟지 않았다.
近齊之大侯則以齊縣分之하고 終不踐其國以侵之라

⑥ 北州侯莫來 : 齊나라를 구하러 오지 않았다는 의미이다. '北州'는 북쪽에 있는 州를 가리키니, 즉 幽州와 營州 등이다.
謂不來救齊라 北州는 謂北之州니 卽幽州, 營州等이라

⑦ 桓公遇南州侯於召陵 : 楚나라를 치고 召陵에서 맹약을 하였다는 의미이다.
謂伐楚하고 盟於召陵也라

⑧ 狄爲無道 犯天子令以伐小國 : '小國'은 齊나라 자신을 가리킨다.
小國은 齊自謂라

⑨ 敬天之命 令以救伐 : 제후들이 天命을 공경하고 순종하여, 齊나라를 구하기 위해 狄을 정벌하였다는 말이다.
言諸侯以敬順天命하여 救齊伐狄이라

⑩ 桓公乃北伐令支 : '令支'는 나라 이름이다.
令支는 國名이라

⑪ 斬孤竹 : '孤竹'은 나라 이름이다. 그 나라 군주를 죽였다.
孤竹은 國名이니 斬其君이라

桓公이 管仲을 돌아보면서 물었다.

"이제 무엇을 해야 하오?"

관중이 대답하였다.

"군주께서는 제후들을 지도하여 백성을 위해 식량을 비축하게 하고, 병력이 부족한 제후들은 군주께서 도와주어 출병할 수 있게 하십시오. 이와 같이 하면 제후들에게 政令을 내릴 수 있습니다."

이에 환공은 제후들에게 알려서, 반드시 3년 동안 편안히 먹을 수 있는 식량을 충분히 비축하도록 하고 그 여력으로 軍備를 갖추게 하였으며, 군비가 부족하면 그 사실을 齊나라에게 보고하게 하여 제나라의 도움으로 〈유사시〉 출병할 수 있게 하였다.

顧問管仲曰 將何行고 **管仲對曰 君敎諸侯爲民聚食**하고 **諸侯之兵不足者**는 **君助之發**[47)]하소서 **如此則始可以加政矣**①리이다 **桓公乃告諸侯**하여 **必足三年之食安**②하고 **以其餘修兵革**하며 **兵革不足**은 **以引其事告齊**에 **齊助之發**③이라

---

47) 諸侯之兵不足者 君助之發 : 古本・劉本・朱本에는 이 구절이 중복되어 있다.

① 如此則始可以加政矣 : 제후들이 식량과 兵力이 충분하게 한 이후에 政令을 내릴 수 있다. 旣使諸侯足食足兵然後可以加之政也라
② 必足三年之食安 : 3년 치의 식량을 보유한 이후에 편안할 수 있다. 有三年食然後可安이라
③ 兵革不足……齊助之發 : 제후들의 兵力이 부족하면, 당연히 그 부족한 사항을 齊나라에 보고한다. 〈그러면〉 제나라에서는 당연히 군대를 발동하여 그 제후를 돕는다. 諸侯兵之不足은 當引其事之闕者以告齊에 齊當發卒以助之也라

이상을 실행하고 나서 桓公이 또다시 管仲에게 물었다.

"무엇을 행해야 하오?"

관중이 대답하였다.

"군주께서 君臣과 父子 사이의 관계가 마땅한지를 살피시면 〈제후들에게〉 政令을 내릴 수 있을 것입니다."

환공이 물었다.

"어떻게 살펴야 하오?"

관중이 대답하였다.

"제후들이 함부로 妾을 妻로 삼지 않게 하고, 함부로 大臣을 죽이지 않게 하며, 나라에 공로가 없는 자에게 함부로 俸祿을 주지 않게 하고, 선비와 庶人이 함부로 처를 버리지 않게 하며, 제방을 함부로 막지 않게 하고, 임의로 곡식을 비축하지 않게 하며, 〈산과 늪지대에서 있는〉 산림자원의 이용을 금하지 않게 하십시오. 이런 정책을 시행한 지 1년이 지나 〈이를 따르지 않는 자가 있으면〉 형벌을 가할 수 있습니다."

이에 환공은 이러한 禁止令을 제후들에게 포고하였고, 제후들은 이를 수용하고 받아들여 시행하였다. 이렇게 한 지 1년이 지났을 때 吳나라가 穀 지역으로 쳐들어왔다. 환공이 제후들에게 이 사실을 다 알리기 전에 제후의 군대들이 모두 이르러 환공을 기다렸다. 환공이 수레 1,000량을 이끌고 竟에서 제후들과 회합을 하였는데, 齊나라 도성의 군대가 도착하기도 전에 吳나라 군대가 도망쳤다. 이에 제후들은 모두 해산하였다.

旣行之하고 **公又問管仲曰 何行**고 **管仲對曰 君會其君臣父子**①면 **則可以加政矣**리이다 **公曰 會之道奈何**오 **曰 諸侯毋專立妾以爲妻**하고 **毋專殺大臣**하며 **無國勞毋專予祿**②하고 **士庶人毋專**

棄妻하며 毋曲隄③하고 毋貯粟하며 毋禁材④하소서 行此卒歲則始可以罰矣⑤니이다 君乃布之於諸侯하니 諸侯許諾하고 受而行之라 卒歲에 吳人伐穀⑥이어늘 桓公告諸侯未徧에 諸侯之師竭至하여 以待桓公⑦이라 桓公以車千乘으로 會諸侯于竟하니 都師未至에 吳人逃⑧하여 諸侯皆罷라

① 君會其君臣父子 : '會'는 君臣과 父子 사이의 관계가 마땅한지를 살피는 것을 말한다.
會는 謂考合其君臣父子之宜라

② 無國勞毋專予祿 : 나라에 공로가 없는 자에게 멋대로 俸祿을 주지 않게 한다.
於國無勞者에 不得專予祿이라

③ 毋曲隄 : 이른바 "계곡을 함부로 막지 말라."48)이다.
所謂毋障谷也라

④ 毋貯粟 毋禁材 : 산과 늪지대의 재목은 마땅히 사람들과 공유해야 한다.
山澤之材를 當與人共之也라

⑤ 行此卒歲則始可以罰矣 : 이것을 시행한 지 1년이 다 되었는데도 따르지 않는 자가 있으면 형벌을 가할 수 있다.
行之終歲에 而有不從者면 可以加刑罰이라

⑥ 吳人伐穀 : '穀'은 제나라의 下都인데, 나중에 管仲에게 封土로 내려졌다.
穀은 齊之下都니 後以封管仲이라

⑦ 諸侯之師竭至 以待桓公 : '竭至'는 빠짐없이 모두 왔다는 말이다.
竭至는 言其盡來라

⑧ 都師未至 吳人逃 : 齊나라 도성의 군대가 아직 도착하지도 않았는데 吳나라 군대가 달아났다.
齊都之師尙未至에 而吳人逃也라

桓公이 귀국하여 管仲에게 물었다
"이제 무엇을 행해야 하오?"
관중이 대답하였다.
"政令을 시행할 수 있습니다."
관중이 계속하여 말하였다.
"이후 2년 동안 제후국의 適子 가운데 孝道한다는 소문이 들리지 않거나, 자기 동생들을 사랑한다는 소문이 들리지 않거나, 나라의 늙은 賢良을 공경한다는 소문

48) 계곡을……말라 : 《春秋公羊傳》에 의하면 僖公 3년(B.C. 657) 가을에 齊 桓公이 陽谷에 宋公·江人·黃人을 불러모아 會盟하면서 "毋障谷"의 政令을 제출하였다.

이 들리지 않거나 하여, 이 세 가지 중 하나라도 들리지 않으면 죽일 수 있습니다. 제후의 신하가 國事를 맡은 지 3년이 지났는데도 잘한다는 소문이 들리지 않으면 벌할 수 있습니다. 군주에게 허물이 있는데도 大夫가 諫言하지 않거나, 선비나 庶人 가운데 착한 사람이 있는데도 대부가 천거하지 않으면 벌할 수 있습니다. 선비나 서인 가운데 어질거나 효성스럽거나 우애한다는 소문이 관리에게 들리면 상을 줄 수 있습니다."

환공이 이 의견을 받아들여 실행하자, 가까이 있는 제후들 가운데 齊나라를 섬기기를 요청하지 않는 자가 없었다. 〈환공의 재위 기간 중에〉 정벌을 위한 모임이 여섯 차례, 그리고 우호와 친목을 위한 모임이 세 차례 있었으며, 환공은 42년 동안 나라를 다스렸다.

桓公歸하여 **問管仲曰 將何行**고 **管仲曰 可以加政矣**①니이다 **曰 從今以往二年**에 **適子不聞孝**하고 **不聞愛其弟**하고 **不聞敬老國良**②[49]하여 **三者無一焉**이면 **可誅也**③요 **諸侯之臣及國事**하여 **三年不聞善**이면 **可罰也**④니이다 **君有過**에 **大夫不諫**하고 **士庶人有善**에 **而大夫不進**하면 **可罰也**니이다 **士庶人聞之吏**에 **賢孝悌**면 **可賞也**⑤니이다 **桓公受而行之**하니 **近侯莫不請事**⑥라 **兵車之會六**⑦이요 **乘車之會三**⑧이니 **饗國四十有二年**이라

① 可以加政矣 : 제후들이 이와 같이 복종하니 政令을 시행할 수 있다.
諸侯服從如此라 故可以加之政이라
② 不聞敬老國良 : 그 노인은 나라의 賢良이다.
其老者는 國之賢良也라
③ 三者無一焉 可誅也 : 한 가지만 없어도 죽일 수 있는데, 하물며 세 가지가 없는 경우이겠는가?
無一尙可誅어늘 況無三乎아
④ 諸侯之臣及國事……可罰也 : 國事를 맡아 3년 동안 國政에 참여하여 그 실정을 파악하면서도 잘한다는 소문이 들리지 않으면 어질지 않은 것이다. 그러므로 벌할 수 있다.
及國事하여 預知國政三年에 不聞善이면 則不賢也라 故可罰이라
⑤ 士庶人聞之吏……可賞也 : 선비나 庶人 가운데 어질다거나 효성스럽거나 우애한다는 소문이 관리에게 들리면 상을 줄 수 있다.
士庶人聞之吏에 賢孝悌면 可賞也라

49) 不聞敬老國良 : '國'을 戴望(淸)은 '圖'의 誤字로 보았고(≪管子校正≫), 李哲明(中)은 '用'이 되어야 한다고 보았다.(≪管子校義≫)

⑥ 近侯莫不請事 : 齊나라에 가까이 있는 제후들이 모두 제나라에게 세금 거두는 일을 요청하였다.

近齊之諸侯가 皆請齊徵賦之事라

⑦ 兵車之會六 : '兵車之會'는 군대를 일으켜 정벌하는 것을 말한다.

兵車之會는 謂興兵有所征伐이라

⑧ 乘車之會三 : '乘車之會'는 우호를 이어가고 백성을 휴식하게 하는 모임을 말한다.

乘車之會는 謂繼好息民之會也라

桓公이 즉위한 지 19년에 關門과 시장의 稅金을 완화하여 50분의 1을 취하였다. 세금은 곡식으로 받았는데, 토지의 〈척박 여부를〉 살펴 세금을 매겼다. 2년에 한 번 세금을 매겼는데, 풍년이 든 해에는 10분의 3을 취하였고, 평년작인 해에는 10분의 2를 취하였으며, 평년작 이하인 해에는 10분의 1을 취하였다. 饑饉이 든 해에는 세금을 거둬들이지 않았고, 기근이 풀리면 다시 세금을 매겼다.

桓公踐位十九年에 **弛關市之征**①하여 **五十而取一**②이라 **賦祿以粟**하고 **案田而稅**③라 **二歲而稅一**④하니 **上年什取三**하고 **中年什取二**하며 **下年什取一**이라 **歲饑不稅**⑤하고 **歲飢弛而稅**⑥[50]라

① 弛關市之征 : '征'은 '세금'이다.

征은 賦也라

② 五十而取一 : 재화의 50분의 1을 취하였다.

取其貨賄五十之一이라

③ 案田而稅 : 토지의 척박 여부를 살펴 세금을 매긴다.

案知其壤埆而稅之라

④ 二歲而稅一 : 2년에 한 번 세금을 매겼다.

率二歲而一稅之라

⑤ 歲饑不稅 : '歲饑'는 당해연도에 모두 굶주리는 것을 말한다. 그러므로 세금을 거둬들이지 않는 것이다.

50) 歲饑不稅 歲飢弛而稅 : 舊注에서는 '歲饑'와 '歲飢'의 의미를 구분하고 있다. 즉 '歲饑'는 기근이 심하여 모든 사람이 굶주리는 해로, '歲飢'는 기근의 정도가 약하여 굶주리는 사람과 그렇지 않은 사람이 혼재해 있는 해로 구분하였다. 따라서 구주에 의거해 해석하면 이 구절은 "기근이 들어 모두 굶주리는 해에는 세금을 거둬들이지 않고, 부분적으로 굶주리는 해에는 세금을 완화해주었다."로 해석될 수 있다. 그러나 '饑'와 '飢'는 서로 통용되는 글자로, 구주에서처럼 그렇게 구분해 볼 근거가 없다. 따라서 역자는 이 구절의 해석에 있어 구주를 따르지 않았다.

歲饑는 謂時歲總饑라 故不稅라

⑥ 歲飢弛而稅 : 이 '歲飢'는 굶주리는 자도 있고 굶주리지 않는 자도 있는 것을 말한다. 그러므로 굶주리는 자는 세금을 완화해주고, 굶주리지 않는 자에게는 세금을 거둬들인다.
此歲飢는 謂有飢者有不飢者라 故弛飢而稅不飢라

桓公은 鮑叔에게 신하들 가운데 善行者를 기록하게 하였고, 晏子에게 벼슬하지 않는 자와 농사짓는 자들 가운데 선행자를 기록하게 하였으며, 高子에게 기술자와 상인 가운데 선행자를 기록하게 하였다.

國子는 감옥을 관장하게 하였고, 隰明은 동쪽의 나라들을 관장하게 하였으며, 賓胥無는 서쪽 지역을 관장하게 하였고, 弗鄭은 궁궐을 관장하게 하였다.

무릇 벼슬하는 자들은 궁궐 가까이 살게 하고, 벼슬하지 않는 자와 농사짓는 자들은 성문 가까이 살게 하였으며, 기술자와 상인은 시장 가까이 살게 하였다. 30리마다 역을 두고 그 안에 물자를 비축하여, 관리를 두어 관리하게 하였다.

桓公使鮑叔識①(君)〔群〕**臣之有善者**51)하고 **晏子識不仕與耕者之有善者**②하고 **高子識工賈之有善者**하고 **國子爲李**③하고 **隰明爲東國**하고 **賓胥無爲西土**하고 **弗鄭爲宅**④이라 **凡仕者近宮**⑤하고 **不仕與耕者近門**⑥하고 **工賈近市**라 **三十里置遽**하고 **委焉**하여 **有司職之**⑦라

① 識 : 발음은 '志'이다.
音은 志라

② 晏子識不仕與耕者之有善者 : '不仕'는 남은 자식들 가운데 아직 벼슬하지 않은, 長子 이하의 자식들을 말한다.
不仕는 謂餘子未仕者라

③ 國子爲李 : '李'는 감옥의 관리다.
李는 獄官也라

④ 弗鄭爲宅 : '爲宅'은 궁궐의 수리와 청소를 관장하는 것이다.
爲宅은 掌修除宮室이라

⑤ 凡仕者近宮 : 벼슬아치는 공적인 업무와 직무를 지니고 있으므로 궁궐 근처에 살게 한다.

---

51) 桓公使鮑叔識(君)〔群〕臣之有善者 : 저본에는 '君'으로 되어 있으나, 王引之(淸)의 견해에 의거하여 '群'으로 바로잡았다. 그는 다음과 같이 주장하였다. "'君'은 '群'이 되어야 한다. '群臣'은 '大夫'이다. 아래 문장에서 '令鮑叔進大夫'라고 말하였다."(≪讀書雜志≫) 참고로 何如璋(淸)은 다음과 같이 주장하기도 하였다. "'君臣'은 卿大夫를 가리킨다. 무릇 경대부 가운데 토지를 소유한 자도 '君'이라 하였다."(≪管子析疑≫)

仕者는 有公事職務라 故近宮이라

⑥ 不仕與耕者近門 : 벼슬하지 않는 자와 농사짓는 자들은 논밭을 출입해야 한다. 그러므로 바깥 성문 근처에 살게 한다.

不仕與耕者는 當出入田野라 故近於外門이라

⑦ 三十里置遽……有司職之 : '遽(거)'는 지금의 驛站이다. '委'는 물자를 비축하여 여행자들에게 공급해야 함을 말한다. 관리를 두어 주관케 하였다.

遽는 今之郵驛也요 委는 謂當有儲擬하여 以供過者라 立官以主之라

무릇 제후가 齊나라에 방문하고자 하면 관리 한 사람을 따라 붙여 수레를 보내 짐을 싣게 하였으며, 숙박하는 자가 있으면 사람을 시켜 그의 말을 먹이게 하고 〈驛站에〉 비축해놓은 식량을 먹였다. 客은 관리와 계약서를 나누어 가지고 도성에 이르러 계약서를 맞추어 보고, 비용과 의례가 합당하지 않으면 관리에게 벌을 주었다.

무릇 일반 백성이 군주에게 아뢰고자 하는데 지방 관리가 이를 군주에게 아뢰지 않은 채 7일이 지나면 그 관리를 감옥에 가두었다. 선비가 군주에게 아뢰고자 하는데 관리가 이를 아뢰지 않은 채 5일이 지나면 그 관리를 감옥에 가두었다. 귀족 자제가 군주에게 아뢰고자 하는데 관리가 이를 아뢰지 않은 채 2일이 지나면 그 관리를 감옥에 가두었다.

縣의 관리가 제후의 선비를 천거하여 잘하는 바가 있으면 그 능력의 크고 작음을 살펴 상을 주었다. 그러나 상이 그 사람의 능력을 넘어서도 벌주지 않았다.

(從)〔凡〕諸侯欲通①吏從行者[52]는 **令一人爲負以車**②하고 **若宿者**는 **令人養其馬**하고 **食其委**③라 **客與有司別契**④하여 **至國(八)〔入〕契**⑤[53]하고 **費義數而不當**이면 **有罪**⑥라 **凡庶人欲通**에 **鄕吏不**

52) (從)〔凡〕諸侯欲通 吏從行者 : 저본에는 '從'으로 되어 있으나, 許維遹(中)의 견해에 의거하여 '凡'으로 바로잡았다. '從'은 고대에 '从'으로 쓰였는데, 이 글자는 '凡'자와 모양이 유사해 착오를 일으켰다는 것이다. 또한 '從'은 다음에 나오는 "吏從行者"의 '從'으로 인해 잘못 끼어든 글자일 수도 있다고 보았다.(≪管子集校≫) 舊注에서는 "從諸侯欲通" 구절에 대해 "제후를 따라와 제나라에 통하고자 하는 것을 말한다.〔謂從諸侯欲通於齊〕"로 풀이하고 있는데, 역자는 이를 따르지 않았다.

53) 至國(八)〔入〕契 : 저본에는 '八'로 되어 있으나, 丁士涵(淸)의 견해에 의거하여 '入'으로 바로잡았다. '八契'는 곧 '入契'의 오류라는 것이다.(≪管子校本≫) 舊注에서는 '八契'를 客이 변방에서 출발해 제나라의 도성에 이르기까지 여덟 번 계약서를 쓰는 것으로 해석하고 있다. 그러나 이러한 해석은 문맥상 순조롭지 않다. 따라서 역자는 舊注의 해석을 따르지 않았다.

通七日이면 **囚**⑦하고 (出)〔士〕[54]**欲通**에 **吏不通五日**이면 **囚**⑧하고 **貴人子欲通**에 **吏不通二日**이면 **囚**라 **凡縣吏進諸侯士而有善**이면 **觀其能之大小**하여 **以爲之賞**하고 **有過**라도 **無罪**⑨라

① 從諸侯欲通 : 제후를 따라와 齊나라에 통하고자 하는 것을 말한다.
謂從諸侯欲通於齊라

② 吏從行者 令一人爲負以車 : 제후를 수행하여 온 관리를 驛站에 머물게 하고, 담당관리는 한 사람을 시켜 수레로 그들의 행장을 실어 나르게 한다.
其吏從行而來者遽之하고 有司當令一人以車爲負載其行裝이라

③ 若宿者……食其委 : 客이 숙박하면 비축해놓은 식량으로 객을 먹인다.
其客若宿이면 卽以所委食之라

④ 客與有司別契 : '別契'는 계약서를 나누어 각자 별도로 지니고, 나중에 이것으로 〈각자 지닌〉 계약서의 진위를 판단하는 것을 말한다.
別契는 謂分別其契하여 以知眞僞也라

⑤ 至國八契 : 교외에서 도성까지 여덟 번 계약을 하면서 오면 250리의 변방으로, 〈양끝의 교외가〉 서로 떨어진 것이 5백 리가 된다. 이는 周나라에서 큰 제후국이 된다.
自郊至國八契면 則二百五十里之郊地요 相距爲五百里니 此周之大國也라

⑥ 費義數而不當 有罪 : '義'는 客에게 공급하는 儀禮를 말한다. 비용과 의례가 합당하지 않으면 벌을 준다.
義는 謂供客之禮라 徒費義數 而於事不當者면 罪之라

⑦ 凡庶人欲通……囚 : 일반 백성이 진정할 바가 있어 군주에게 통하고자 하는데, 지방 관리가 이를 억누르고 군주에게 아뢰지 않은 채 그 일이 7일이나 지나면, 그 관리를 가두고 그렇게 한 이유를 캐묻는다.
庶人有所陳訴通於君에 鄕吏抑而不通하여 事經七日者면 則囚其吏하고 鞠劾其所以也라

⑧ 出欲通……囚 : '出'은 다른 나라로 가고자 하는 것을 말한다.
出은 謂欲適他國이라

⑨ 有過 無罪 : 상이 비록 능력에 비해 과도해도 벌주지 않는다.
賞雖過能이라도 亦不罪也라

鮑叔에게 大夫들을 추천하게 하였다. 〈대부들 중〉 국가의 일을 경영함에 있어

54) (出)〔士〕: 저본에는 '出'로 되어 있으나, 劉績(明)의 견해에 의거하여 '士'로 바로잡았다. (≪管子補註≫) 王引之(淸) 역시 이 견해에 동의하면서 "士는 '貴人子'와 '庶人' 사이에 있다.……隸書에서 '出'자는 간혹 '士'로 생략되어 쓰이기도 하였다."라고 하였다.(≪讀書雜志≫) 舊注에서는 '出'자를 그대로 해석하여 "'出'은 다른 나라로 가고자 하는 것을 말한다.〔出 謂欲適他國〕"로 주석하고 있다. 역자는 舊注에 따르지 않았다.

공을 이루어 후회할 만한 과실이 없는 자를 가장 높은 자리에 추천하게 하였다. 정치를 행함에 있어 〈농부들을 격려하여〉 들판을 농토로 개간하게 하여 황폐한 곳이 많지 않게 하고, 소송을 일으키는 자들이 교만하지 않게 하는 자를 그다음 자리에 추천하게 하였다. 국가의 일을 경영함에 있어 공을 이루어도 후회할 만한 과실이 있고, 정치를 행함에 있어 비록 다스리기는 하나 유능하지 않으며, 들판이 또한 많이 황폐하고 소송을 일으키는 자들이 교만한 것, 이러한 세 가지 현상이 나타나게 하는 자는 가장 낮은 자리에 추천하게 하였다.

令鮑叔進大夫하여 **勸國家**①에 **得之成而不悔**를 **爲上擧**②요 **從政治(爲次)**③[55]에 **野爲原**하여 **又多不發**[56]하고 **起訟不驕**를 **次之**④요 **勸國家**에 **得之成而悔**하고 **從政雖治而不能**하며 **野原又多發**[57]하고 **起訟驕**하여 **行此三者**를 **爲下**라

① 令鮑叔進大夫 勸國家 : 大夫를 추천하여 국가의 일을 운영하게 하였다.
升進大夫하여 令之勉營國家之事라

② 得之成而不悔 爲上擧 : 이 大夫를 얻으니 공이 이루어지고, 끝내 합당하여 후회할 만한 게 없다. 이와 같은 자를 천거하는 것이 善의 으뜸이다.
得此大夫하니 故有成功하고 終然允當하여 無有可悔라 如此者擧 善之上이라

③ 從政治爲次 : 추천한 대부가 정사를 좇아 다스릴 수 있는 자가 공을 이룸에 있어 그다음이다.
所進大夫從政而能理者는 次上成功也라

④ 野爲原……次之 : 추천된 大夫가 농부들을 격려하고 황무지를 개간하여 모두 평원의 농토로 만든다. 또한 농부들을 가르쳐 화기애애하여 서로 고발하지 않게 한다. 비록 訟事를 일으키는 자가 있더라도 모두 공손하고 삼가서 교만하지 않는다. 이러한 것이 또 그다음이다.

---

55) 從政治(爲次) : 저본에는 '爲次'가 있으나, 王引之(淸)의 견해에 의거하여 衍文으로 처리하였다. 그는 '爲次'가 아래 문장에서 나오는 "得二爲次"로 인해 잘못 들어온 글자라고 보았다.(≪讀書雜志≫) 舊注에서는 이 구절에 대해 "추천한 대부가 정사를 좇아 다스릴 수 있는 자가 공을 이룸에 있어 그다음이다.〔所進大夫 從政而能理者 次上成功也〕"라는 주를 달았지만, 앞뒤 문맥과 잘 연결되지 않는다.

56) 又多不發 : 洪頤煊(淸)은 '發'을 '廢'로 읽어야 한다고 주장하였다. 고대에는 '發'과 '廢'가 서로 통용되었다는 것이다.(≪管子義證≫) 舊注에서는 이 구절에 대해 "또한 농부들을 가르쳐 서로 조화롭고 소통하게 만들어 서로 고발하지 않게 한다.〔又教之和通 不相告發〕"라는 주를 달아, '發'을 '고발하다'의 의미로 풀이하고 있다. 그러나 이러한 풀이는 문맥상 어색하다.

57) 野原又多發 : 앞의 "又多不發"에서와 마찬가지로, 여기서 '發'은 '廢'로 읽었다.

所進大夫有能勸勉農人하여 開闢荒野하여 皆爲原田하고 又教之和通하여 不相告發이라 雖有起而訟者라도 莫不恭恪하여 不爲驕傲는 此又其次也라

晏子에게 귀족의 자제들을 추천하게 하였다. 〈귀족의 자제들 중〉 벼슬길에 나서지 않고, 사치스러운 생활을 하지 않으며, 친구를 사귐에 있어 나이의 많고 적음에 따라 예의를 지키는 자는 가장 높은 자리에 추천하게 하였다. 이 세 가지 중 두 가지를 얻은 자는 그다음 자리에 추천하게 하였고, 한 가지만 얻은 자는 가장 낮은 자리에 추천하게 하였다.

선비들은 공손한 태도를 취하는지, 노인과 귀족을 공경하는지, 남과 교제함에 있어 예를 잃지 않는지를 살펴보게 하였다. 이 세 가지를 모두 실천하는 자는 가장 높은 자리에 추천하게 하였고, 두 가지를 실천하는 자는 그다음 자리에 추천하게 하였으며, 하나만 실천하는 자는 가장 낮은 자리에 추천하게 하였다.

농부들은 농사짓는 일에 부지런히 힘쓰는지, 부모 형제에게 순응하는지, 현명한 사람을 섬겨 많은 일을 할 수 있는지를 살펴보게 하였다. 이 세 가지를 모두 실천하는 자는 가장 높은 자리에 추천하게 하였고, 두 가지를 실천하는 자는 그다음 자리에 추천하게 하였으며, 하나만 실천하는 자는 가장 낮은 자리에 추천하게 하였다.

令晏子進貴人之子①하여 **出不仕**②[58]하고 **處不華**③하며 **而友有少長**④이 **爲上擧**⑤요 **得二爲次**⑥하고 **得一爲下**라 **士處靖**⑦하고 **敬老與貴**⑧하며 **交不失禮**니 **行此三者 爲上擧**요 **得二爲次**하고 **得一爲下**라 **耕者農農用力**⑨하고 **應於父兄**⑩하며 **事賢多**⑪니 **行此三者 爲上擧**요 **得二爲次**하고 **得一爲下**라

① 令晏子進貴人之子 : 晏子는 平仲[59]의 선친이다.
晏子는 平仲之先이라
② 出不仕 : 벼슬하지 않으니 道를 즐김이 깊다.
不仕則樂道深이라
③ 處不華 : 사치스럽지 않으니 과실이 없다.
不華則無過失이라
④ 友有少長 : 친구 사귐에 나이가 많고 적음을 따른다면 예의와 도리를 따르는 것이다.

---

58) 出不仕 : 郭沫若(中)은 '出不仕'는 '出不狂'의 誤字라고 보았다. 이 경우 그 의미는 '밖으로 나가 방종한 행위를 하지 않는다'가 된다.(≪管子集校≫)
59) 平仲 : 춘추시대 齊나라의 저명한 재상이었던 晏嬰의 시호이다.

友有少長則遵禮經이라

⑤ 爲上擧 : 이 세 가지가 있으므로 상등으로 삼는다.
此三者故爲上이라

⑥ 得二爲次 : '得二'는 세 가지 가운데 두 가지를 얻었다는 의미이다.
得二는 三之二也라

⑦ 處靖 : '靖'은 자신을 낮추고 남을 공경하는 태도이다.
靖은 卑敬貌라

⑧ 敬老與貴 : 노인을 공경하면 친척들에게 가까워지고, 귀인을 공경하면 임금에게 가까워진다.
敬老近於親이요 敬貴近於君이라

⑨ 農農用力 : 부지런하여 게으르지 않다.
勤而不惰라

⑩ 應於父兄 : 〈부모형제에게 순응하는 것은〉 효성스럽고 또한 의롭다.
孝且義라

⑪ 事賢多 : 선한 사람을 선택하여 따르니 많은 일을 할 수 있다.
擇善而從이라 故能多라

高子에게 기술자와 상인을 추천하게 하였다. 부모 형제에게 순종하고, 어른을 섬기고 노인을 봉양하며, 군주를 받들어 공경하는지를 살피게 하였다. 이 세 가지를 실천하는 자는 높은 자리에 추천하게 하였고, 두 가지를 실천하는 자는 그다음 자리에 추천하게 하였으며, 한 가지만 실천하는 자는 가장 낮은 자리에 추천하게 하였다.

令高子進工賈하여 **應於父兄**하고 **事長養老**하며 **承事敬**[①]이니 **行此三者爲上擧**요 **得二者爲次**하고 **得一者爲下**라

① 承事敬 : 군주를 받듦에 있어 공경하고 복종한다.
承奉君敬而從之也라

國子에게는 실정에 근거하여 獄事를 판결하게 하였다.

令國子以情斷獄[①]이라

① 令國子以情斷獄 : 죄와 벌을 정할 때 그 실정을 파악하는 것을 중시하였다.
定罪罰者 貴得其(罪)〔情〕[60]이라

三大夫인 〈鮑叔과 晏子와 高子가〉 이미 추천작업을 끝내자, 지방의 縣에서 이를 차질없이 시행하게 하였다. 管仲이 나아가 이들 추천된 사람들과 말을 나눈 뒤, 이들을 군주에게 알현케 하였다. 이와 같이 한 해를 마치면서, 군주는 〈추천된 인재들을〉 등용하였다.

三大夫 旣已選擧하고 **使縣行之**①라 **管仲進而擧言**하고 **上而見之於君**②하니 **以卒年君擧**③라

① 三大夫……使縣行之 : '三大夫'는 鮑叔과 晏子와 高子를 가리킨다.
三大夫는 謂鮑叔, 晏子, 高子라

② 管仲進而擧言 上而見之於君 : 〈桓公은〉 三大夫가 추천한 사람들을 만나보았다. '추천하는 사람'을 말할 때, 國子는 獄事를 판결하는 일을 맡았기 때문에 '삼대부'의 수에 들어가지 않았다.
見三大夫所選擧者라 此言選擧者에 國子主斷獄이라 故不在三大夫之數라

③ 以卒年君擧 : '卒年'은 이와 같이 한 해를 마쳤다는 말이다. 管仲이 추천한 자들을 군주가 등용하였다.
卒年은 謂終年如此라 管仲所進者를 君擧用之也라

管仲이 鮑叔에게 말했다.

"국가의 일을 경영함에 있어 공을 이루지 못하면서 후회할 만한 과실만 있고, 정치를 행함에 있어 잘 다스리지 못하고 들판을 잘 관리하지 못하며, 또한 서로 자주 고발하고 소송을 일으키면서 교만하다면, 무릇 이 세 가지는 죄로 다스리고 용서하지 마시오."

管仲告鮑叔曰 勸國家不得成而悔하고 **從政不治**하고 **不能野原**하며 **又多而發**①하고 **訟驕**②면 **凡三者**는 **有罪無赦**라

① 又多而發 : 서로 고발한다는 말이다.
言相告發이라

② 訟驕 : 이미 송사를 일으키면서 교만하기까지 하다.
旣訟而驕라

---

60) (罪)〔情〕: 저본에는 '罪'로 되어 있으나, 劉績(明)의 ≪管子補註≫에 의거하여 '情'으로 바로잡았다.

管仲이 晏子에게 말하였다.

"귀족의 자제들이 사치스러운 집에 머물고, 交友들을 무시하고, 맛있는 음식을 좋아한다면, 이런 세 가지를 행하는 자는 죄로 다스리고 용서하지 마시오. 선비들이 들고나는 행위에 일정함이 없고, 노인을 공경하지 않고, 부유하게 되는 데에만 힘쓴다면, 이런 세 가지 행위를 하는 자들은 죄로 다스리고 용서하지 마시오. 농부들이 들고남에 있어 아버지와 형의 말에 순종하지 않고, 힘써 농사짓지 않으며, 어진 사람을 섬기지 않는다면, 이런 세 가지 행위를 하는 자는 죄로 다스리고 용서하지 마시오."

告晏子曰 貴人子處華하고 **下**①**交**하고 **好飮食**②[61]하면 **行此三者**는 **有罪無赦**라 **士出入無常**하고 **不敬老而營富**하면 **行此三者**는 **有罪無赦**라 **耕者出入不應於父兄**하고 **用力不農**하며 **不事賢**하면 **行此三者**는 **有罪無赦**라

① 處華下 : 사치스러운 집 아래에 머물면 방탕하고 안일해진다.
處華屋之下則淫佚이라

② 交好飮食 : 사람들과 사귀는 것을 중시하면 붕당을 끼게 되고, 맛있는 음식을 좋아하면 道義가 엷어진다.
重交好則挾朋黨하고 嗜飮食則道情薄이라

管仲이 高子에게 말하였다.

"기술자와 상인이 들고남에 있어 父兄의 말에 순종하지 않고, 군주를 받들어 공경하지 않으며, 노인의 말을 어기고 위험한 짓을 한다면, 이런 세 가지를 행하는 자는 죄로 다스리고 용서하지 마시오.

무릇 부형에게 잘못하지 않고 고을에서 칭송하여 관리가 추천하면 그대는 그 사람을 등용하시오. 착한 일을 해도 상을 주지 않고, 잘못이 있어도 벌을 주지 않으며, 관리가 추천도 하지 않으면, 그 관리를 파면하시오. 부형에게 잘못도 없고 고을에서 아무도 칭찬하는 사람이 없어도 관리가 추천하면 그대는 등용하시오. 그러나 추천된 사람이 잘하면 〈추천한 관리에게〉 높은 상을 주지만, 잘하지 못하면 추

61) 貴人子處華……好飮食 : 舊注에서는 "處華屋之下則淫佚"이라고 주를 달면서 '貴人子處華下'로 끊어 읽고, "重交好則挾朋黨 嗜飮食則道情薄"이라고 말함으로써 '交好'와 '飮食'을 분리하였다. 그러나 劉績(明)은 앞에서 "處不華"라는 표현이 나왔으므로 '貴人子處華'로 끊어 읽어야 한다고 보았다. 그리고 '下交'와 '好飮食'으로 구분해야 한다고 주장하였다.(≪管子補註≫) 역자 또한 이러한 유적의 견해에 의거하여 해석하였다.

천한 관리에게 벌을 주시오.”

告(國子)〔高子〕[62)]曰 工賈出入不應父兄하고 承事不敬하고 而違老治危①면 行此三者는 有罪無赦하라 凡於父兄無過하고 州里稱之하여 吏進之면 君用之②하라 有善無賞하고 有過無罰하고 吏不進이면 (廉意)〔廢棄〕③[63)]하라 於父兄無過하나 於州里莫稱을 吏進之면 君用之하라 善爲上賞하고 不善吏有罰④하라

① 違老治危 : ‘危’는 위험함이다.
危는 傾險也라

② 於父兄無過……君用之 : 아버지와 형에게 잘못이 없고 고을에서 칭송을 받아, 관리가 이런 사람을 추천하면 그대는 반드시 그 사람을 등용한다.
無過於父兄하고 見稱於州里하여 吏進此人이면 君必用之라

③ 有善無賞……吏不進廉意 : 잘하는 일이 있어도 상을 줄 수 없고, 잘못이 있어도 벌 줄 수 없다면, 관리는 〈자신의 책임을〉 구차하게 면하는 것일 뿐이다. 그러므로 兼意를 올리지 못하는 것이다.
有善不能賞하고 過不能罰이면 吏則苟免而已라 故不進廉意也라

④ 於父兄無過……不善吏有罰 : 비록 父兄에게 잘못이 없다 하더라도 고을에서 칭찬받지 못하는 사람이 있다. 관리가 이런 사람을 추천하면 그대는 그 사람을 받아 등용하라. 그러나 추천된 사람이 잘하면 관리는 높은 상을 받고, 잘하지 않으면 관리는 벌을 받아야 한다.
雖無過於父兄이나 而州里不稱하고 吏進此人이면 君承用之라 其人善則吏受上賞하고 不善則吏當罰이라

桓公이 國子에게 말하였다.

“무릇 貴賤의 의리는 들어가서는 아버지와 더불어 갖추고, 나가서는 스승과 더불어 갖추며, 위로는 군주와 더불어 갖추어야 하는 것이오. 무릇 아버지와 스승과 군

62) (國子)〔高子〕: 저본에는 ‘國子’로 되어 있으나, 何如璋(淸)의 견해에 의거하여 ‘高子’로 바로잡았다. 다음에 나오는 “君謂國子”로 인해 잘못 쓰여진 글자라는 것이다.(≪管子析疑≫) 陶鴻慶(淸)도 이하의 글이 기술자와 상인에 관한 내용이므로 마땅히 ‘高子’가 되어야 한다고 보았다.(≪讀管子札記≫)

63) (廉意)〔廢棄〕: 저본에는 ‘廉意’로 되어 있으나, 郭沫若(中)의 견해에 의거하여 ‘廢棄’로 바로잡았다.(≪管子集校≫) 글자 형태가 서로 유사함으로 인해 잘못 옮겨진 글자로 보는 듯하다. 참고로, 劉師培(中)는 ‘廉意’를 ‘曠怠’의 誤字로 보았다.(≪管子斠補≫) 舊注에서는 ‘廉意’ 그대로 따르고 있는데 그 의미가 불분명하다. 따라서 역자는 舊注의 풀이를 채택하지 않았다.

주가 도적을 만났는데 그들을 위해 죽음을 무릅쓰고 구하지 않거나, 도적이 있는데도 그 사실을 모른다면, 용서하지 마시오. 獄事를 처리할 때는 사적인 감정을 義와 바꾸는지, 의를 俸祿과 바꾸는지를 잘 살펴야 하오. 의를 봉록과 바꾸는 자는 그 봉록을 몰수할 수는 없지만, 그 죄는 용서할 수 없소."

君謂國子 凡貴賤之義는 **入與父俱**①하고 **出與師俱**②하며 **上與君俱**③라 **凡三者遇賊**에 **不死**하고 **不知賊**이면 **則無赦**④라 **斷獄**은 **情與義易**하고 **義與祿易**⑤이라 **易祿可無斂**이나 **有可無赦**⑥라

① 入與父俱 : 아버지는 귀하고 자식은 천하다.
父貴而子賤也라

② 出與師俱 : 스승은 귀하고 재물은 천하다.
師貴而資賤也라

③ 上與君俱 : 군주는 귀하고 신하는 천하다.
君貴而臣賤이라

④ 凡三者遇賊……則無赦 : 사람은 이 사람이 있는 곳에서는 죽음을 무릅써야 한다는 말이다. 이른바 '세 사람을 동일하게 여겨야 한다.'[64]는 것이다. 지금 도적이 이 세 사람을 해치려고 하는 상황을 만났는데 죽음을 무릅쓰고 그들을 구하지 않으면, 그리고 도적이 있는데도 그 사실을 모른다면, 신하도 아니고 자식도 아니다. 그러므로 용서하지 않는 것이다.
言人於此三者에 所在當致死니 所謂在三如一이라 今賊將害此三者에 遇之而不能死하고 有賊而又不知면 則不臣不子也라 故無赦也라

⑤ 斷獄……義與祿易 : 獄事를 처리하는 것은 죄를 멈추게 하기 위한 것이고, 죄를 멈추게 하는 것은 禮와 義를 일으키기 위한 것이다. 지금 죄를 범하는 자는 바르지 않은 행위로 의를 바꾸는 자가 아니면, 간사함과 위선으로 俸祿을 바꾸는 자이다.
凡斷獄者는 所以止罪邪요 止罪邪는 所以興禮義라 今犯罪者는 非以乖僻易義면 則以姦僞易祿也라

⑥ 易祿可無斂 有可無赦…간사함과 위선으로 俸祿을 바꾸는 자는 마땅히 그 죄에 대해 벌주어야 하지만, 그의 봉록을 몰수할 수 없다. 그러나 그가 지은 죄는 반드시 용서하지 않는다.
姦僞易祿者는 旣當罰其罪나 可無斂其祿이라 然今所有罪는 必無赦之也라

---

64) 세……한다 : ≪國語≫ 〈晉語 一〉에 다음과 같은 말이 나온다. "成이 듣건대 '사람은 세 사람에 의해서 생존하기 때문에 섬기기를 한결같이 하여야 한다.'고 하였습니다. 아버지는 낳아주시고, 스승은 가르쳐주시고, 임금은 먹여주십니다.〔成聞之 民生于三 事之如一 父生之 師教之 君食之〕"

管子 8卷

明 吳郡 趙氏本
唐 司空 房玄齡 註

제19편 왕의 잘못을 바로잡다(2) 中匡
내언 2 內言 二

* 앞의 〈大匡〉에 이어, 治國·平天下의 방법에 대해 논한 桓公과 管仲의 대화를 담고 있다. 여기서 관중은 이웃 나라들과 친하게 지내는 外交가 중요하다는 점, 대외로 나가는 확장 정책을 펴기 이전에 우선 국내 상황부터 안정되어야 한다는 점, 국가를 경영하는 사람은 잠시도 안일과 쾌락에 빠져서는 안 된다는 점을 역설하고 있다. 그리고 마지막에서 군주는 대내외적으로 신뢰를 확보하는 것이 중요하다는 점을 강조하면서, 군주가 신뢰는 얻는 방법에 대해 '나'·'국가'·'천하'의 세 측면에서 차례로 언급하고 있다.

管仲이 국가 비용을 계산해보니, 3분의 2가 賓客에게 사용되었고 3분의 1이 나라의 일에 사용되었다. 관중이 깜짝 놀라 이 사실을 桓公에게 아뢰었다. 환공이 말하였다.

"그대는 어째서 이같이 놀라 아뢰는가? 사방 이웃 나라의 빈객들이 우리 齊나라에 들어오는 자는 기뻐하고 나가는 자는 칭송하면, 그 빛나는 명예가 천하에 가득하게 될 것이오. 〈그러나〉 들어오는 자가 기뻐하지 않고 나가는 자가 칭송하지 않으면 汚名이 천하에 가득하게 될 것이오. 토지는 곡식을 생산해 낼수 있고, 나무는 재화가 될 수 있소. 곡식이 모두 소진되면 다시 생산하면 되고, 재화가 소비되면 다시 모으면 되오. 군주 된 자는 명예를 귀하게 여기는 것이니, 어찌 재물을 소유하려고 하겠는가?"

관중이 말하였다.

"군주께서는 지혜로우십니다."

管仲會國用하니 **三分二在賓客**①하고 **其一在國**이라 **管仲懼而復之**②하니 **公曰 吾子猶如是乎**③아 **四隣賓客**이 **入者說**(열)하고 **出者譽**④하면 **光名滿天下**요 **入者不說**하고 **出者不譽**하면 **汚名滿天下**라 **壤可以爲粟**⑤이요 **木可以爲貨**⑥니 **粟盡則有生**하고 **貨散則有聚**라 **君人者**는 **名之爲貴**니 **財安可有**⑦리오 **管仲曰 此君之明也**니이다

① 三分二在賓客 : 3분의 2가 賓客에게 제공되었다.
二以供賓客이라

② 管仲懼而復之 : '復'은 '아뢰다'는 의미이다. 賓客 접대에 들어간 비용이 절반이 넘으므로 이를 아뢰고자 하였다.
復은 白也니 以賓客之費太半을 欲白之라

③ 吾子猶如是乎 : 그대는 현명하니 마땅히 賓客 접대를 급선무로 삼을 것인데, 오히려 깜짝 놀라 이것을 아뢰는가?
以吾子爲賢이니 當以供賓之義爲急務어늘 尙懼而白之乎아

④ 四隣賓客……出者譽 : 나라 안으로 들어와서는 〈齊나라에서 손님 접대하는〉 禮遇를 받고 기뻐하는 자는, 나라 밖으로 나가서는 반드시 칭송을 퍼트릴 것이다.
入見禮而悅者는 出必爲延譽也라

⑤ 壤可以爲粟 : 땅에 씨앗을 뿌리면 곡식을 생성한다.
播壤則生粟이라

⑥ 木可以爲貨 : 나무를 잘라 그릇을 만들면 재화가 된다.
破木成器則貨라

⑦ 名之爲貴 財安可有 : 재물을 아끼면 명예를 잃는다. 그러므로 재물을 소유하여서는 안 된다.
吝財則失名이라 故不可有라

桓公이 말하였다.

"백성들이 이제 전쟁을 치를 준비를 갖추었소. 과인은 大國 가운데 무도한 자를 치려고 하는데 가능하겠소?"

管仲이 대답하였다.

"안 됩니다. 갑옷과 무기가 아직 충분하지 않습니다. 刑罰을 가볍게 함으로써 갑옷과 무기를 넉넉히 확보하십시오."

이에 죽을 죄를 지은 자를 죽이지 않고 형벌 받을 자를 벌하지 않고, 대신 갑옷

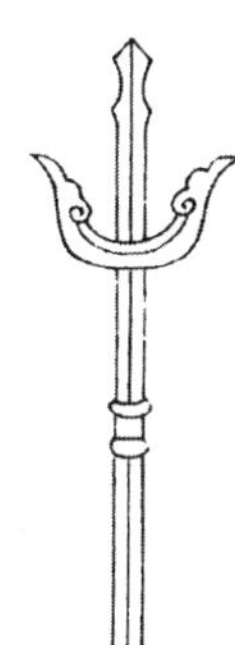
戟

과 무기로 贖罪하게 하였다. 죽을죄를 지은 자는 무소 가죽으로 만든 갑옷 한 벌과 창 한 자루로, 형벌을 받은 자는 방패와 창으로, 실수로 벌을 받는 자는 쇠붙이 1鈞으로, 함부로 송사를 일으키는 자는 화살 한 다발로 속죄하게 하였다.[1)]

公曰 民辦軍事矣라 **〔吾欲誅大國之不道者〕則可乎**[2)]아 **對曰 不可**니이다 **甲兵未足也**라 **請薄刑罰**하여 **以厚甲兵**하소서 **於是死罪不殺**하고 **刑罪不罰**하여 **使以甲兵贖**[①]이라 **死罪以犀甲一戟**하고 **刑罰以脅盾一戟**[②]하고 **過罰以金**[③]**(軍)〔鈞〕**하고 **無所計而訟者**[3)]는 **成以束矢**[④]라

① 死罪不殺……使以甲兵贖 : 죄 있는 자들은 갑옷과 무기를 내어 贖罪하게 하였다.
有罪에 使出甲兵하여 以贖之也라

② 刑罰以脅盾一戟 : '脅'은 방패이다. 이미 방패를 내고 다시 창 한 자루를 내게 하였다.
脅은 盾也라 旣出盾하고 又令出一戟也라

③ 過罰以金 : 과오로 벌을 받게 된 자는 쇠붙이를 내어 속죄하였다.
過誤致罰은 出金以贖之라

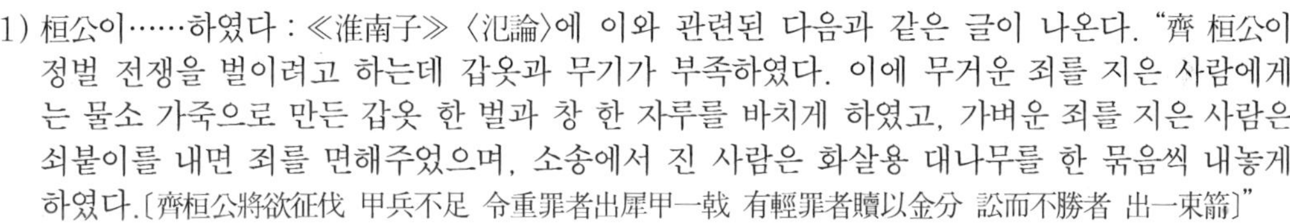

1) 桓公이……하였다 : ≪淮南子≫ 〈氾論〉에 이와 관련된 다음과 같은 글이 나온다. "齊 桓公이 정벌 전쟁을 벌이려고 하는데 갑옷과 무기가 부족하였다. 이에 무거운 죄를 지은 사람에게는 물소 가죽으로 만든 갑옷 한 벌과 창 한 자루를 바치게 하였고, 가벼운 죄를 지은 사람은 쇠붙이를 내면 죄를 면해주었으며, 소송에서 진 사람은 화살용 대나무를 한 묶음씩 내놓게 하였다.〔齊桓公將欲征伐 甲兵不足 令重罪者出犀甲一戟 有輕罪者贖以金分 訟而不勝者 出一束箭〕"

2) 民辦軍事矣 〔吾欲誅大國之不道者〕則可乎 : 저본에는 '吾欲誅大國之不道者'가 없으나, 陶鴻慶(淸)의 견해에 의거하여 보충하였다. 그는 다음과 같이 말하였다. "桓公의 질문은 무엇을 가리키는지 알 수 없다. '則可乎' 앞에 빠진 문구가 있는 것이 분명하다. 아래에 '甲兵旣足矣 吾欲誅大國之不道者 可乎'라는 문장이 나오는데, 아마도 이 '吾欲誅大國之不道者' 9자가 '民辦軍事矣' 다음에 있었을 것이다. 〈小匡〉에 '桓公曰 卒伍定矣 事已成矣 吾欲從事於諸侯 其可乎 管子對曰 未可 若軍令則吾旣寄諸內政矣 夫齊國寡甲兵 吾欲輕重罪而移之於甲兵'이라는 구절이 나오는데, 그 문맥의 의미가 이 구절과 서로 비슷하다."(≪讀管子札記≫) 張佩綸(淸)도 "'民辦軍事矣'는 앞 구절과 연결되지 않는다. 착간이 있지 않으면 빠진 문구가 있다."라고 말하였다.(≪管子學≫)

3) 過罰以金(軍)〔鈞〕 無所計而訟者 : 저본에는 '軍'으로 되어 있으나, 王引之(淸)의 견해에 의거하여 '鈞'으로 바로잡고 "過罰以金鈞"으로 끊어 읽었다. 그는 〈小匡〉에 나오는 "小罪入以金鈞" 구절을 그 증거로 제시하였다. 舊注에서는 "過罰以金"으로 끊어 읽고, '軍'을 "無所計而訟者"에 붙여 읽고 있는데, 이는 잘못되었다는 것이다. 이 문장은 訟事와 관련된 것으로 軍事와 무관하다고 보기 때문이다.(≪讀書雜志≫)

④ 無所計而訟者 成以束矢 : 군대의 일을 고려하지 않고 사적으로 訟事를 벌이는 자는 화살 한 묶음을 내어 그 죄를 면하게 하였다. '成'은 '속죄하다'는 의미이다.
不計於軍事而以私訟者는 令出束矢하여 以平其罪라 成은 平也라

桓公이 말하였다.

"갑옷과 무기가 이미 충분하니, 과인은 大國들 중 無道한 자를 치려고 하는데, 가능하오?"

管仲이 대답하였다.

"나라 안의 사람들을 사랑한 이후에 나라 밖의 不善한 자들을 미워할 수 있습니다. 卿大夫의 집안들을 편안하게 한 이후에 적국을 대적할 수 있습니다. 작은 나라들에게 땅을 나누어준 이후에 대국들 중 무도한 자를 칠 수 있습니다. 현명하고 선량한 사람을 등용한 이후에 법을 무시하는 비천한 백성들을 폐할 수 있습니다. 그러므로 先王은 반드시 먼저 세운 이후에 폐하였고, 반드시 이롭게 한 이후에 해롭게 하였습니다."

公曰 甲兵旣足矣니 **吾欲誅大國之不道者**하노니 **可乎**아 **對曰 愛四封之內而後可以惡**(오)**竟外之不善者**①요 **安卿大夫之家而後可以危救敵之國**②이요 **賜小國地而後可以誅大國之不道者**요 **擧賢良而後可以廢慢法鄙賤之民**이라 **是故先王必有置也而後必有廢也**요 **必有利也而後必有害也**니이다

① 愛四封之內而後可以惡(오)竟外之不善者 : 먼저 나라 안의 사람들에게 사랑을 베풀면 병사들이 죽음을 무릅쓰게 된다. 그러므로 나라 밖의 不善한 자들을 미워할 수 있다.
先施愛於四封之內則士致死라 故可以惡外之不善이라

② 安卿大夫之家而後可以危救敵之國 : 卿大夫의 집안들이 편안함을 얻으면 大臣들이 힘을 다하게 된다. 그러므로 적국을 대적할 수 있다.
卿大夫家安得이면 大臣盡力이라 故可以危救敵之國이라

桓公이 말하였다.

"옛날에 三王[4)]은 자기 임금들을 시해하였는데, 지금 仁義를 말할 때는 반드시

4) 三王 : 내용상으로 볼 때, 고대에 자신의 군주를 시해하고 새로운 왕조를 개척한 위대한 왕을 가리킨다. 그런데 이하의 내용에서 湯王과 武王 두 사람만 언급되고 있어 한 명이 부족하다. '三王'은 혹 '二王'의 誤字가 아닌지 의심된다.

三王을 법도로 삼고 있으니 어째서 그런지 모르겠소."

管仲이 대답하였다.

"옛날에 禹임금이 천하를 잘 다스렸는데 桀에 이르러 천하를 어지럽혔습니다. 이에 湯이 걸을 추방하고 우임금의 功業을 안정시켰습니다. 탕임금이 천하를 잘 다스렸는데 紂에 이르러 천하를 어지럽혔습니다. 이에 武王이 주를 정벌하여 탕임금의 공업을 안정시켰습니다. 善한 자가 不善한 자를 대신하는 것은 옛날부터 지금까지 바뀐 적이 없는데, 군주께서는 어째서 이를 의심합니까?"

환공이 다시 물었다.

"옛날에 망한 나라들은 무엇을 잃었기 때문이오?"

관중이 대답하였다.

"영토와 보물을 얻는 것만 생각하다가 제후들을 잃는 것은 생각하지 못하였고, 재물을 얻는 것만 생각하다가 백성을 잃는 것은 생각하지 못하였으며, 사랑받는 것만 생각하다가 버림받는 것을 생각하지 못하였기 때문입니다. 이 세 가지 중 하나가 있으면 영토가 깎이기에 충분하고, 세 가지 모두 있으면 망하게 됩니다.

옛날에 나라를 무너뜨리고 社稷을 잃은 것은, 고의로 그런 것은 아니지만 잠시 이것들[5)]을 즐기다가 자기도 모르게 악행에 빠져들었기 때문입니다."

放桀南巢圖

桓公曰 昔三王者는 **旣弑其君**이어늘 **今言仁義**에 **則必以三王爲法度**하니 **不識其故何也**로라

5) 이것들 : 앞서 언급된 영토와 보물, 재물, 친한 사람을 가리킨다.

對曰 昔者禹平治天下어늘 及桀而亂之라 湯放桀以定禹功也니이다 湯平治天下어늘 及紂而亂之라 武王伐紂以定湯功也니이다 且善之(伐)〔代〕不善也[6]는 自古至今에 未有改之니 君何疑焉니잇가 公又問曰 古之亡國은 其何失고 對曰 計得地與寶而不計失諸侯하고 計得財委而不計失百姓하고 計見親而不計見棄니라 三者之屬一이면 足以削하고 徧而有者는 亡矣라 古之隳國家隕社稷者는 非故且爲之也라 必少有樂焉이요 不知其陷於惡也니이다

桓公이 管仲에게 말하였다.

"仲父(중보)를 청하고자 하오."

환공은 관중과 연회를 하기 위해 우물을 새로 파고 그것을 섶으로 덮었다. 열흘 동안 재계하고 나서 관중을 초청하였다. 관중이 오자 환공이 술잔〔爵〕을 잡고 부인도 잔〔尊〕을 잡았다. 술잔이 세 번 돌자 관중이 빠른 걸음으로 물러났다. 환공이 노하여 말하였다.

"과인이 열흘 동안 재계하고 중보를 술자리에 초대하였으니, 과인은 스스로 예를 다한 셈이오. 그런데 중보가 과인에게 인사도 하지 않고 나갔으니 그 이유가 무엇인가?"

鮑叔과 隰朋이 달려나가 관중을 길에서 만나 말하였다.

"公께서 노하셨네."

관중이 돌아와 병풍을 등지고 섰으나 환공은 관중에게 말을 걸지 않았다. 관중이 조금 더 나아가 뜰에 섰으나 환공은 여전히 말을 하지 않았다. 이에 관중이 조금 더 나아가 마루에 가까이 서니 마침내 환공이 말하였다.

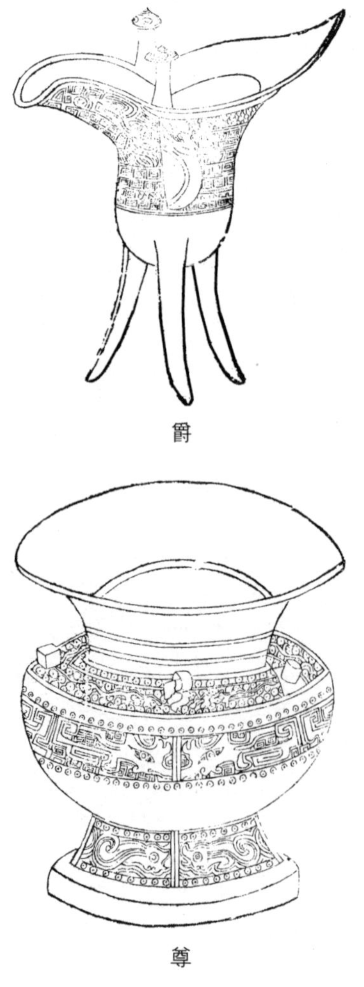

爵

尊

6) 且善之(伐)〔代〕不善也 : 저본에는 '伐'로 되어 있으나, 許維遹(中)의 견해에 의거하여 '代'로 바로잡았다. 앞에 나오는 "武王伐紂"로 인하여 '代'가 '伐'로 잘못 쓰여졌다는 것이다. 그리고 ≪太平御覽≫ 〈皇王部〉의 인용문에도 "善之代不善"으로 되어 있고, ≪春秋左氏傳≫ 襄公 29년에 "裨諶曰 善之代不善 天命也"라는 말이 나온다는 사실을 그 증거로 들었다.(≪管子集校≫)

"과인이 열흘 동안 재계하고 중보를 연회에 초청하였으니, 스스로 생각건대 내가 잘못한 것이 없다고 생각하오. 그런데 중보는 과인에게 말도 없이 나갔으니, 아직도 그 이유를 모르겠소."

관중이 대답하여 말하였다.

"신이 듣건대, 쾌락에 빠진 자는 근심에 젖고, 맛에 탐닉하는 자는 행동이 경박해지며, 조정에 태만한 자는 정사가 느슨해지고, 국가에 해가 되는 자는 社稷을 위태롭게 한다고 하였습니다. 이 때문에 신이 감히 나간 것입니다."

환공이 황급히 마루에서 내려와 말하였다.

"과인이 감히 안락을 탐하고자 한 게 아니오. 중보가 나이가 많고 과인 또한 노쇠해지고 있으니, 하루 정도 중보를 편안히 해주고자 하였을 뿐이오."

관중이 대답하였다.

"신이 듣건대, 젊은이가 게으르지 않고 노인이 안락을 탐하지 않으며, 하늘의 도를 따르면 반드시 좋은 결과를 얻는다고 하였습니다. 夏·殷·周 三代가 나라를 잃는 일은 하루아침에 나타난 게 아닙니다. 군주께서는 어찌 안락을 탐하시겠습니까?"

관중이 서둘러 나가니, 환공이 賓客의 예로 두 번 절하며 배웅하였다.

桓公謂管仲曰 請致仲父(보)①[7]로라 **公與管仲父而將飮之**②하여 **掘新井而柴焉**③이라 **十日齋戒**하고 **召管仲**하니 **管仲至**라 **公執爵**하고 **夫人執尊**(준)하며 **觴三行**에 **管仲趨出**어늘 **公怒曰 寡人齋戒十日而飮仲父**하니 **寡人自以爲修矣**라 **仲父不告寡人而出**하니 **其故何也**④오 **鮑叔**, 隰朋이 **趨而出**하여 **及管仲於途曰 公怒**라 **管仲反入**하여 **倍屛而立**하나 **公不與言**하고 **少進中庭**하나 **公不與言**하고 **少進傅堂**[8]하니 **公曰 寡人齋戒十日而飮仲父**하니 **自以爲脫於罪矣**라 **仲父不告寡人而出**하니 **未知其故也**로라 **對曰 臣聞之**호니 **沈於樂者洽於憂**⑤하고 **厚於味者薄於行**하며 **慢於朝者緩於政**하고 **害於國家者危於社稷**이라하니라 **臣是以敢出也**니이다 **公遽下堂曰 寡人非敢自爲修也**[9]라 **仲父年長**하고 **雖寡人亦衰矣**라 **吾願一朝安仲父也**⑥로라 **對曰 臣聞壯者無怠**하고

---

7) 請致仲父(보) : '仲父'를 舊注에서는 "나이가 있고 덕이 있는 사람을 존중하는 호칭이다."라고 풀이하였다. 그러나 兪樾(淸)은 '仲父'를 관중의 字로 보았다.(≪諸子平議≫) 역자는 舊注에 따랐다.

8) 少進傅堂 : 郭沫若(中)에 의하면, 古本·劉本·朱本 등에는 '傅'가 '中'으로 되어 있다고 한다. 그러나 이는 잘못된 것이고, 여기서 '傅'는 '薄'으로 읽어야 하고 그 의미는 '迫'이 된다고 하였다.(≪管子集校≫)

9) 寡人非敢自爲修也 : 劉師培(中)는 '修'를 '備'로 고쳐야 한다고 보았다.(≪管子斠補≫) 그러나 郭沫若(中)은 '修'를 '偸'의 오자로 보았다. 그는 관중이 "壯者無怠 老者無偸"로 답하였고, 또

老者無偸하며 **順天之道**면 **必以善終者也**라 (三王)〔三代〕[10] **失之也**는 **非一朝之萃**⑦니 **君奈何其偸乎**잇가 **管仲走出**하니 **君以賓客之禮**로 **再拜送之**라

① 請致仲父(보) : '仲父'는 나이가 있고 덕이 있는 사람을 존중하는 호칭이다. 桓公이 管仲을 존중하여 섬기고자 하였기 때문에 '仲父'라는 호칭으로 대한 것이다.
仲父者는 尊老有德之稱이라 桓公欲尊事管仲이라 故以仲父之號致之라

② 公與管仲父而將飮之 : 〈桓公이〉 飮酒의 禮를 행함으로써 管仲을 존중한다는 것을 드러내었다.
行飮酒禮하여 以尊顯之라

③ 掘新井而柴焉 : 새로 우물을 파고 그것을 섶으로 덮은 것은, 청결하게 함으로써 상대를 공경한다는 점을 보이려고 한 것이다.
新井而又柴蓋之는 欲以潔淸示敬之라

④ 仲父不告寡人而出 其故何也 : 인사도 하지 않고 나갔으므로 화가 났다는 말이다.
謂不辭而出이라 所以怒라

⑤ 沈於樂者洽於憂 : 즐김이 지나치면 근심이 있게 된다.
樂過則憂라

⑥ 仲父年長……吾願一朝安仲父也 : 〈그대와 나〉 모두 노쇠한 상태에 이르렀으니, 하루 정도 즐겁게 술을 마시면서 편안히 즐기고자 했다는 말이다.
言俱至於衰老라 故欲一朝樂飮而爲安이라

⑦ 三王失之也 非一朝之萃 : 그 말미암는 바가 점차적으로 이루어진 것이지, 하루아침에 갑자기 생겨난 게 아니다.
其所由來者 漸矣요 非一朝萃集也라

다음날 管仲이 朝廷에 드니 桓公이 물었다.

"과인은 군주의 신뢰에 대해 듣고 싶소."

관중이 대답하였다.

아래에서 "君奈何其偸乎"라고 말하고 있다는 점을 그 근거로 들었다.(≪管子集校≫) 역자는 곽말약의 견해를 따랐다.

10) (三王)〔三代〕: 저본에는 '三王'으로 되어 있으나, 劉本 및 朱本에 의거하여 '三代'로 바로잡았다. 현재 舊注에는 "其所由來者漸矣 非一朝萃集也"로 되어 있으나, 劉本 및 朱本에는 "三代之季亂亡者 非一朝之故 其所由來者漸矣 萃集也"로 되어 있다. 따라서 郭沫若(中)은 현재의 구주는 그 일부가 훼손된 상태로 전해진 것으로 보았다.(≪管子集校≫) 이렇게 볼 때 구주의 원형에는 '三代'가 언급되어 있었다는 것이고, 이를 통해 본문의 '三王'은 본래 '三代'로 되어 있었다는 것을 추측해볼 수 있다.

“백성이 사랑하고, 이웃 나라들이 친하게 대하며, 천하 사람들이 신뢰하는 것, 이것이 군주의 신뢰입니다.”

환공이 말하였다.

“좋은 말이오. 그러면 신뢰는 어디서부터 시작하는 것이 좋은가?”

관중이 대답하였다.

“자기 자기 몸을 위함에서 시작하여, 나라를 위함을 거쳐, 천하를 위함에서 이루어집니다.”

환공이 말하였다.

“자기 몸을 위하는 법을 알려주시오.”

관중이 대답하였다.

“血氣를 잘 다스려 壽命을 늘이고 멀리 있는 사람까지 배려하고 널리 德을 베푸는 것, 이런 것들이 자기 몸을 위하는 길입니다.”

환공이 말하였다.

“나라를 위하는 법을 알려주시오.”

관중이 대답하였다.

“널리 어진 이를 등용하고 백성을 사랑하며, 밖으로 망한 나라의 자손을 보존해주고, 자손이 끊어진 집안의 대를 이어주며, 나라를 위해 죽은 자들의 자손을 일으켜주고 세금을 깎아주며, 형벌을 경감해주는 것, 이런 것들이 나라를 위하는 길입니다.”

환공이 말하였다.

“천하를 위하는 법을 알려주시오.”

관중이 대답하였다.

“법을 집행함에 있어 가혹하지 않게 하고, 형벌은 원칙대로 적용하여 함부로 사면하지 않으며, 관리는 관대하여 〈외롭고 고독한 사람에게〉 모질게 대하지 않고, 불결하고 궁핍한 자들도 모두 법도로 통제하여 사라지지 않게 하며, 〈법을 집행하는 자가〉 앞으로 일어나는 일에 대해서만 살피고 과거의 것을 소추해 집행하지 않으면, 백성들은 세상에서 만족하며 살아가게 됩니다. 이런 것들이 천하를 위하는 길입니다.”

明日에 **管仲朝**하니 **公曰 寡人願聞國君之信**하노라 **對曰 民愛之**하고 **隣國親之**하며 **天下信之 此國君之信**니이다 **公曰 善**이라 **請問信安始而可**오 **對曰 始於爲身**하고 **中於爲國**하며 **成於爲天下**니이다

公曰 請問爲身하노라 **對曰 道血氣**하여 **以求長年**[11)]하고 **長心長德**① **此爲身也**니이다 **公曰 請問爲國**하노라 **對曰 遠擧賢人**하고 **慈愛百姓**하며 **外存亡國**하고 **繼絶世**하며 **起諸孤**②하고 **薄稅斂**하며 **輕刑罰 此爲國(之大禮)也**[12)]니이다 〔**公曰 請問爲天下**하노라 **對曰**〕[13)] **法行而不苛**하고 **刑廉而不赦**하며 **有司寬而不淩**③하고 **鬱濁困滞**도 **皆法度不亡**④하며 **往行不來而民游世矣**⑤니 **此爲天下也**니이다

① 長心長德 : '長心'은 멀리 있는 사람까지 배려하는 것을 말한다. '長德'은 널리 은혜를 베푸는 것을 말한다.
長心은 謂謀慮遠也요 長德은 謂恩施廣也라

② 起諸孤 : '孤'는 왕의 일을 하다가 죽은 자의 자손이다.
孤는 謂死王事者子孫이라

③ 有司寬而不淩 : 외롭고 고독한 사람에게 모질게 하지 않는다.
不虐惸獨[14)]이라

④ 鬱濁困滞 皆法度不亡 : '鬱濁'은 몹시 지저분하여 청결하지 않은 자를 말한다. '困滞'는 궁핍하여 보잘것없는 사람을 말한다. 이러한 사람들이 있으면 모두 법도에 의해 이를 통제하여 사라지거나 도망치지 않게 한다.
鬱濁은 謂穢塞不潔清者也요 困滞는 謂疲羸微隱者也라 有如此者면 皆以法度加之하여 不令有所失亡也라

⑤ 往行不來而民游世矣 : 그 법도를 집행하는 자가 앞으로 일어나는 것에 대해서만 살피고 과거의 일은 소추해 집행하지 않는다. 이상과 같이 하면 백성들은 세상에서 만족하며 살아가게 된다.
其行法度者 但往行而進하고 不卻來而退라 而人以此自得行於世也라

---

11) 道血氣 以求長年 : 여기서 '道'는 '導'의 의미로 쓰였다. 劉師培(中)는 ≪文選≫의 〈洞簫賦〉 注 및 〈歎逝賦〉 注의 인용문에 모두 "導血氣 以求長年"으로 되어 있다는 점을 그 증거로 제시하였다.(≪管子斠補≫)

12) 此爲國(之大禮)也 : 저본에는 '之大禮'가 있으나, 張佩綸(淸)의 견해에 의거하여 衍文으로 처리하였다. 앞에서 "此爲身也"라 하였고 아래에서 "此爲天下也"라고 말하고 있으니, 여기서도 마땅히 "此爲國也"로 되어야 한다는 것이다. 그리고 ≪群書治要≫에도 "此爲國也"로 되어 있다는 점도 또 하나의 증거로 삼았다.(≪管子學≫)

13) 〔公曰 請問爲天下 對曰〕 : 저본에는 '公曰 請問爲天下 對曰'이 없으나, 張佩綸(淸)의 견해에 의거하여 보충하였다. 앞에 나온 문장의 유형들에 근거할 때 이 9자가 있어야 한다는 것이다. 그는 옮겨 쓰는 과정에 잘못 탈락되었을 것으로 추정하였다.(≪管子學≫)

14) 惸獨 : ≪周禮≫ 〈大司寇〉의 鄭玄의 주에서, "형제가 없는 사람을 '惸'이라 하고, 자손이 없는 사람을 '獨'이라고 한다.〔無兄弟曰惸 無子曰獨〕"라고 하였다.

제20편 왕의 잘못을 바로잡다(3) 小匡
내언 3 內言 三

＊이 편에서는 환공이 莒(거)에서 돌아와 齊나라 군주로 즉위하고, 鮑叔의 천거로 管仲을 재상으로 임명하는 것으로부터 시작하여, 관중이 환공을 보좌하여 霸業을 이루는 과정을 대화체를 통해 상세히 언급하고 있다.

도입 부분에서는 관중의 천거 문제를 두고 포숙과 환공의 사이의 대화가 진행된다. 이후 나머지 부분은 국가 경영 제반 사항에 관해 관중과 환공 사이에 진행된 대화들이 반복적으로 전개된다. 이를 통해 우리는 제 환공이 천하를 재패하게 된 일련의 과정을 자세히 알 수 있다.

이 편에 실린 내용은 ≪國語≫ 〈齊語〉에도 고스란히 실려 있다. 따라서 일부 주석가들은 후대 사람들이 ≪국어≫ 〈제어〉의 내용을 가져와 ≪管子≫에 실은 것으로 보기도 한다.

桓公이 莒에서 齊나라로 돌아와 鮑叔牙를 재상으로 삼으려 하였다. 鮑叔이 사양하면서 말하였다.

"신은 그저 군주의 평범한 신하일 뿐입니다. 군주께서는 신에게 은혜를 베풀어 주셔서 신이 춥거나 굶주리지 않게 해주시니 이는 군주의 은덕입니다. 그러나 나라를 다스리는 일은 신이 감당할 수 없고, 오직 管夷吾만이 그 적임자입니다.

신이 관이오만 못한 것이 다섯 가지입니다. 관대하고 은혜로운 태도로 백성을 사랑함에 있어 그만 못하고, 나라를 다스리는 과정에서 賞罰의 '자루(권력)'를 놓치지 않음에 있어 그만 못하며, 제후들을 충성과 믿음으로 결속시킴에 있어 그만 못하고, 禮義를 제정하여 사방 이웃 국가들에게 본받을 수 있게 함에 있어 그만 못하며, 갑옷을 입고 북채를 잡고 군영에 서서 백성들 모두 용감하게 하는 데 있어 그만 못합니다. 무릇 管仲은 백성의 부모와 같은 사람입니다. 그 자식을 다스리려고 하면서 그 부모를 버릴 수는 없습니다."

환공이 말하였다.

“관이오는 과인에게 직접 활을 쏘아, 그 화살이 나의 허리띠쇠에 맞아 거의 죽을 뻔했소. 그런데도 그를 써야 한단 말이오?”

포숙이 대답하였다.

“그는 자기 군주를 위해 그렇게 행동한 것입니다. 군주께서 그를 용서해주고 돌아오게 하면, 그는 군주를 위해서도 그와 같이 할 것입니다.”

桓公自莒反於齊하여 **使鮑叔牙爲宰**하니 **鮑叔辭曰 臣**은 **君之庸臣也**라 **君有加惠於其臣**하여 **使臣不凍饑**면 **則是君之賜也**어니와 **若必治國家**면 **則非臣之所能也**요 **其唯管夷吾乎**인저 **臣之所不如管夷吾者五**니 **惠愛民**이 **臣不如也**요 **治國不失秉**이 **臣不如也**①요 **忠信可結於諸侯 臣不如也**요 **制禮義可法於四方**이 **臣不如也**요 **介胄執枹**하고 **立於軍門**하여 **使百姓皆加勇**이 **臣不如也**②니이다 **夫管仲**은 **民之父母也**니 **將欲治其子**인댄 **不可棄其父母**니이다 **公曰 管夷吾親射寡人中鉤殆於死**라 **今乃用之可乎**아 **鮑叔曰 彼爲其君動也**니 **君若宥而反之**면 **其爲君亦猶是也**니이다

① 治國不失秉 臣不如也 : ‘秉’은 자루(권력)이다. 자루를 잡는다는 것은 정무를 시행하는 것이다. ‘나라의 자루(권력)’는 상과 벌을 행하는 핵심이다.
秉은 柄也라 柄操所以作事라 國柄者는 賞罰之紀要也라

② 介胄執枹……臣不如也 : ‘枹’는 북을 두드리는 몽둥이 즉 북채이다.
枹는 擊鼓槌라

桓公이 말하였다.

“그러면 어찌해야 하오?”

鮑叔이 말하였다.

“군주께서는 사람을 시켜 魯나라에 管夷吾를 보내달라고 요청하십시오.”

환공이 말하였다.

“施伯은 노나라의 지략가〔謀臣〕이오. 그는 과인이 관이오를 쓸 것을 알고, 결코 그를 넘겨주지 않을 것이오.”

포숙이 말하였다.

“군주께서는 사신를 보내 다음과 같이 말하게 하십시오. ‘우리 군주의 명령을 따르지 않는 신하가 노나라에 있습니다. 원컨대 그를 여러 신하들 앞에서 죽일 수 있게 해주길 요청합니다.’ 그러면 노나라 군주는 반드시 허락할 것입니다. 또한 시백은 관이오의 재주를 알아보고 반드시 그에게 노나라의 정치를 맡기려 할 것입니

다. 관이오가 이를 받아들이면 노나라는 齊나라를 약하게 할 수 있을 것입니다. 관이오가 받아들이지 않으면 시백은 그가 제나라에 돌아가게 될 것을 알고 반드시 그를 죽일 것입니다."

환공이 물었다.

"그러면 관이오는 시백의 제안을 받아들이겠소?"

포숙이 말하였다.

"받아들이지 않을 것입니다. 관이오는 임금을 섬김에 있어 두마음을 품지 않습니다."

환공이 말하였다.

"그가 과인에 대한 마음이 이와 같단 말이오?"

포숙이 대답하였다.

"전하를 위해서가 아닙니다. 선대 임금과 社稷을 위해서입니다. 군주께서 종묘를 안정시키고자 하신다면 서둘러 요청하십시오. 서두르지 않으면 그를 얻지 못할 것입니다."

公曰 然則爲之奈何오 鮑叔曰 君使人請之魯하소서 公曰 施伯은 魯之謀臣也니 彼知吾將用之하여 必不吾予也리라 鮑叔曰 君詔使者曰 寡君有不令之臣在君之國하니 願請之以戮〔於〕群臣①[1]이면 魯君必諾하리이다 且施伯之知夷吾之才하여 必將致魯之政②하리니 夷吾受之면 則魯能弱齊矣요 夷吾不受면 彼知其將反於齊하여 必殺之리이다 公曰 然則夷吾受乎아 鮑叔曰 不受也니 夷吾事君에 無二心이니이다 公曰 其於寡人猶如是乎아 對曰 非爲君也요 爲先君與社稷之故니 君若欲定宗廟則亟請之하소서 不然이면 無及也리이다

① 願請之以戮〔於〕群臣 : 그를 죽여 여러 신하들에게 보인다.
　戮以徇群臣이라

② 且施伯之知夷吾之才 必將致魯之政 : 이미 그의 재주를 알아보았으므로 국정을 맡길 것이다.
　旣知其才라 故授以國政이라

1) 願請之以戮〔於〕群臣 : 저본에는 '於'가 없으나, 王念孫(淸)의 견해에 의거하여 보충하였다. 朱本을 비롯한 古本·劉本 등에는 모두 "戮於群臣"으로 되어 있고, '戮於群臣'은 아래 문장에서 언급되는 "願生得之 以徇於國 爲群臣僇"을 의미한다는 것이다. 그리고 ≪春秋左傳正義≫의 인용문에도 "願請之以戮於群臣"으로 되어 있고, ≪國語≫ 〈齊語〉에도 "欲以戮之於群臣"으로 되어 있다는 것이다.(≪讀書雜志≫)

환공이 포숙을 시켜 노나라와 화친을 맺게 하고, 다음과 같이 전하게 하였다.

"公子 糾는 과인의 친족이니, 노나라 군주께서 죽여주시오."[2)]

이에 노나라 사람들이 공자 규를 죽였다. 또 말하였다.

"管仲은 원수이니, 그를 돌려주어 과인의 마음을 흡족하게 해주시오."

노나라 군주가 허락하려고 하자 施伯이 말하였다.

"주지 마십시오. 그를 죽이려는 것이 아니라, 그의 정치적 능력을 쓰려는 것입니다. 관중은 천하의 賢人이자 큰 그릇입니다. 그가 楚나라에 있으면 초나라가 천하에서 뜻을 얻을 것이고, 晉나라에 있으면 진나라가 천하에서 뜻을 얻을 것이며, 狄에 있으면 적이 천하에서 뜻을 얻을 것입니다. 지금 齊나라가 그를 구해 얻으면 반드시 오랫동안 魯나라의 근심이 될 것입니다. 군주께서는 그를 죽여 그의 시체를 넘겨주십시오."

노나라 군주가 말하였다.

"그렇게 하도록 하라."

바야흐로 관중을 죽이려 할 때 포숙이 나아가 말하였다.

"그를 제나라에서 죽이면 이는 제나라 사람들에게 그의 죽임을 보이는 것이고, 노나라에서 죽이면 이는 노나라 사람들에게 그의 죽임을 보이는 것입니다. 저의 군주께서는 그를 산 채로 얻어, 나라 사람들에게 본보기로 보이고 여러 신하들에게 경계로 삼기를 원합니다. 만약 그를 산 채로 얻지 못하면, 이는 천하가 저의 군주의 원수를 친하게 대하는 것이 되니, 저의 군주가 요청하는 바가 아닙니다. 저는 이런 명을 받아들일 수 없습니다."

公乃使鮑叔行成① **曰 公子**糾는 **親也**니 **請君討之**하노라 **魯人**이 **爲殺公子**糾어늘 **又曰 管仲**은 **讐也**니 **請受而甘心焉**하노라 **魯君許諾**하니 **施伯謂魯侯曰 勿予**하소서 **非戮之也**요 **將用其政也**②라 **管仲者**는 **天下之賢人也**며 **大器也**라 **在楚則楚得意於天下**하고 **在晉則晉得意於天下**하며 **在狄則狄得意於天下**하리니 **今齊求而得之**면 **則必長爲魯國憂**니 **君何不殺〔之〕而(受之)〔授〕其屍**[3)] 니잇가 **魯君曰 諾**다하고 **將殺管仲**이어늘 **鮑叔進曰 殺之齊**면 **是戮齊也**③요 **殺之魯**면 **是戮魯**

---

2) 公子……죽여주시오 : 公子 糾는 桓公의 배다른 형제이다. 그러므로 환공 자신이 차마 죽일 수 없으니, 노나라 군주가 대신 죽여달라는 요청이다.

3) 君何不殺〔之〕而(受之)〔授〕其屍 : 저본에는 "君何不殺而受之其屍"로 되어 있어 의미가 잘 통하지 않는다. 劉績(明)의 ≪管子補註≫에 의거하여 "君何不殺之而授其屍"로 바로잡았다.

也라 **弊邑寡君願生得之**하여 **以徇於國**하고 **爲群臣僇**④이요 **若不生得**이면 **是君與寡君賊比也**⑤니 **非弊邑之君所(謂)〔請〕也**[4]니 **使臣不能受命**[5]이니이다

① 公乃使鮑叔行成 : '成'은 '화친을 맺다'라는 의미이다. 魯나라와 화친하려는 것이다.
成은 平也니 與魯平이라

② 將用其政也 : 그를 써서 정치를 맡기려 하는 것이다.
用之하여 使知政也라

③ 是戮齊也 : 그를 죽여서 齊나라 사람들에게 보인다는 말이다.
言戮以徇齊也라

④ 爲群臣僇 : 그를 죽여서 여러 신하들에게 경계하게 한다.
戮之以誡群臣이라

⑤ 是君與寡君賊比也 : 나의 적을 친하게 대한다는 의미이다.
言親吾賊이라

이에 魯나라 군주는 管仲을 죽이지 않고, 마침내 산 채로 묶어 우리에 가두어 齊나라에 주었다. 鮑叔은 이를 받고 관중을 향해 세 번 곡을 하였다. 施伯이 좇아가 이 모습을 비웃으면서, 大夫들에게 말하였다.

"관중은 결코 죽지 않을 것이다. 무릇 포숙은 인자하여 賢人을 죽이지 않을 것이고, 지혜로워 현인을 천거함으로써 자기 공을 이룰 것이다. 포숙은 公子 小白을 도와 먼저 제나라에 들어가 나라 사람들의 마음을 얻었다. 관중과 召忽은 공자 糾를 받들어 나중에 제나라에 들어갔다. 〈관중은 비록 규를 임금으로 세우는 데는 실패했지만〉 노나라와 싸우면 노나라를 패퇴시킬 수 있었으니, 공은 天命을 얻느냐 얻지 못하느냐에 달려 있을 뿐 人事에 있어서는 다르지 않다.

지금 노나라는 두려움에 빠져 공자 규와 소홀을 죽이고 관중을 우리에 가두어 제나라에 보냈으니, 포숙은 나중에 제나라에 어려운 일이 없으리라는 것을 알고,

---

4) 非弊邑之君所(謂)〔請〕也 : 저본에는 '謂'로 되어 있으나, 王念孫(淸)의 견해에 의거하여 '請'으로 바로잡았다. '謂'는 '請'의 誤字이고, ≪春秋左傳正義≫의 인용문에도 "非弊邑之君所請也"로 되어 있다는 것이다.(≪讀書雜志≫) 劉績(明)도 "어떤 판본에는 '非弊邑之君所請也'로 되어 있다."라고 하였다.(≪管子補註≫)

5) 使臣不能受命 : 劉績(明)은 "어떤 판본에는 '能'이 '敢'으로 되어 있다."라고 하였다.(≪管子補註≫) 孫星衍(淸)도 ≪春秋左傳正義≫의 인용문에는 '能'이 '敢'으로 되어 있다고 하였으며, 許維遹(中)은 고대에는 能'과 '敢'이 서로 통용되었다고 하였다.(≪管子集校≫)

반드시 관중을 독려하여 자기네 군주를 위해 힘쓰게 하여 그 공을 드러내도록 할 것이다. 그러므로 사람들은 반드시 포숙이 덕이 있다고 인정할 것이다. 관중이 죽을힘을 다해 〈공자 규를 받든 공은 더 이상 보탤 것이 있겠으며,〉 살아남아 드러난 공은 그 무엇과 비교할 수 있겠는가? 포숙은 관중의 덕을 밝게 드러내게 함으로써 관중을 군주의 훌륭한 보좌가 되게 할 것이니, 포숙의 지혜는 실패하지 않을 것이다."

於是魯君乃不殺하고 **遂生束縛而柙以予齊**①하니 **鮑叔受而哭之三擧**②라 **施伯從而笑之**③하고 **謂大夫曰 管仲必不死**리라 **夫鮑叔之忍**[6]은 **不僇賢人**④하고 **其智**는 **稱賢以自成也**⑤라 **鮑叔**은 **相公子小白**하여 **先入得國**⑥하고 **管仲・召忽**은 **奉公子糺後入**이라 **與魯以戰**하면 **能使魯敗**⑦하니 **功**(足)〔**定**〕**以得天與失天**이오 **其人事一也**⑧[7]라 **今魯懼**하여 **殺公子糺召忽**하고 **囚管仲以予齊**하니 **鮑叔知無後事**⑨하고 **必將**(勤)〔**權**〕**管仲以勞其君**⑩[8]하여 **願以顯其功**이라 **衆必予之**⑪하여 **有得力死之功**이면 **猶尙可加也**어니와 **顯生之功將何如**오 **是**⑫ **昭德以貳君也**⑬[9]니 **鮑叔之知不是失也**⑭리라

① 遂生束縛而柙以予齊 : '柙(합)'은 '우리'이다.
柙은 檻이라

② 鮑叔受而哭之三擧 : 세 번 곡성을 낸 것은, 관중이 죽게 될 것을 거짓으로 애도한 것이다.
三擧其聲은 僞哀其將死也라

③ 施伯從而笑之 : 그 거짓된 모습을 비웃었다.

---

6) 夫鮑叔之忍 : 兪樾(淸)은 '忍'을 '仁'의 의미로 해석해야 한다고 보았다. 그는 그 근거로 ≪釋名≫ 〈釋言語〉에 나오는 "仁은 忍이다. 살리는 것을 좋아하고 죽이는 것을 싫어하니, 선하게 忍을 함유한다."라는 말을 제시하였다.(≪諸子平議≫)

7) 功(足)〔定〕以得天與失天 其人事一也 : 저본에는 '足'으로 되어 있으나, 兪樾(淸)의 견해에 의거하여 '定'으로 바로잡았다. '定'과 '足'이 서로 글자 모양이 유사함으로 인해 발생한 오류라는 것이다. 宋本에도 '定'으로 되어 있다는 점을 그 증거로 삼았고, 舊注에 근거해 이 구절을 해석하면 왜곡이 매우 심하게 된다고 보았다.(≪諸子平議≫)

8) 必將(勤)〔權〕管仲以勞其君 : 저본에는 '勤'으로 되어 있으나, 安井衡(日)의 견해에 의거하여 '權'으로 바로잡았다. 글자 형태가 서로 비슷함으로 인해 발생한 誤字라는 것이다.(≪管子纂詁≫) 舊注에서는 이 구절을 "반드시 관중이 노나라를 패퇴시키고 제나라를 승리시키고자 했던 그 本意를 찾아내어 그 공을 이루고, 자기네 군주를 부지런히 위로한다.〔必探管仲本敗魯勝齊之意 以成其功 勤而慰其君也〕"라고 풀이하고 있는데, 그 의미가 순조롭지 않다.

9) 顯生之功將何如 是昭德以貳君也 : 舊注에서는 '是'를 앞 구절에 붙여 "顯生之功將何如是"로 끊어 읽고 있다. 그러나 역자는 王念孫(淸)의 견해에 의거하여 뒷 구절에 붙여 "是昭德以貳君也"로 읽었다.(≪讀書雜志≫)

笑其僞也라

④ 夫鮑叔之忍 不僇賢人 : 〈포숙은〉 포용력이 커서 반드시 현인을 죽이지 않는다는 말이다.
言多所容忍하여 必不僇賢人이라

⑤ 稱賢以自成也 : '稱'은 '천거하다'는 의미이다.
稱은 擧也라

⑥ 得國 : 나라 사람들의 마음을 얻었다.
得國人心이라

⑦ 與魯以戰 能使魯敗 : 노나라 군대가 제나라와 전쟁을 벌이면, 노나라를 패퇴시키고 제나라가 이기게 할 수 있다는 말이다.
謂魯師與齊戰하면 能使魯敗而齊克也라

⑧ 功足以得天與失天 其人事一也 : 관중은 본래 小白을 옹립하려고 하였다. 이제 노나라를 패퇴시키고 제나라를 이기게 할 수 있는 것은 그의 공이다. 그러므로 그가 제나라에서 천명을 얻든 노나라에서 천명을 잃든 간에, 人事를 성공시킬 수 있다는 점에 있어서는 다르지 않다.
管仲本圖將立小白이라 今能敗魯而勝齊는 是其功也라 故於齊爲得天이요 於魯爲失天이니 至於能成人事則一이라

⑨ 鮑叔知無後事 : 이미 관중을 얻었으니, 나중에 제나라에 재앙과 환난이 되는 일이 없을 것이라는 점을 안다.
旣得管仲則知後無禍難之事也라

⑩ 必將勤管仲以勞其君 : 반드시 관중이 노나라를 패퇴시키고 제나라를 승리시키고자 했던 그 本意를 찾아내어 그 공을 이루고, 자신의 군주를 부지런히 위로한다.
必探管仲本敗魯勝齊之意하여 以成其功하고 勤而慰其君也라

⑪ 願以顯其功 衆必予之 : 〈포숙은〉 군주가 관중을 등용하여 제나라를 안정시키는 공을 드러내기를 원하였다. 이와 같이 하면 사람들은 반드시 그의 공덕을 인정할 것이다. '與'[10]는 '허락하다'는 의미이다.
願君施用管仲하여 以顯其定齊之功이라 如此면 衆必與之라 與는 許也라

⑫ 有得力死之功……顯生之功將何如是 : 만약 관중이 죽을힘을 다해 公子 糾를 모시는 데 성공했더라도, 그것은 다만 한때의 일이지만 더이상 보탤 것이 있겠는가. 더구나 그는 모욕을 부끄럽게 여기지 않고 인내하면서 생명을 온전히 하여, 나중에 제나라가 그를 얻어 패자가 되게 함으로써 그가 본래 도모했던 공적이 드러나게 하였으니, 그 어떤 善한 공덕이 이와 같으리오? 더이상 보탤 것이 없다는 말이다.
假令管仲力死成功은 但一時之事耳니 猶尙可加어니와 況不恥垢辱하고 忍而生全하여 齊將

10) 與 : 본문에는 '予'로 되어 있다. '與'와 '予'는 서로 통용된다.

得之而霸하여 以顯其本謀之功이면 何善如之乎리오 言不可加也라

⑬ 昭德以貳君也 : 관중의 덕을 밝게 드러내어 군주의 보좌가 되게 하였다는 의미이다.
言昭管仲之德하여 以爲君之副貳라

⑭ 鮑叔之知不是失也 : 포숙의 지혜로 이러한 계획에 미칠 수 있어 반드시 실패하지 않는다.
以鮑叔之智能及此圖하여 必不失也라

堂阜(당부) 근처에 이르러 鮑叔은 푸닥거리를 하고 나서 관중을 세 번 목욕시켰다. 桓公은 몸소 郊外까지 그들을 맞으러 나갔다. 이때 관중은 갓끈을 조이고 옷깃을 위로 여민 채 도끼를 잡은 사람을 그의 뒤에 서게 하였다. 환공이 도끼를 잡은 사람을 세 번 꾸짖고 물러나게 하였다. 환공이 말하였다.

"갓끈을 늘어뜨리고 옷깃을 아래로 내리시오. 과인이 그대를 보고자 하오."

관중이 두 번 절하고 머리를 조아리면서 말하였다.

"공의 큰 은혜를 입었으니, 죽어서 黃泉을 떠돌더라도 영원히 〈은혜가〉 사라지지 않을 것입니다."

至於堂阜之上①하여 **鮑叔祓而浴之三**②하고 **桓公親迎之郊**하니 **管仲詘纓揷衽**③하고 **使人操斧而立其後**④어늘 **公辭斧三然後退之**⑤라 **公曰 垂纓下衽**하라 **寡人將見**하리라 **管仲再拜稽首曰 應公之賜**[11)]하니 **殺之黃泉**이라도 **死且不朽**⑥리이다

① 至於堂阜之上 : '堂阜'는 지명이다.
堂阜는 地名이라

② 鮑叔祓而浴之三 : '祓'은 흉하고 사악한 기운을 제거하는 것을 가리킨다.
祓은 謂除其凶邪之氣라

③ 管仲詘纓揷衽 : 장차 죽임을 당할 〈의지를〉 보인 것이다.
示將就戮이라

④ 使人操斧而立其後 : 도끼를 잡게 한 것은, 도끼로 죽임을 당하는 형벌을 받으려 한다는 의미이다.
操斧者는 將受斧鉞之誅也라

⑤ 辭斧三然後退之 : 도끼를 잡은 자를 물러나게 하였다.
退操斧者라

⑥ 應公之賜……死且不朽 : '군주께서 죽음을 내리셔도 오히려 그 은혜가 영원할 것인데,

11) 應公之賜 : 王念孫(淸)은 ≪廣雅≫에 의거하여 '應'은 '受'의 의미로 보았다.(≪讀書雜志≫)

하물며 살려주시다니요.'라는 의미이다.
言君賜之死라도 尙感恩不朽어든 況生之乎아

桓公이 마침내 管仲과 궁으로 돌아가, 宗廟에서 禮로 대하고 세 번 잔을 주고받은 뒤 정치에 관해 물었다.

"지난날 선군인 襄公은 높은 누대를 쌓고 넓은 연못을 파고, 음주에 탐닉하고 온갖 사냥에 빠진 채 국정을 돌보지 않았소. 또한 성인을 비하하고 선비를 모욕하며, 오직 여인들만 숭상하여 아홉 명의 妃와 여섯 명의 嬪, 그리고 늘어선 妾들이 수천 명이나 되었소. 먹는 음식은 반드시 기름진 고기였고, 입는 옷은 반드시 화려하게 수 놓은 옷이었으며, 그사이 병사들은 추위와 굶주림에 시달렸소. 전투용 수레는 놀이용 수레가 부서지길 기다렸고, 병사들은 늘어선 첩들이 먹다 남긴 음식을 기다렸으며, 광대와 난장이들이 중시되고 어진 대부들은 푸대접받았소. 이 때문에 국가는 나날이 발전하지 못하였고 다달이 성장하지 못하였소. 과인은 종묘를 청소하지 못하고 社稷에 음식을 올리지 못하게 될까 두렵소. 감히 묻건대, 어찌하면 좋겠소?"

公遂與歸하여 **禮之於廟**하고 **三酌而問爲政焉 曰 昔先君襄公**이 **高臺廣池**에 **湛樂飮酒**하고 **田獵畢弋**하고 **不聽國政**이라 **卑聖侮士**하고 **唯女是崇**하여 **九妃六嬪**①이요 **陳妾數千**이라 **食必粱肉**하고 **衣必文繡**요 **而戎士凍饑**라 **戎(馬)〔車〕**[12]**待游車之獘**②하고 **戎士待陳妾之餘**③요 **倡優侏儒在前**하고 **而賢大夫在後**하여 **是以國家不日益不月長**이라 **吾恐宗廟之不掃除**하고 **社稷之不血食**하노니 **敢問爲之奈何**오

① 九妃六嬪 : '九妃'는, 제후가 부인으로 거느리는 아홉 여인을 가리킨다. 천자는 아홉 명의 嬪을 거느리고 제후는 여섯 명의 嬪을 거느린다.
九妃는 謂諸侯所娶九女니 天子九嬪이요 諸侯六也라

② 戎(馬)〔車〕待游車之獘 : 놀이용 수레가 망가진 이후에 〈그것을〉 전투용 수레로 삼았다.
遊車弊然後以爲戎車라

③ 戎士待陳妾之餘 : 늘어선 첩들이 음식을 남긴 이후에 먹었다.
陳妾食餘然後에 以食이라

12) (馬)〔車〕: 저본에는 '馬'로 되어 있으나, 王念孫(淸)의 견해에 의거하여 '車'로 바로잡았다.(≪讀書雜志≫) 舊注에도 '戎車'로 되어 있다.

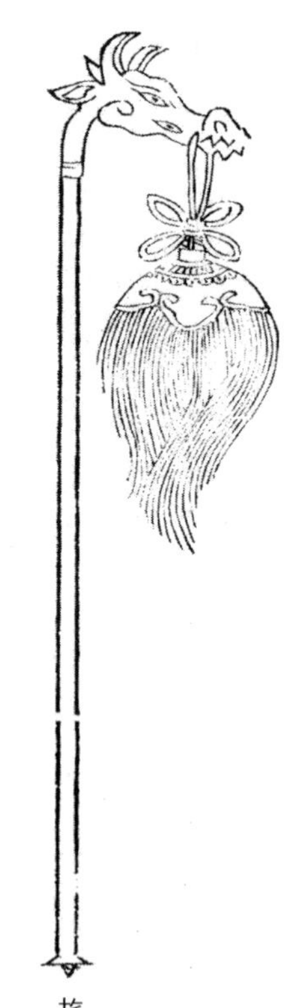
旄

管子가 대답하였다.

"옛날에 우리 선왕 昭王과 穆王은 대대로 文王과 武王의 위대한 업적을 본받으셔서 이름을 세우셨습니다. 여러 나라의 인재들을 모으고 백성 중 道를 지닌 자들을 비교 고찰하여, 모범이 되는 본보기를 세워 백성들의 기강으로 삼으셨습니다. 美德의 일들은 〈그 처음과 끝이〉 서로 상응하게 하고 차례로 모아 기록하여, 근본을 따지고 말단을 헤아릴 수 있게 하였습니다. 상으로 장려하고 형벌로 질서를 바로잡았으며, 높은 황무지에 거름을 주고 군대 깃발〔旄〕을 없애며, 하사품을 내려 백성들을 어루만졌습니다. 이렇게 함으로써 백성들의 일상을 삼으셨습니다."

管子對曰 昔吾先王(周)[13]**昭王, 穆王**은 **世法文武之遠迹**하여 **以成其名**하고 **合群國比校民之有道者**하여 **設象以爲民紀**①라 **式美以相應**하고 **比綴以書**하여 **原本窮末**②하고 **勸之以慶賞**하고 **糾之以刑罰**하며 **糞除其顚旄**③하고 **賜予以鎭撫之**하여 **以爲民終始**니이다

① 比校民之有道者 設象以爲民紀 : 道를 지닌 사람들을 비교하고 시험해보고, 그들과 더불어 모범이 되는 본보기를 세워 사람들의 기강으로 삼았다.
校試其人有道者하여 與之設法象而爲人紀라

② 式美以相應……原本窮末 : 그 사용하는 아름다운 일들은 반드시 처음과 끝이 서로 상응하게 하고, 그런 이후에 차례로 편집하고 연결하여 서책에 기록하였다. 그러므로 그 근본을 따지고 그 말단을 헤아려보면 두루 갖추어지지 않음이 없었다.
其所用美事는 必令始終相應하고 然後次比緝綴하여 書之簡策이라 故能原其本窮其末하면 无不錯綜也라

③ 糞除其顚旄 : '顚'은 높은 꼭대기이니 사람들이 개척하지 못하는 곳을 말한다. '旄'는 병사들을 경계시키는 도구이다. 농사에 힘쓰게 하고 군사 일을 쉬게 할 수 있으므로, 높은 황무지에 거름을 주고 군대 깃발을 없앤다는 의미이다.
顚은 謂高之頂이니 人或不墾闢이라 旄者는 所以誓勒兵士라 言能務農息兵이라 故糞其顚而除其旄라

---

13) (周) : 저본에는 '周'가 있으나, 張佩綸(淸)의 견해에 의거하여 衍文으로 처리하였다. 후세의 무지한 사람이 함부로 덧붙인 글자라는 것이다. ≪國語≫ 〈齊語〉에도 '周'자가 없다고 한다.(≪管子學≫)

桓公이 말하였다.

"어떻게 해야 하오?"

管子가 대답하였다.

"옛날에 聖王이 백성들을 다스릴 때는 都城을 셋으로 나누고 郊外를 다섯으로 나누어, 백성의 거처를 정하고 백성의 일을 만들어주었으며, 이로써 백성의 기강을 삼았고 6秉을 신중히 사용하였습니다. 이렇게 하면 백성의 실정을 파악할 수 있고 백성을 제어할 수 있습니다."

公曰 爲之奈何오 **管子對曰 昔者聖王之治其民也**에 **參**(삼)**其國而伍其鄙**하여 **定民之居**하고 **成民之事**요 **以爲民紀**하고 **謹用其六秉**이니 **如是而民情可得而百姓可御**니이다

桓公이 물었다.

"6秉이란 무엇이오?"

管子가 말하였다.

"죽이고, 살리고, 귀하게 하고, 천하게 하고, 가난하게 하고, 부유하게 하는 것, 이것이 6秉입니다."

桓公曰 六秉者는 **何也**오 **管子曰 殺, 生, 貴, 賤, 貧, 富 此六秉也**니이다

桓公이 물었다.

"都城을 셋으로 나눈다는 것은 어떻게 하는 것이오?"

管子가 대답하였다.

"도성을 21鄕으로 나눕니다. 상인과 기술자가 거주하는 향이 여섯이고, 선비와 농민이 거주하는 향이 열다섯입니다. 공께서 11향을 통솔하고, 高子가 5향을 통솔하며, 國子가 5향을 통솔합니다. 도성을 셋으로 나누었으므로 3軍이 됩니다. 공께서는 3군의 관리를 세우십시오. 시장에는 3향을 세우고, 기술자들이 사는 지역에는 3族을 세우며, 늪지에는 3虞를 세우고, 산에는 3衡을 세웁니다. 다섯 집씩 묶어 1軌를 삼고 궤에는 軌長을 둡니다. 10궤는 1里가 되고 리에는 有司를 둡니다. 4리가 1連이 되고 련에는 連長을 둡니다. 10련이 1향이 되고 향에는 良人을 둡니

다. 그리고 3향이 1師가 됩니다."

桓公曰 參國奈何오 **管子對曰 制國以爲二十一鄕**이니 **商工之鄕六**이요 **士農之鄕十五**니 **公帥十一鄕**하고 **高子帥五鄕**하며 **國子帥五鄕**이니이다 **參國故爲三軍**니이다 **公立三官之臣**①하소서 **市立三鄕**하고 **工立三族**하며 **澤立三虞**하고 **山立三衡**②하니이다 **制五家爲軌**니 **軌有長**하고 **十軌爲里**하니 **里有司**하고 **四里爲連**이니 **連有長**하고 **十連爲鄕**이니 **鄕有良人**하고 **三鄕一帥**니이다

① 三官之臣 : 3군의 관리를 말한다.
謂三軍之官也라
② 立三衡 : 3鄕 이하에 모두 그 관리를 둔다.
自三鄕以下에 每皆置其官이라

桓公이 물었다.
"郊外를 다섯으로 나누는 것은 어떻게 하는 것이오?"
管子가 대답하였다.
"다섯 집을 묶어 1軌로 삼고 궤에는 수장을 두고, 6궤를 1邑으로 삼고 읍에는 관리를 두며, 10읍을 1卒로 삼고 졸에는 수장을 두며, 10졸을 1鄕으로 삼고 향에는 良人을 두고, 3향을 1屬으로 삼고 속에는 大夫를 둡니다. 5속에는 결국 다섯 대부가 있게 됩니다. 군대에 관한 일은 속에서 처리하고, 민간 일반에 관한 일은 향에서 처리합니다. 이렇게 각각 분담하여 일을 처리하면 방탕한 자가 없게 됩니다."

桓公曰 五鄙奈何오 **管子對曰 制五家爲軌**니 **軌有長**하고 **六軌爲邑**이니 **邑有司**하고 **十邑爲(率)〔卒〕**이니 **(率)〔卒〕有長**하고 **十(率)〔卒〕爲鄕**이니 **鄕有良人**[14]하고 **三鄕爲屬**이니 **屬有(帥)〔大夫〕**하여 **五屬(一)〔五〕大夫**[15]라 **武政聽屬**①하고 **文政聽鄕**하여 **各保而聽**②하면 **毋有淫佚者**니이다

① 武政聽屬 : 군사에 관한 정무는 屬에서 처리한다.
以武爲政者는 聽於屬이라

14) 十邑爲(率)〔卒〕……鄕有良人 : 저본에는 '率'로 되어 있으나, 王念孫(淸)의 견해에 의거하여 '卒'로 바로잡았다. 왕염손은 ≪國語≫ 〈齊語〉에도 '卒'로 되어 있고, 아래의 글에서도 "鄕退而修卒 卒退而修邑"이라고 하여 '卒'로 되어 있다는 점을 그 증거로 들었다. '率'과 '卒'은 글자 모양이 비슷해, 옮겨 쓰는 과정에서 오류가 생겼다는 것이다.(≪讀書雜志≫)
15) 三鄕爲屬……五屬(一)〔五〕大夫 : 王念孫(淸)의 견해에 의거하여 저본의 '帥'를 '大父'로, '一'을 '五'로 바로잡았다.(≪讀書雜志≫)

② 各保而聽 : 鄕과 屬의 업무처리는 각자 개별적으로 지닌다.
鄕屬之聽은 各自保之라

桓公이 물었다.
"백성의 거처를 정하고 백성의 직업을 만들어주는 일은 어떻게 하오?"
管子가 대답하였다.
"선비·農民·匠人·商人 네 부류는 국가의 초석이 되는 백성들이니, 이들을 뒤섞여 살게 해서는 안 됩니다. 뒤섞여 살게 하면 말이 난잡해지고 일이 어지러워집니다. 이 때문에 聖王은 선비는 반드시 한가롭고 조용한 곳에서 살게 하고, 농민은 반드시 들판에서 살게 하며, 장인은 반드시 관청 근처에서 살게 하고, 상인은 반드시 시장에서 살게 하였습니다.

桓公曰 定民之居하고 **成民之事**는 **奈何**오 **管子對曰 士農工商四民者**는 **國之石民**[16]**也**①라 **不可使雜處**니 **雜處則其言**哤하고 **其事亂**②이라 **是故聖王之處士**에 **必**(於)〔**就**〕**閒燕**[17]③하고 **處農**에 **必就田墅**하고 **處工**에 **必就官府**하고 **處商**에 **必就市井**④이니이다

① 士農工商四民者 國之石民也 : 네 부류의 백성은 국가의 근본이다. 마치 기둥을 받치는 돌과 같으므로 '초석'이라 말하는 것이다.
四者는 國之本이니 猶柱之石也라 故曰石이라
② 雜處則其言哤 其事亂 : '哤'은 '난잡하다'는 의미이다.
哤은 亂也라
③ 處士 必(於)〔就〕閒燕 : 선비를 한가롭고 조용한 곳에 살게 하면, 〈국가의 일을〉 의론하는 것이 세심하게 된다.
處士閑燕則謀議審이라
④ 處商 必就市井 : 시장을 세울 때는 반드시 사방을 '井'자처럼 만든다. 그러므로 '市井'이라 말하는 것이다.

16) 國之石民 : '石民'의 원형 및 의미에 대해서는 주석가들 사이에 의견이 다양하다. 孫星衍(淸)은 '正民'으로 되어야 한다고 보았고(≪管子集校≫), 孫詒讓(淸)은 '石'을 '碩'의 의미로 해석하였으며(≪札迻≫), 劉師培(中)는 '定民' 또는 '右民'으로 되어야 한다고 보았다.(≪管子斠補≫) 그러나 역자는 舊注에 의거하여 해석하였다.
17) 聖王之處士 必(於)〔就〕閒燕 : 저본에는 '於'로 되어 있으나, 張佩綸(淸)의 견해에 의거하여 '就'로 바로잡았다. ≪國語≫ 〈齊語〉에 '就'로 되어 있다는 것이다.(≪管子學≫) 바로 뒤에 이어지는 "處農必就田墅 處工必就官府 處商必就市井"의 문장 형태로 볼 때도 "處士必就閒燕"이 타당하다.

立市는 必四方若造井之制라 故曰市井이라

무릇 선비들이 한가롭고 조용한 곳에 무리 지어 밀접하게 모여 살면, 아버지들은 義에 관해 말할 것이고, 자식들은 孝에 관해 말할 것이며, 군주를 섬기는 자들은 敬에 대해 말할 것이고, 어른들은 愛에 대해 말할 것이며, 아이들은 弟(悌)에 대해 말할 것입니다.

아침저녁으로 이러한 일에 종사하면서 그 子弟들을 가르치면, 자제들은 이러한 것에 어릴 때부터 익숙해지고 마음이 편안해져, 다른 이상한 것들을 보아도 거기에 물들지 않을 것입니다. 이 때문에 父兄들의 가르침은 엄숙하지 않아도 이루어지고, 자제들의 배움은 수고롭지 않아도 능하게 될 것입니다. 그러므로 선비들의 자식들은 항상 선비가 됩니다.

今夫士群萃而州處[18]**閒燕**①이면 **則父與父言義**하고 **子與子言孝**하며 **其事君者言敬**하고 **長者言愛**하며 **幼者言弟**니이다 **旦昔從事於此**②하여 **以敎其子弟**에 **少而習焉**하고 **其心安焉**하여 **不見異物而遷焉**③이라 **是故其父兄之敎不肅而成**하고 **其子弟之學不勞而能**이라 **夫是故士之子常爲士**니이다

① 夫士群萃而州處閒燕 : 각 洲의 선비들이 무리 지어 함께 산다. '閒燕'은 학교와 같은 곳을 가리킨다.
每州之士가 群萃共處라 閒燕은 謂學校之處라

② 旦昔從事於此 : '旦昔'은 '아침저녁'이다.
旦昔[19]은 猶朝夕也라

③ 不見異物而遷焉 : '異物'은 '다른 일' 즉 마땅히 배울 바가 아닌 것들이다.
異物은 異事也라 非其所當習者라

무릇 농부들이 무리 지어 밀접하게 모여 살면, 사계절을 살피고 節氣를 헤아려 사용할 농기구들을 갖추어 쟁기·보습·도리깨·낫 등을 가지런히 할 것입니다.

18) 今夫士群萃而州處 : 丁士涵(淸)은 '今'을 '令'으로 수정하여야 한다고 보았다. 그는 그 근거로 ≪國語≫ 〈齊語〉에 '令'으로 되어 있다는 점을 들었다.(≪管子校本≫) 許維遹(中), 郭沫若(中) 등도 이러한 견해에 동조하고 있다.(≪管子集校≫) 그러나 '今' 그대로 두어도 의미 해석에 별 지장이 없다. 한편 許維遹(中)은 '州'를 '周'와 통하는 글자로 보며, 그 의미는 '密' 혹은 '聚'라고 보았다.(≪管子集校≫)

19) 昔 : '夕'과 통용하는 글자이다.

겨울철이 되면 마른 잡초들을 제거하고 밭을 정비하면서 밭갈이 때를 기다렸다가, 〈봄이 오면〉 깊이 갈고 고르게 播種하며 빠르게 덮고, 비 오기 전에 김을 매고 時雨(때맞은 비)가 오길 기다립니다. 時雨가 내리면 말뚝·낫·호미·괭이를 끼고, 아침저녁으로 농토에서 일합니다. 옷을 벗고 일하기도 하고, 곡식 싹과 잡초를 구별하고 듬성듬성하게 난 것과 촘촘하게 난 것을 고르게 합니다. 머리에는 삿갓을 쓰고 몸에는 도롱이를 입어도 몸은 젖고 발은 진흙에 빠집니다. 머리털과 피부가 햇볕에 노출되어도 온 힘을 다해 농토에서 일합니다.

그들은 이런 일에 어려서부터 익숙하고 마음이 편안하여, 다른 이상한 것들을 보아도 거기에 물들지 않습니다. 이 때문에 父兄들의 가르침은 엄숙하지 않아도 이루어지고, 子弟들의 배움은 수고롭지 않아도 능하게 됩니다. 이 때문에 농부의 자식들은 항상 농부가 됩니다. 소박하고 촌스럽지만 간사하지 않고, 그들 가운데 재주가 뛰어나 선비가 될 수 있는 자는 신뢰할 수 있습니다. 그러므로 농사를 지으면 많은 곡식을 생산해내고, 벼슬을 하면 현명한 신하가 많이 배출됩니다. 이 때문에 聖王은 농민을 존중하고 가깝게 대하였습니다.

今夫農群萃而州處면 **審其四時**하고 **權節**①호되 **具備其械器用**②하고 (此)〔比〕[20] 耒耜(穀芨)〔耞芟〕③[21]하고 **及寒**에 **擊槀除田**하여 **以待時乃耕**④호되 **深耕均種疾耰**⑤하며 **先雨芸耨**하고 **以待時雨**요 **時雨旣至**에 **挾其槍刈耨鎛**⑥하여 **以旦暮從事於田壄**니이다 **稅**(탈)**衣就功**⑦[22]하고 **別苗莠列疏遬**⑧이라 **首戴苧蒲**⑨하고 **身服襏襫**⑩하고 **沾體塗足**하고 **暴其髮膚**하고 **盡其四支之力**하여 **以(疾)**[23]**從事於田野**라 **少而習焉**하고 **其心安焉**하여 **不見異物而遷焉**이라 **是故其父兄之敎不肅而成**하고 **其子弟之學不勞而能**이라 **是故農之子常爲農**이니이다 **樸野而不慝**⑪하고 **其秀才之能爲士者則足賴也**⑫라 **故以耕則多粟**하고 **以仕則多賢**이니 **是以聖王敬畏戚農**⑬이니이다

---

20) (此)〔比〕: 저본에는 '此'로 되어 있으나, 劉績(明)의 ≪管子補註≫에 의거하여 '比'로 바로잡았다. 舊注에 근거할 때도 '比'가 옳다.

21) 耒耜(穀芨)〔耞芟〕: 저본에는 '穀芨'로 되어 있으나, 孫星衍(淸)의 견해에 의거하여 '耞芟'으로 바로잡았다. ≪國語≫ 〈齊語〉에 '耞芟'로 되어 있다는 것이다.(≪管子集校≫) 舊注에서는 '耒耜'와 '穀芨'을 각각 한 단위의 농기구 명칭으로 풀이하고 있는데, 역자는 '耒'·'耜'·'耞'·'芟'을 각각의 개별적 농기구로 이해하였다.

22) 稅(탈) : '脫'과 통용하는 글자이다.

23) (疾) : 저본에는 '疾'이 있으나, 丁士涵(淸)의 견해에 의거하여 衍文으로 처리하였다. 이 '疾'자는 앞에 나오는 "疾耰"로 인해 잘못 끼어든 글자라는 것이다.(≪管子校本≫) 張佩綸(淸) 및 許維遹(中)도 이 견해에 동의한다.(≪管子學≫, ≪管子集校≫)

① 審其四時 權節 : 사계절 중에 또 그 절기의 빠르고 늦음을 헤아린다.

於四時中에 又權量其節之早晩이라

② 具備其械器用 : 械와 器는 모두 농기구를 가리킨다.

械器는 皆謂田器라

③ (此)〔比〕耒耜穀芨 : 쟁기〔耒耜〕와 穀芨(곡급)을 가지런히 한다. 穀芨은 쟁기보다 작은 것으로, 한 사람이 이를 잡고 쟁기가 지나간 뒤를 따라가면서, 쟁기질에서 빠진 곳을 보완한다. '芨'의 音은 '插'이다.

比偶其耒耜及穀芨이라 穀芨은 小於耒耜로 一人執之以隨耒耜之後하면서 重治其闕遺라 芨는 音插라

④ 及寒……以待時乃耕 : 겨울철에는 마른 잡초들을 제거하고 밭을 정비하면서 봄의 밭갈이 할 때를 기다린다.

冬寒之月에 卽擊去其革之槀者하고 修除其田하여 以待春之耕也라

⑤ 深耕均種疾耰 : '耰'는 씨앗을 덮는 도구(곰방메)를 말한다. 이미 씨앗을 고르게 뿌렸으면 빠르게 덮어야 한다.

耰는 謂復種이라 旣已均種하면 當疾耰之라

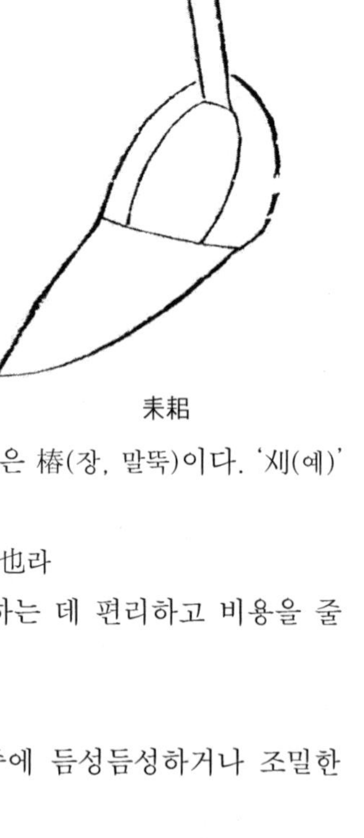

耒耜

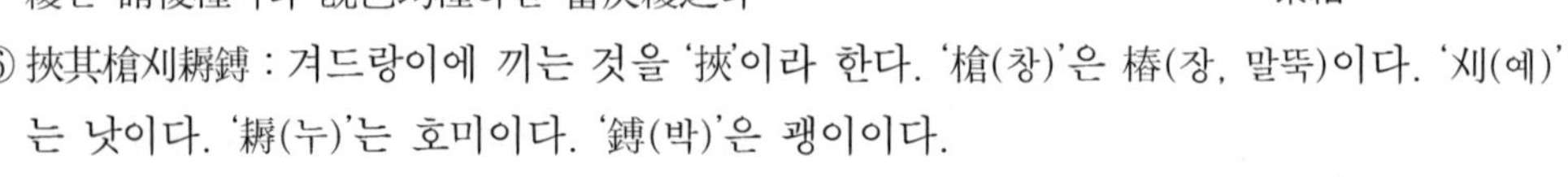

⑥ 挾其槍刈耨鎛 : 겨드랑이에 끼는 것을 '挾'이라 한다. '槍(창)'은 椿(장, 말뚝)이다. '刈(예)'는 낫이다. '耨(누)'는 호미이다. '鎛(박)'은 괭이이다.

在掖曰挾이라 槍은 椿也요 刈는 鎌也요 耨는 鎡錤요 鎛은 鉏也라

⑦ 稅(탈)衣就功 : 일상복을 벗고 일을 하러 가는 것이니, 일하는 데 편리하고 비용을 줄인다.

脫其常服하고 以就功役이니 便事而省(생)費라

⑧ 列疏遬 : '遬(속)'은 촘촘하게 하다는 의미이다. 어린 모 중에 듬성듬성하거나 조밀한 것을 고르게 해준다는 말이다.

遬은 密也라 謂苗之疏密者를 當均列之라

⑨ 首戴苧蒲 : '苧(저)'는 蔣(장)[24]이다. 모시와 부들을 엮어 삿갓을 만든다.

苧는 蔣也라 編苧與蒲하여 以爲笠이라

⑩ 身服襏襫 : '襏襫(발석)'은 거칠고 질긴 옷을 이르니, 고된 일을 할 때 입을 수 있다.

笠

24) 蔣(장) : 포아풀과에 딸린 여러해살이 풀이다.

襏襫은 謂麤堅之衣니 可以任苦著者也라

⑪ 農之子常爲農 樸野而不慝 : 농민의 자식은 질박하고 촌스러워 간교한 짓을 하지 않는다.

農人之子는 朴質而野하여 不爲姦慝이라

⑫ 其秀才之能爲士者則足賴也 : 농민의 자식들 중에 뛰어난 재주를 지녀 선비가 될 수 있는 자가 있다. 그런 자는 이른바 태어날 때부터 총명하여, 배우지 않아도 학업을 이룰 수 있는 자이다. 그러므로 그의 현명함은 신뢰할 수 있다.

農人之子有秀異之材可爲士者는 卽所謂生而知之하여 不習而成者也라 故其賢足可賴也라

⑬ 以耕則多粟……是以聖王敬畏戚農 : 농민은 곡식을 생산해낼 수 있고, 또 그 가운데 뛰어난 재주를 가진 자가 태어나기도 한다. 그러므로 聖王은 농민을 敬畏하고 친근하게 대하는 것이다.

以農民能致粟하고 又秀材生焉이라 故聖王敬畏農而戚近之라

무릇 匠人들이 무리 지어 밀접하게 모여 살면, 좋은 재료를 관찰하고 사계절을 살피며, 훌륭한 물건과 나쁜 물건을 구별하며, 節氣를 헤아려 그 용도를 살피며, 토론하고 비교하고 계획에 맞추어 재단하며, 정확히 재단하여 물건을 만들고 튼튼하고 예리한 것을 중시합니다. 이들은 일을 가지고 서로 토론하고, 업적을 서로 비교하며, 기술을 서로 설명하고, 일에 대해 아는 지식으로 서로를 높입니다.

이들은 아침저녁으로 이 일에 종사하고 子弟들을 가르치니, 자제들은 어려서부터 이들 일에 익숙하고 마음이 편안하여, 다른 이상한 것들을 보아도 마음이 바뀌지 않습니다. 이 때문에 父兄들의 가르침은 엄숙하지 않아도 이루어지고, 자제들의 배움은 수고롭지 않아도 능하게 됩니다. 이 때문에 장인들의 자식들은 항상 장인이 됩니다.

今夫工群萃而州處면 **相良材**하고 **審其四時**하며 **辨其功苦**①하고 **權節其用**하며 **論比計制**하고 **斷器尙完利**②라 **相語以事**하고 **相示以功**하며 **相陳以巧**하고 **相高以知事**③니이다 **旦昔從事於此**하여 **以教其子弟**하니 **少而習焉**하고 **其心安焉**하여 **不見異物而遷焉**이라 **是故其父兄之教不肅而成**하고 **其子弟之學不勞而能**이라 **夫是故工之子常爲工**이니이다

① 辨其功苦 : '功'은 〈품질이〉 견고하고 아름다운 것을 가리키고, '苦'는 품질이 조악한 것을 가리킨다.

功은 謂堅美요 苦는 謂濫惡이라

② 斷器尙完利 : 정확히 재단하여 물건을 만들고 튼튼하고 예리한 것을 귀하게 여긴다.

裁斷爲器에 貴於完利라

③ 相高以知事 : 물건과 용도에 대한 일을 잘 아는 것으로 서로를 높인다. 以其能知器用之事로 相高라

무릇 商人들이 무리 지어 밀접하게 모여 살면, 흉년을 관찰하고 나라의 변화를 살피며, 사계절의 변화를 관찰하여 그 고을의 재화를 살피고, 이렇게 함으로써 시장의 가격을 압니다. 물건을 등에 짊어지고 어깨에 메거나, 소달구지나 수레에 실어 사방으로 돌아다니면서, 물건의 많고 적음을 헤아리고, 상품의 貴賤을 계산하며, 자신에게 있는 것으로 없는 것을 바꾸고, 싼 것을 사고 비싼 것을 팝니다. 이 때문에 꿩깃털과 소꼬리가 구하지 않아도 저절로 이르고, 나라 안에 화살이 남아돌며, 기이하고 괴이한 물건들이 철따라 이르고, 진귀하고 특이한 물건들이 모여듭니다.

상인들이 아침저녁으로 이런 일에 종사함으로써 子弟들을 가르치면, 자제들은 서로 이익에 관해 말하고 물건의 시기를 주시하며 물가에 대한 정보를 서로 나눕니다. 자제들은 어려서부터 이런 일에 익숙하고 마음이 편안하여, 다른 이상한 것들을 보아도 마음이 바뀌지 않습니다. 이 때문에 父兄들의 가르침은 엄숙하지 않아도 이루어지고, 자제들의 배움은 수고롭지 않아도 능하게 됩니다. 이 때문에 상인의 자식은 항상 상인이 됩니다.

今夫商群萃而州處면 **觀凶饑**하고 **審國變**하며 **察其四時而監其鄕之貨**①하여 **以知其市之賈**(가)니 **負任擔荷**하고 **服牛軺馬**[25]하여 **以周四方**하며 **料多少計貴賤**하며 **以其所有**로 **易其所無**하고 **買賤鬻貴**라 **是以羽旄不求而至**하고 **竹箭有餘於國**하며 **奇怪時來**하고 **珍異物聚**니 **旦昔從事於此**하여 **以敎其子弟**라 **相語以利**하고 **相示以時**[26]하며 **相陳以知賈**②[27]니 **少而習焉**하고 **其心安焉**하여 **不**

25) 服牛軺馬 : '軺'에 대해 여러 의견들이 있다. 劉績(明)은 다른 판본에는 '軺'가 '軺'로 되어 있다고 하였고(≪管子補註≫), 戴望(淸) 또한 고대에는 '軺'자가 없었으며, '軺'는 '軺'의 오자일 것이라고 하였다.(≪管子校正≫) 한편 于省吾(中)는 '軺'는 '駕'의 빌린 글자로 보았다.(≪管子新證≫)

26) 相示以時 : 劉績(明)에 의하면 '時'는 ≪國語≫ 〈齊語〉에 '賴'로 되어 있다고 한다.(≪管子補註≫) 이 경우 그 의미가 보다 명확해진다.

27) 相陳以知賈 : 丁士涵(淸)은 ≪國語≫ 〈齊語〉에 '知'가 없다는 점에 의거하여 '知'는 衍文으로 처리해야 한다고 주장하였다.(≪管子校本≫) 한편, 姚永概(淸)는 이 구절이 속해 있는 문구는 앞에 나오는 "相語以事 相示以功 相陳以巧 相高以知事"와 대구가 되므로, 이 구절은 마땅히 "相陳以賈 相高以知"의 형태가 되어야 한다고 보았다.(≪愼宜軒筆記≫) 즉 "相陳以知賈"에는 일부 오탈자가 있다는 것이다.

見異物而遷焉이라 **是故其父兄之敎不肅而成**하고 **其子弟之學不勞而能**이니 **夫是故商之子常爲商**이니이다

① 監其鄕之貨 : '監'은 '주시하다'는 의미이다.
監은 視也라

② 相陳以知賈 : 상인들은 물가를 알고, 물가에 대해 서로 논의한다.
賈(고)知物價하고 相與陳說이라

토지의 비옥짐과 척박함을 살펴 세금에 차등을 두면 백성들이 다른 나라로 옮겨가지 않을 것이고, 정치가 옛것을 함부로 버리지 않으면 백성이 나태해지지 않을 것이며, 산과 늪지대를 각각 때에 맞게 개방하면 백성들이 구차해지지 않을 것이고, 크고 작은 언덕과 평지와 밭두둑을 고르게 나누어주면 백성들이 서운한 감정을 가지지 않을 것이며, 백성들의 농사철을 빼앗지 않으면 백성들이 부유해질 것이고, 각종 제사에 희생물을 지나치게 쓰지 않으면 소와 말이 무럭무럭 자라게 될 것입니다."

相地而衰其政[28]**則民不移矣**①요 **(正)〔政不〕旅舊則民不惰**②[29]요 **山澤各以其時至則民不苟**③요 **陵陸丘(井)〔阜〕田疇均則民不(惑)〔憾〕**[30]요 **無奪民時則百姓富**요 **犧牲不勞則牛馬育**④이니이다

① 相地而衰其政 則民不移矣 : 토지의 비옥함과 척박함을 살펴 세금을 차등적으로 부여하

---

28) 相地而衰其政 : 劉績(明)에 의하면 '政'은 ≪國語≫ 〈齊語〉에 '征'으로 되어 있다고 한다.(≪管子補註≫) 여기서 '征'은 곧 '征賦'의 의미가 된다.

29) (正)〔政不〕旅舊則民不惰 : 저본에는 '正'으로 되어 있으나, 劉績(明)의 견해에 의거하여 '政'으로 고치고 '不'자를 보충하였다. 그는 ≪國語≫ 〈齊語〉에 "政不旅舊則民不惰"로 되어 있으므로 이렇게 고쳐야 한다는 것이다.(≪管子補註≫) 이때 이 구절의 의미는, "옛것을 버리지 않으면 백성이 나태해지지 않는다."가 된다. 참고로, 洪頤煊(淸)은 '正'은 '政'으로, '旅'는 '陳'의 의미로 보았다.(≪管子義證≫) 舊注에서는 이 구절을 "나라의 군대를 옛 관습에 따라 바르게 하면, 병사들이 명령을 순순히 받아들여 게으름 피우지 않는다.〔國之軍旅 正之以從舊貫 則稟令而不惰〕"로 풀이하고 있는데, 字句 풀이가 매끄럽지 않다.

30) 陵陸丘(井)〔阜〕田疇均則民不(惑)〔憾〕 : 丁士涵(淸)의 견해에 의거하여 저본의 '井'을 '阜'로 바로잡았고, 安井衡(日)의 견해에 의거하여 저본의 '惑'을 '憾'으로 바로잡았다. 정사함은 '井'은 '陵', '陸', '丘'와 類가 다르다는 점, 그리고 〈地圖〉에 "陵陸丘阜之所在"라는 글이 나온다는 점을 들어 '井'을 '阜'로 수정하여야 한다고 주장하였다.(≪管子校本≫) 안정형은 '惑'은 '感'자가 훼손된 글자이고, 이때 '感'은 곧 '憾'의 의미가 된다고 보았다. 그리고 ≪國語≫ 〈齊語〉에도 '憾'으로 되어 있다는 점을 그 증거로 들었다.(≪管子纂詁≫)

면, 백성들이 각자의 비옥하거나 척박한 토지에 편안히 만족하여 다른 곳으로 옮겨가지 않는다. '衰'는 차등이다.

相地沃塉하여 以差其政이면 則人安其沃塉而不移라 衰는 差也라

② 正旅舊則民不惰 : 나라의 군대를 옛 관습에 따라 바르게 하면, 병사들이 명령을 순순히 받아들여 게으름 피우지 않는다.

國之軍旅를 正之以從舊貫이면 則稟令而不惰라

③ 山澤各以其時至則民不苟 : '苟'는 적절한 때가 아닌 시기에 산과 늪지대에 들어가는 것을 말한다.

苟는 謂非時入山澤也라

④ 犧牲不勞則牛馬育 : 지나치게 많이 사용하는 것을 '勞'라 한다.

過用을 謂之勞라

桓公이 다시 물었다.

"과인이 政事를 닦아 천하 제후들을 때때로 만나보는 것이 가능하겠소?"

管子가 대답하였다.

"가능합니다."

환공이 물었다.

"어디서부터 시작하면 되는가?"

관자가 대답하였다.

"백성을 사랑하는 것에서부터 시작하십시오."

환공이 말하였다.

"백성을 사랑하는 길은 무엇이오?"

관자가 대답하였다.

"공께서는 公族을 다스리고 大夫는 가족을 다스려, 서로 일로 이어지고 서로 祿俸으로 연결되면 백성들이 서로 친해질 것입니다. 지난 죄를 용서해주고, 옛 종친들을 관리하며, 후손이 없는 집에 대를 이어주면 백성들이 번성하게 될 것입니다. 형벌을 덜어주고 세금을 깎아주면 백성들이 부유해질 것입니다. 마을에 현명한 선비를 세워 나라 사람들을 가르치게 하면 백성들은 禮를 알게 될 것입니다. 한번 내린 명령은 번복하지 않으면 백성들이 바르게 될 것입니다. 이렇게 하는 것이 백성을 사랑하는 길입니다."

桓公又問曰 寡人欲修政하여 **以干時於天下**하노니 **其可乎**①아 **管子對曰 可**니이다 **公曰 安始而可**오 **管子對曰 始於愛民**이니이다 **公曰 愛民之道奈何**오 **管子對曰 公修公族**하고 **家修家族**하여 **使相連以事**하고 **相及以祿**이면 **則民相親矣**②요 **放舊罪**하고 **修舊宗**하며 **立無後**하면 **則民殖矣**③요 **省**(생)**刑罰**하고 **薄賦斂**하면 **則民富矣**요 **鄕建賢士**하여 **使敎於國**하면 **則民有禮矣**요 **出令不改**하면 **則民正矣**이니 **此愛民之道也**니이다

① 寡人欲修政……其可乎 : '干'은 '구하다'는 의미이다. 때때로 만나는 것을 '會'라 한다. 천하의 제후들을 때때로 만나 회의하기를 바라는 것이다.
干은 求也라 時時見曰會라 欲求天下諸侯修時見之會라

② 使相連以事……則民相親矣 : 서로 일로 이어지면 사람들이 서로 익숙해지고, 서로 녹봉으로 연결되면 감사하는 마음이 생겨난다. 그러므로 친함이 있게 되는 것이다.
相連以事則人慣狎하고 相及以祿則恩情生이라 故有親也라

③ 放舊罪……則民殖矣 : 지난 죄를 용서하면 사람의 생명을 온전히 하고, 옛 종친들을 관리하면 흩어진 친척들을 모으게 되며, 후손이 없는 집안에 후손을 세워주면 끊어진 대를 잇게 된다. 그러므로 사람들이 늘어나게 된다. '殖'은 '번성하다'는 의미이다.
放舊罪則全人命하고 修舊宗則收散親하며 立無後則繼絶世라 故人殖이라 殖은 生也라

桓公이 말하였다.

"백성이 부유하고 친해지면 백성을 부릴 수 있는가?"

管子가 대답하였다.

"재물을 들여 匠人들을 기름으로써 백성들의 쓰임을 넉넉하게 해주고, 온 힘을 다해 현명한 사람을 숭상함으로써 백성을 격려하여 지혜롭게 만들어주며, 형벌을 가혹하게 하지 않음으로써 백성을 구제하십시오. 정치를 행함에 있어 사사로움이 없으면 많은 대중을 포용할 수 있을 것이며, 말을 하면 반드시 지키면 명령이 막히지 않을 것입니다. 이것이 백성을 부리는 방법입니다."

公曰 民富而(以)[31]**親則可以使之乎**아 **管子對曰 擧財長工**하여 **以(止)〔足〕**[32]**民用**①하고 **陳**

31) (以) : 저본에는 '以'로 되어 있으나, 張佩綸(淸)의 견해에 의거하여 衍文으로 처리하였다.(≪管子學≫)

32) (止)〔足〕 : 저본에는 '止'로 되어 있으나, 王念孫(淸)의 견해에 의거하여 '足'으로 바로잡았다.(≪讀書雜志≫) 舊注에서는 '止'를 '〈백성의 소비를〉 억제한다'는 의미로 풀이하였는데, 본 번역에서는 이를 따르지 않았다.

力尙賢하여 **以勸民知**②하며 **加刑無苛**하여 **以濟百姓**이라 **行之無私則足以容衆矣**요 **出言必信則令不窮矣**니 **此使民之道也**니이다

① 擧財長工 以止民用 : 장인을, 쌓인 재물을 들여 기를 수 있으면, 백성들은 이를 사모하여 쓰임을 낭비하여 쓰지 않을 것이다.
工能積財擧而長之면 民則慕而不費用矣라
② 陳力尙賢 以勸民知 : 현명한 사람을, 힘을 다해 숭상할 수 있으면, 백성들은 격려되어 배우고 지혜롭게 될 것이다.
賢能陳力而崇上之면 民則勸而學知矣라

桓公이 말하였다.
"백성의 생활이 안정되고 직업이 갖추어지면, 과인은 천하 제후들과 회맹을 하려고 하는데 가능하오?"
管子가 대답하였다.
"아직 안 됩니다. 백성들의 마음이 아직 우리를 편안하게 여기지 않고 있습니다."
환공이 말하였다.
"백성의 마음을 편안하게 하려면 어떻게 해야 하오?"
관자가 대답하였다.
"옛 법을 정리하고 그 가운데 좋은 것을 선택하여 조심스럽게 사용하고, 백성들에게 사랑을 베풀어 재물이 없는 자에게 재물을 나누어주며, 稅金과 徭役을 관대하게 하고 백성을 존중하면, 나라가 부유해져 백성의 마음이 편안해질 것입니다."

桓公曰 民居定矣요 **事已成矣**에 **吾欲從事於天下諸侯**면 **其可乎**①아 **管子對曰 未可**니 **民心未吾安**이니이다 **公曰 安之奈何**오 **管子對曰 修舊法**하고 **擇其善者**하여 **擧而嚴用之**하고 **慈於民**하여 **予無財**②하며 **寬政役**[33)]하고 **敬百姓**하면 **則國富而民安矣**니이다

① 吾欲從事於天下諸侯 其可乎 : 會盟하는 일에 종사하고자 한다.
欲從會事라
② 予無財 : 가난하여 재물이 없는 자에게는 마땅히 재물을 베풀어주어야 한다.
貧無財者는 當施予之라

33) 寬政役 : 安井衡(日)은 '政'을 '征'으로 읽어야 한다고 보았으며(≪管子纂詁≫), 許維遹(中)은 고대에 '政'과 '征'은 서로 통하였다고 하였다.(≪管子集校≫)

桓公이 말하였다.

"백성들의 마음이 편안해졌으면 이제 가능하오?"

管子가 대답하였다.

"아직 안 됩니다. 군주께서 군대를 정돈하고 兵器를 정비하면 다른 大國들도 군대를 정돈하고 병기를 정비할 것입니다. 군주께서 정복 전쟁을 벌이려고 하면 小國 제후의 신하들은 방어 준비를 하게 될 것입니다. 이렇게 되면 천하 제후들에게 빨리 뜻을 얻기 어렵습니다. 공께서 천하 제후들에게 빨리 뜻을 얻고자 하신다면, 군대의 일은 숨기고 군대에 내리는 政令은 다른 일에 의탁하십시오."

公曰 民安矣면 **其可乎**아 **管仲對曰 未可**니 **君若欲正卒伍**하고 **修甲兵**이면 **則大國亦將正卒伍**하고 **修甲兵**이요 **君有征戰之事**면 **則小國諸侯之臣有守圉之備矣**니라 **然則難以速得意於天下〔諸侯〕**[34]니 **公欲速得意於天下諸侯**면 **則事有所隱**하고 **而政有所寓**①하소서

① 事有所隱 而政有所寓 : 군대의 일은 드러내놓고 연습하지 않는다. 그러므로 "군대의 일은 숨긴다."라고 말한다. 군대에 내리는 政令은 사냥에 의탁한다. 그러므로 "군대에 내리는 정령은 다른 일에 의탁하라."라고 말한다.

不顯習其兵事라 故曰 事有所隱이요 軍政寓之田獵이라 故曰 政有所寓라

桓公이 물었다.

"어떻게 해야 하오?"

管子가 대답하였다.

"內政을 행하면서 軍令을 거기에 덧붙이십시오. 齊나라 전체를 高子가 관할하는 마을과, 國子가 관할하는 마을과 公께서 관할하는 마을로 3등분하여 三軍으로 삼고, 마을 사람들 가운데 현명한 자를 뽑아서 마을의 우두머리로 삼으며, 鄕마다 군사조직을 두고, 병졸의 우두머리에게는 제도와 법령을 본받게 하십시오. 또한 사냥을 통해 군사훈련을 하고, 그 성과에 따라 상과 벌을 내리면, 백성들이 군대의 일에 능통하게 됩니다."

34) 難以速得意於天下〔諸侯〕: 저본에는 '諸侯'가 없으나, 許維遹(中)의 견해에 의거하여 보충하였다. 이어지는 구절에서 "公欲速得意於天下諸侯"라고 말하고 있으므로, 이 구절에서도 '諸侯'가 있어야 앞뒤 문구가 연결된다는 것이다. 또한 앞 단락에서도 "欲從事於天下諸侯"라고 말하고 있다는 점도 또 하나의 증거가 된다고 보았다.(≪管子集校≫)

환공이 말하였다.

"좋소."

公曰 爲之奈何오 **管子對曰 作內政而寓軍令焉**이니 **爲高子之里**하고 **爲國子之里**하고 **爲公里**하고 **三分齊國**하여 **以爲三軍**하고 **擇其賢民**하여 **使爲里君**① 하며 **鄕有行伍**하고 **卒長則**(其)〔有〕[35]**制令**이요 **且以田獵**으로 **因以賞罰**②하면 **則百姓通於軍事矣**리이다 **桓公曰 善**타

① 擇其賢民 使爲里君 : 마을마다 모두 현명한 사람을 우두머리로 삼는다.
每里에 皆使賢者爲君이라

② 且以田獵 因以賞罰 : 사냥의 功過에 따라 상벌을 행한다.
因田獵之功過하여 行賞罰이라

이에 管子는 다섯 집을 묶어 1軌로 삼고 軌에는 軌長을 두었으며, 10軌를 묶어 1里로 삼고 里에는 有司를 두었으며, 4里를 묶어 1連으로 삼고 連에는 連長을 두었으며, 10連을 묶어 1鄕으로 삼고 鄕에는 良人을 두었다. 이렇게 하여 군대의 명령체계를 확립하였다.

다섯 집을 1軌로 삼았으므로 5명이 伍가 되고 軌長이 이들을 통솔하였다. 10軌를 1里로 삼았으므로 50명이 小戎이 되고 각 里의 有司가 이들을 통솔하였다. 4里를 1連으로 삼았으므로 200명이 卒이 되고 각 連長이 이들을 통솔하였다. 10連을 1鄕으로 삼았으므로 2,000명이 旅가 되고 각 鄕의 良人이 이들을 통솔하였다. 5鄕이 1師가 되므로 10,000명이 1軍이 되고 5鄕의 帥가 이들을 통솔하였다. 三軍이므로 中軍의 북이 있고, 高子의 북이 있고, 國子의 북이 있다.

於是乎管子乃制五家以爲軌하여 **軌爲之長**하고 **十軌爲里**하여 **里有司**하고 **四里爲連**하여 **連爲之長**하고 **十連爲鄕**하여 **鄕有良人**이니 **以爲軍令**이라 **(是故)五家爲軌**라 **〔故〕五人爲伍**[36]니 **軌長率之**하고 **十軌爲里**라 **故五十人爲小戎**이니 **里有司率之**하고 **四里爲連**이라 **故二百人爲卒**이니 **連**

35) (其)〔有〕: 저본에는 '其'로 되어 있으나, 孫星衍(淸)의 견해에 의거하여 '有'로 바로잡았다. 그는 ≪通典≫ 148조의 인용문에 '有'로 되어 있다는 점을 그 근거로 들었다.(≪管子集校≫)

36) (是故)五家爲軌 〔故〕五人爲伍 : 戴望(淸)의 견해에 의거하여 저본의 '是故'를 衍文으로 처리하고 '故'를 보충하였다. ≪國語≫ 〈齊語〉에는 '是故'가 없으므로 이 두 글자는 빼야 한다는 것이며, "五人爲伍" 이하로 전개되는 문장구조로 볼 때 "五人爲伍" 앞에 '故'가 보충되어야 한다는 것이다.(≪管子校正≫)

長率之하고 十連爲鄕이라 故二千人爲旅니 鄕良人率之하고 五鄕一師라 故萬人一軍이라 五鄕之(師)〔帥〕[37] 率之하고 三軍이라 故有中軍之鼓①하고 有高子之鼓하고 有國子之鼓라

① 中軍之鼓 : '中軍'은 환공이 이끄는 마을(지역)의 군졸들이다.
中軍則公之里卒이라

봄에 하는 사냥을 '蒐(수)'라 하니 이것으로 군대를 정비하고, 가을에 하는 사냥을 '獮(선)'이라 하니 이것으로 군대를 훈련하였다. 그러므로 卒伍에 관련된 軍政은 里에서 정해지고, 軍旅에 관련된 軍政은 郊에서 정해지며, 국내의 훈련이 완성되면 이주하지 못하게 하였다.

그러므로 卒伍의 구성원들은 개인끼리 서로 보호하고 집안끼리 서로 아껴주었다. 어려서 함께 자라고 자라서는 함께 놀며, 제사를 지낼 때는 서로 축복하고 장례 때는 서로 도와주며, 나쁜 일에는 서로 걱정하고 평상시에는 서로 즐기며, 일을 할 때는 서로 화합하고 슬픈 일에는 서로 슬퍼해주었다.

이 때문에 야간 전투에서는 그 목소리만 들어도 알아들어 혼란이 없었고, 주간 전투에서는 그 눈빛만 보아도 서로의 생각을 알아챌 수 있었으며, 기뻐하고 즐거워하면서 함께 죽을 수 있었다. 따라서 이런 상태에서 수비하면 견고하고 전투하면 승리하였다. 桓公에게 이렇게 훈련된 군사 3만 명이 있어 천하를 활보하면서 무도한 자를 죽이고 周왕실을 안정시켰으니, 天下의 대국 군주들 중 아무도 그를 제어할 수 없었다.

春以田曰蒐니 振旅①하고 秋以田曰獮이니 治兵②이라 是故卒伍政은 定於里하고 軍旅政은 定於郊하며 內教既成이면 令不得遷徙라 故卒伍之人은 人與人相保하고 家與家相愛라 少相居하고 長相游하며 祭祀相福하고 死喪相恤하며 禍(福)〔災〕相憂[38]하고 居處相樂하며 行作相和하고 哭泣相哀라 是故夜戰에 其聲相聞이면 足以無亂하고 晝戰에 其目相見이면 足以相識하며 驩欣足以相死라 是故以守則固하고 以戰則勝이라 君有此教士三萬人이면 以橫行於天下③하여 誅無道하고 以定周室하리니 天下大國之君이 莫之能圉也라

---

37) (師)〔帥〕: 저본에는 '師'로 되어 있으나, 許維遹(中)의 견해에 의거하여 '帥'로 바로잡았다.(≪管子集校≫) 古本이나 劉本에도 '帥'로 되어 있다.

38) 禍(福)〔災〕相憂 : 古本·劉本·朱本 등에는 '福'이 없다. 安井衡(日)의 견해에 의거하여 저본의 '福'을 삭제하고 '災'를 보충하였다. ≪國語≫ 〈齊語〉에는 '禍災'로 되어 있다는 것이다.(≪管子纂詁≫)

① 春以田曰蒐 振旅 : 〈봄의 사냥에〉 근거하여 軍政을 의탁하여 군대를 정돈한다.
因寓軍政하여 而且正旅라
② 秋以田曰獮 治兵 : 〈가을의〉 살기에 따라서, 이로 말미암아 군대를 훈련한다.
順殺氣하여 因治兵이라
③ 君有此教士三萬人 以横行於天下 : '教士'는 미리 잘 훈련된 군사를 말한다.
教士는 謂先教習之士라

正月의 조회에서 鄕長이 업무 보고할 때, 桓公이 직접 다음과 같이 물었다.

"그대의 鄕에 거주하는 백성들 가운데 평소 義를 행하고 배우길 좋아하고, 총명하고 성품이 어질며, 부모에게 효도하고 마을에서 어른들에게 공손한 자가 있는가? 있으면 보고하라. 그런 자가 있는데도 보고하지 않으면 이를 '현명한 이를 숨기는 것〔蔽賢〕'이라고 하니, 그 죄는 五刑[39]에 해당한다."

有司가 보고를 마치고 물러났다.

正月之朝에 **鄕長復事**①하니 **公親問焉 曰 於子之鄕**에 **有居處爲義好學**하고 **聰明質仁**하며 **慈孝於父母**하고 **長弟(聞)於鄕里者**[40]오 **有則以告**하라 **有而不以告**를 **謂之蔽賢**이니 **其罪五**②라 **有司已於事而竣**③이라

① 鄕長復事 : '復'은 '아뢰다'는 의미이다.
復은 白也라
② 其罪五 : 그 죄를 마땅히 五刑에 포함하여 벌을 정한다는 말이다.
謂其罪當入於五刑而定其罰이라
③ 有司已於事而竣 : 군주에게 업무 보고를 마치고 물러났다.
既畢於上事而竣退라

환공이 또 물었다.

"그대의 鄕에 용맹하고 팔다리의 힘과 筋骨이 뛰어난 자가 있는가? 만약 있다면

39) 五刑 : 중국 고대에 행해졌던 다섯 종류의 형벌을 말한다. 시기에 따라 다르기는 하지만 전국시대에는 대개 墨刑, 劓刑, 刖刑, 宮刑, 大辟刑의 5가지였다.

40) 長弟(聞)於鄕里者 : 저본에는 '聞'이 있으나, 王念孫(清)의 견해에 의거하여 衍文으로 처리하였다. 앞에서 "慈孝於父母"라고 하였으므로 여기서도 "長弟於鄕里"로 표현되어야 한다는 것이다. 아래 문장에서도 "不慈孝於父母 不長弟於鄕里"로 표현하고 있으며, ≪墨子≫ 〈非命〉에서 "入則孝慈於親戚 出則弟長於鄕里"라고 하였는데, 그 문장 형태가 이와 동일하다는 것이다.(≪讀書雜志≫)

보고하라. 그런 자가 있는데도 보고하지 않으면 이를 '재주 있는 자를 숨기는 것〔蔽才〕'이라고 하니, 그 죄는 五刑에 해당한다."

有司가 보고를 마치고 물러났다.

公又問焉曰 於子之鄕에 **有拳勇股肱之力**하고 **筋骨秀出於衆者**오 **有則以告**하라 **有而不以告**를 **謂之蔽才**니 **其罪五**니 **有司已於事而竣**하니라

桓公이 또 물었다.

"그대의 鄕에 부모에게 효도하지 않고, 마을에서 어른들에게 공손하지 않고, 교만하고 경박하며 음란하고 포악하여 군주의 명령을 따르지 않는 자가 있는가? 있으면 보고하라. 그런 자가 있는데도 보고하지 않으면 이를 '아래로 범죄자와 어울림〔下比〕'이라고 하니, 그 죄는 五刑에 해당한다."

有司가 보고를 마치고 물러났다.

公又問焉曰 於子之鄕에 **有不慈孝於父母**하고 **不長弟於鄕里**하며 **驕躁淫暴**하여 **不用上令者**오 **有則以告**하라 **有而不以告**를 **謂之下比**①니 **其罪五**라 **有司已於事而竣**하니라

① 下比 : 아래로 죄 있는 자들과 어울리면서 그들의 〈죄를〉 감추어준다.
下與有罪者比而掩蓋之라

이에 鄕長은 물러나 덕을 닦고 어진 이를 추천하였다. 桓公은 추천된 사람을 직접 만나보고, 마침내 官職을 주어 일을 맡게 하였다. 환공이 각 기관의 우두머리들에게 1년 동안의 공적을 기록하여 보고하도록 하였고, 또한 관원들 중 현명한 자를 뽑아 보고하도록 하였다. 이에 어떤 기관의 우두머리가 다음과 같이 보고하였다.

"저의 관청에 한 사람이 있는데, 그는 공이 있고 아름다운 덕이 있으며, 오직 순종하고 단아하고 성실한 태도로 자신을 써줄 때만 기다리고 있습니다. 그는 백성을 부릴 때 공경하는 자세로 백성을 격려하며, 〈민간의〉 비방하는 말을 윗사람에게 드러내니 관리들의 좋지 않은 政事를 보완할 만합니다."

이에 환공은 그가 사는 마을 사람들에게 두루 물어 〈그에 관한 사실들을〉 고찰하고 검증하였다. 그런 다음 그를 불러 앞에 앉히고, 그 사람의 바탕을 자세히 살피면서 그가 이룬 공적과 일을 검증하였으며, 관직에 세울 만하면 때때로 국가의 환난

을 설정하여 물어보았으니, 단지 겉모습만 보지 않았다. 〈그런 다음〉 물러나게 한 후 그가 사는 마을 사람들에게 자세히 물어보아 그가 능한 바를 살펴보고, 큰 잘못이 없으면 등용하여 上卿의 보좌로 삼았다. 이런 것을 '三選'[41]이라고 하였다.

於是乎鄕長退而修德進賢하니 **桓公親見之**하고 **遂使役之官**①이라 **公令官長**하여 **期而書伐以告**②하고 **且令選官之賢者而復之**하니 **曰 有人居我官**하여 **有功休德**하고 **維順端慤**하여 **以待時使**③요 **使民恭敬以勸**하고 **其稱秉言**[42]**則足以補官之不善政**④이니이다 **公宜問其鄕里**하여 **而有考驗**⑤이면 **乃召而與之坐**하고 **省相其質**하여 **以參其成功成事**⑥요 **可立而時設問國家之患而不肉**⑦이요 **退而察問其鄕里**하여 **以觀其所能而無大過**면 **登以爲上卿之佐**⑧하니 **名之曰三選**⑨[43]이라

① 遂使役之官 : 관직을 주어 업무를 시켜본다는 말이니, 그 사람의 재능을 시험해보는 것이다.
謂授之官而役之니 所以歷試其材能이라
② 期而書伐以告 : '伐'은 功(일의 성과)이다.
伐은 功也라
③ 以待時使 : 성실함과 선함으로 때를 기다리고 있으니, 쓸 만한 때를 기다려 그를 부린다.
以慤善待時하니 待可用之時而使之也라
④ 足以補官之不善政 : 그 사람이 일컫는 말은 좋지 않은 정사를 보완할 수 있다는 의미이다.
謂此人所稱柄之言은 可以補不善之政이라

---

41) 三選 : 인재를 선발할 때 거치는 세 차례의 과정을 말한다. 첫째는 官長이 고을의 賢者를 추천하는 것이고, 둘째는 桓公이 불러 면접하면서 그 사람 됨됨이를 살피는 것이며, 셋째는 그 사람에 대한 그 고을 사람들의 평판을 살피는 것이다.
42) 其稱秉言 : ≪國語≫ 〈齊語〉에는 "其緌謗言"으로 되어 있다. 이에 의거하여 王紹蘭(淸)은 이 구절을 "其偁謗言"으로 읽어야 한다고 보았다. 고대에 '秉'은 '丙'과 통하였고, '丙'은 다시 '方'과 통하였고, '方'은 다시 '旁'과 통하였다는 것이며, 이런 사실들을 연결하면 결국 '秉'은 '傍'으로 읽을 수 있다는 주장이다.(≪管子說≫) 郭沫若(中)도 이러한 왕소란의 견해에 동의하며, 결국 이 구절의 의미는 '민간에서 비판하는 소리를 드러내어 윗사람에게 들리게 한다'로 보았다.(≪管子集校≫) 舊注에서는 "그 사람이 일컫는 말〔此人所稱柄之言〕"로 풀이하고 있는데, 전후 문맥상 그 의미가 순조롭지 않다. 따라서 역자는 舊注를 따르지 않고 왕소란의 견해를 따라 번역하였다.
43) 名之曰三選 : 舊注에서는 '三選'을 "名此人曰 三大夫所選"이라고 하여, '三'을 三大夫의 의미로 풀이하였다. 그러나 陶鴻慶(淸)은 인재를 등용할 때 거치는 세 차례의 과정을 의미하는 것으로 보았다. 즉 "令官長選官之賢者而復之"가 첫 번째 과정이고, "公召而與之坐 省相其質 以參其成功成事"가 두 번째 과정이고, "退而察問其鄕里 以觀其所能 而無大過"가 세 번째 과정이라는 것이다.(≪讀管子札記≫) 이러한 도홍경의 견해에 姚永概(淸)도 찬동하였으며(≪愼宜軒筆記≫), 역자도 이에 의거하여 해석하였다.

⑤ 宣問其鄕里 而有考驗 : '宣'은 '두루'라는 의미이다. 그가 사는 고을 사람들에게 두루 물어, 그가 행하는 바가 모두 실질적인 효험이 있는지를 살펴본다.
宣은 遍也라 遍問其鄕里之人하여 以考其所行皆有事驗이라

⑥ 乃召而與之坐……以參其成功成事 : 이미 그 효험을 고찰하였으면 그를 불러 함께 앉아, 다시 그 사람의 바탕을 살피면서 그가 이룬 일의 성과를 검증한다.
旣有考驗이면 召而與坐하여 更省視其質體하여 以參驗其所成功之事也라

⑦ 可立……而不肉 : 그 사람이 이미 괜찮다 판단되면 앞으로 그를 관직에 세운다. 또한 때때로 국가의 어려운 상황을 가상으로 설정하여 그 해결책을 물어봄으로써 그가 지닌 지략의 깊이를 파악하니, 단지 그의 겉모습만 보지 않는다. '肉'은 이른바 '皮相(겉모습)'이다.
其人旣可면 將立之에 又時設問國家之患하여 以知智謀之深淺이요 不直相其骨肉而已라 肉者는 所謂皮相[44]也라

⑧ 登以爲上卿之佐 : 卿大夫의 보좌로 삼는다.
爲卿大夫之佐라

⑨ 名之曰三選 : 이 사람을 가리켜 '三大夫가 선출한 사람'이라고 말한다.
名此人曰 三大夫所選이라

이에 高子와 國子는 물러나 鄕을 정비하였고, 鄕의 長인 良人은 물러나 連을 정비하였으며, 連長은 물러나 里를 정비하였고, 里의 長인 有司는 물러나 軌를 정비하였으며, 軌長은 물러나 家를 정비하였다. 그러므로 필부라도 善하면 등용될 수 있었고, 필부라도 不善함이 있으면 죽일 수 있었다.

高子, 國子는 **退而修鄕**①하고 **鄕退而修連**하며 **連退而修里**하고 **里退而修軌**하며 **軌退而修家**라 **是故匹夫有善**이면 **(故)可得而擧也**요 **匹夫有不善**이면 **(故)可得而誅也**[45]라

① 高子國子 退而修鄕 : 조정에서의 일이 이미 완료되자, 高子와 國子 두 大夫는 물러나 예전처럼 각자의 鄕을 정비하였다. 鮑叔은 조정에 있었으므로 언급하지 않았다.
朝事旣畢하야 二大夫는 又如前退修於鄕이라 鮑叔在朝라 故不言이라

---

44) 皮相 : 저본에는 '皮肉'으로 되어 있으나, 劉績(明)의 ≪管子補註≫에 의거하여 '皮相'으로 바로잡았다.

45) 是故匹夫有善……(故)可得而誅也 : 王念孫(淸)의 견해에 의거하여 "故可得而擧也"와 "故可得而誅也"에서 '故'를 모두 衍文으로 처리하였다. 이 두 개의 '故'는 앞에 나오는 "是故匹夫有善"의 '故'로 인해 불필요하게 덧붙은 글자들이라는 것이다. ≪國語≫ 〈齊語〉에도 없다고 한다.(≪讀書雜志≫)

정치체제가 이루어지자 鄕에서는 어른을 무시하지 않았고, 조정에서는 爵位를 존중하였으며, 덕이 없는 선비는 함께하는 무리가 없었고, 덕이 없는 여자는 시집을 가지 못하였으며, 아내를 세 번 내친 선비는 국경 밖으로 쫓겨났고, 세 번 시집간 여자는 절구질하며 〈고되게 노역하는〉 곳으로 보내졌다. 그러므로 백성들은 모두 善을 행하는 데 힘쓰게 되었다.

선비는 鄕에서 善을 행하기보다는 里에서 善을 행하는 것이 나았고, 里에서 善을 행하기보다는 家에서 善을 행하는 것이 나았다. 이 때문에 선비들은 아무도 감히 일시적인 편안함을 말하지 않았고 모두 1년의 장기적인 계획을 지녔으며, 아무도 감히 1년 정도의 짧은 의론에 몰두하지 않고 평생의 사업을 계획하였다.

政既成에 **鄕不越長**하고 **朝不越爵**하며 **罷**(피)**士無伍**①하고 **罷女無家**②하며 **士三出妻**는 **逐於境外**③하고 **女三嫁**는 **入於舂穀**④이라 **是故民皆勉爲善**이라 **士與其爲善於鄕**으론 **不如爲善於里**요 **與其爲善於里**론 **不如爲善於家**⑤라 **是故士莫敢言一朝之便**하고 **皆有終歲之計**하며 **莫敢以終歲爲議**하고 **皆有終身之功**⑥이라

① 罷(피)士無伍 : '罷'는 德과 義가 부족하고 〈품행이 바르지 못한〉 사람을 가리킨다. ≪周禮≫에 말하는 이른바 '罷人(罷民)'[46] 즉 의롭지 않은 사람으로, 사람들이 같은 무리가 되는 것을 수치스럽게 여긴다.

罷는 謂乏於德義者라 周禮所謂罷人이니 不義之衆으로 恥以爲伍也라

② 罷女無家 : '罷女'는 '罷士'와 같으므로 사람들이 아내로 맞이하는 것을 부끄럽게 여겼다. 그러므로 시집을 갈 데가 없는 것이다.

罷女는 猶罷士니 衆恥娶之라 故無家라

③ 士三出妻 逐於境外 : '三出妻'는 이른바 "사내의 애정은 일정함이 없으니, 두 번 세 번 변하네."[47]이다. 이런 사람은 위정자가 꺼린다. 그러므로 국경 밖으로 쫓아낸다.

三出妻는 所謂士也罔極 二三其德이니라 爲政者之所忌라 故逐於境外也라

④ 女三嫁 入於舂穀 : 세 번 쫓겨나 세 번 시집을 간 여자는 정숙하지 않고 순종하지 않는 여자다. 그러므로 방앗간으로 보내지는 것이다.

三見出而嫁는 是不貞順者也라 故入於舂穀이라

⑤ 與其爲善於里 不如爲善於家 : 집안을 잘 다스리면 마을도 잘 다스릴 것이다. 이른바 '집안을 잘 다스리는 사람이면, 조정으로 옮겨져 쓰일 수 있다.'라는 것이다.

---

46) 罷人(罷民) : ≪周禮≫ 〈秋官〉의 〈大司寇〉·〈朝士〉·〈司圜〉에 '罷民'이 보인다.
47) 사내의……변하네 : ≪詩經≫ 〈衛風 氓〉에 나오는 구절이다.

家善則鄕善矣니 所謂居家治理면 可移於官이라
⑥ 皆有終身之功 : 정치를 잘 닦으면 사람이 구차해지지 않는다.
脩政則人無苟라

정월의 조회에서 五屬大夫가 桓公에게 업무를 보고하였다. 이때 환공이 공적이 적은 자를 뽑아 다음과 같이 꾸짖었다.

"나누어 받은 땅과 백성이 같은데 어째서 유독 공적이 적은가? 어째서 다른 사람들만 못한가? 가르치고 이끄는 것이 좋지 않으면 정사가 다스려지지 않는다. 한두 번은 용서하지만 세 번은 용서하지 않을 것이다."

正月之朝五屬大夫復事於公하니 **擇其寡功者而譙之曰 列地分民者若一**이어늘 **何故獨寡功**이며 **何以不及人**가 **敎訓不善**이면 **政事其不治**라 **一再則宥**하고 **三則不赦**라

桓公이 또 물었다.

"그대의 屬에 거주하는 백성들 가운데 평소 義를 행하고 배우길 좋아하며, 총명하고 성품이 어질며, 부모에게 효도하고 마을에서 어른들에게 공손한 자가 있는가? 있으면 보고하라. 그런 자가 있는데도 보고하지 않으면 이를 '현명한 이를 가리는 것〔蔽賢〕'이라고 하는 것이니, 그 죄는 五刑에 해당한다."

有司가 보고를 마치고 물러났다.

公又問焉曰 於子之屬에 **有居處爲義好學**하고 **聰明質仁**하여 **慈孝於父母**하고 **長弟聞(於)**[48]**鄕里者**오 **有則以告**하라 **有而不以告**를 **謂之蔽賢**이니 **其罪五**니라 **有司已事而竣**이라

桓公이 또 물었다.

"그대의 屬에 용맹하고 팔다리의 힘과 〈筋骨이〉 뛰어난 자가 있는가? 있으면 보고하라. 그런 자가 있는데도 보고하지 않으면 이를 '재주 있는 자를 가리는 것〔蔽才〕'이라고 하는 것이니, 그 죄는 五刑에 해당한다."

有司가 보고를 마치고 물러났다.

48) (於) : 저본에는 '於'가 있으나, 앞에서와 마찬가지 이유로 衍文으로 처리하였다.

公又問焉曰 於子之屬에 **有拳勇股肱之力**하고 **秀出於衆者**[49]아 **有則以告**하라 **有而不以告**를 **謂之蔽才**니 **其罪五**니라 **有司已事而竣**이라

桓公이 또 물었다.

"그대의 屬에 부모에게 효도하지 않고, 마을에서 어른들에게 공손하지 않고, 교만하고 경박하며 음란하고 포악하여 군주의 명령을 따르지 않는 자가 있는가? 있으면 보고하라. 그런 자가 있는데도 보고하지 않으면 이를 '아래로 범죄자와 결탁하는 것〔下比〕'이라고 하는 것이니, 그 죄는 五刑에 해당한다."

有司가 보고를 마치고 물러났다.

公又問焉曰 於子之屬에 **有不慈孝於父母**하고 **不長弟於鄕里**하며 **驕躁淫暴**하여 **不用上令者**아 **有則以告**하라 **有而不以告者**를 **謂之下比**니 **其罪五**니라 **有司已事而竣**이라

이에 五屬大夫는 물러나 각자의 屬을 정비하였고, 각 屬의 대부는 물러나 鄕을 정비하였으며, 鄕의 良人은 물러나 卒을 정비하였고, 卒長은 물러나 邑을 정비하였으며, 邑의 有司는 물러나 家를 정비하였다. 이 때문에 필부라도 善하면 등용될 수 있었고, 필부라도 不善함이 있으면 잡아 죽일 수 있었다.

정치체제가 완성되자 나라가 안정되었으니, 이런 상태에서 지키면 견고하고 출전하면 강력하였다. 국내가 다스려지고 백성들과 친근하게 되었으니, 사방으로 출정하여 천하를 하나로 통일하는 霸王을 이룰 수 있었다.

於是乎五屬大夫退而修屬하고 **屬退而修連**하고 **連退而修鄕**하고 **鄕退而修卒**하고 **卒退而修邑**하고 **邑退而修家**라 **是故匹夫有善**이면 **可得而擧**하고 **匹夫有不善**이면 **可得而誅**라 **政成國安**하여 **以守則固**하고 **以戰則强**이라 **封內治**하고 **百姓親**하니 **可以出征四方**하여 **立一霸王矣**①라

① 立一霸王矣 : 〈천하를〉 하나로 통일하는 패왕의 공이라 할 수 있다.
可謂一霸王之功也라

환공이 말하였다.

"군사편제가 정해졌고 국내 정치도 이미 잘 이루어졌소. 과인은 제후들과 **會盟**

49) 秀出於衆者 : 앞에서는 이 '秀出於衆者' 앞에 '筋骨' 2자가 있다.

하는 일을 하려고 하는데 가능하겠소?"

管子가 대답하였다.

"아직 안 됩니다. 軍令 같은 것은 제가 이미 內政에 의탁해 잘 수립해놓았습니다. 그러나 齊나라에는 아직 갑옷과 무기가 모자랍니다. 저는 重罪를 경감해줌으로써 갑옷과 무기를 보충하고자 합니다."

환공이 물었다.

"어떤 방식으로 하오?"

관자가 대답하였다.

"제도적으로 중죄를 지은 자는 '갑옷'·'무소 가죽으로 만든 방패'·'창 두 자루'를 바치게 하고, 가벼운 죄를 지은 자는 '병기 걸이'·'방패'·'가슴 가리개'·'창 두 자루'를 바치게 하며, 사소한 죄를 지은 자는 쇠붙이 1鈞을 바치게 하고, 〈남의 범죄에 연루되어〉 가벼운 죄를 지은 자는 분리하여 용서하고 쇠붙이 반 鈞을 바치게 하며, 억울한 일이 없는데도 소송을 한 자는 마땅히 3일 동안 구금하고 그의 바름이 증명되지 않으면 화살 한 묶음을 바치게 하여 벌합니다. 품질이 좋은 쇠로는 戈·劍·矛·戟을 주조하여 개와 말에게 시험해보고, 품질이 나쁜 쇠로는 도끼·호미·괭이 등을 주조하여 나무와 땅에 시험해봅니다."

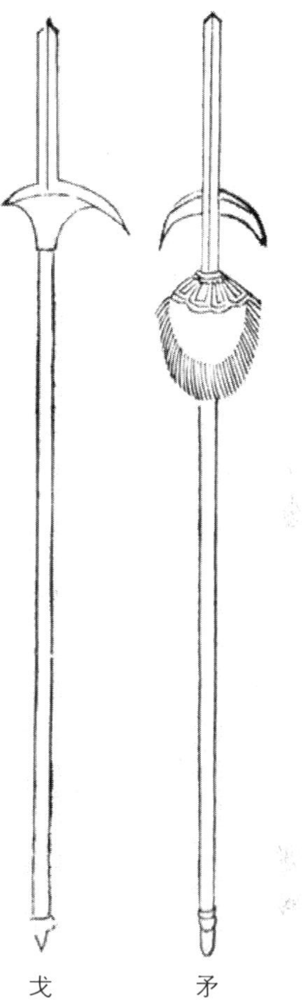
戈　　矛

桓公曰 卒伍定矣요 **事已成矣**라 **吾欲從事於諸侯**하노니 **其可乎**아 **管子對曰 未可**니이다 **若軍令則吾旣寄諸內政矣**나 **夫齊國寡甲兵**이니이다 **吾欲輕重罪而移之於甲兵**하노이다 **公曰 爲之奈何**오 **管子對曰 制**로 **重罪**는 **入以兵甲犀脅二戟**[50)]하고 **輕罪**는 **入〔以〕蘭盾鞈革二戟**[①51)]하며 **小罪**는

50) 制重罪 入以兵甲犀脅二戟 : 張佩綸(淸)에 의하면 '犀脅'은 ≪國語≫ 〈齊語〉에 '犀甲'으로 되어 있다고 한다.(≪管子學≫) 한편 蘇輿(淸)는 ≪국어≫ 〈제어〉 및 ≪淮南子≫ 〈氾論〉에 의거하여 '犀脅'은 '犀盾'의 誤字일 것으로 추정하였다.(≪管子集校≫)

51) 輕罪 入〔以〕蘭盾鞈革二戟 : 저본에는 '以'가 없으나, 許維遹(中)의 견해에 의거하여 보충하였다. 앞 문장에서 "制 重罪 入以兵甲犀脅二戟"이라고 하였고, 뒷 문장에서 "小罪 入以金鈞分宥薄罪 入以半鈞"이라고 하였기 때문이라는 것이다. 즉 이들 앞뒤 문장에는 '入' 다음에 모두 '以'가 있으므로, 이 문장에서도 '入以'의 형태가 되어야 한다는 것이다.(≪管子集校≫)

入以金鈞②하고 **分宥薄罪**는 **入以半鈞**③하며 **無坐抑而訟獄者**[52]는 **正三禁之而不直則入一束矢以罰之**④니이다 **美金**은 **以鑄戈劍矛戟**하여 **試諸狗馬**하고 **惡金**은 **以鑄斤斧**鉏**夷鋸**欘하여 **試諸木土**⑤니이다

① 輕罪 入〔以〕蘭盾鞈革二戟 : '蘭'은 이른바 '蘭錡(난기)' 즉 병기를 걸어두는 시렁이다. '鞈革(협혁)'은 가죽을 이중으로 붙여 가슴에 착용하는 것으로, 화살을 막는 것이다.
蘭은 卽所謂蘭錡니 兵架也라 鞈革은 重革하여 當心著之니 所以禦矢라

② 小罪 入以金鈞 : 30근을 '鈞'이라 한다.
三十斤曰鈞이라

③ 分宥薄罪 入以半鈞 : '分宥'는 〈타인의 범죄에〉 연루된 자를 말한다. 주범과 분리하여 관대히 용서한다.
分宥는 謂從坐者라 分其首犯하여 而寬宥之라

④ 無坐抑而訟獄者……則入一束矢以罰之 : 스스로 연루된 바가 없는데 억울하게 송사를 당하게 된 자는 마땅히 3일 동안 구금하고, 자신의 올바름을 밝히지 못하면 화살 한 묶음을 바치게 한다는 말이다.
謂其人自無所坐나 而被抑屈爲訟者는 正當禁之三日하고 得其不直者면 則令入束矢也라

⑤ 惡金……試諸木土 : '夷'는 호미 종류이다. '鋸欘(거촉)'은 괭이〔钁〕 종류이다.
夷는 鉏類也요 鋸欘은 钁類也라

钁

桓公이 말하였다.

"갑옷과 무기들이 많이 보충되었소. 과인은 제후들과 **會盟**하는 일을 하려고 하는데 가능하겠소?"

管仲이 대답하였다.

"아직 안 됩니다. 국내 정치를 맡을 사람이 아직 갖추어져 있지 않았고, **外交**를 맡을 사람이 아직 준비되지 않았습니다."

이에 **鮑叔牙**를 **大諫**으로 삼고, **王子城父**를 장군으로 삼고, **弦子旗**를 **獄官**으로 삼

---

52) 無坐抑而訟獄者 : 兪樾(淸)은 '坐'를 '挫'의 의미로 읽었다. 舊注에서는 이 구절에 대해 "스스로 연루된 바가 없는데 억울하게 송사를 당하게 된 자〔其人自無所坐 而被抑屈爲訟者〕"라는 주를 달고 있는데 잘못되었다고 보았다.(≪諸子平議≫) 역자도 유월의 견해에 의거하여 해석하였다.

고, 寧戚을 田官으로 삼고, 隰朋을 외교관으로 삼았다. 그리고 曹孫宿을 楚나라에, 商容[53)]을 宋나라에, 季勞[54)]를 魯나라에, 徐開封[55)]을 衛나라에, 匽尚[56)]을 燕나라에, 審友를 晉나라에 각각 머물게 하였다.

또한 游士 80명에게 수레와 의복 그리고 많은 식량과 돈을 충분히 제공하여, 사방으로 나가 천하의 현명한 선비들을 찾아 구해 오게 하였다. 또한 그들에게 좋은 장신구를 갖추어 사방으로 나가 제후들에게 팔게 하고, 이를 통해 상하 군신들이 좋아하는 바를 관찰하여, 음란한 자를 가려 먼저 정벌하였다.

桓公曰 甲兵大足矣라 **吾欲從事於諸侯**하노니 **可乎**아 **管仲對曰 未可**니이다 **治內者未具也**요 **爲外者未備也**니이다 **故使鮑叔牙爲大諫**①하고 **王子城父爲將**하고 **弦子旗爲理**②하고 **寧戚爲田**③하고 **隰朋爲行**④이요 **曹孫宿處楚**하고 **商容處宋**하고 **季勞處魯**하고 **徐開封處衛**하고 **匽尚處燕**하고 **審友處晉**⑤이라 **又游士八(千)〔十〕人**[57)]을 **奉之以車馬衣裘**하고 **多其資糧**하고 **財幣足之**하여 **使出周游於四方**하여 **以號召收求天下之賢士**라 **飾玩好**하여 **使出周游於四方**하여 **鬻之諸侯**하고 **以觀其上下之所貴好**하여 **擇其沈亂者而先政之**⑥[58)]하니라

① 大諫 : 군주에게 간하여 군주를 바르게 하는 직책이다.
所以諫正君이라

---

53) 商容 : 老子의 스승으로 알려진 사람이다. ≪淮南子≫ 〈繆稱〉에 "노자가 상용에게 배웠으니, 상용의 혀를 보고서 부드러움을 지켜야 함을 알았다.〔老子學商容 見舌而知守柔〕"라는 말이 나온다.

54) 季勞 : 宋翔鳳(淸)은 아래 문장에서 나오는 '季友'로 보았다. 古文에서 '友'는 '勞'와 비슷하여 후대 사람들이 잘못 옮겨 적었다는 것이다.(≪管子識誤≫)

55) 徐開封 : 王念孫(淸)은 〈大匡〉의 "公子 開方의 사람됨은 총명하고 민첩하지만 참을성이 없어 새로운 것만 좋아하니, 衛나라에 사신으로 보낼 만합니다.〔公子開方之爲人也 慧以給 不能久而樂始 可游於衛〕"에서 언급되는 '開方'으로 보았다. 그리고 開方은 본래 衛나라 사람이므로, '徐'는 '衛'의 誤字라고 보았다.(≪讀書雜志≫)

56) 匽尚 : 孫星衍(淸)은 〈大匡〉에서 나오는 '晏子'로 보았다.(≪管子集校≫)

57) (千)〔十〕人 : 저본에는 '千'으로 되어 있으나, 王引之(淸)의 견해에 의거하여 '十'으로 바로잡았다. '八千人'은 그 숫자가 너무 많고, ≪國語≫ 〈齊語〉에도 '八十人'으로 되어 있다는 것이다.(≪讀書雜志≫)

58) 擇其沈亂者而先政之 : 安井衡(日)은 '沈'과 '淫'은 고대에 통용되었다고 하였다. 그리고 '正'과 '政'과 '征'도 고대에 통용되었으므로, 여기서 '政'은 곧 '征'의 의미로 쓰였다고 하였다.(≪管子纂詁≫) 兪樾(淸)도 '政'은 곧 '征'의 빌린 글자로 보았고, ≪國語≫ 〈齊語〉에 "擇其淫亂者而先征之"로 되어 있는 것을 그 증거로 삼았다.(≪諸子平議≫) 舊注에서는 "以政正也"라고 말함으로써 '政'을 본래 의미 그대로 사용하고 있는데, 역자는 舊注에 따르지 않고 安井衡 및 兪樾의 견해를 채택하였다.

② 弦子旗爲理 : '理'는 獄官이다.
理는 獄官也라

③ 寧戚爲田 : 〈寧戚은〉 농사를 가르쳤다. 이상은 국내를 다스리는 것이고, 이하는 국외를 다스리는 것이다.
教以農事라 自此已上은 理內요 已下는 理外라

④ 隰朋爲行 : '行'은 외교관을 말한다. 제후들에게 사신으로 가는 사람이다.
行은 謂行人也라 所以通使諸侯라

⑤ 曹孫宿處楚……審友處晉 : 이들 여러 賢人을 각각 제후국들에 머물게 한 것은, 그들 제후국을 넌지시 부추기어 齊나라에 귀의하게 하기 위한 것이다.
令此諸賢各處諸侯之國者로 所以諷動之하여 令歸齊也라

⑥ 政之 : 정치로 바르게 한다.
以政正也라

桓公이 말하였다.

"이제 국내외적으로 안정이 되었으니 가능하오?"

管子가 대답하였다.

"아직 안 됩니다. 이웃 나라들이 아직 우리를 친하게 여기지 않습니다."

환공이 물었다.

"이웃 나라들과 친하려면 어찌해야 하오?"

관자가 대답하였다.

"우리의 영토를 살피시어 빼앗은 땅을 돌려주고 경계를 바로잡으며, 주변국들로부터 재물을 상납받지 말고, 가죽과 비단을 아름답게 하여 제후들을 자주 방문하십시오. 이렇게 하여 이웃 나라들을 안심시키면 그들이 우리를 친하게 여길 것입니다."

公曰 外內定矣니 **可乎**아 **管子對曰 未可**니 **隣國未吾親也**니이다 **公曰 親之奈何**오 **管子對曰 審吾疆**場하여 **反其侵地**하고 **正其封界**하며 **毋受其貨財**하고 **而美爲皮幣**하여 **以極聘**覜**於諸侯**①[59]하여 **以安四隣**이면 **則隣國親我矣**리이다

① 極聘覜於諸侯 : '覜'는 '보다'는 의미이다.

59) 以極聘覜於諸侯 : 陶鴻慶(淸)은 '極'을 '亟(기)'로 읽어야 한다고 보았다. ≪國語≫ 〈齊語〉에는 '驟'로 되어 있는데, ≪小爾雅≫ 〈廣言〉에 "驟 數也"로 되어 있으니 곧 '亟'와 같은 의미라는 것이다.(≪讀管子札記≫)

覡는 見也라

桓公이 말하였다.

“갑옷과 무기가 크게 충족되었으니 과인은 남쪽으로 정벌하려고 하는데, 어디를 중심으로 삼는 것이 좋겠소?”

管子가 대답하였다.

“魯나라를 중심으로 삼으십시오. 노나라로부터 빼앗은 常과 潛을 돌려주고, 〈수해가 나면〉 물을 바다로 빠지게 하고, 도랑을 파서 강 하구 삼각주로 흐르게 하며, 〈도성을 세울 때는〉 산을 기틀로 삼아 견고하게 하십시오.”

환공이 말하였다.

“과인은 서쪽으로 정벌하려고 하는데, 어디를 중심으로 삼는 것이 좋겠소?”

관자가 대답하였다.

“衛나라를 중심으로 삼으십시오. 위나라로부터 빼앗은 臺原姑와 柒里를 돌려주고, 〈수해가 나면〉 물을 바다로 빠지게 하고, 도랑을 파서 삼각주로 흐르게 하며, 〈도성을 세울 때는〉 산을 기틀로 삼아 견고하게 하십시오.”

환공이 말하였다.

“과인은 북쪽으로 정벌하려고 하는데, 어디를 중심으로 삼는 것이 좋겠소?”

관자가 대답하였다.

“燕나라를 중심으로 삼으십시오. 연나라로부터 빼앗은 柴夫와 吠狗를 돌려주고, 〈수해가 나면〉 물을 바다로 빠지게 하고, 도랑을 파서 삼각주로 흐르게 하며, 〈도성을 세울 때는〉 산을 기틀로 삼아 견고하게 하십시오.”

桓公曰 甲兵大足矣라 **吾欲南伐**하노니 **何主**①오 **管子對曰 以魯爲主**하여 **反其侵地常潛**②하고 **使海於有弊**③하며 **渠彌於河陼**④하고 **綱山於有牢**⑤하소서 **桓公曰 吾欲西伐**하노니 **何主**오 **管子對曰 以衛爲主**하여 **反其侵地(吉)臺原姑與柒里**⑥[60]하고 **使海於有獘**하며 **渠彌於有陼**하고 **綱山於有牢**하소서 **桓公曰 吾欲北伐**하노니 **何主**오 **管子對曰 以燕爲主**하여 **反其侵地柴夫吠狗**⑦하고 **使海於有獘**하며 **渠彌於有陼**하고 **綱山於有牢**하소서

---

60) 反其侵地(吉)臺原姑與柒里 : 王念孫(淸)의 견해에 의거하여 ‘吉’을 衍文으로 처리하였다. ≪國語≫ 〈齊語〉에도 ‘吉’자가 없으며, 이 ‘吉’은 ‘臺’의 誤字로 불필요하게 덧붙은 글자라는 것이다.(≪讀書雜志≫)

① 吾欲南伐 何主 : 어느 나라를 정벌의 중심지로 삼아야 하느냐는 말이다.
謂以何國爲征伐之主也라
② 反其侵地常潛 : '常'과 '潛'은 지명이다.
常, 潛은 地名이라
③ 使海於有弊 : 혹 수해를 당하면 명령을 내려 바다로 물을 빼도록 하여 폐해가 모두 사라지도록 한다.
或遇水災면 敎令泄於海하여 使有弊盡也라
④ 渠彌於河陼 : 다시 도랑을 파서 강 하구의 삼각주로 흘려보내게 한다.
(後)〔復〕[61]敎之穿渠하여 彌亘於河陼라
⑤ 綱山於有牢 : 나라의 도성을 세울 때 반드시 산에 의지하여 그것을 기틀로 삼아 견고하게 한다.
敎之立國城必依山하여 以爲綱紀而有牢固라
⑥ 臺原姑與柒里 : 모두 지명이다.
皆地名이라
⑦ 柴夫吠狗 : 또한 지명이다.
亦地名也라

〈이렇게 하자〉 사방의 이웃 국가들과 매우 친해졌다. 이미 그 침략했던 영토를 되돌려주고 그 경계를 바로잡으니, 영토가 남쪽으로 岱山[62] 북쪽까지 이르렀고, 서쪽으로 濟水까지 이르렀으며, 북쪽으로는 바다까지 이르렀고, 동쪽으로는 紀隨까지 이르러, 땅이 사방 360리가 되었다. 3년이 지나자 다스림이 안정되었고, 4년이 지나자 군대의 훈련이 완성되었으며, 5년이 지나자 출병이 가능해졌다. 훈련된 병사가 3만 명이었고, 전투용 수레가 8백 乘이 되었다.

四隣大親이라 **旣反其侵地**하고 **正其封疆**하니 **地南至於岱陰**①하고 **西至於濟**하며 **北至於海**하고 **東至于紀隨**②하여 **地方三百六十里**라 **三歲治定**하고 **四歲敎成**하며 **五歲兵出**이라 **有敎士三萬人**이고 **革車八百乘**이라

① 岱陰 : 岱山의 북쪽을 가리킨다.
謂岱山之北이라

---

61) (後)〔復〕: 저본에는 '後'로 되어 있으나, 劉績(明)의 ≪管子補註≫에 의거하여 '復'로 바로잡았다.
62) 岱山 : 泰山의 다른 이름이다.

② 東至于紀隨 : '紀隨'는 지명이다.
紀隨는 地名이라

〈당시〉 많은 제후들이 紊亂하여 천자에게 복종하지 않았다. 이에 桓公은 동쪽으로 徐州를 구해주고 吳나라를 절반으로 분할하였으며, 魯나라의 蔡陵을 보존해주고 越나라 영토를 분할하였다. 남쪽으로는 宋나라와 鄭나라를 거점으로 楚나라를 정벌하였으니, 汝水를 건너 方城을 넘고 文山을 바라보면서, 초나라로 하여금 周왕실에 초나라의 명주실을 공물로 바치게 하였다. 이에 주왕실에서는 제사 지낸 음식을 제나라에 내려주었으니, 荊州의 여러 제후들 중 제나라에 복종하지 않는 자가 없었다.

諸侯多沈亂하여 **不服於天子**어늘 **於是乎桓公東救徐州**하고 **分吳半**①하며 **存魯蔡陵**②[63]하고 **割越地**하고 **南據宋鄭**③하여 **征伐楚**에 **濟汝水**,④ **踰方地**,⑤ **望文山**⑥[64]하여 **使貢絲於周室**⑦하니 **成周反胙於隆嶽**⑧이라 **荊州諸侯莫不來服**이라

① 分吳半 : 吳나라 영토의 절반을 분할하였다.
分吳地之半이라

② 存魯蔡陵 : '蔡陵'은 지명이다.
蔡陵은 地名이라

③ 割越地 南據宋鄭 : 이미 越나라 영토를 분할하고, 다시 宋나라와 鄭나라에 근거하여 지원기지로 삼았다.
既割越地하고 又據宋鄭之國하여 以爲親援也라

④ 征伐楚 濟汝水 : 楚나라를 정벌할 때 汝水를 건넜다.
伐楚時渡汝水라

⑤ 方地 : 方城의 땅을 가리킨다.
謂方城之地라

---

63) 存魯蔡陵 : 兪樾(淸)은 이 구절에 오탈자가 있는 것으로 보았다. 즉 '蔡陵'은 본래 '築蔡鄢陵'이었을 거라는 것이다.(≪諸子平議≫) 이 경우 이 구절은 '存魯'와 '築蔡鄢陵'의 두 가지 사건을 언급하는 것이 된다. 한편 張佩綸(淸)은 '蔡陵'은 본래 '陵蔡'가 되어야 한다고 보았다. 그리고 '陵蔡'는 僖公 4년에 齊나라가 蔡나라를 침공한 사실을 가리킨다고 주장하였다.(≪管子學≫) 이상의 두 견해는 참고할 만하기는 하지만, 역자는 舊注에 의거하여 해석하였다.

64) 望文山 : '文山'은 古本・劉本・朱本 등에 '汶山'으로 되어 있다. 董增齡(淸)은 '汶山'은 곧 '岷山'이라고 보았다.(≪管子集校≫)

⑥ 文山 : 楚나라의 산이다.
楚山也라

⑦ 使貢絲於周室 : "楚나라 명주실을 공물로 바치게 하였다."에서 '초나라 명주실'은 이른바 물들인 명주실이다. 琴瑟의 絃을 만들 수 있다.
使貢楚絲는 卽所謂檿絲者也니 堪爲琴瑟絃이라

⑧ 成周反胙於隆嶽 : 주왕실에 국가적인 큰 행사가 있으면 제사 음식을 제나라에 보냈다. 제나라는 太嶽의 후예이다. 그러므로 제나라를 '隆嶽'이라 말하는 것이다.
周室有事면 歸胙於齊라 齊太嶽之後라 故言隆嶽이라

中原으로는 晉公을 구하고 狄王을 사로잡았으며, 胡貉(호맥)을 물리치고 屠何(도하)를 쳐부수니 말을 타고 노략질하던 자들이 마침내 복종하게 되었다. 북으로는 山戎을 정벌하고 泠支(영지)를 제압하였으며, 孤竹의 군주를 베니 九夷가 비로소 명령을 따르게 되었다. 이에 바닷가의 여러 제후 중 복종하지 않는 자가 없게 되었다. 서쪽으로는 白狄의 영토를 정복하여 마침내 西河에 이르게 되었다.

中救晉公하고 **禽狄王**하며 **敗胡貉**하고 **破屠何**①에 **而騎寇始服**②하고 **北伐山戎**하고 **制泠支**하며 **斬孤竹**에 **而九夷始聽**하여 **海濱諸侯莫不來服**하고 **西征攘白狄之地**하여 **遂至於西河**③라

① 破屠何 : 屠何는 東胡의 선조이다.
屠何는 東胡之先也라

② 騎寇始服 : 北狄이 말을 타고 노략질하였다.
北狄이 以騎爲寇라

③ 西河 : 龍門의 西河를 가리킨다.
謂龍門之西河라

太行山

배를 나란히 묶거나 뗏목을 엮는 식으로 하여 뜰 것을 타고 黃河를 건너 石沈에 이르렀다. 수레를 매달고 말을 묶어 太行山과 卑耳山 계곡을 넘어 秦夏의 군

주를 사로잡았고, 서쪽으로 流沙와 西虞를 복종시키니 秦戎이 비로소 복종하였다. 그러므로 군대를 한 번 출정하여 열두 가지의 큰 공을 세웠다. 이에 東夷와 西戎과 南蠻과 北狄과 中原의 여러 제후국 중 복종하지 않는 자가 없게 되었다.

方舟(投)〔設〕[65]**柎**하여 **乘桴濟河**하여 **至于石沈**①하고 **縣車束馬**하여 **踰大行與卑耳之**(貉)〔谿〕[66]하여 **拘秦夏**②하고 **西服流沙西虞**③에 **而秦戎始從**이라 **故兵一出而大功十二**④라 **故東夷西戎南蠻北狄中諸侯國**이 **莫不賓服**이라

① 至于石沈 : '石沈'은 지명이다.
石沈은 地名이라
② 與卑耳之貉 拘秦夏 : 卑耳의 貉족과 공동으로 秦夏의 복종하지 않는 자를 사로잡았다.
與卑耳之貉으로 共拘秦夏之不服者라
③ 西服流沙西虞 : '西虞'는 국명이다.
西虞는 國名이라
④ 一出而大功十二 : '徐州를 구함' 이하로 열두 가지 공이 있다.
自救徐州已下에 有十二也라

제후들과 함께 희생 제물을 준비하고 會盟의 내용을 써서, 천지 상하의 여러 신들에게 맹세하였다. 그런 다음 천하 제후들을 이끌어 周왕실을 안정시키고, 陽穀에서 제후들과 대대적으로 회합하였다. 그러므로 군사 회맹이 여섯 차례였고, 친교 회맹이 세 차례였으니, 환공은 모두 아홉 차례 제후들과 회합하여 천하를 바로잡았다. 〈그 결과〉 갑옷을 갑옷집에서 풀지 않고 무기를 무기함에서 풀지 않았으며, 활집에는 활이 없고 화살 통에는 화살이 없었다. 〈이처럼〉 무력의 일을 그치고 文治를 행함으로써 천자를 조회하였다.

---

65) (投)〔設〕: 저본에는 '投'로 되어 있으나, 王念孫(淸)의 견해에 의거하여 '設'로 바로잡았다. 《國語》 〈齊語〉에 '設'로 되어 있다는 것이다.(《讀書雜志》) 古本·劉本·朱本 등에도 모두 '設'로 되어 있다.

66) 卑耳之(貉)〔谿〕: 저본에는 '貉'으로 되어 있으나, 王念孫(淸)의 견해에 의거하여 '谿'로 바로잡았다. '貉'은 '谿'의 誤字이며, 《國語》 〈齊語〉에도 "辟耳之谿"로 되어 있다는 것이다.(《讀書雜志》) 董增齡(淸)도 이에 동의하면서 "《史記》 〈封禪書〉에 '卑耳之山'이라는 말이 나오며,……《索隱》에서 '卑耳는 산의 이름이다. 河東의 太陽에 있다'고 하였다."라고 하였다.(《管子集校》) 舊注에서는 "卑耳의 貉족과 공동으로 秦夏의 복종하지 않는 자를 사로잡았다.〔與卑耳之貉 共拘秦夏之不服者〕"라고 하여 '卑耳之貉'을 오랑캐 종족의 이름으로 풀이하고 있는데, 역자는 이를 따르지 않았다.

與諸侯飾牲爲載書①하여 **以**(誓要)〔要誓〕**于上下**(薦)〔庶〕**神**②[67]하고 **然後率**(솔)**天下定周室**하고 **大朝諸侯於陽穀**이라 **故兵車之會六**이고 **乘車之會三**이니 **九合諸侯**하여 **一匡天下**라 **甲不解**(壘)〔纍〕[68]하고 **兵不解翳**③하며 **弢無弓**하고 **服無矢**④하고 **寢武事行文道**하여 **以朝天子**[69]라

① 與諸侯飾牲爲載書 : '書'는 會盟의 내용을 대쪽에 기록한다는 의미이다.
書는 謂要盟之辭를 載之於策이라

② 以誓要于上下薦神 : 천지 상하의 신들에게 맹세를 하고, 다시 희생 제물을 신들에게 바친다는 말이다.
謂以上下之神祇爲盟誓하고 又以其牲薦之於神이라

③ 兵不解翳 : '翳(예)'는 무기를 은폐하는 것으로, 방패 종류를 말한다. "갑옷을 갑옷집에서 풀지 않고, 무기를 무기함에서 풀지 않았다."는 것은 그것들을 사용하지 않았다는 의미이다.
翳는 所以蔽兵이니 謂脅盾之屬이라 不解甲於纍하고 不解兵於翳는 言不用也라

④ 弢無弓 服無矢 : '弢(도)'는 활집이다. '활이 없다' '화살이 없다'는 것 또한 이들을 사용하지 않았다는 의미이다.
弢는 弓衣也라 無弓無矢는 亦言不用也라

葵丘(규구)에서 會盟[70]할 때, 천자가 대부 宰孔을 시켜 제사 음식을 보내면서 환공에게 말하였다.

---

67) 以(誓要)〔要誓〕于上下(薦)〔庶〕神 : 劉績(明) 및 王念孫(淸)의 견해에 의거하여 저본의 '誓要'를 '要誓'로, '薦'을 '庶'로 바로잡았다. 우선 유적은 ≪國語≫ 〈齊語〉에 의거하여 '薦'은 '庶'로 되어야 한다고 주장하였다.(≪管子補註≫) 왕염손 또한 이러한 유적의 견해에 동의하고, 나아가 '誓要'는 '要誓'로 되어야 한다고 보았다. 그 근거로 그는 '誓要'가 ≪國語≫ 〈齊語〉에 '約誓'로 되어 있다는 점을 든다. 즉 '約'은 곧 '要'와 같다는 것이다. 舊注에서는 '薦'이 '庶'의 誤字인 줄 모르고 '薦神'을 별도의 구로 풀이하고 있다는 것이다.(≪讀書雜志≫)

68) 甲不解(壘)〔纍〕 : 古本・劉本・朱本 등에 의거하여 '壘'를 '纍'로 바로잡았다. ≪國語≫ 〈齊語〉에도 '纍'로 되어 있고, 舊注에서도 "不解甲於纍"라고 말하고 있다.

69) 以朝天子 : 劉績(明)에 의하면 ≪國語≫ 〈齊語〉에는 "帥諸侯而朝天子"로 되어 있다고 한다.(≪管子補註≫)

70) 葵丘(규구)에서 會盟 : B.C. 651년에 齊 桓公이 葵丘(춘추시대 宋나라 지역으로, 현재의 河南省 民權縣 내에 있음)에서 魯나라・宋나라・衛나라・鄭나라・許나라・曹나라 등을 소집하여 會盟을 하였고, 제 환공은 천자가 금지하는 다섯 조목의 금령을 반포하였다. 당시 周 襄王은 宰孔을 파견하여 참가하게 하였고, 아울러 文王・武王 등의 조상에게 지낸 제사 음식을 환공에게 보냈다. 이는 곧 천자가 제 환공에게 霸主의 지위를 인정하는 상징적 표시였다.

"짐은 문왕과 무왕의 제사가 있었기에 宰孔을 시켜 제사 음식을 보내노라."

또 이어서 다음과 같이 명하였다.

"그대는 스스로 낮추느라 수고가 많다. 실로 그대를 伯舅[71]라고 부를만 하니, 당 아래로 내려와 절하지 말라."

葵丘之會에 **天子使大夫宰孔致**胙**於桓公曰 余一人(之命)有事於文武**①[72]하여 **使宰孔致**胙하노라 **且有後命曰 以爾自卑勞**②라 **實謂爾伯舅**니 **毋下拜**라

① 有事於文武 : 문왕과 무왕의 사당에 지내는 제사가 있었다.
有祭事於文王武王之廟也라

② 以爾自卑勞 : 그대는 스스로 낮추느라 수고가 많다.
以爾自卑而勞弊라

文王

武王

환공이 관중을 불러 이 일을 의논하자, 관중이 대답하였다.

"군주가 군주답지 못하고 신하가 신하답지 못한 것은 어지러움의 근본입니다."

환공이 말하였다.

"과인은 친교 회맹을 세 차례, 군사 회맹을 여섯 차례, 총 아홉 번 제후들을 불러 모아 천하를 바르게 하였소. 북쪽으로는 **孤竹**·**山戎**·**穢貉**(예맥)에 이르렀고, **秦夏**의 군주를 사로잡았소. 서쪽으로는 **流沙**와 **西虞**(서우)에 이르렀소. 남쪽으로는 **吳**·**越**·**巴**·牂牁(양가)[73]·䫃不庾(장불유)[74]·**雕題**(조제)[75]·**黑齒**[76]에 이르렀소.

---

71) 伯舅 : 천자가 姓이 다른 제후를 존중하여 부르는 호칭이다.

72) 余一人(之命)有事於文武 : 王引之(淸)의 견해에 의거하여 '之命'을 衍文으로 처리하였다. '之命' 두 글자는 아래에 나오는 "天子之命"으로 인해 불필요하게 덧붙은 글자라는 것이다. ≪春秋左氏傳≫ 僖公 9년에서도 "天子有事於文武"로 되어 있어, '之命' 두 글자가 없다고 한다.(≪讀書雜志≫)

73) 牂牁(양가) : 古本 등 다른 판본에는 '牂柯(장가)'로 되어 있다. 張佩綸(淸)은 ≪漢書≫ 〈藝文志〉에 의거하여, 益州 즉 지금의 貴州와 운남성 일대에 있던 나라로 보았다.(≪管子學≫)

74) 䫃不庾(장불유) : 張佩綸(淸)은 '䫃不'을 '髳(모)'자가 손상된 글자로 보고, '庾'는 '庸'의 오자로 보았다. 고대에 '髳'와 '庸'으로 불리던 남방 오랑캐 종족이 있었다는 것이다.(≪管子

지금 변방의 오랑캐 나라들은 아무도 과인의 명을 어기지 않는데, 중원의 나라들은 과인을 존중하지 않고 있소. 옛날 夏·殷·周 三代의 천명을 받은 사람들이 과연 과인과 다를 바가 있겠소?"

鳳凰

桓公召管仲而謀하니 **管仲對曰 爲君不君**①하고 **爲臣不臣**은② **亂之本也**니이다 **桓公曰 余乘車之會三**하고 **兵車之會六**하여 **九合諸侯**하고 **一匡天下**라 **北至於孤竹, 山戎, 穢**貉하고 **拘秦夏**요 **西至流沙, 西虞**요 **南至吳, 越, 巴,** 牂牁, ⿰瓜長**不庾, 雕題, 黑齒**③하여 **荊夷之國**이 **莫違寡人之命**이로되 **而中國卑我**④하니 **昔三代之受命者 其異於此乎**아

① 爲君不君 : 군주가 신하에게 당 아래 내려가 절하지 말라고 명하는 것, 이는 군주답지 못함이다.
君命臣無下拜는 是不君也라

② 爲臣不臣 : 신하가 군주의 명을 받들어서 겸양하지 않는 것, 이는 신하답지 못함이다.
臣承命而不讓이 是不臣也라

③ 巴……黑齒 : 모두 남쪽 오랑캐의 나라 이름들이다.
皆南夷之國號也라

④ 中國卑我 : 中原 사람들이 〈齊 桓公을〉 존중하거나 기꺼이 받들지 않고 신하의 지위에 머물게 하는 것, 이것이 '卑我'이다.
中國之人이 不尊崇樂推하여 使居臣位는 是卑我也라

鸞鳥

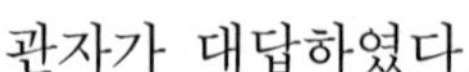
관자가 대답하였다.

"무릇 아직 鳳凰과 鸞鳥와 같은 吉鳥가 나타나지 않고

學≫) 한편, 尹桐陽(中)은 '⿰瓜長'을 '長瓜'의 誤字로 보고, '長瓜'는 곧 '長沙'를 가리킨다고 보았다. 그리고 '不庾'는 ≪山海經≫에 나오는 '北朐'로 보았다.(≪管子新釋≫)

75) 雕題(조제) : 安井衡(日)은 '交趾' 즉 현재의 인도차이나 반도로 보았다.(≪管子纂詁≫) ≪禮記≫ 〈王制〉에 "남방 사람을 蠻이라 한다. 雕題交趾에 불로 익혀 먹지 않는 자들이 살고 있다."라는 말이 나온다.

76) 黑齒 : 尹桐陽(中)은 ≪山海經≫과 ≪淮南子≫에 의거하여 고대 신화상에 나오는 검은 치아의 종족을 가리킨다고 보았다.(≪管子新釋≫) 한편 安井衡(日)은 嶺南 사람들이 檳榔을 씹어 치아가 검게 변한 데서 비롯된 명칭으로 보았다.(≪管子纂詁≫)

있는데, 송골매·새매·솔개·올빼미 같은 잡새들만 많습니다. 뭇 神明들이 이르지 않고 국가에 보관된 거북껍질이 진실되게 알려주지 않고 있는데, 쌀점이나 시초점만 자주 적중합니다. 時雨와 甘露가 내리지 않는데, 태풍과 폭우만 자주 몰려옵니다. 곡식은 번성하지 않고 가축은 잘 자라지 않는데, 쑥대나 명아주풀만 무성합니다. 무릇 봉황의 무늬를 보면 앞부분은 '德'과 '義'의 형상이고, 뒷부분은 '日'과 '昌'의 형상입니다.[77] 옛날 사람들이 천명을 받을 때는 용과 거북이 나타났습니다. 黃河에서 〈龍馬의 등에〉 河圖가 나왔고, 洛水에서 〈거북의 등에〉 洛書가 나왔으며 땅에서 乘黃[78]이라는 神馬가 나왔습니다. 지금 이들 세 가지 상서로운 조짐이 나타나고 있지 않으니, 비록 천명을 받았다 하더라도 아직은 부족하지 않겠습니까?"

乘黃

管子對曰 夫鳳皇鸞鳥不降하여늘 **而鷹**隼鴟**梟**豐하고 **庶神不格**①하고 **守龜不兆**②하여늘 **握粟而筮者屢中**③하고 **時雨甘露不降**하여늘 **飄風暴雨數**(삭)**臻**하고 **五穀不蕃**하고 **六畜不育**하여늘 **而蓬蒿藜**藿**竝興**이라 **夫鳳皇之文**은 **前德義後日昌**④이라 **昔人之受命者**는 **龍龜假**(격)⑤하여 **河出圖**하고 雒**出書**[79]하며 **地出乘黃**⑥이라 **今三祥未見有者**⑦니 **雖曰受命**이나 **無乃失諸乎**잇가

① 庶神不格 : 뭇 신명들이 이르지 않으면 제사를 흠향하지 않는다.
庶神不至則未歆其祭享이라

② 守龜不兆 : '守龜'는 나라에서 보관하는 거북껍질이다. '不兆'는 진실되게 알려주지 않는다는 의미이다.
守龜는 國之守龜요 不兆는 謂不以信誠告之라

③ 握粟而筮者屢中 : 장기적인 일은 알려주지 않고 단기적인 일만 알려준다는 것은 덕이 이르지 않았다는 의미이다. ≪春秋左氏傳≫에서 "거북점은 장기적인 것인 것에 대한 점이고, 시초점은 단기적인 것에 대한 점이다."[80]라고 하였다. ≪詩經≫에서 "쌀 한줌

---

77) 무릇……형상입니다 : 郭沫若(中)에 의하면, 봉황의 눈은 '德'자와 비슷하고 정수리의 무늬는 '義'자와 비슷하며, 그 꼬리 깃털의 무늬는 '日'자 같기도 하고 '昌'자 같기도 하다고 한다.(≪管子集校≫) 舊注에서는 덕과 의를 앞세우면 날로 번창할 수 있다는 식으로 풀이하고 있으나, 역자는 이를 따르지 않았다.
78) 乘黃 : ≪山海經≫ 〈海外西經〉에 의하면, 그 모습이 여우와 같고 등에 뿔이 나 있다고 한다.
79) 雒出書 : '雒'(낙)은 곧 '洛'과 통한다.

을 쥐고서 점을 치네."[81]라고 하였다.

長者不告하고 而短者告는 是德之不至라 傳曰 龜長筮短이라 詩曰 握粟出卜이라

④ 夫鳳皇之文 前德義後日昌 : 봉황의 앞부분은 '德'과 '義' 형상을 품고 있고, 뒷부분은 '日'과 '昌' 형상이 있다. 이는 덕과 의를 앞세우면 날로 번창할 수 있다는 점을 밝히고 있다.

前抱德義하고 後有日昌이니 明先德義면 乃可以日昌也라

⑤ 龍龜假(격) : '假'은 '이르다'는 의미이다.

假는 至也라

⑥ 地出乘黃 : '乘黃'은 神馬이다. "坤은 암말의 貞이 이롭다."[82]고 하였으니, 그러므로 신마는 땅에서 나오는 것이다. 이는 마치 漢나라 시대에 "渥洼(악와)에서 신마가 나왔다."[83]는 것과 같은 종류이다.

乘黃은 神馬也니 坤은 利牝馬之貞이라 故從地出이라 若漢之渥洼神馬之比라

⑦ 三祥未見有者 : '세 가지 상서로움'은 거북이와 용, 河圖와 洛書, 神馬이다.

三祥은 謂龜龍圖書乘黃也라

이에 桓公이 두려워하면서 나아가 손님[84]에게 말하였다. "천자의 위엄이 지척에 있는데, 제〔小白〕가 천자의 명을 받고서 堂 아래로 내려가 절하지 않으면, 君臣의 禮가 땅 아래로 떨어져 천자에게 수치가 될까 두렵습니다."

마침내 환공은 당 아래로 내려가 절을 하고 올라와, 상으로 내린 朝服과 큰 수레와 아홉 개의 술이 달린 龍旗와 渠門이라는 붉은 기를 받았다. 천자가 제사 음식을 내리자 환공이 당 아래로 내려가 받으니, 천하 제후들이 그 순종적 태도를 칭송하였다.

龍旗

桓公懼하여 出見客曰 天威不違顔咫尺이어늘 小白承天子之命而毋下

80) 거북점은……점이다 : ≪春秋左氏傳≫ 僖公 4년 조에, "점쟁이가 말하길, 시초점은 단기적인 것에 대한 점이고 거북점은 장기적인 것에 대한 점이니, 장기적인 점을 따르는 것이 낫습니다.〔卜人曰 筮短龜長 不如從長〕"라고 하였다

81) 쌀……치네 : ≪詩經≫ 〈小雅 小宛〉에 나오는 구절이다.

82) 坤은……이롭다 : ≪周易≫ 坤卦의 卦辭에서 나오는 말이다.

83) 渥洼(악와)에서……나왔다 : ≪史記≫ 〈樂書〉에 "〈漢 武帝 때〉 渥洼에서 神馬를 얻어, 또다시 太一歌를 지었다.〔得神馬渥洼水中 復次以爲太一之歌〕"라고 하였다.

84) 손님 : 천자가 사신으로 보낸 대부 宰孔을 말한다.

拜면 **恐顚蹶於下**하여 **以爲天子羞**라하고 **遂下拜**하고 **登受賞服, 大路, 龍旗九游, 渠門赤旂**①라 **天子致**胙**於桓公而**(不)〔下〕**受**[85)]하니 **天下諸侯稱順焉**이라

① 渠門赤旂 : '渠門'은 깃발의 이름이다.
渠門은 旗名이라

환공이 천하의 제후들을 걱정하였다.

魯나라에서는 莊公의 부인 姜氏와 慶父(경보)의 난리[86)]가 발생하여 두 임금이 살해당하였고, 이에 노나라의 대가 끊어졌다. 환공이 이 소식을 듣고 高子를 보내 대를 이어주고, 남녀가 음란하지 않게 하였다. 이에 노나라에서는 좋은 소와 말을 갖추고 옥을 받들어 환공을 알현하여 제나라의 관내후가 되기를 요청하였다. 그러나 환공은 이를 받아들이지 않았다.

桓公憂天下諸侯라 **魯有夫人慶父之亂而二君弑死**①하고 **國絶無後**어늘 **桓公聞之**하고 **使高子存之**하고 **男女不淫**②이라 **馬牛選具**③하고 **執玉以見**하여 **請爲關內之侯**④로되 **而桓公不使也**[87)]하니라

① 魯有夫人慶父之亂 而二君弑死 : 慶父가 莊公의 부인 姜氏와 통정하여, 子般을 시해하고 또 閔公을 시해하였다.
慶父通莊公夫人姜氏하여 弑子般하고 又弑閔公이라

② 男女不淫 : '淫'은 '난잡하다'는 의미이다.
淫은 亂雜也라

③ 馬牛選具 : 〈말과 소 가운데〉 좋은 것을 골라 갖추었다. 무릇 제나라에 공물로 바치기 위해서이다.
選擇其善者以成具라 凡欲以貢齊也라

---

85) 天子致胙於桓公而(不)〔下〕受 : 저본에는 '不'로 되어 있으나, 陳奐(淸)의 견해에 의거하여 '下'로 바로잡았다. '不'은 '下'의 誤字이고, 이 '下'는 앞의 "下拜登受"를 받는 말이라는 것이다. (≪管子集校≫) 한편, 陶鴻慶(淸)은 '致胙'를 '致命'으로 고쳐야 한다고 주장하기도 하였다. 천자가 "無下拜"의 명을 내렸는데, 桓公이 그 명을 받들지 않았다는 것이다.(≪讀管子札記≫)

86) 莊公의……난리 : 魯 莊公의 庶兄인 慶父가 장공의 부인 姜氏와 通情한 뒤, 장공의 뒤를 이어 즉위한 子般과 閔公을 잇달아 살해한 사건을 말한다.

87) 男女不淫……而桓公不使也 : 이 구절은 바로 뒤의 문장에서도 반복되어 나온다. 이에 郭沫若(中)은 이 구절은 衍文으로 보아야 한다고 주장하였다. 魯나라는 大國이기 때문에 변방의 小國인 邢나라처럼 齊나라의 關內侯가 되기를 요청하는 것은 이치에 맞지 않다는 것이다.(≪管子集校≫) 일찍이 張佩綸(淸)도 "男女不淫 馬牛選具"를 衍文으로 보았다.(≪管子學≫)

④ 請爲關內之侯 : 제나라의 關內侯가 되길 청하였다.
請爲齊關內之侯라

狄人이 邢나라를 침공하자, 桓公이 夷儀에 성을 쌓아 형나라 군주를 봉해주고, 남녀가 음란하지 않게 하였다. 이에 邢나라에서 좋은 소와 말을 갖추고 옥을 받들어 환공을 알현하여, 제나라의 關內侯가 되기를 요청하였다. 그러나 환공은 이를 받아들이지 않았다.

狄人이 衛나라를 침공하자, 위나라 사람들이 달아나 曹나라에 객으로 머물렀다. 이에 환공은 楚丘에 성을 쌓고 위나라 군주를 봉해주었다. 그들의 가축이 달아났으므로 환공은 좋은 말 300필을 주었다. 그러자 천하 제후들이 환공의 어짊을 칭송하였다.

狄人攻邢이어늘 **桓公築夷儀以封之**하고 **男女不淫**이라 **馬牛選具**하고 **執玉以見**하여 **請爲關內之侯**로되 **而桓公不使也**라 **狄人攻衛**에 **衛人出旅於曹**[①]어늘 **桓公城楚丘封之**라 **其畜以散亡**이니 **故桓公予之繫馬三百匹**[②]하니 **天下諸侯稱仁焉**이라

① 衛人出旅於曹 : '旅'는 객이다. 曹나라에 객으로 머물렀다.
旅는 客也라 客居曹也라

② 桓公予之繫馬三百匹 : 말을 마구간에 두고 묶어서 길렀다는 것이니, 좋은 말이라는 의미이다.
謂馬在閑廐繫養之니 言其良也라

이에 천하 제후들이 桓公이 자기네를 위해 수고한다는 것을 알았다. 이 때문에 제후들이 齊나라에 귀의하는 것이 마치 시장에 사람들이 몰려드는 것과 같았다.

於是天下之諸侯知桓公之爲己勤也라 **是以諸侯之歸之也 譬若市人**이라

桓公은 제후들이 자신에게 귀의한다는 것을 알았다. 이에 그는 제후들이 가져오는 禮物은 가볍게 하고 자신이 보답하는 예물은 무겁게 하였다. 그러므로 천하 제후들이 수척한 말과 개와 양을 예물로 바치면 齊나라에서는 좋은 말로 보답하였고, 제후들이 무늬 없는 비단과 4등분한 사슴 가죽을 예물로 바치면 제나라에서는 화려한 비단과 호랑이·표범 가죽으로 보답하였다. 제후의 사신들은 빈 자루로 들어갔다가 수

레에 가득 싣고 돌아갔다. 그러므로 환공은 사랑으로 끌어들이고, 이익으로 오게 하며, 신뢰로 결속하고, 武力으로 위엄을 보였다. 이 때문에 천하의 작은 나라의 제후들은 이미 환공에게 복종하여, 아무도 감히 배반하지 않고 귀의하였다.

桓公知諸侯之歸己也라 **故使輕其幣而重其禮**라 **故(使)天下諸侯以疲馬犬羊爲幣**①[88]에 **齊以良馬報**하고 **諸侯以(縷帛布)〔縵帛〕鹿皮四分以爲幣**②[89]에 **齊以文錦虎豹皮報**하여 **諸侯之使垂橐而入**이라가 **攟載而歸**③라 **故(鈞)〔釣〕**[90]**之以愛**하고 **致之以利**하며 **結之以信**하고 **示之以武**라 **是故天下小國諸侯旣服桓公**하여 **莫之敢倍而歸之**[91]라

① 以疲馬犬羊爲幣 : '疲'는 '수척하다'는 의미이다.
疲는 謂瘦也라

② 鹿皮四分以爲幣 : 그 사슴 가죽을 4등분하였다는 말이다.
謂四分其鹿皮라

③ 諸侯之使垂橐而入 攟載而歸 : '垂橐(수고)'는 '텅 비었다'는 의미이다. '攟(군)'은 '거두어들이다'는 의미이다.
垂橐는 言其空也요 攟은 收拾也라

그들은 그 사랑을 좋아하였고, 그 이익을 탐하였으며, 그 어짊을 신뢰하였고, 그 武力을 두려워하였다. 桓公은 천하의 작은 나라 제후들 대부분이 자신과 뜻을 함께한다는 것을 알았다. 이에 그는 또다시 크게 은혜를 베풀었다. 걱정할 일이 생

88) 故(使)天下諸侯以疲馬犬羊爲幣 : 저본에는 '使'가 있으나, 丁士涵(淸)의 견해에 의거하여 衍文으로 처리하였다. 앞 문장에서 "故使輕其幣而重其禮"라고 하였으므로, 이 문장은 앞 문장을 받아서 하는 말이므로 '使'가 있어서는 안 된다는 것이다.(≪管子校本≫) 陶鴻慶(淸)도 이와 같은 견해를 제시하였다.(≪讀管子札記≫)

89) 諸侯以(縷帛布)〔縵帛〕鹿皮四分以爲幣 : 저본에는 '縷帛布'로 되어 있으나, 王念孫(淸)의 견해에 의거하여 '縵帛'으로 바로잡았다. 그는 다음과 같이 말하였다. "≪說文解字≫에 '縵繒無文也(縵은 무늬가 없는 비단이다)'라고 하였고, ≪韓非子≫ 〈十過〉에 '縵帛爲茵(縵帛은 자리로 깐다)'이라 하였으니, '縵帛'은 '文錦'과 정반대가 된다. 〈霸形〉에 '호랑이와 표범의 가죽과 문채가 나는 비단을 제후들에게 보내고, 제후들은 무늬없는 비단과 사슴가죽으로 답례하였다.〔以虎豹皮文錦使諸侯 諸侯以縵帛鹿皮報〕'라고 하였으니, 그 의미가 이것과 동일하다. 따라서 '縵帛'으로 써야 하는 것이 분명하다."(≪讀書雜志≫)

90) (鈞)〔釣〕 : 저본에는 '鈞'으로 되어 있으나, 安井衡(日)의 견해에 의거하여 '釣'로 바로잡았다. 古本에 '釣'로 되어 있고, 여기서 '釣'는 '取'의 의미라는 것이다. 그리고 ≪國語≫ 〈齊語〉에는 '拘'로 되어 있는데, 그 의미가 대략 '釣'와 통한다고 보았다.(≪管子纂詁≫)

91) 莫之敢倍而歸之 : 張佩綸(淸)은 ≪國語≫ 〈齊語〉에 의거하여 '而歸之' 세 글자를 삭제해야 한다고 보았다.(≪管子學≫)

기면 그들을 위해 걱정하였고, 꾀할 일이 생기면 그들과 함께 꾀하였으며, 군대를 움직일 일이 생기면 그들을 위해 군대를 움직였다.

喜其愛而貪其利하고 **信其仁而畏其武**라 **桓公知天下小國諸侯之多與己也**라 **於是又大施**(忠)〔惠〕[92)]**焉**하니 **可爲憂者爲之憂**하고 **可爲謀者爲之謀**하며 **可爲動者爲之動**이라

譚나라와 萊나라를 정벌하였으나 그 땅을 차지하지 않았다. 이에 제후들이 桓公의 어짊을 칭송하였다. 齊나라의 어물과 소금을 東萊로부터 다른 제후국들에게로 유통시켰고, 關門과 시장은 살피기만 할 뿐 세금을 매기지 않았고, 점포세만 걷고 상품세는 걷지 않았다. 이렇게 하여 제후들을 이롭게 하니, 제후들이 환공의 관대함을 칭송하였다.

伐譚萊而不有也라 **諸侯稱仁焉**이라 **通齊國之魚鹽東萊**①하고 **使關市幾而不正**[93)]하며 **廛而不稅**②하여 **以爲諸侯之利**하니 **諸侯稱寬焉**이라

① 通齊國之魚鹽東萊 : 東萊로부터 어물과 소금을 제후들에게 유통시켰다.
自東萊通魚鹽於諸侯라
② 使關市幾而不正 : '幾'는 '살피다'는 의미이다. 그 부당한 행위만 살피고 세금을 징수하지 않았다.
幾는 察也라 察其姦非而不征稅라

蔡(채)·鄢陵(언릉)·培夏(배하)·靈父丘(영보구)에 성을 쌓아 戎狄을 제어하였으니, 그들이 제후들에게 포악하게 구는 것을 막기 위해서였다. 五鹿(오록)·中牟(중모)·鄴(업)·蓋與(개여)·牡丘(모구)에 성을 쌓아 중원의 영토를 지켰으니, 중원의 나라들에게 권위를 보이기 위해서였다.

築蔡, 鄢陵, 培夏, 靈父丘①하여 **以**(衛)〔**御**〕[94)]**戎狄之地**는 **所以禁暴於諸侯也**요 **築五鹿, 中**

92) (忠)〔惠〕: 저본에는 '忠'으로 되어 있으나, 戴望(淸)의 견해에 의거하여 '惠'로 바로잡았다. 劉本에는 '惠'로 되어 있고 한다.(≪管子校正≫) 郭沫若(中)은 朱本 및 ≪冊府元龜≫에 '惠'로 되어 있고, 그 의미가 '忠'보다 낫다고 보았다.(≪管子集校≫)
93) 使關市幾而不正 : 許維遹(中)은 다음과 같이 말하였다. "'幾'는 '譏'와 통한다. '正'은 '征'으로 읽는다. 〈霸形〉에 '關譏而不征'으로 되어 있다."(≪管子集校≫)
94) (衛)〔御〕: 저본에는 '衛'로 되어 있으나, 安井衡(日)의 견해에 의거하여 '御'로 바로잡았다. 문맥상 '衛'는 의미가 통하지 않으며, ≪國語≫ 〈齊語〉에는 '御'로 되어 있다는 것이

牟, 鄣, 蓋與, (社)〔牡〕[95)]丘하여 以衛諸夏之地는 所以示勸於中國也라

① 築蔡……靈父丘 : 모두 邑의 이름이다.
皆邑名이라

敎化가 크게 이루어졌으므로 천하 사람들이 환공을 대하기를, 먼 나라 사람들은 마치 부모처럼 우러러보았고, 가까운 나라의 백성들은 마치 흐르는 물처럼 따랐다. 그러므로 환공이 순행하는 땅이 멀어질수록 얻는 사람들도 더욱 많아졌다. 이는 어째서인가? 환공의 文德을 사모하고 그의 武力을 두려워하였기 때문이다.

그러므로 환공이 무도한 자들을 죽여 주왕실을 안정시키니, 천하에 아무도 그를 막아설 수 없었다. 이는 무력의 일이 세워진 것이다. 환공은 三革[96)]을 〈창고 안에〉 정렬하고 五兵[97)]을 쓰지 않았으며, 朝服을 입고 黃河를 건너 제후들과 會盟하였으니, 그에게 아무런 두려움도 느끼지 않았다. 이는 문덕이 승리한 것이다. 그러므로 큰 나라의 군주들은 부끄러워할 줄 알고, 작은 나라의 제후들은 친근히 대하였다.

朝服

敎大成이라 是故天下之於桓公에 遠國之民望如父母하고 近國之民從如流水라 故行地滋遠에 得人彌衆하니 是何也오 懷其文而畏其武라 故殺無道하고 定周室에 天下莫之能圉는 武事立也요 定三革①偃五兵하고 朝服以濟河에 而無怵惕焉②은 文事勝也라 是故大國之君慙媿하고 小國諸侯附比라

다.(≪管子纂詁≫)

95) (社)〔牡〕: 저본에는 '社'로 되어 있으나, 王引之(淸)의 견해에 의거하여 '牡'로 바로잡았다. 지명에 '社丘'는 없으니, 朱本에 의거하여 '牡丘'로 고쳐야 한다는 것이다.(≪讀書雜志≫)

96) 三革 : 舊注에 의하면 수레 말 병사에게 각각 입히는 가죽 갑옷들을 의미한다.

97) 五兵 : 다섯 종류의 병기를 말한다. 이것의 구체적 내용에 대해서는 주석가들마다 다르다. ≪周禮≫ 〈司右〉의 주에서는 弓矢・殳・矛・戈・戟이라 하였고, ≪周禮≫ 〈司兵〉의 주에서는 戈・殳・戟・夷矛・酋矛라 하였으며, ≪淮南子≫의 주에서는 刀・劍・矛・戟・矢라 하였다.

① 定三革 : 수레・말・사람이 모두 가죽 갑옷을 입으니, '三革'이라 말한다.
車馬人皆有革甲이니 曰三革이라

② 朝服以濟河 而無怵惕焉 : 친교 모임에 朝服을 입고 황하를 건너 서쪽의 제후들과 회맹한 것을 말한다.
謂乘車之會에 朝服濟河하여 以與西諸侯盟也라

이 때문에 큰 나라의 군주들은 桓公을 마치 신하처럼 섬겼고, 작은 나라의 제후들은 환공을 마치 부모처럼 좋아하였다. 무릇 이와 같았기 때문에 환공은 큰 나라의 군주라 하여 더 존중하지 않았고, 작은 나라의 제후라 하여 무시하지 않았다. 그러므로 큰 나라의 군주들은 교만하지 않았고, 작은 나라의 제후들은 두려워하지 않았다.

이에 환공은 넓은 영토를 가진 자의 것을 나누어 좁은 영토를 지닌 자에게 더해주었고, 많은 재산을 가진 자의 것을 덜어내어 재산이 없는 자에게 보태주었으며, 君子를 도와 공을 이루게 하였고, 小人을 도와 생명을 잃지 않게 하였다. 무릇 이같이 하니 평상시에는 매사가 순조로웠고 〈전시에는〉 출정을 하면 공을 이루었다. 그리하여 군대를 동원하지 않고도 文王과 武王의 업적을 천하에서 이루었다.

是故大國之君事如臣僕하고 **小國諸侯驩如父母**니 **夫然**이라 **故大國之君不尊**①하고 **小國諸侯不卑**②요 **是故大國之君不驕**하고 **小國諸侯不懾**이라 **於是列廣地**하여 **以益狹地**하고 **損有財**하여 **以益無財**하며 **周其君子**하여 **不失成功**③하고 **周其小人**하여 **不失成命**④이니 **夫如是**라 **居處則順**하고 **出則有成功**이요 **不稱動甲兵之事**[98]하여 **以遂文武之迹於天下**⑤라

① 大國之君不尊 : 나라가 크다고 하여 예우를 높이지 않았다.
不以國大로 加其尊禮라

② 小國諸侯不卑 : 나라가 작다고 하여 공경하는 태도를 낮추지 않았다.
不以國小로 而卑其敬이라

③ 周其君子 不失成功 : 군자를 도와 그가 힘쓸 수 있게 하였다. 그러므로 공을 이루는 것을 잃지 않았다.
周給君子하여 得其力用이라 故不失成功也라

④ 周其小人 不失成命 : 소인을 도와주어 덕을 사모하며 귀의하게 하였다. 그러므로 생명

98) 不稱動甲兵之事 : 蘇輿(淸)에 의하면, '稱'은 '擧'의 의미이다. 따라서 '動'은 불필요한 글자가 된다. 그는 舊注에서 "不稱甲兵"이라고 한 것에 의거하여, 원문에는 본래 '動'자가 없었을 것으로 추정하였다.(≪管子集校≫)

을 이루는 것을 잃지 않았다.

周給小人하여 懷德而歸라 故不失成命也라

⑤ 不稱動甲兵之事 以遂文武之迹於天下 : 이미 朝服을 입고 황하를 건넜으니 무장한 군대라고 일컫지 않는 것이다. 이는 文德이 이루어졌기 때문이다. 큰 나라들이 환공의 위엄을 두려워하여 신하처럼 섬겼다. 이는 武功이 세워졌기 때문이다.

旣以朝服濟河라 故不稱甲兵이니 文德成也요 大國畏威하여 事如臣僕하니 武功立也라

桓公은 여러 신하들의 智謀를 빌려 그의 지혜를 더할 수 있었다. 재상으로는 管夷吾가 있었고, 대부로는 寧戚과 隰朋과 賓胥無와 鮑叔牙가 있었다. 이들 다섯 사람을 썼으니, 그 어떤 공인들 이루지 못하였겠는가? 〈이들을 통해〉 의리를 헤아리고 덕행을 빛내고, 옛법을 계승하여 천하를 밝혀 후손에 전하고 조상에게 효도하며 천하를 크게 제패하였으니, 그 명성이 널리 퍼져서 가릴 수 없었다. 이는 오직 위에 밝은 군주가 있고 아래에 현명한 재상이 있었기 때문이다.

桓公能假其群臣之謀하여 **以益其智也**니 **其相曰夷吾**요 **大夫曰寧戚**, **隰朋**, **賓胥無**, **鮑叔牙**라 **用此五子者**에 **何功**①이리오 **度**(탁)**義光德**하고 **繼法紹**(終)〔**於天下**〕[99]하여 **以遺後嗣**하며 **貽孝昭穆**[100]하여 **大霸天下**하니 **名聲廣裕**하여 **不可掩也**라 **則唯有明君在上**하고 **察相在下也**라

① 何功 : 그 어떤 공도 이루지 못하겠느냐는 의미이다.

言何功而不成이라

처음, 桓公이 近郊에서 管子를 맞이하면서 정사에 관해 묻자, 管仲은 잠시 사양하고 나서 다음과 같이 건의하였다.

"도성을 셋으로 나누고, 교외를 다섯으로 나누며, 五鄕을 세워 교화를 숭상하고, 五屬을 세워 武에 힘쓰며, 군사체제를 행정체제에 의탁하고, 형벌을 감해주는 방

99) 繼法紹(終)〔於天下〕 : 郭沫若(中)의 견해에 의거하여 저본의 '終'을 생략하고 '於天下'를 보충하였다. 古本・劉本・朱本 등에는 모두 "繼法紹於天下"로 되어 있다는 것이다. 그리고 '紹'는 '昭'의 의미로 보았다.(≪管子集校≫)

100) 貽孝昭穆 : 于省吾(中)에 의하면 '貽'는 본래 '台'로 쓰여지는 것이 마땅하고, 고대에 '台'는 '以'와 통용되었다고 한다. 따라서 "貽孝昭穆"은 곧 "以孝昭穆"이 되며, 이는 바로 앞의 "以遺後嗣"와 같은 구조의 문장이 된다고 보았다.(≪管子新證≫) 여기서 '昭穆'은 종묘나 사당에서 조상을 모시는 차례를 말한다. 왼쪽을 '昭'라 하고 오른쪽을 '穆'이라 한다. 따라서 역자는 '昭穆'을 '조상'으로 해석하였다.

식을 통해 〈부족한〉 무기를 확보하며, 무도한 제후들을 정벌함으로서 주왕실을 섬기십시오."

환공이 크게 기뻐하고, 이에 열흘 동안 재계하고 관중을 재상으로 삼으려 하였다. 그러자 관중이 말하였다.

"극형을 받아 죽어야 할 사람이 요행히 목숨을 유지하여, 허리와 목이 붙어 있는 것은 신의 복록입니다. 그러나 국정을 담당하는 것은 신의 소임이 아닙니다."

환공이 말하였다.

"그대가 국정을 맡아주면 과인이 군주의 소임을 다할 수 있을 것이오. 그러나 그대가 국정을 맡아주지 않으면 과인은 군주의 소임을 다하지 못하고 무너질까 두렵소."

그러자 관중이 허락하고, 두 번 절하고 재상직을 받았다.

初에 **桓公郊迎管子而問焉**하니 **管仲辭讓然後對以參國伍鄙**하고 **立五鄕以崇化**하고 **建五屬以厲武**하고 **寄兵於政**하고 **因〔刑〕罰備器械**[101]하고 **加兵無道諸侯**하여 **以事周室**이라 **桓公大說**(열)하여 **於是齋戒十日**하고 **將相管仲**하니 **管仲曰 斧鉞之人也幸以獲生**하여 **以屬其腰領**①이 **臣之祿也**요 **若知國政**은 **非臣之任也**니이다 **公曰 子大夫受政**하면 **寡人勝任**②이어니와 **子大夫不受政**하면 **寡人恐崩**이로라 **管仲許諾**하고 **再拜而受相**이라

① 以屬其腰領 : '屬'은 '꿰어 연결하다'는 의미이다.
屬은 綴連也라

② 子大夫受政 寡人勝任 : 그대가 정사를 맡아 나를 도와주면 나는 군주의 임무를 다할 수 있다는 말이다.
言子受政而輔我하면 我則勝君之任也라

3일이 지나자 桓公이 말하였다.

"과인에게는 세 가지 큰 병이 있는데 그래도 나라를 다스릴 수 있겠소?"

管仲이 대답하였다.

"신은 아직 들어본 적이 없습니다."

환공이 말하였다.

101) 因〔刑〕罰備器械 : 저본에는 '刑'이 없으나, 陶鴻慶(淸)의 견해에 의거하여 보충하였다. 앞서 〈中匡〉에서 "請薄刑罰 以厚甲兵"이라 하였기 때문에, '因罰'은 마땅히 '因刑罰'로 고쳐야 한다는 것이다.(≪讀管子札記≫)

"과인은 불행히도 사냥을 좋아하여 밤늦게까지 새들 주위에 머물러 있고, 해가 저물어 새를 볼 수 없게 된 이후에 돌아온다오. 〈이 때문에〉 제후와 사신들이 명령을 보고할 곳이 없고, 백관과 관리들이 업무를 보고할 곳이 없소."

관중이 대답하였다.

"나쁘기는 나쁩니다. 그러나 그렇게 심각하지는 않습니다."

환공이 말하였다.

"과인은 불행히도 술을 좋아하여 술자리를 낮부터 밤늦게까지 이어가니, 제후와 사신들이 명령을 받을 곳이 없고, 백관과 관리들이 업무를 보고할 곳이 없소."

관중이 대답하였다.

"나쁘기는 나쁩니다. 그러나 그렇게 심각하지는 않습니다."

환공이 말하였다.

"과인에게 음란한 행동이 있으니 불행히도 女色을 좋아하여, 고모와 자매 가운데 출가하지 못한 자들이 있소."[102]

관중이 대답하였다.

"나쁘기는 나쁩니다. 그러나 그렇게 심각하지는 않습니다."

三日에 **公曰 寡人有大邪三**이로되 **其猶尙可以爲國乎**아 **對曰 臣未得聞**이니이다 **公曰 寡人不幸而好田**하여 **晦夜而至禽側**① 하고 **(田莫)〔日暮〕不見禽**[103] **而後反**② 이니 **諸侯使者無所致**하고 **百官有司無所復**③ 이라 **對曰 惡則惡矣**나 **然非其急者也**니이다 **公曰 寡人不幸而好酒**하여 **日夜相繼**하니 **諸侯使者無所致**하고 **百官有司無所復**이라 **對曰 惡則惡矣**나 **然非其急者也**니이다 **公曰 寡人有汚行**하니 **不幸而好色**하여 **而姑姊有不嫁者**라 **對曰 惡則惡矣**나 **然非其急者也**니이다

① 晦夜而至禽側 : 일찍 일어나 밤늦게 잠들 때까지 이미 새들의 주위에 도착해 있다는 의미이다.

---

102) 과인에게……있소 : 이와 관련해 ≪新語≫ 〈無爲〉에서 다음과 같이 말하고 있다. "齊桓公은 여색을 좋아하여 고모와 자매들을 처로 삼았으니, 국내적으로 가족 사이에 음란한 일이 많이 벌어졌다." ≪荀子≫ 〈仲尼〉에서도 다음과 같이 말하였다. "제 환공은 다섯 霸者들 가운데 으뜸이나, 가정사적으로 보면 고모 자매들 가운데 출가하지 못한 자들이 일곱 명이나 되었다."

103) (田莫)〔日暮〕不見禽 : 저본에는 '田莫'으로 되어 있으나, 兪樾(淸)의 견해에 의거하여 '日暮'로 바로잡았다. 그는 다음과 같이 말하였다. "尹知章의 주에서 '田莫不見禽'을 '其田必見禽'으로 풀이하고 있는데, 이는 잘못되었다. '田'은 곧 '日'의 誤字이고, '莫'은 '暮'의 古字이다."(≪諸子平議≫)

言夙興晦夜之時에 已至禽之側畔也라

② 田莫不見禽而後反 : 사냥에서 반드시 새를 보고, 많이 잡은 이후에 돌아온다.

其田必見禽하고 多獲而後反이라

③ 百官有司無所復 : 사냥에 너무 몰두하기 때문에 사신이 명령을 보고할 수 없고, 관리가 업무를 보고할 수 없다.

既專於田이라 故使者不得致命하고 有司不得白事라

桓公이 얼굴색을 바꾸면서 말하였다.

"이 세 가지도 괜찮다면, 괜찮지 않은 것이 어디 있겠소."

管仲이 대답하였다.

"군주께서는 오직 우유부단함과 총명하지 못함만은 행해서는 안 됩니다. 우유부단하면 백성들이 달아나고, 총명하지 못하면 일을 처리하지 못합니다."

환공이 말하였다.

"좋소. 그대는 일단 거처로 돌아가시오. 다른 날 그대와 함께 의논해봅시다."

관중이 대답하였다.

"지금 적당한 때이니 저와 함께 의논할 것이지, 다른 날을 기다릴 필요가 있겠습니까?"

환공이 말하였다.

"무엇부터 하면 되오?"

관중이 대답하였다.

"公子 擧는 사람됨이 지식이 많고 예를 잘 알며 배우기를 좋아하고 말이 겸손하니, 魯나라에 사신으로 보내 친교를 맺게 하십시오. 공자 開方은 사람됨이 재주가 있고 예리하니, 衛나라에 사신으로 보내 친교를 맺게 하십시오. 曹孫宿은 사람됨이 작은 법도에 밝고 세밀한 것들을 많이 익혔고, 태도가 아주 공손하여 말로 사람들과 친교를 잘 맺습니다. 그의 이러한 태도는 荊나라의 관습과 잘 맞으니, 그를 형나라로 사신을 보내 친교를 맺게 하십시오."

이렇게 하여 관중은 세 사람의 사신을 보내고 나서야 물러났다.

公作色曰 此三者且可면 **則惡**(오)**有不可者矣**①오 **對曰 人君唯優與不敏爲不可**②니 **優則亡衆**이요 **不敏**이면 **不及事**니이다 **公曰 善**타 **吾子就舍**하라 **異日**에 **請與吾子圖之**호리라 **對曰 時**

可니 **將與夷吾**요 **何待異日乎**③잇고 **公曰 奈何**오 **對曰 公子擧爲人**이 **博聞而知禮**하고 **好學而辭遜**하니 **請使游於魯**하여 **以結交焉**하고 **公子開方爲人**이 **巧轉而兌利**하니 **請使游於衛**하여 **以結交焉**하고 **曹孫宿**는 **其爲人也小廉而苛忕**④하고 **足恭而辭結**⑤하여 **正荊之則也**⑥니 **請使往游**하여 **以結交焉**하소서 **遂立行三使者而後退**⑦라

① 此三者且可 則惡(오)有不可者矣 : 이 세 가지가 오히려 괜찮다면, 어찌 여기에 괜찮지 않은 것이 있겠습니까?
此三者 尙以爲可면 豈更有不可於此者아
② 人君唯優與不敏爲不可 : '優'는 우유부단함을 말한다.
優는 謂逶隨不斷이라
③ 時可 將與夷吾 何待異日乎 : 말할 수 있는 시간이니 바로 저와 함께 의논해야지, 다른 날을 기다릴 수 없습니다.
可言之時正與夷吾不可待他日이라
④ 小廉而苛忕 : '忕'의 음은 '逝(서)'이다. 苛는 '세밀하다', 忕는 '익히다'의 뜻이다. 익힌 바가 많다는 의미이다.
音逝라 苛는 密이요 忕는 習也라 言多所慣習也라
⑤ 足恭而辭結 : 그의 말이 사람들과 안정되게 친교를 맺을 수 있다.
其辭能與人定交結이라
⑥ 正荊之則也 : 이 사람의 행동거지는 荊나라의 풍속과 같으니, 형나라로 사신을 보내면 반드시 그들의 환심을 얻을 것이라는 말이다. 앞의 두 사람도 그러하다.
言此人立行正與荊俗同하니 使之遊荊하면 必得其歡心이라 上二人亦然이라
⑦ 遂立行三使者而後退 : 세 명의 사신을 출발하게 한 이후에 물러났다.
使三使行出然後退라

재상의 자리에 오른 지 3개월 후에 관중이 백관을 평론하기를 요청하였다.

桓公이 말하였다.

"그렇게 하시오."

관중이 말하였다.

"자리에 오르고 내리는 것이 예절에 맞고, 조정에 나아가고 물러나는 법도에 익숙하며, 강하게 말할 때와 부드럽게 말할 때를 잘 분별하는 것에 있어서는 신이 隰朋만 못합니다. 그를 大行[104]에 세우십시오.

황무지를 개간하여 마을로 만들고, 토지를 개척하고 곡식을 증산하여 땅의 이로움

을 최대로 발휘하는 것은 신이 寧戚만 못합니다. 그를 大司田[105]으로 세우십시오.

드넓은 들판에서 전차들을 질서 있게 움직이고 병사들이 물러서지 않게 하며, 진격의 북을 치면 삼군의 병사들이 죽는 것을 마치 고향으로 돌아가는 것처럼 여기게 하는 것은 신이 왕자 城父만 못합니다. 그를 大司馬[106]로 세우십시오.

옥사를 판결함에 있어 공정하여 허물없는 자를 죽이지 않고 죄없는 자를 억울하지 않게 하는 것은 신이 賓胥無만 못합니다. 그를 大司理[107]로 세우십시오.

군주의 안색을 거스르면서 나아가면 반드시 충언을 하여 죽음을 피하지 않고 부귀에 흔들리지 않는 것은 신이 東郭牙만 못합니다. 그를 大諫으로 세우십시오.

이들 다섯 사람의 능력을 저는 한 가지도 갖지 못하였습니다. 그런데 저를 그들에 대신하라고 하면 저는 하지 못합니다. 군주께서 나라를 잘 다스리고 강한 군대를 만들고자 한다면 저들 다섯 명의 신하들이 있습니다. 군주께서 霸王이 되고자 하신다면 제가 여기에 있습니다."

환공이 말하였다.

"훌륭하오."

相三月에 **請論百官**하니 **公曰 諾**타 **管仲曰 升降揖讓**하고 **進退閑習**하며 **辨辭之剛柔**는 **臣不如隰朋**이니 **請立爲大行**①하소서 **墾草入邑**하고 **辟土聚粟**(多衆)[108]하여 **盡地之利**는 **臣不如寧戚**이니 **請立爲大司田**하소서 **平原廣牧**②에 **車不結轍**하고 **士不旋踵**하며 **鼓之而三軍之士視死如歸**는 **臣不如王子城父**니 **請立爲大司馬**하소서 **決獄折中**하고 **不殺不辜**하며 **不誣無罪**는 **臣不如賓胥無**이니 **請立爲大司理**하소서 **犯君顔色**하고 **進諫必忠**하여 **不辟**(피)**死亡**하고 **不撓富貴**는 **臣不如東郭牙**니 **請立以爲大諫之官**하소서 **此五子者**는 **夷吾一不如**③어늘 **然而以易夷吾**면 **夷吾不爲也**④라 **君若欲治國强兵**인댄 **則五子者存矣**요 **若欲霸王**이면 **夷吾在此**니이다 **桓公曰 善**타

---

104) 大行 : 行人 즉 외교관의 우두머리를 말한다. 현대의 외무장관에 해당한다.

105) 大司田 : 농업을 관장하는 우두머리이다.

106) 大司馬 : 군대를 통솔하는 우두머리이다.

107) 大司理 : 형벌을 관장하는 우두머리이다.

108) 辟土聚粟(多衆) : 저본에는 '多衆'이 있으나, 許維遹(中)의 견해에 의거하여 衍文으로 처리하였다. 바로 뒤에서 언급되는 "盡地之利"에는 '民衆'의 의미가 포함되지 않는다는 것이며, ≪群書治要≫의 인용문에도 단지 "辟土聚粟"으로 되어 있다는 것이다. 그리고 ≪新序≫ 〈雜事〉에 "闢土殖穀"으로 되어 있고, ≪韓非子≫ 〈外儲說 左下〉에 "辟土生粟"으로 되어 있으며, ≪呂氏春秋≫ 〈勿躬〉에 "辟土藝粟"으로 되어 있다는 점을 또 다른 증거로 제시하였다. (≪管子集校≫)

① 請立爲大行 : '大行'은 大使의 관직이다.
大行은 大使之官이라

② 平原廣牧 : 아주 드넓어 가축을 기를 수 있는 땅이다.
廣遠可牧之地라

③ 此五子者 夷吾一不如 : 다섯 명 각각에 대해 하나도 미치지 못한다.
於五子에 各不如其一이라

④ 以易夷吾 夷吾不爲也 : 다섯 명이 잘하는 것으로 夷吾의 능력을 바꾸려고 한다면, 그것은 이오가 할 수 없는 것이다.
以五子之能으로 易夷吾之德하면 則夷吾所不能이라

제21편 왕언 王言

내언 4 內言 四 (결락)

管子 9卷

明 吳郡 趙氏本
唐 司空 房玄齡 註

제22편 패도 정치에 대한 형세 霸形[1)]

내언 5 內言 五

* 霸業을 이루는 데 필요한 근본 정책과 마음가짐, 그리고 齊 桓公이 霸者가 되기까지 진행되었던 구체적 사건과 과정에 대해 기술하고 있다. 우선 환공과 管仲의 대화를 통해, 패업의 근본은 백성에 있다는 점, 따라서 군주는 백성이 안고 있는 각종 부담을 줄여 주는 데 힘써야 한다는 점을 역설하고 있다. 다음으로 관중이 향락을 즐기려는 환공을 질책함으로써, 패자가 지녀야 하는 바람직한 마음가짐에 대해 기술하고 있다. 마지막으로 楚나라를 제압해가는 과정과 주변 제후국들을 구해주고 보존해주는 사건들을 나열하면서, 제 환공이 궁극적으로 천하의 패자로 자리잡게 된 과정을 간략히 기술하고 있다.

환공이 조정에 있을 때 管仲과 隰朋이 알현하였다. 잠시 후 기러기 두 마리가 날아가자, 환공이 탄식하며 말하였다.

"仲父(중보)여! 지금 저 기러기들은 어떤 때에는 남쪽으로 날아가고 어떤 때에는

1) 霸形 : 舊注에서는 "霸言의 모습을 진술한다.〔陳霸言之形容〕"라고 말하고 있다. 이 때문에 張佩綸(淸)은 이 편의 본래 제목은 '霸形'이 아니라 '霸言'이 되어야 하는 것이 아닌가 하고 의심하였다. 왜냐하면 이어지는 다음 편인 〈霸言〉의 첫 구절이 "霸王之形"으로 시작되는데, ≪管子≫에서는 주로 첫 구절의 말로 편명으로 삼는 경우가 많았기 때문이다. 가령 〈牧民〉과 〈山高〉 같은 경우가 그렇다. 따라서 그는 이 편의 편명인 '霸形'과 다음 편의 편명인 '霸言'은 서로 뒤바뀐 것으로 의심하였다.(≪管子學≫) 이에 대해 黎翔鳳(中)은 舊注가 틀리지 않다고 반박하였다. 즉 본 편에서는 杞나라 邢나라 衛나라를 구해준 것부터 시작하여, 宋나라 鄭나라를 보존시켜 준 것, 그리고 九合諸侯한 것으로 마무리하고 있는데, 이러한 기술은 대체로 霸者의 모습에 해당한다는 것이다. 그리고 다음 편에서는 주로 이론을 말할 뿐 사건을 기술하지 않으므로 '霸言'이 맞다는 것이다.(≪管子校注≫)

북쪽으로 날아가며, 어떤 때에는 날아가고 어떤 때에는 날아옵니다. 사방 〈그 어디에도〉 멀다 여기지 않고 이르고자 하는 곳에 이르니, 이는 오직 날개가 있어 그 뜻을 온 천하에 펼칠 수 있는 것이 아니겠소?"

관중과 습붕이 대답하지 않았다. 환공이 말하였다.

"그대들은 어째서 대답하지 않소?"

管子가 대답하였다.

"군주께서는 霸王의 마음을 지니고 계신데, 저는 패왕의 〈대업을 이루게 할 수 있는〉 신하가 아니라서, 감히 대답하지 못하는 것입니다."

桓公在位에 **管仲, 隰朋見**(현)이라 **立有間**[2]에 **有貳鴻飛而過之**하니 **桓公嘆曰 仲父**여 **今彼鴻鵠有時而南**하고 **有時而北**하며 **有時而往**하고 **有時而來**라 **四方無遠**하여 **所欲至而至焉**하니 **非唯有羽翼之故**로 **是以能通其意於天下乎**아 **管仲, 隰朋**이 **不對**하니 **桓公曰 二子**는 **何故不對**오 **管子對曰 君有霸王之心**이나 **而夷吾非霸王之臣也**라 **是以不敢對**하니이다

桓公이 말하였다.

"仲父는 어찌해서 마땅한 말을 진술하여 어찌 과인에게 향할 곳이 있게 하지 않는가? 과인에게 중보가 있는 것은 날아가는 기러기에 날개가 있는 것과 같고, 큰 강물을 건널 때 노가 있는 것과 같소. 중보가 한마디 말로 과인을 가르치지 않으면, 과인에게 귀가 있으나 어떻게 道를 들어 霸王에 이를 수 있겠소?"

管子가 대답하였다.

"군주께서는 패왕이 되어 대업을 이루려 하시면 반드시 근본에 종사해야 합니다."

환공이 자세를 바꾸고 자리를 옮긴 후 두 손을 맞잡고 물었다.

"감히 묻건대 무엇을 근본이라 하오?"

관자가 대답하였다.

"齊나라 백성이 전하의 근본입니다. 백성들은 굶주림을 몹시 걱정하고 있는데 세금이 무겁고, 백성들은 죽음을 몹시 두려워하고 있는데 형벌이 가혹하며, 백성들은 노역에 몹시 지쳐 있는데 위에서 수시로 일을 벌이고 있습니다. 전하께서 세금을 가볍게 해주시면 백성들은 굶주림을 걱정하지 않을 것이고, 형벌을 완화해

---

2) 管仲隰朋見(현) 立有間 : ≪太平御覽≫의 인용문에는 "管仲隰朋侍 立有間"으로 되어 있다.

주시면 백성들은 죽을까 두려워하지 않을 것이며, 때에 맞게 일을 벌이면 백성들은 노역에 지치지 않을 것입니다."

환공이 말하였다.

"과인이 중보의 이 세 가지 말을 들으니, 큰 가르침을 얻었소. 이 가르침은 감히 내 마음대로 시행할 수 없으니, 먼저 선대 조상들께 고하려고 하오."

桓公曰 仲父胡爲然가 **盍不當言**하여 **寡人其有鄉乎**①아 **寡人之有仲父也**는 **猶飛鴻之有羽翼也**요 **若濟大水**에 **有舟楫也**라 **仲父不一言敎寡人**이면 **寡人之有耳**나 **將安聞道而得度哉**②아 **管子對曰 君若將欲霸王擧大事乎**인댄 **則必從其本(事)矣**[3]니이다 **桓公變躬遷席**하고 **拱手而問曰 敢問何謂其本**고 **管子對曰 齊國百姓**이 **公之本也**라 **人甚憂饑而稅斂重**하고 **人甚懼死而刑政險**하며 **人甚傷勞而上擧事不時**니이다 **公輕其稅斂則人不憂饑**하고 **緩其刑政則人不懼死**하며 **擧事以時則人不傷勞**니이다 **桓公曰 寡人聞仲父之言此三者**하니 **聞命矣**라 **不敢擅也**니 **將薦之先君**③하리라

① 盍不當言 寡人其有鄉乎 : 어찌 합당한 말을 진술하여 과인으로 하여금 향할 곳이 있게 하지 않는가?
何不陳當言하여 令寡人有所歸向가

② 將安聞道而得度哉 : 어떻게 스스로의 역량으로 패왕에 이를 수 있겠느냐는 말이다.
言何以自度得至於霸王哉아

③ 不敢擅也 將薦之先君 : 이 큰 가르침을 감히 내 마음대로 시행할 수 없으니, 장차 종묘에 올려 선대 조상들께 보고한 이후에 시행할 것이다. 이른바 "神道로 가르침을 베푼다."[4]는 것이다.
不敢專擅自發此命이니 將進之宗廟하여 告先君而後行이니 所謂以神道設敎者也라

이에 백관과 관리들에게 목판에 법령을 새기고 먹칠을 하게 하였다. 다음날 모두 太廟의 문에서 조회하게 하고, 그날 아침 관리들에게 법령을 반포하였다. 세금은 100분의 1鍾[5]만 걷게 하였고, 고아와 어린아이에게는 형벌을 가하지 않게 하

---

3) 則必從其本(事)矣 : 저본에는 '事'가 있으나, 丁士涵(淸)의 견해에 의거하여 衍文으로 처리하였다. 이 '事'는 앞의 '大事'로 인해 불필요하게 첨가되었다는 것이다. 아래에서 언급되는 "何謂其本"이나 "公之本也"도 이 구절에서의 '本'을 이어받는 말이라는 것이다.(≪管子校本≫)

4) 神道로……베푼다 : 이 말은 ≪周易≫ 觀卦 彖傳의 다음과 같은 구절에 바탕을 두고 있다. "하늘의 神道를 살피니 사계절이 어그러지지 않고, 성인이 신도로 가르침을 베푸니 천하가 복종한다.〔觀天之神道 而四時不忒 聖人以神道設敎 而天下服矣〕"

5) 鍾 : 齊나라의 계량 단위로, 640升에 해당한다.

였으며, 물고기 잡은 일은 때에 맞춰 허용하였고, 關門에서는 낯선 자를 살피기만 할 뿐 關稅를 메기지 않았으며, 시장에서는 상인들의 명부만 작성할 뿐 시장세를 걷지 않았고, 가까이 있는 자들에게는 충성과 신의를 보이게 하였으며, 멀리 있는 자들에게는 예의를 보여주도록 하였다. 이렇게 행하길 몇 년이 되자, 백성들이 마치 흐르는 물처럼 齊나라로 귀의하게 되었다.

於是에 **令百官有司**하여 **削方墨筆**①하고 **明日皆朝於太廟之門**하여 **朝定令於百吏**②라 **使稅者百一鍾**③하고 **孤幼不刑**하며 **澤梁時縱**④하고 **關譏而不征**하며 **市書而不賦**⑤하고 **近者示之以忠信**하며 **遠者示之以禮義**라 **行此數年**에 **而民歸之如流水**하니라

① 削方墨筆 : '方'은 목판이다. 무릇 여기에 그 제정된 법령을 새기고자 하는 것이다.
方은 謂版牘也라 凡此欲書其所定令也라

② 明日皆朝於太廟之門 朝定令於百吏 : 종묘에서의 조회를 통하여 관리들이 따를 법령을 정하였다.
因朝廟而定百吏之令也라

③ 使稅者百一鍾 : 가령 〈생산량이〉 100石이면 그중 1鍾을 취하였다.
假令百石而取一鍾이라

④ 澤梁時縱 : 사람들을 물에 들어가게 풀어주고, 禁令을 설정하지 않았다.
放人入하여 不設禁이라

⑤ 市書而不賦 : '書'는 그들의 명부를 기록하는 것을 의미한다.
書는 謂錄其名籍이라

얼마 후 宋나라가 杞나라를 공격하고 狄나라가 邢나라와 衛나라를 공격하였으나 桓公은 이들 나라를 구하지 않았다. 환공은 맨몸으로 가슴을 문지르면서 아픈 척하며 管仲을 불러 말하였다.

"과인에게는 천 년 동안 먹을 식량이 있으나 수명은 백 년도 되지 않소. 지금 병이 들었으니 잠시 즐기고 싶소."

管子가 말하였다.

"그렇게 하시지요."

이에 환공은 종과 경쇠를 화려하게 장식하여 매달게 하고, 竽와 瑟의 연주에 맞춰 노래하고 춤추게 하며, 수십 일에 걸쳐 날마다 수십 마리의 소를 잡았다.

여러 신하가 간하면서 말하였다.

"송나라가 기나라를 공격하고 적나라가 형나라와 위나라를 공격하고 있으니, 군주께서는 그들을 구해주셔야 합니다."

환공이 말하였다.

"과인에게는 천 년 동안 먹을 식량이 있으나 수명은 백 년도 되지 않는다. 과인은 지금 병까지 들었으니 잠시 즐기고 싶다. 또한 저들은 과인의 나라를 공격하는 것이 아니라 이웃 나라를 공격하고 있으니, 그대들은 신경 쓰지 말라."

此其後宋伐杞하고 **狄伐邢衛**로되 **桓公不救**하고 **裸體紖胸稱疾**①하며 **召管仲曰 寡人有千歲之食**이나 **而無百歲之壽**라 **今有疾病**하니 **姑樂乎**리라 **管子曰 諾**하노이다 **於是令之縣鍾磬之榬**②하고 **陳歌舞竽瑟之樂**하며 **日殺數十牛者數旬**이라 **群臣進諫曰 宋伐杞**하고 **狄伐邢衛**하니 **君不可不救**니이다 **桓公曰 寡人有千歲之食**이나 **而無百歲之壽**라 **今又疾病**하니 **姑樂乎**리라 **且彼非伐寡人之國也**요 **伐隣國也**니 **子無事焉**하라

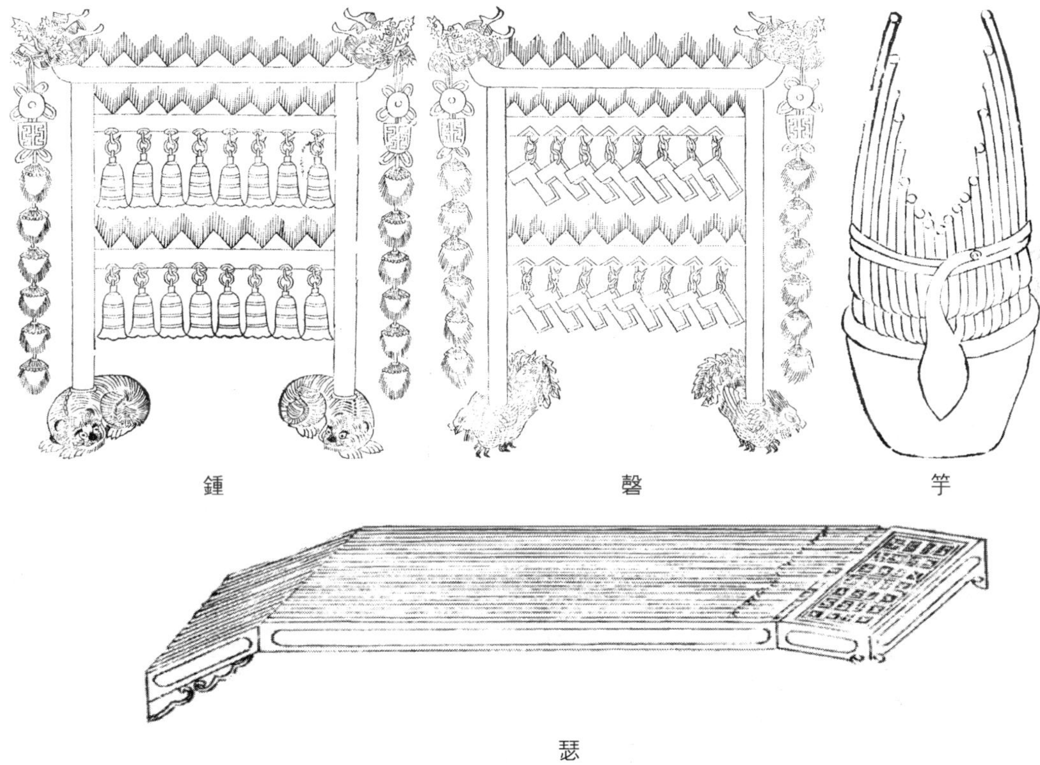

鍾　磬　竽

瑟

① 裸體紖胸稱疾 : '紖(인)'은 '문지르다'는 의미이다. 스스로 자기 가슴을 문지르면서 마치 통증이 있는 것처럼 하였다.

紉은 猶摩也라 自摩其胸하며 若有所痛患也라

② 榬 : 音은 于와 元의 반절이다. '榬'은 성대하게 꾸미는 것이다.

于元反이라 榬은 所以嚴飾之라

宋나라가 이미 杞나라를 취하고, 狄나라가 이미 邢나라와 衛나라를 점령하였다. 桓公이 일어나 筍虡(순거)[6] 사이를 거닐자 管子가 따랐다. 大鍾의 서쪽에 이르자 환공이 남쪽을 향해 섰고 管仲이 북쪽을 향해 마주하였다. 대종이 울리자 환공이 관중을 보면서 말하였다.

"즐겁지 않소, 仲父?"

관자가 대답하였다.

"이것은 신이 슬픔으로 여기는 바이지 즐거움이 아닙니다. 신이 듣건대, 옛날에 말하는, 종과 경쇠 사이에 즐기는 자는 이와 같지 않았습니다. 말이 입에서 나오면 그 명령이 즉시 천하에 시행되었고, 종과 경쇠 사이에 노닐 때 사방에 전쟁의 근심이 없었습니다. 지금 군주의 경우는 말이 입에서 나와도 그 명령이 천하에서 시행되지 않고, 종과 경쇠 사이에 있을 때 사방에 전쟁의 근심이 있습니다. 이런 것은 신이 슬픔으로 여기는 바이지 즐거움이 아닙니다."

환공이 말하였다.

"좋소."

이에 종과 경쇠를 매단 끈을 끊어버리고, 노래하고 춤추는 음악을 없앴으니, 대궐 안에서 〈이들을 관장하는〉 사람들이 사라졌다.

宋已取杞하고 **狄已拔邢衛矣**라 **桓公起行筍虡之間**에 **管子從**이라 **至大鍾之西**하여 **桓公南面而立**하고 **管仲北鄉對之**라 **大鍾鳴**하니 **桓公視管仲曰 樂夫仲父**여 **管子對曰 此臣之所謂哀**요 **非樂也**라 **臣聞之古者之言樂於鍾磬之間者**는 **不如此**라 **言脫於口而令行乎天下**①하고 **游鍾磬之間而無四面兵革之憂**어늘 **今君之事**는 **言脫於口**로되 **令不得行於天下**하고 **在鍾磬之間而有四面兵革之憂**하니 **此臣之所謂哀**요 **非樂也**니이다 **桓公曰 善**타 **於是伐鍾磬之縣**②하고 **倂歌舞之樂**③하니 **宮中虛無人**④이라

6) 筍虡(순거) : 鍾磬을 거는 틀이다. ≪毛詩正義≫ 〈大雅 靈臺〉의 毛傳에, "세로로 놓인 것을 '虡'라 하고, 가로로 놓인 것을 '栒'이라 한다.〔植者曰 虡 橫者曰 栒〕"라고 하였다.

① 言脫於口 : '脫'은 '〈말이〉 나오다'는 의미이다.
脫는 出也라
② 伐鍾磬之縣 : '伐'은 '끊어버리다'는 의미이다.
伐은 謂斫斷也라
③ 倂歌舞之樂 : '倂'은 '제거하다'는 의미이다.
倂은 除也라
④ 宮中虛無人 : 사람들에게 그것들을 관장하지 못하게 하였다.
不令人掌守之라

桓公이 말하였다.

"과인은 이미 종과 경쇠를 매단 끈을 끊어버리고 노래하고 춤추는 음악을 없앴소. 과인이 시작해야 할 바를 묻고 싶소. 나라를 다스림에 있어 무엇을 행해야 하오?"

管子가 대답하였다.

"宋나라가 杞나라를 공격하고 狄나라가 邢나라와 衛나라를 공격할 때, 군주께서 그들을 구하지 않은 것을 신은 축하드리고자 합니다. 신이 듣건대, 제후들이 주도권 다툼을 벌일 때 그 다툼에 끼어들지 말라고 하였습니다. 이제 군주께서는 세 나라 군주들의 거처를 정해주도록 하십시오."

이에 환공은 말하였다.

"그렇게 하겠소."

이에 전차 100乘과 병사 1,000명으로 緣陵 땅에 杞나라를 봉해주었고, 전차 100승과 병사 1,000명으로 夷儀 땅에 邢나라를 봉해주었으며, 전차 500승과 병사 5,000명으로 楚丘 땅에 衛나라를 봉해주었다.

桓公曰 寡人이 **以伐鍾磬之縣**하고 **倂歌舞之樂矣**[7]라 **請問所始**하노니 **於國將爲何行**고 **管子對曰 宋伐杞**하고 **狄伐邢衛**에 **而君之不救也**를 **臣請以慶**①이라 **臣聞之諸侯爭於彊者**에 **勿與分於彊**②이어늘 **今君**은 **何不定三君之處哉**③잇가 **於是桓公曰 諾**나 **因命以車百乘卒千人**으로 **以緣陵封杞**하고 **車百乘卒千人**으로 **以夷儀封邢**하며 **車五百乘卒五千人**으로 **以楚丘封衛**라

① 君之不救也 臣請以慶 : 구해주지 않은 것을 옳다고 여겼기 때문에 이를 축하한 것이다.

---

7) 寡人……倂歌舞之樂矣 : 여기서 '以'는 '已'와 통한다. 아래에 나오는 "寡人以定三君之居處矣"에서의 '以'도 마찬가지이다.

以不救爲是하니 故慶之라

② 諸侯爭於彊者 勿與分於彊 : 만약 세 나라를 구하려 하였다면, 이는 주도권 다툼에 끼어드는 것이다.

若救三國이면 是分於彊이라

③ 何不定三君之處哉 : 세 나라 군주가 이미 나라를 잃었으니, 그들의 거처를 정해주어야 한다.

三君旣失國하니 當定其居處也라

桓公이 말하였다.

"과인은 이미 세 군주의 거처를 정해주었소. 이제 또 무엇을 행해야 하오?"

管子가 대답하였다.

"신이 듣건대, 제후들이 이익을 탐하면 이익 다툼에 끼어들지 말라고 하였습니다. 군주께서는 어찌하여 호랑이와 표범의 가죽과 무늬가 있는 비단을 제후들에게 보내시고, 제후들은 무늬 없는 비단과 사슴 가죽으로 답례하도록 하지 않으십니까?"

환공이 말하였다.

"그렇게 하겠소."

이에 호랑이와 표범의 가죽과 무늬가 있는 비단을 제후들에게 보내고, 제후들은 무늬 없는 비단과 사슴 가죽으로 답례하였다. 이렇게 하자 齊나라의 명령이 진실로 천하에 잘 행해지게 되었다.

桓公曰 寡人이 **以定三君之居處矣**라 **今又將何行**고 **管子對曰 臣聞諸侯貪於利**면 **勿與分於利**라하니 **君何不發虎豹之皮文錦以使諸侯**하여 **令諸侯以縵帛鹿皮報**잇가 **桓公曰 諾**다 **於是以虎豹皮文錦使諸侯**하니 **諸侯以縵帛鹿皮報**어늘 **則令固始行於天下矣**라

그 후 楚나라 군대가 宋나라와 鄭나라를 공격하였다. 정나라 국토를 무참하게 불태워, 무너진 성은 다시 축조할 수 없게 하고 불탄 가옥들은 다시 수리할 수 없게 만들었다. 그곳 사람들은 배우자를 잃어버리고, 그들의 거처는 새나 쥐가 사는 굴과 같게 되었다. 또한 송나라의 농토를 끊고 두 냇물을 막아 물이 동쪽으로 흘러가지 못하게 하였다. 〈그 결과〉 동쪽 산들의 서쪽은 수심이 깊어져 담장들이 허물어질 정도였으니, 4백 리를 지나서야 농사를 지을 수 있었다.

초나라는 송나라와 정나라를 병탄하고 싶었으나 齊나라가 두려웠다. 즉 제나라는 인구가 많고 군대가 강하여, 자기네 초나라를 해칠 수 있는 자는 오직 제나라뿐이라고 생각하였다.

此其後楚人攻宋鄭하여 **燒焫熯焚鄭地**[8]라 **使城壞者**를 **不得復築也**하고 **屋之燒者**를 **不得復葺也**라 **令其人有喪雌雄**①하고 **居室如鳥鼠處穴**이라 **要**[9]**宋田**하고 **夾塞兩川**하여 **使水不得東流**②하니 **東山之西水深滅垝**③하여 **四百里而後可田也**라 **楚欲呑宋鄭而畏齊曰思人衆兵强**하여 **能害己者**는 **必齊也**하니라

① 喪雌雄 : 남녀의 배우자를 잃었다.
失男女之偶라
② 要宋田……使水不得東流 : 楚나라 군대는 또한 宋나라 농토를 끊어 취하고, 두 냇물을 막고 둑을 쌓았으므로 물이 동쪽으로 흐를 수 없었다. '두 냇물'은 대개 睢水(휴수)와 汴水(변수)이다.
楚人又遮取宋田하고 夾兩川築堤而壅塞之라 故水不得東流라 兩川은 蓋睢汴也라
③ 水深滅垝 : '垝(궤)'는 '담장을 무너뜨리다'는 의미이다.
垝는 敗牆也라

이에 楚나라 왕이 나라 사람들에게 다음과 같이 선언하였다.

"군주들 가운데 과인이 지혜롭다고 여기는 이로는 桓公만 한 군주가 없고, 신하들 가운데 과인이 현명하다고 여기는 이로는 管仲만 한 사람이 없다. 그 군주를 지혜롭게 여기고 그 신하를 현명하게 여기니, 과인은 이들을 섬기고 싶을 정도다. 누구든지 나를 위해 齊나라와 교류하게 할 수 있는 자는, 과인은 그를 제후에 봉하는 것도 아까워하지 않겠노라."

이에 초나라의 뛰어난 선비들은 모두 귀중한 보배와 비단을 싸가지고 가서 제나라 사람들을 받들었으니, 환공의 좌우 측근들 가운데 귀중한 보배와 비단을 받지 않은 자가 없을 정도였다.

於是楚王號令於國中曰 寡人之所明於人君者는 **莫如桓公**이요 **所賢於人臣者**는 **莫如管仲**이니

---

8) 燒焫熯焚鄭地 : 張佩綸(淸)에 의하면, '燒焫(소설)'은 引火物에 의해 불태우는 것을 의미하고, '熯焚(한분)'은 건조하여 마른 상태에서 불태우는 것을 의미한다.(≪管子學≫)
9) 要 : '遮(막다)'의 의미이다. ≪孟子≫ 〈公孫丑 下〉에도 "使數人要於路"라는 말이 나온다.

明其君而賢其臣이라 **寡人願事之**①하노니 **誰能爲我交齊者**오 **寡人不愛封侯之君焉**이리라 **於是楚國之賢士皆抱其重寶幣帛以事齊**하니 **桓公之左右**는 **無不受重寶幣帛者**라

① 明其君而賢其臣 寡人願事之 : 이미 그 군주와 신하를 지혜롭고 현명하다고 여기므로, 그들을 섬기고 싶어 하는 것이다.
既以其君臣爲明賢하니 故願事之라

이에 桓公이 管仲을 불러 말하였다.

“과인이 듣건대, 내가 남에게 잘하면 남 또한 나에게 잘한다고 하였소. 지금 楚나라 왕이 과인에게 잘하는 것이 이처럼 한결같은데, 과인이 초나라 왕에게 잘하지 않으면 도에 어긋나는 것이 될 것이오. 仲父(중보)는 초나라와 교류를 맺는 것이 어떻겠소?”

管子가 대답하였다.

“안 됩니다. 초나라 군대가 宋나라와 鄭나라를 공격하였습니다. 정나라 국토를 무참하게 불태워, 무너진 성은 다시 축조할 수 없게 하였고 불탄 가옥들은 다시 수리할 수 없게 만들었습니다. 그곳 사람들은 배우자를 잃어버리고, 그들의 거처는 새나 쥐가 사는 굴과 같게 되었습니다. 또한 송나라의 농토를 끊고 두 냇물을 막아 물이 동쪽으로 흘러가지 못하게 하였습니다. 그 결과 동쪽 산들의 서쪽은 수심이 깊어져 담장들이 허물어질 정도였으니, 4백 리를 지나서야 농사를 지을 수 있었습니다.

초나라는 송나라와 정나라를 병탄하고 싶었으나 齊나라가 두려웠습니다. 즉 제나라는 인구가 많고 군대가 강하여, 자기네 초나라를 해칠 수 있는 자는 오직 제나라뿐이라고 생각하고 있습니다. 이 때문에 비무력적인 방법으로 제나라를 이기고, 무력으로 송나라와 정나라를 취하려고 하는 것입니다. 〈만약 초나라와 교류를 맺은 후〉 초나라가 송나라와 정나라를 취하는데 이를 막지 않으면, 이는 곧 송나라와 정나라를 잃게 되는 것이고, 막으면 이는 또한 초나라와의 信義를 잃게 되는 것입니다. 안으로 지략이 실패하고 밖으로 군대가 곤란한 상황에 빠지는 것은 좋은 방법이 아닙니다.”

於是桓公召管仲曰 寡人聞之호니 **善人者**는 **人亦善之**라하니 **今楚王之善寡人一甚矣**어늘 **寡**

人不善이면 將拂於道①라 仲父何不遂交楚哉오 管子對曰 不可하니 楚人攻宋鄭하여 燒焫熯焚鄭地하여 使城壞者不得復築也하고 屋之燒者不得復葺也요 令人有喪雌雄하고 居室如鳥鼠處穴이라 要宋田하고 夾塞兩川하여 使水不得東流하고 東山之西水深滅垝하여 四百里而後可田也라 楚欲吞宋鄭이나 思人衆兵强而能害己者는 必齊也라 是欲以文克齊②하고 而以武取宋鄭也니 楚取宋鄭而不知禁이면 是失宋鄭也요 禁之則是又不信於楚也니 知失於內하고 兵困於外는 非善擧也니이다

① 寡人不善 將拂於道 : '拂'은 '어기다'는 뜻이다. 〈잘 대하는 사람에게〉 보답하지 않으면 이는 도에 어긋나는 것이다.
拂은 違也라 若不報善之면 是違於道也라

② 以文克齊 : 齊나라에 보배와 비단으로 뇌물을 주어 제나라 스스로 복종하도록 한다. 그러므로 "비무력적인 방법으로 제나라를 이긴다."라고 말하는 것이다.
以寶幣賂齊하여 而齊自服이라 故曰 以文克齊라

桓公이 말하였다.

"좋소. 그러면 어떻게 해야 하오?"

管子가 대답하였다.

"군대를 일으켜 남쪽으로 宋나라와 鄭나라를 보존하십시오. 그리고 〈송나라와 정나라에〉 명령하길 '楚나라를 공격하지 말라. 내가 초나라 왕을 만나볼 것이다.'라고 하십시오. 초나라 왕과 만나게 되면 정나라의 城에 관한 문제와 송나라의 수해에 관한 문제를 제기하십시오. 초나라가 긍정적으로 답해 오면, 이는 우리가 비무력적인 방법으로 명령을 수행하게 되는 것입니다. 그러나 만약 초나라가 부정적으로 답해 오면 무력으로 명령을 수행하십시오."

환공이 말하였다.

"좋소."

桓公曰 善타 然則若何오 管子對曰 請興兵而南存宋鄭하고 而令曰 無攻楚하라 (言)〔吾〕與楚王遇①[10]호되 至於遇上하여 而以鄭城與宋水爲請하여 楚若許면 則是我以文令也요 楚若不許면

10) 無攻楚 (言)〔吾〕與楚王遇 : 저본에는 '言'으로 되어 있으나, 陶鴻慶(淸)의 견해에 의거하여 '吾'로 바로잡았다. 그는 '言'은 '吾'로 보았다. 그리고 "無攻楚 吾與楚王遇"는 모두 송나라와 정나라에 대해 하는 말이라는 것이다.(≪讀管子札記≫) 한편 舊注에서는 '遇'를 '冬會' 즉

則遂以武令焉하소서 **桓公曰 善**타

① 與楚王遇 : 겨울철의 회합을 '遇'라 한다.
冬會曰遇라

이에 마침내 군대를 일으켜 남쪽으로 宋나라와 鄭나라를 보존시키고, 楚나라 왕과 召陵에서 만났다. 그리고 그 만남에서 다음과 같이 명령하였다.

"곡식을 비축하지 말고, 제방을 비뚤게 쌓지 말며, 嫡長子를 멋대로 폐하지 말고, 妾을 妻로 삼지 말라."

이어서 정나라의 성에 관한 문제와 송나라의 수해에 관한 문제를 초나라에 제기하였다. 초나라에서 문제 해결을 거부하자 齊나라 군대는 70리를 물러나 주둔하였다. 그리고 군대를 시켜 정나라 남쪽 땅에 성을 쌓게 하여 百代城을 세우고 다음과 같이 말하였다.

"여기서부터 북으로 黃河까지는 정나라가 스스로 성을 쌓을 것이니, 초나라는 감히 훼손하지 말라."

그리고 동쪽으로 송나라 농토를 개발하고, 두 냇물을 소통시켜 다시 동쪽으로 흐르게 하였으며, 초나라가 감히 막지 못하게 하였다.

於是遂興兵하여 **而南存宋鄭**하고 **與楚王遇於召陵之上**하여 **而令於遇上曰 毋貯粟**하고 **毋曲隄**하며 **無擅廢適子**하고 **無置妾以爲妻**라 **因以鄭城與宋水爲請於楚**하니 **楚人不許**어늘 **遂退七十里而舍**하고 **使軍人城鄭南之地**하여 **立百代城焉**①하고 **曰 自此而北至於河者**는 **鄭自城之而楚不敢隳也**라 **東發宋田**하고 **夾兩川**하여 **使水復東流**하며 **而楚不敢塞也**라

① 立百代城焉 : '비록 백 代가 되더라도 감히 훼손할 자가 없다.'라는 의미를 취하였다.
取其雖百代而無敢毁者也라

그리고 마침내 남쪽으로 楚나라를 정벌하였으니, 方城을 넘고 汝水를 건너고 汶山을 바라보았다. 남쪽으로 가서 吳나라와 越나라의 군주들을 접견하였고, 서쪽으로 가서 秦나라를 정벌하였으며, 북쪽으로 가서 狄나라를 정벌하였고, 동쪽으로

'겨울철의 회합'으로 해석하였다. 그러나 張佩綸(淸)은 '遇'를 ≪春秋公羊傳≫의 傳에 의거하여 '기약하지 않은 만남'으로 보았다.(≪管子學≫) 역자도 장패륜의 견해를 따랐다.

가서 晉나라의 宗廟社稷을 晉나라 남쪽에 보존시켜 주었다. 또한 북으로 孤竹國을 정벌하였고, 돌아오는 길에 燕나라의 종묘사직을 보존해주었다. 군사 회맹을 여섯 차례 하고 교류 회맹을 세 차례 하여, 제후들과 도합 아홉 차례의 회맹을 하였다. 〈齊 桓公이 제나라로 돌아왔을 때는〉 이미 霸者의 지위에 서 있었다. 이에 종과 경쇠를 정비하여 다시 음악을 연주하니 管子가 말하였다.

"이것이 臣이 말하는 즐거움입니다."

遂南伐(及)〔**楚**〕하여 **踰方城**[11)]하고 **濟於汝水**하며 **望汶山**①하고 **南致**(楚)〔**吳**〕[12)]**越之君**하고 **而西伐秦**하며 **北伐狄**하고 **東存晉公於南**②하고 **北伐孤竹**하고 **還存燕公**이라 **兵車之會六**이요 **乘車之會三**이니 **九合諸侯**하고 **反位已霸**라 **修鍾磬而復樂**하니 **管子曰 此臣之所謂樂也**니이다

① 望汶山 : 汶은 音이 岷(민)이다. 岷山은 長江의 물이 발원하는 곳이다.
汶은 音岷이라 岷山은 江水所從出이라

② 西伐秦……東存晉公於南 : 秦나라를 정벌하고 나서 晉나라의 〈종묘사직을〉 보존해주었다. 晉나라의 남쪽에서 하였기 때문에 "東存"이라 말하는 것이다.
自伐秦而遂存晉이라 於晉之南이니 故曰 東存이라

---

11) 遂南伐(及)〔楚〕 踰方城 : 저본에는 '及'으로 되어 있으나, 郭沫若(中)의 견해에 의거하여 '楚'로 바로잡았다. 그는 그 근거로 〈小匡〉의 "南據宋鄭 征伐楚 濟汝水 踰方地 望文山" 구절을 들었다.(≪管子集校≫) 참고로 安井衡(日)은 '及'을 '乃'의 誤字로 보았다.(≪管子纂詁≫)

12) (楚)〔吳〕 : 저본에는 '楚'로 되어 있으나, 張佩綸(淸)의 견해에 의거하여 '吳'로 바로잡았다. 그는 〈小匡〉의 구절에 의거하여 '楚'는 곧 '吳'의 오자로 보았다.(≪管子學≫)

제23편 패도 정치에 대한 말씀 霸言[1)]

내언6 內言 六

＊본 편에서는 霸業 및 王業을 이루는 방법에 대한 여러 이론을 제시하고 있다. 우선 기본적으로 천지의 법칙을 본받고 천하를 덕행과 의리로 대해야 한다는 점을 강조한다. 이어서 천하의 형세 특히 강국과 소국들 간의 국제적 상황과 관계를 잘 파악하라, 통치자의 권세를 확보하고 인재 등용에 힘써라, 각종 전략 전술을 원활하게 운용하라, 상과 벌을 적절히 활용하라, 통치자의 현명한 판단력과 통찰력이 중요한데 특히 기미와 때를 잘 살펴라, 백성을 근본으로 삼고 文과 武를 적절히 사용하라 등 다양한 이론들을 단편적으로 제시하고 있다. 따라서 이 편은 패업 및 왕업의 달성을 위해 필요한 일종의 '金言 모음집'의 성격이 강하다.

霸王의 형세는 다음과 같다. 하늘을 본받고 땅을 법칙으로 삼으며, 사람들을 교화하고 세상 풍속을 바꾸며, 천하의 제도를 새롭게 만들고 제후들의 爵位를 분류하며, 사방의 모든 나라가 賓客으로 와 복종하게 하고, 때에 맞추어 천하를 바르게 한다. 〈또한〉 영토가 큰 나라는 줄이게 하고, 풍속이 바르지 않은 나라는 바르게 하며, 무력이 강한 나라는 약하게 하고, 권세가 무거운 나라는 가볍게 하며, 혼란한 나라는 병합하고, 포악한 왕은 죽인다. 중죄를 지은 자는 죽이고, 가벼운 죄를 지은 자는 작위를 낮추며, 백성들은 보호한다. 이상과 같이 한 이후에 천하에 왕노릇 한다.

霸王之形은 **象天則**(칙)**地**①하고 **化人易(代)〔世〕**②[2)]하며 **創制天下**③하고 **等列諸侯**④하며 **賓屬四**

---

1) 霸言 : 舊注에서는 "이 편의 말은 霸道를 이루기에 충분하다는 의미이다.〔謂此言足以成霸道〕"라는 주를 달고 있다. 그러나 豬飼彦博(日)은 이 편의 첫 구절이 "霸王之形"으로 시작되고 있기 때문에, 이 편의 제목은 '霸形'이 되어야 한다고 주장하였다. 즉 前篇의 제목 '霸言'과 이 편의 제목 '霸形'은 후세 사람들의 착오로 서로 뒤바뀌었다는 것이다.(≪管子補正≫) 이에 대해 黎翔鳳(中)은 이 편에서는 단지 霸道를 일으키는 이론만 언급하고 있을 뿐, 霸道를 다투는 형세를 언급한 전편과 다르다고 보았다. 따라서 이 편의 제목이 '霸言'인 것은 잘못되지 않았다는 것이다.(≪管子校注≫)

海⑤하고 時匡天下⑥라 大國小之하고 曲國正之하며 强國弱之하고 重國輕之하며 亂國幷之⑦하고 暴王殘之하고 僇其罪하고 卑其列하며 維其民然後王之⑧니라

① 象天則(칙)地 : 하늘의 밝음을 본받고 땅의 儀則을 법칙으로 삼는다는 말이다.
謂象天明하고 則地義라

② 化人易(代)〔世〕: 교화를 아름답게 하고 풍속을 바꾼다는 말이다.
謂美敎化하고 移風俗이라

③ 創制天下 : 천하와 더불어 새롭게 시작한다.
與之更始라

④ 等列諸侯 : 작위를 다섯으로 분류하여 각자 그 마땅함을 얻는다.
列爵惟五하여 各得其宜라

⑤ 賓屬四海 : 사방의 오랑캐들을 손님의 예로 대하고 은혜로 복속하게 한다.
賓禮四夷하고 以恩屬之라

⑥ 時匡天下 : 때에 맞추어 한 번씩 〈제후들과〉 회합하여 천하를 바르게 한다.
時一會而正之라

⑦ 亂國幷之 : 혼란한 나라를 병합하는 것은 그 위엄과 권위를 총괄하기 위함이다.
幷亂은 所以總其威權이라

⑧ 暴王殘之……維其民然後王之 : 제후의 왕들 가운데 흉악하고 포악한 자는 죽여 없앤다. 국내에 있어서는 최고의 죄를 지은 자는 죽이고, 그다음 죄를 지은 자는 작위를 낮추며, 일반 대중은 보호한다.
其王之凶暴者則殘滅之하고 於國則戮其首罪하고 卑其爵列하며 維持其人衆이라

무릇 자기 나라만 넉넉하게 하는 자를 霸者라 하고, 다른 나라도 아울러 바르게 하는 자를 王者라 한다. 무릇 왕자는 홀로 밝은 바가 있으니, 德을 함께하는 자는 취하지 않고 道가 같은 자는 다스리지 않는다. 무릇 천하를 다투는 자가 〈무력적〉 위엄에 의해 위태로운 나라를 취한다면, 이는 폭군의 일상적 행위일 뿐이다. 남을 다스리는 데는 일정한 도가 있고, 霸王이 되는 것은 마땅한 때가 있다. 내 나라는 잘 다스려지고 있는데 이웃 나라가 무도하면, 이는 곧 패왕이 될 수 있는 바탕이 된다.

---

2) 化人易(代)〔世〕: 저본에는 '代'로 되어 있으나, 安井衡(日)의 견해에 의거하여 '世'로 바로잡았다. 唐나라 사람들이 太祖 李世民의 이름을 피하여 '世'를 '代'로 바꾸었다는 것이다. (≪管子纂詁≫) 舊注에서도 "謂美敎化移風俗"이라고 주를 달고 있으니, 애초 尹知章(唐)이 본 판본에도 '易世'로 되어 있었을 가능성이 크다.

夫豐國之謂霸①요 **兼正(之)〔它〕國之謂王**②[3]이니 **夫王者**는 **有所獨明**하여 **德共者不取也**하고 **道同者不王也**③라 **夫爭天下者以威易危**는 **暴王之常也**④라 **君人者有道**⑤하고 **霸王者有時**⑥하니 **國修而隣國無道**는 **霸王之資也**⑦라

① 夫豐國之謂霸 : 단지 자기 나라만 넉넉하게 하는 자는 霸者이다.
但自豐其國者는 霸也라

② 兼正(之)〔它〕國之謂王 : 다른 나라도 아울러 바르게 할 수 있는 자는 王者이다.
兼能正他國者는 王이라

③ 夫王者以威易危 道同者不王也 : 무릇 천하에 왕 노릇 할 수 있는 자는, 반드시 홀로 보는 밝음이 있으니 다른 사람들이 어기지 못한다. 만약 상대방의 덕이 나와 함께하고 상대방의 도가 나와 같다면, 그런 상대는 취하거나 다스리지 않는다.
夫能王天下者는 必有獨見之明하니 群物之所不違라 若彼德與我共하고 彼道與我同이면 則不取而且不王이라

④ 夫爭天下者……暴王之常也 : 만약 무력적 위엄에 의해 상대의 위험하고 어지러운 틈을 타 그 나라를 취한다면, 이는 진실로 포악한 군주의 일상적 행위이지 霸王의 도가 아니다.
若以兵威로 易彼危亂은 此固暴王之常也요 非霸王之道也라

⑤ 君人者有道 : 常道가 있다.
有常道也라

⑥ 霸王者有時 : 반드시 마땅한 때를 만난 이후에 패왕이 된다.
必遇其時然後霸王이라

⑦ 國修而隣國無道 霸王之資也 : 내 나라는 잘 다스려지고 있는데 상대가 포악하면, 어지러운 나라를 취할 수 있고 망하는 나라를 업신여길 수 있다. 그러므로 〈패왕이 될 수 있는〉 '바탕'이라고 말하는 것이다.
我修而彼暴이면 可以取亂侮亡이라 故曰資也라

무릇 나라가 보존되는 것은 이웃 나라가 있기 때문이고, 나라가 멸망하게 되는 것은 이웃 나라가 취하기 때문이다. 이웃 나라에 전쟁이 있으면 다른 이웃 나라가 그 나라를 얻게 되고, 이웃 나라에 〈전쟁에서 승리하여 많은 나라를 얻는 것과 같

---

3) 兼正(之)〔它〕國之謂王 : 저본에는 '之'로 되어 있으나, 兪樾(淸)의 견해에 의거하여 '它'로 바로잡았다. 여기서 '它'는 곧 '他'이며, 舊注에서도 "兼能正他國者王"이라고 한 점을 그 근거로 제시하였다.(≪諸子平議≫)

은〉 일이 있으면 그 나라에 이웃해 있는 나라도 멸망당하게 된다. 천하에 특별한 일이 생기면 성왕이 이롭게 되고, 나라가 위태롭게 되면 성인이 앞서 알게 된다. 무릇 先王들이 王業을 이룰 수 있었던 것은 이웃 나라에서 합당하지 않은 일을 행하였기 때문이다. 정치를 행함이 합당하지 않은 것은, 이웃의 적들이 뜻을 얻을 수 있는 원인이 된다.

夫國之存也에 **隣國有焉**①이며 **國之亡也**에 **隣國有焉**②이라 **隣國有事**면 **隣國得焉**③이요 **隣國有事**면 **隣國亡焉**④이라 **天下有事則聖王利也**⑤요 **國危則聖人知矣**⑥라 **夫先王所以王者**는 **資隣國之擧不當也**⑦니 **擧而不當**은 **此隣敵之所以得意也**⑧라

① 夫國之存也 隣國有焉 : 비록 보존되고 있더라도, 나라가 작고 약하면 반드시 이웃 나라를 섬김으로써 안정된다. 그러므로 “이웃 나라가 있기 때문이다.”라고 말하는 것이다.
雖存而國小弱이면 必事隣國以爲安이라 故曰隣國有焉이라

② 國之亡也 隣國有焉 : 〈나라가 망하면〉 그 망함으로 말미암아 이웃 나라가 취해간다.
因其亡而取之라

③ 隣國有事 隣國得焉 : 이웃 나라에서 정벌 전쟁을 일으켜 그로 인해 패배가 쌓이면, 그 결과 〈다른〉 이웃 나라가 그 나라를 얻게 된다.
隣國有征伐之事하여 因而敗績하니 故隣國得焉이라

④ 隣國有事 隣國亡焉 : 혹 정벌 전쟁을 일으켜 크게 승리하여 많이 획득하게 되면, 마침내 이웃 나라도 멸망시키게 된다.
或有征伐之事하여 大勝而多獲이면 遂亡隣國이라

⑤ 天下有事則聖王利也 : 반드시 특별한 일이 있은 이후에 특별한 사람이 있게 된다.
必有非常之事然後有非常之人이라

⑥ 國危則聖人知矣 : 〈성인은〉 홀로 보는 밝은 지혜를 품고 있으므로 남보다 앞서 알게 된다.
懷獨見之明하니 故先知라

⑦ 夫先王所以王者 資隣國之擧不當也 : 〈이웃 나라에서〉 행하는 일이 모두 합당하면, 나는 공을 이룰 근거가 없다.
奉事皆當이면 則我無因爲功이라

⑧ 擧而不當 此隣敵之所以得意也 : 〈정치가〉 합당하지 않음이 나에게 바탕을 두고 있기 때문에 〈이웃의 적이〉 뜻을 얻게 된다.
不當所以資我하니 故得意也라

무릇 천하의 권세를 쓰려는 자는 반드시 먼저 제후들에게 덕을 베풀어야 한다. 그러므로 先王들은 취하는 것이 있으면 주는 것이 있었고 굽히는 것이 있으면 펼치는 것이 있었으니, 이렇게 한 이후에 천하의 권세를 쓸 수 있었다.

夫欲用天下之權者는 **必先布德諸侯**①라 **是故先王有所取**면 **有所與**②하고 **有所詘**이면 **有所信**③[4)]이니 **然後能用天下之權**④이라

① 夫欲用天下之權者 必先布德諸侯 : 제후들이 덕을 사모하여 귀의하면, 권세를 얻지 않고자 해도 얻지 않을 수 있겠는가?
諸侯懷德而歸면 欲求無權이나 其可得乎아

② 有所取 有所與 : 이른바 "상대방에게서 취하고자 하면 반드시 우선 상대방에게 베풀어 주라."[5)]이다.
所謂將欲取之인댄 必姑與之라

③ 有所詘 有所信 : 이른바 "자벌레가 굽히는 것은 펴기 위함이다."[6)]이다.
所謂尺蠖之屈은 以求伸也라

④ 然後能用天下之權 : 앞의 네 가지를 오묘하게 운용하였으므로 천하의 권세를 쓸 수 있었다.
妙於前四事니 故能用天下之權이라

무릇 군사력의 우세함은 권세에 달려 있고, 권세의 우세함은 토지에 달려 있다. 그러므로 제후들 가운데 토지의 이로움을 얻은 자는 권세가 따르게 되고, 토지의 이로움을 잃은 자는 권세가 떠나게 된다.

夫兵幸於權하고 **權幸於地**①라 **故諸侯之得地利者**는 **權從之**하고 **失地利者**는 **權去之**라

① 夫兵幸於權 權幸於地 : 군사력의 우세함은 권세에 달려 있고, 권세의 따름은 토지를 얻느냐에 달려 있다. '幸'은 '勝'과 같다.
兵幸在於有權하고 權從在於得地라 幸은 猶勝也라

무릇 천하를 다투는 자는 반드시 먼저 사람을 얻는 데 힘써야 한다. 큰 계책에

4) 有所詘 有所信 : '信'은 곧 '伸'의 의미로 쓰였다. 舊注에서도 "所謂尺蠖之屈以求伸也"로 풀이하고 있다.
5) 상대방에게서……주라 : ≪老子≫ 36장에 나오는 말이다.
6) 자벌레가……위함이다 : ≪周易≫ 〈繫辭 下〉에 나오는 말이다.

밝은 자는 사람을 얻지만, 작은 계책을 살피는 자는 사람을 잃는다. 천하 대중을 얻는 사람은 王者가 되고, 천하 대중의 절반만 얻는 사람은 霸者가 된다. 그러므로 성인은 자신을 낮춤으로써 천하의 賢人들을 대우하기 때문에 왕 노릇할 수 있으며, 俸祿을 고르게 나누어주기 때문에 그들을 신하로 삼을 수 있다. 그러므로 성인이 존귀하기로는 천자의 자리에 있고 부유하기로는 천하를 소유하고 있어도 세상 사람들이 탐욕스럽다고 하지 않는 이유는, 큰 계책을 지니고 있기 때문이다.

夫爭天下者는 **必先爭人**①이니 **明大數者**는 **得人**이나 **審小計者**는 **失人**이라 **得天下之衆者**는 **王**하고 **得其半者**는 **霸**라 **是故聖王**은 **卑禮以下天下之賢而王之**하고 **均分以釣天下之衆而臣之**②라 **故貴爲天子**요 **富有天下**로되 **而(伐)〔代〕不謂貪者**[7]는 **其大計存也**③라

① 夫爭天下者 必先爭人 : 사람만이 나라의 근본이다.
人惟邦本이라

② 均分以釣天下之衆而臣之 : 왕이 이미 토지를 지녔으면 그 봉록을 고르게 나누어준다. 이렇게 함으로써 천하의 대중을 끌어들이니, 그러므로 그들을 신하로 삼을 수 있는 것이다.
旣王有地면 均分其祿이니 用此以引天下之衆이라 故可得而臣之也라

③ 貴爲天子……其大計存也 : 토지를 얻어 고르게 나누어주면 상대방을 신하로 삼을 수 있다. 토지 자체는 상대방을 이롭게 하는 것일 뿐이니, 나에게 무슨 탐욕이 있겠는가? 이것이 '큰 계책'이다.
得地均分하면 可以臣彼요 地自利彼니 於我何貪이리오 此其大計也라

천하의 재물로 천하 사람들을 이롭게 하고, 〈나아가〉 이로써 위엄을 밝게 떨친다. 천하의 권세를 하나로 모으면 그에 따라 덕이 따르게 되고, 제후들과의 친함이 맺어진다. 간사하고 아첨하는 죄를 징계하여 천하 사람들의 마음을 경계한다. 천하의 위엄에 말미암아 이로써 성인〔明王〕의 정벌을 넓힌다. 반역하고 어지러운 나라를 공격하고, 공로가 있는 자에게 상을 내리며, 賢聖의 덕을 지닌 사람을 봉해준다. 〈그러므로〉 한 사람의 행위를 밝히면 백성들이 안정될 것이다.

7) 而(伐)〔代〕不謂貪者 : 저본에는 '伐'로 되어 있으나, 安井衡(日)의 견해에 의거하여 '代'로 바로잡았다. '代'는 본래 '世'로 되어 있었는데, 唐나라 사람들이 唐 太宗 李世民을 忌諱하여 '世'를 '代'로 고쳤고, 후대에 '代'가 '伐'로 잘못 옮겨졌다는 것이다.(≪管子纂詁≫) 兪樾(淸)도 이에 동의하며, ≪管子≫의 원문은 본래 "世不謂貪"이었다고 주장하였다.(≪諸子平議≫)

以天下之財로 **利天下之人**하고 **以明威之振**①이요 **合天下之權**이면 **以遂德之行**하고 **結諸侯之親**②이라 **以姦佞之罪**로 **刑天下之心**③하고 **因天下之威**하여 **以廣明王之伐**④이라 **攻逆亂之國**하고 **賞有功之勞**하며 **封賢聖之德**이니 **明一人之行而百姓定矣**⑤라

① 以天下之財……以明威之振 : 천하 사람들을 이롭게 하기 위해 도리어 천하의 재물을 사용하지만 그 자신에게는 손해나는 것이 없고, 오히려 그로 인해 그의 위엄과 권세를 밝게 떨칠 수 있다. 이른바 "은혜를 베풀지만 낭비하지 않는다."[8]는 것이다.
利天下之人하여 還用天下之財나 於我無所減削이요 更可以明威權之振이니 所謂惠而不費者也라

② 合天下之權……結諸侯之親 : 천하의 권세를 모아서 모두 나에게 있게 한다. 권세가 하나로 총괄되면 덕이 따르게 되고, 덕이 따르면 친함이 형성된다.
合天下之權하여 皆令在己니 權總則德遂하고 德遂則親成也라

③ 刑天下之心 : 이른바 "한 사람을 징계하여 백 사람을 권면한다."[9]는 것이다.
所謂懲一而勸百이라

④ 因天下之威 以廣明王之伐 : 천하 사람들이 망하기를 바라는 것에 말미암아 멸망시키면, 현명한 왕의 정벌 영역이 저절로 넓어진다.
因天下所欲亡而亡之면 則明王之伐自廣이라

⑤ 明一人之行而百姓定矣 : 한 사람에게 상을 내리면 천하 사람들이 부지런히 힘쓰게 되고, 한 사람에게 벌을 내리면 천하 사람들이 두려워하게 된다. 그러므로 "한 사람의 행위를 밝히면 백성들이 안정될 것이다."라고 말하는 것이다.
賞加一人而天下勸하고 罰加一人而天下畏라 故曰 明一人之行而百姓定矣라

무릇 先王이 천하를 얻게 된 것은 術이니, 術이여 위대한 덕이로다! 〈그러나〉 그 위대함은 만물을 이롭게 함을 이른다.

夫先王取天下也는 **術**①이니 **術乎大德哉**인저 **物利之謂也**②라

8) 은혜를……않는다 : 子張이 정치에 대해 묻고 孔子가 답변하는 과정에서, 공자는 정치에 있어서 '다섯 가지의 아름다움'을 다음과 같이 제시하였다. "군자는 은혜롭되 낭비하지 않고, 수고롭게 하되 원망하게 하지 않으며, 하고자 함이 있어도 욕심내지 않고, 넉넉하면서도 교만하지 않으며, 위엄이 있으면서도 사납지 않다.〔君子惠而不費 勞而不怨 欲而不貪 泰而不驕 威而不猛〕"(《論語》 〈堯曰〉)

9) 한……권면한다 : 《桂苑筆耕集》 권5 〈奏姪男劭華州失守請行軍令狀〉에 "나라에 일정한 형벌이 있으면 군대에 느슨한 법이 없게 되고, 한 사람을 징계하여 백 사람을 권면하면 항상 주의하여 잊지 않게 된다.〔國有常刑 軍無貸法 懲一勸百 念玆在玆〕"라는 말이 있다.

① 先王取天下也 術 : 術이 아니면 천하를 얻을 수 없다.
非術則無以取天下也라

② 術乎大德哉 物利之謂也 : 術로 천하를 얻을 수 있다. 그러므로 '위대한 덕'이라고 말한다. 그러나 術로 백성들을 귀의하게 하는 것은, 결국 백성들을 이롭게 할 수 있느냐에 달려 있다.
術可以取天下니 故曰 大德이라 然術之所歸는 在於令物得利也라

무릇 나라에 항상 근심이 없게 하고 명성과 이익이 함께 이르게 하는 사람은 神聖[10]이고, 나라가 위태로워 망할 지경에 있을 때 오래 보전될 수 있도록 하는 사람은 明聖[11]이다. 그러므로 先王들이 스승으로 삼은 것은 신성이고 즐거워하고 기뻐한 것은 명성이다. 무릇 한마디 말로 나라가 오래 보전되고 그것을 듣지 않으면 나라가 망한다면, 그런 말은 위대한 성인의 말이다.

夫使國常無患而名利竝至者는 **神聖也**①요 **國在危亡而能壽者**는 **明聖也**②라 **是故先王之所師者**는 **神聖也**요 **其所賞者**는 **明聖也**③라 **夫一言而壽國**④하고 **不聽則國亡**이니 **若此者**는 **大聖之言也**라

① 名利竝至者 神聖也 : 신령한 성인이므로 감응하여 이르는 것이 많다.
神聖則多所感致라

② 國在危亡而能壽者 明聖也 : 지혜가 밝은 성인이므로 일의 기미를 놓치지 않는다.
明聖則不失事機라

③ 其所賞者 明聖也 : '賞'은 즐기고 기뻐하는 것이다.
賞은 樂翫也라

④ 夫一言而壽國 : 그 말을 사용하므로 오래간다.
用其言하니 故壽也라

무릇 현명한 왕이 가볍게 여기는 것은 말〔馬〕과 玉이고, 중요하게 여기는 것은 政事와 군대이다. 그러나 나라를 잃는 군주는 그렇지 않으니, 남에게 정사 맡기는 것을 가볍게 여기고 남에게 말을 주는 것을 무겁게 여기며, 남에게 兵權 맡기는 것을 가볍게 여기고 남에게 옥을 주는 것을 무겁게 여기며, 궁궐문을 관리하는 것을

10) 神聖 : 舊注에 근거할 때, 성인 가운데 신령한 능력이 뛰어난 사람을 말한다.
11) 明聖 : 舊注에 근거할 때, 성인 가운데 지혜가 밝은 사람을 말한다.

중요하게 여기고 국경을 수비하는 것을 가볍게 여긴다. 이 때문에 영토가 깎이는 것이다.

夫明王之所輕者는 **馬與玉**이요 **其所重者**는 **政與軍**이라 **若失主**는 **不然**하여 **輕與人政而重予人馬**하고 **輕予人軍而重與人玉**하고 **重宮門之營而輕四境之守**니 **所以削也**라

무릇 '권세〔權〕'는 神聖이 바탕으로 삼는 것이고, '홀로 밝은 지혜〔獨明〕'는 천하의 利器이며, '홀로 결단함〔獨斷〕'은 치밀한 요새이다. 이 세 가지는 성인이 기본 법도로 삼는 것들이다.

夫權者는 **神聖之所資也**요 **獨明者**는 **天下之利器也**요 **獨斷者**는 **微密之營壘也**[①]니 **此三者**는 **聖人之所則**(칙)**也**라

① 獨斷者 微密之營壘也 : 홀로 결단하면 스스로 경영하여 곧바로 정할 수 있다는 말이다. 그러므로 '營壘(영루)'12)라고 말하는 것이다.
謂獨斷可以自營而卽定이라 故曰營壘라

성인은 미세한 기미를 두려워하지만 어리석은 사람은 밝게 드러나야 두려워하며, 성인이 미워하는 것은 '마음속'이지만 어리석은 사람이 미워하는 것은 '겉'이며, 성인은 움직일 때 반드시 은밀히 알지만 어리석은 사람은 위험에 이르러도 한가한 말만 하고 있다. 성인은 때에 순응하여 일을 〈이룰 수는〉 있으나, 때를 어겨서 〈공을 이룰 수는〉 없다. 지혜로운 사람은 잘 도모하지만 때에 맞추어 〈행동하는〉 것만 못하니, 때를 잘 살피는 사람은 일하는 시간은 적어도 공이 많다.

聖人은 **畏微**이나 **而愚人**은 **畏明**[①]하며 **聖人之憎惡**(오)**也**는 **內**이나 **愚人之憎惡也**는 **外**[②]이며 **聖人**은 **將動必知**나 **愚人**은 **至危易辭**[③]라 **聖人**은 **能輔時**나 **不能違時**[④]라 **知者善謀**나 **不如當時**니 **精時者**는 **日少而功多**라

① 聖人……畏明 : 성인은 길흉을 미리 알 수 있다. 그러므로 "미세한 기미를 두려워한다."고 말하는 것이다. 어리석은 사람은 불 가까이 가야 비로소 뜨거움을 알고 얼음을 밟아야 추위가 온다는 것을 안다. 그러므로 "밝게 드러나야 두려워한다."고 말하는 것이다.

---

12) 營壘(영루) : 군영 주위에 설치한 방어용 구축물을 이른다.

聖人은 能知吉凶之先見이니 故曰 畏微요 愚人은 近火方知熱하고 履氷乃知寒하니 故曰 畏明也이라

② 聖人之憎惡也……外 : 성인은 마음속의 간사한 음모를 안다. 그러므로 '안'을 미워한다. 어리석은 사람은 병기가 목에 와 닿아야 비로소 두려워한다. 그러므로 '밖'을 미워한다.

聖人은 知心胸之姦謀하니 故憎內요 愚人은 兵在頸方懼하니 故憎外也라

③ 聖人將動必知 愚人至危易辭 : 성인은 움직일 때 반드시 은밀히 알지만, 어리석은 자는 위험이 이르러도 재앙이 다가오는 것도 모르고, 오히려 한가한 말만 하고 있다. 그렇게 된 이후에 湯임금과 武王의 군대가 봉기하였다.

聖人之動은 必闇知나 愚者는 至危라도 不知禍之將至하고 尙有慢易之辭니 然後湯武之師起也라

④ 聖人能輔時 不能違時 : 성인은 마땅한 때가 오는 것에 말미암아 일을 도와 이룰 수 있을 뿐, 때를 어겨서 공을 세울 수는 없다. 桀과 紂의 폭정이 없었으면 湯임금과 武王의 功도 없었을 것이다.

聖人은 能因時來하여 輔成其事요 不能違時而立功이라 不有桀紂之暴則無湯武之功이라

무릇 일을 도모함에 있어 중심이 없으면 곤란해지고, 일을 행함에 있어 준비가 없으면 실패한다. 이 때문에 聖王은 준비를 모두 갖추는 데 힘쓰고 신중히 때를 지키며, 준비를 갖춘 상태에서 때를 기다리고, 때에 맞추어 일을 일으키며, 때가 이르면 군대를 일으킨다.

적의 견고한 성을 끊어 적국을 공격하고,[13] 큰 나라를 격파하여 그 영토를 제어하며, 근본을 크게 하고 말단을 작게 하며, 가까운 나라와 화목하게 지내고 먼 나라를 공격한다. 큼으로써 작음을 이끌고, 강함으로써 약함을 부리며, 백성을 이롭게 하고 위엄을 천하에 떨친다. 〈이상과 같이 하면〉 명령이 제후들에게 시행되어 어김이 없게 되고, 가까이로는 복종하지 않는 나라들이 없고 멀리로는 명령을 따르지 않는 〈나라가〉 없게 된다.

夫謀無主則困하고 **事無備則廢**라 **是以聖王**은 **務具其備**하고 **而愼守其時**하며 **以備待時**하고 **以**

13) 적의……공격하고 : 이 구절의 원문 "絶堅而攻國"에 대해 舊注에서는 "그 병기가 매우 뛰어나고 견고하고 예리하므로 적국을 공격할 수 있다."로 풀이하고 있다. 그러나 이러한 풀이는 이어지는 뒷구절 "破大而制地 大本而小標 埊近而攻遠"과 순조롭게 연결되지 않는다. 즉 문장 구조상으로 볼 때 뒷구절들은 '동사+목적어, 동사+목적어'로 되어 있는데, 구주에 의거하면 "絶堅而攻國"은 '동사+동사, 동사+목적어'의 형태가 된다. 따라서 역자는 구주를 따르지 않았다.

時興事하며 **時至而擧兵**이라 **絶堅而攻國**①하고 **破大而制地**하며 **大本而小標**②하고 **埊近而攻遠**③[14)]이요 **以大牽小**하고 **以强使弱**하며 **以衆致寡**하고 **德利百姓**하며 **威振天下**라 **令行諸侯而不拂**하고 **近無不服**하고 **遠無不聽**이라

① 絶堅而攻國 : 그 병기가 매우 뛰어나고 견고하고 예리하므로 적국을 공격할 수 있다.
其兵超絶而又堅利하니 故能攻國이라

② 大本而小標 : '標'는 말단이다. 근본이 크고 말단이 작으면 무너지기 어렵다.
標는 末也라 本大而末小則難崩也라

③ 埊近而攻遠 : 온전한 땅이 가까이 있으므로 먼 곳을 공격하고 돌아올 수 있는 것이다. 高祖와 光武帝가 關中과 河內를 소유했던 경우와 같다.[15)]
所全之地近이라 故能攻遠而有歸니 若高光之有關中河內也라

무릇 현명한 왕이 천하에서 힘쓰는 것은 바른 이치이다. 강한 나라를 억누르고 약한 나라를 도와주며, 포악한 나라를 제어하고 탐욕스러운 나라를 멈추게 하며, 망한 나라의 후손을 보존해주고 위태로운 나라를 안정시켜 준다. 이러한 공 때문에 천하가 그를 받들고, 제후들이 친하게 〈다가오며,〉 백성들이 이롭게 여기는 것이다. 그러므로 천하 사람들이 그를 왕으로 삼는다. 그 지혜가 천하를 덮을 정도이고, 그 계책이 한 세대를 통틀어 최고이며, 그 재주가 四海에 떨치는 사람은 왕을 보좌할 수 있다.

夫明王爲天下는 **正理也**①니 **按强助弱**②하고 **圉暴止貪**하며 **存亡定危**하고 **繼絶世**라 **此**는 **天下之所載也**③요 **諸侯之所與也**④요 **百姓之所利也**라 **是故天下王之**⑤라 **知蓋天下**하고 **(繼)〔計〕最**

14) 埊近而攻遠 : '埊'자는 현재 한자에 없는 글자이다. 따라서 이 글자의 의미가 무엇인가에 대해 주석가들 사이에 논쟁이 많았다. 孫星衍(淸)은 '地'의 古字로 보았고(≪管子集校≫), 顔昌嶢(中)는 舊注에 의거하여 '全'자로 보았다.(≪校管異義≫) 그러나 黎翔鳳(中)은 이 구절 앞에 놓여 있는 "絶堅而攻國 破大而制地 大本而小標"에서 '絶' '破' '大'가 동사라는 점에 의거하여 '埊'도 동사가 되어야 한다고 보았다. 이어서 그는 '埊'는 '坴'과 같은 글자이고, '坴'은 곧 '睦'과 통한다고 보았다.(≪管子校注≫) 역자는 黎翔鳳의 견해를 따랐다.

15) 高祖와……같다 : "荀彧이 간언하였다. '옛날에 高祖는 關中을 소유하였고, 光武帝는 河內를 소유하였으니, 모두 뿌리가 깊고 근본이 견고함으로써 천하를 제어하였습니다. 나아가면 적에게 승리할 수 있었고, 물러나면 견고하게 지킬 수 있었습니다. 그러므로 비록 일시적인 곤란함이나 패함이 있었으나 결국에는 대업을 이룰 수 있었습니다.〔荀彧諫曰 昔高祖保關中 光武據河內 皆深根固本 以制天下 進可以勝敵 退足以堅守 故雖有困敗 而終濟大業〕'"(≪後漢書≫ 〈鄭孔荀列傳〉)

一世[16)]⑥하고 材振四海는 王之佐也라

① 夫明王爲天下 正理也 : 바른 이치를 닦으면서 행동하기 때문에 천하의 공을 이룰 수 있다.
修正理而動하니 故能成天下之功也라

② 按强助弱 : '按'은 '누르다'는 의미이다.
按은 抑也라

③ 天下之所載也 : 덕행과 의리가 이와 같으므로 천하에 의해 받들어지는 것이다.
德義如此하니 故爲天下所載也라

④ 諸侯之所與也 : '與'는 '친하다'는 의미이다.
與는 親也라

⑤ 天下王之 : 천하 사람들이 즐겁게 추대하여 왕으로 삼는다.
天下樂推以爲王이라

⑥ 繼最一世 : 패한 나라의 후손을 이어주고 망한 나라의 제사를 존속시켜 주는 사람은 천하의 공을 이룰 수 있다.
其繼敗續亡은 能成天下之功也라

千乘의 나라가 그 지킬 것[17)]을 얻으면 제후들을 신하로 삼을 수 있고 천하도 소유할 수 있다. 그러나 萬乘의 나라가 그 지킬 것을 잃으면 그 나라는 망하게 된다. 천하가 모두 다스려지는데 자기 나라 홀로 어지러우면 그 나라는 망하게 된다. 제후들이 모두 〈霸者의〉 명령을 따르는 데 자기 나라 홀로 따르지 않으면 그 나라는 망하게 된다. 이웃 나라들이 모두 그 방비가 엄격한 데 자기 나라 홀로 느슨하면 그 나라는 망하게 된다. 이 세 가지는 망국의 징조들이다.

千乘之國이 **得其守**면 **諸侯可得而臣**이요 **天下可得而有也**라 **萬乘之國**이 **失其守**면 **國非其國也**라 **天下皆理**로되 **己獨亂**이면 **國非其國也**요 **諸侯皆令**①이로되 **己獨孤**면 **國非其國也**요 **隣國皆險**이로되 **己獨易**(이)②면 **國非其國也**니 **此三者**는 **亡國之徵也**라

---

16) (繼)〔計〕最一世 : 저본에는 '繼'로 되어 있으나, 王引之(淸)의 견해에 의거하여 '計'로 바로잡았다. '繼'는 '計'와 음이 같고, 또한 앞에 나오는 "繼絶世"로 인해 잘못 쓰여졌다는 것이다. 그리고 '計'는 앞의 '知'와 뒤의 '材'와 그 의미가 서로 연결된다는 것이다.(≪讀書雜志≫)

17) 그……것 : 李勉(中)은 바로 앞에 언급된 '王之佐'를 가리키는 것으로 보았다.(≪管子今註今譯≫) 그러나 전체 문맥으로 볼 때 그 이전에 언급된 '正理', 즉 현명한 왕이 힘쓰는 '강한 나라를 억누르고 약한 나라를 도와줌', '포악한 나라를 제어하고 탐욕스러운 나라를 멈추게 함', '망한 나라의 후손을 보존해 주고 위태로운 나라를 안정시켜 줌' 등의 正理를 가리키는 것으로 보는 것이 타당하다.

① 諸侯皆令 : 모두 霸者의 명령을 따른다.
皆從霸者之命이라

② 皆險 己獨易(이) : '易'는 '평이하여 견고하지 않다'는 의미이다. 방어 준비가 없는 것을 말한다.
易는 平易不牢固라 謂無守禦之備也라

무릇 나라는 크지만 정치가 작으면 그 나라는 그 정치를 따라 작아지고, 나라는 작지만 정치가 크면 그 나라도 더욱 커진다. 나라가 크지만 힘쓰지 않는 나라는 다시 작아지고, 강하지만 잘 다스리지 않는 나라는 다시 약해지며, 백성이 많지만 잘 다스리지 않는 나라는 백성이 다시 적어진다. 신분이 존귀하지만 禮가 없는 자는 다시 미천해지고, 중요한 지위에 있지만 위계질서를 무시하는 자는 다시 가벼워지며, 부유하지만 교만한 자는 다시 가난해진다. 그러므로 나라를 관찰할 때는 군주를 살피고, 군대를 관찰할 때는 장수를 살피며, 전쟁 준비 상황을 관찰할 때는 들판을 살핀다.

夫國大而政小者는 **國從其政**①하고 **國小而政大者**는 **國益大**②라 **大而不爲者**는 **復**(부)**小**③하고 **强而不理者**는 **復弱**④하며 **衆而不理者**는 **復寡**⑤하고 **貴而無理者**는 **復賤**⑥하고 **重而凌節者**는 **復輕**⑦하며 **富而驕肆者**는 **復貧**⑧이라 **故觀國者觀君**⑨하고 **觀軍者觀將**⑩하며 **觀備者觀野**⑪라

① 夫國大而政小者 國從其政 : 작은 정치는 나라를 쭈그러뜨린다. 그러므로 나라는 그 정치를 따라간다.
小政蹴國하니 故國從其政이라

② 國小而政大者 國益大 : 큰 정치는 나라를 개방한다. 그러므로 나라는 더욱 커진다.
大政開國하니 故國益大라

③ 大而不爲者 復(부)小 : 나라가 크지만 힘쓰지 않으면 날마다 줄어든다. 그러므로 다시 작아진다.
大而不爲則日損하니 故復小라

④ 强而不理者 復弱 : 나라가 강하지만 잘 다스리지 않으면 기강이 어지러워진다. 그러므로 다시 약해진다.
强而不理則綱紀亂하니 故復弱也라

⑤ 衆而不理者 復寡 : 백성이 많아도 잘 다스리지 않으면 사람들이 흩어진다. 그러므로 다시 적어진다.
衆而不理則人散하니 故復寡라

⑥ 貴而無理者 復賤 : 신분이 존귀하지만 예가 없으면 지위를 빼앗긴다. 그러므로 다시 미천해진다.
貴而無禮則位奪이니 故復賤也라

⑦ 重而凌節者 復輕 : 지위가 무겁지만 위계질서를 무시하면 위엄이 사라진다. 그러므로 다시 가벼워진다.
重而凌節則威喪하니 故復輕也라

⑧ 富而驕肆者 復貧 : 부유하지만 교만하면 재산이 고갈된다. 그러므로 다시 가난해진다.
富而驕肆則財竭하니 故復貧也라

⑨ 觀國者觀君 : 군주는 교화의 주체이다.
君爲化主라

⑩ 觀軍者觀將 : 장수는 병사들의 근본이다.
將爲兵本이라

⑪ 觀備者觀野 : 들판에 장애물과 요새가 있으면 나라가 침범당하지 않는다.
野有障塞(새)면 則國不侵이라

그 군주가 현명한 것 같지만 현명하지 않고, 그 장수가 어진 것 같지만 어질지 않으며, 그 백성이 농사를 짓는 것 같지만 농사가 엉망이면, 이미 세 가지 지킬 것을 잃어 나라가 망하게 된다.

땅이 넓지만 농사에 힘쓰지 않는 것을 '土滿(땅만 가득함)'이라 하고, 백성이 많지만 다스려지지 않는 것을 '人滿(사람만 가득함)'이라 하며, 군대가 威容이 있지만 〈멈춰야 할 곳에서〉 멈출 줄 모르는 것을 '武滿(武勇만 가득함)'이라 한다. 이들 세 가지 '滿'이 그치지 않으면 나라가 망하게 된다.

땅이 넓지만 농사짓지 않으면 자기 땅이 아니고, 신하의 벼슬이 높지만 신하 노릇 하지 않으면 자기 신하가 아니며, 백성이 많지만 친하지 않으면 자기 백성이 아니다.

其君如明而非明也[①]며 **其將如賢而非賢也**[②]며 **其人如耕者而非耕也**[③]면 **三守旣失**하여 **國非其國也**[④]라 **地大而不爲**를 **命曰土滿**[⑤]이요 **人衆而不理**를 **命曰人滿**[⑥]이요 **兵威而不止**를 **命曰武滿**[⑦]이니 **三滿而不止**면 **國非其國也**[⑧]라 **地大而不耕**이면 **非其地也**[⑨]며 **卿貴而不臣**이면 **非其卿也**[⑩]며 **人衆而不親**이면 **非其人也**[⑪]라

① 如明而非明也 : 겉으로는 현명하지만 안으로는 우둔하다.

外明而內暗이라

② 如賢而非賢也 : 겉으로는 어진 것 같지만 안으로는 어리석다.
外賢而內愚라

③ 如耕者而非耕也 : 비록 농사를 짓고 있는 듯하지만 잡초만 무성하다.
雖耕而鹵莽이라

④ 三守既失 國非其國也 : '三守'는 '현명함', '어짊', '농사지음'을 가리킨다. '既失'은 '〈겉으로는〉 그럴듯하지만 〈실질적으로는〉 그렇지 않은 것'을 말한다.
三守는 謂明賢耕이요 既失은 謂是而非라

⑤ 地大而不爲 命曰土滿 : 땅이 넓지만 수확량이 적은 것을 말한다.
謂土廣而功狹也라

⑥ 人衆而不理 命曰人滿 : 사람이 많지만 다스림이 적은 것을 말한다.
謂人多而政少라

⑦ 兵威而不止 命曰武滿 : 이른바 "亢이란 말은, 나아갈 줄만 알고 물러날 줄 모른다."[18] 이다.
所謂亢之爲言也는 知進而不知退也라

⑧ 三滿而不止 國非其國也 : 세 가지 '滿'이 멈추지 않으면 곧바로 패망에 이르게 된다.
三滿不止면 敗亡立至라

⑨ 地大而不耕 非其地也 : 땅이 넓지만 농사짓지 않으면 수확하는 것이 없다.
地大不耕則無所獲이라

⑩ 卿貴而不臣 非其卿也 : 벼슬이 높지만 신하 노릇 하지 않으면 적으로 변한다. 卿大夫를 가리킨다.
卿貴不臣이면 化爲敵也라 謂卿大夫라

⑪ 人衆而不親 非其人也 : 백성이 많지만 친하지 않으면, 그들은 군주가 망하길 바란다.
人衆不親이면 欲亡者也라

무릇 토지가 없으면서 부유해지고자 하는 자는 근심하게 되고, 덕이 없으면서 왕이 되고자 하는 자는 위태롭게 되며, 베푸는 것이 적으면서 많이 얻고자 하는 자는 외롭게 된다. 무릇 윗사람의 권력이 협소한데 아랫사람의 권력이 폭넓고, 나라는 작은데 都邑이 크면, 군주가 시해당한다. 군주는 존귀하고 신하는 미천하며, 윗사람은 위엄이 있고 아랫사람은 공경하며, 명령이 시행되고 백성들이 복종하는 것이 다스림의 지극함이다.

18) 亢이란……모른다 : ≪周易≫ 乾卦 〈文言傳〉에 나오는 말이다.

夫無土而欲富者는 **憂**①하고 **無德而欲王者**는 **危**②하며 **施薄而求厚者**는 **孤**③라 **夫上夾而下苴**④하고 **國小而都大者**는 **弑**⑤라 **主尊臣卑**하고 **上威下敬**하며 **令行人服**이 **理之至也**라

① 無土而欲富者 憂 : 토지가 없으면서 부유해지고자 하는 것은, 나무에서 물고기를 구하는 것과 같다. 그러므로 근심하게 된다.
無土欲富는 猶緣木而求魚니 故憂也라

② 無德而欲王者 危 : 덕이 없으면서 왕이 되고자 하는 것은, 앞으로 나아가고자 하면서 뒤로 물러나는 것과 같다. 그러므로 위태롭게 된다.
無德而〔欲〕王[19]은 猶欲進而卻行이니 故危라

③ 施薄而求厚者 孤 : 베푸는 것은 작으면서 많은 것을 구하면 사람들이 반드시 호응하지 않는다. 그러므로 외롭게 된다.
施薄求厚면 人必不應이니 故孤라

④ 上夾而下苴 : '苴(저)'는 '감싸다'는 의미이다. 윗사람이 이미 좁으므로 아랫사람에 의해 감싸지는 것이다.
苴는 包裹也라 上旣狹하니 故爲下所苞라

⑤ 上夾而下苴……弑 : 이 두 가지는 항상 찬탈과 시해당하는 재앙을 지닌다.
此二者는 常有簒弑之禍라

천하에 두 천자가 있게 하면 천하를 다스릴 수 없고, 한 나라에 두 임금이 있게 하면 나라를 다스릴 수 없으며, 한 집안에 두 아버지가 있게 하면 집안을 다스릴 수 없다. 무릇 명령이 높지 않으면 시행되지 않고, 〈군주로부터〉 전일하게 나오지 않으면 따르지 않는다. 堯임금과 舜임금 시대의 백성들은 태어날 때부터 다스려졌던 것이 아니고, 桀임금과 紂임금 시대의 백성들은 태어날 때부터 어지러웠던 것이 아니다. 다스려지거나 어지러워지는 것은 윗사람에게 달려 있다.

使天下兩天子면 **天下不可理也**요 **一國而兩君**이면 **一國不可理也**요 **一家而兩父**면 **一家不可理也**①라 **夫令**은 **不高不行**하고 **不(摶)〔專〕不聽**②[20]이라 **堯舜之人**은 **非生而理也**③요 **桀紂之人**은 **非生而亂也**④라 **故理亂在上也**라

---

19) 無德而〔欲〕王 : 저본에는 '欲'이 없으나, 원문 "無德而欲王"을 받는 말이므로 보충하였다.
20) 不(摶)〔專〕不聽 : 저본에는 '摶'으로 되어 있으나, 豬飼彦博(日)의 견해에 의거하여 '專'으로 바로잡았다.(≪管子補正≫) 舊注에서는 '摶'을 '聚'로 풀이하고 있는데 의미가 통하지 않는다.

① 天下兩天子……一家不可理也 : 무릇 이 모든 것은 이른바 '두 개의 권력은 반드시 다툰다.'[21]는 것이니, 어지러움이 발생하는 근본이다.
凡此는 所謂兩權必爭이니 亂之本也라

② 不摶不聽 : '摶'은 '모이다'는 의미이다. 군주의 명령이 높지 않고 집중되지 않으면 사람들이 따르지 않는다.
摶은 聚也라 君命不高不聚면 (而)〔不〕[22]聽之라

③ 堯舜之人 非生而理也 : 〈요임금과 순임금에게〉 교화되어 다스려지게 된 것이다.
化之而理라

④ 桀紂之人 非生而亂也 : 〈桀임금과 紂임금을〉 본받아 어지러워지게 된 것이다.
效之而亂이라

무릇 霸業과 王業이 시작되는 곳에서는 백성을 근본으로 삼는다. 근본이 다스려지면 나라가 견고하고, 근본이 어지러우면 나라가 위태롭다. 그러므로 윗사람이 현명하면 아랫사람들이 공경하고, 정치가 평안하면 백성들이 편안하며, 병사들이 훈련되고 화합하면 군대가 적을 이기고, 유능한 사람을 부리면 온갖 일들이 잘 처리되며, 어진 사람을 친하게 대하면 윗사람이 위태롭지 않으며, 현자를 임명하면 제후들이 복종한다.

夫霸王之所始也는 **以人爲本**이니 **本理則國固**하고 **本亂則國危**라 **故上明則下敬**하고 **政平則人安**하며 **士教和則兵勝敵**하고 **使能則百事理**하며 **親仁則上不危**하고 **任賢則諸侯服**이라

霸王의 모습은 다음과 같다. 덕행과 의리가 뛰어나고, 지혜와 계책이 뛰어나며, 용병이 뛰어나고, 지형이 뛰어나며, 움직임이 뛰어나다. 이와 같으므로 천하에 왕노릇 한다.

霸王之形①은 **德義勝之**하고 **智謀勝之**하고 **兵戰勝之**하고 **地形勝之**하고 **動作勝之**라 **故王之**②라

① 霸王之形 : 霸王의 모습에 대해 설명한다.
說霸王之形容이라

21) 두……다툰다 : 이 말은 《周易》 坤卦 彖傳의 王弼 注에 나오는 다음과 같은 말에 근거하고 있다. "무릇 두 영웅이 있으면 반드시 다투고, 두 주인이 있으면 반드시 위태로워진다.〔夫兩雄必爭 二主必危〕"

22) (而)〔不〕 : 저본에는 '而'로 되어 있으나, 앞뒤 문맥을 고려하여 '不'로 바로잡았다.

② 德義勝之……故王之 : 이들 다섯 가지 뛰어남이 있으므로 왕 노릇 할 수 있다.
有此五勝하니 故可以王이라

무릇 나라를 잘 이용하는 사람은, 〈큰 나라는〉 그것의 무거움에 말미암아 그 형세를 이용해 작게 하고, 〈강한 나라는〉 그것의 권세에 말미암아 그 형세를 이용해 약하게 하며, 〈무거운 나라는〉 그것의 형태에 말미암아 그 형세를 이용해 가볍게 한다.

夫善用國者는 **因(其)大國之重**[23)]하여 **以其勢小之**하고 **因彊國之權**하여 **以其勢弱之**하며 **因重國之形**하여 **以其勢輕之**①라

① 因(其)大國之重……以其勢輕之 : 무릇 '큼' '강함' '무거움'은 모두 〈국가 형세가〉 가득 차고 왕성한 나라들의 특징들이다. 그러나 왕성한 것은 때가 되면 쇠퇴하고, 가득 찬 것은 때가 되면 줄어든다. 그러므로 그 쇠퇴하고 줄어드는 상황에 말미암아, 큰 것은 작게 하고 강한 것은 약하게 하며 무거운 것은 가볍게 한다.
凡大彊重은 皆國之盈盛者也라 然盛者有時而衰하고 盈者有時而息이라 故因其衰息之勢하여 大小之하고 彊者弱之하며 重者輕之라

강한 나라가 많으면 강한 나라들을 모아 약한 나라를 공격함으로써 霸業을 도모하고, 강한 나라가 적으면 작은 나라들을 모아 큰 나라를 공격함으로써 王業을 도모한다. 강한 나라가 많은데 왕업의 형세를 말하는 것은 어리석은 사람의 지혜이고, 강한 나라가 적은데 霸道를 시행하는 것은 일을 망치는 계책이다.

彊國衆이면 **合彊以攻弱**하여 **以圖霸**①하고 **彊國少**면 **合小以攻大**하여 **以圖王**②이라 **彊國衆而言王勢者**는 **愚人之智也**③요 **彊國少而施霸道者**는 **敗事之謀也**④라

① 彊國衆……以圖霸 : 당시에 강한 나라들이 많으면, 비록 내 나라가 강하여도 霸業을 도모할 수 있다는 말이다.
謂時彊國衆多면 吾國雖彊이나 亦可圖霸라

② 彊國少……以圖王 : 당시에 강한 나라가 적으면 나는 여러 소국을 모아 강대국을 공격할 것이니, 이렇게 하면 王業을 도모할 수 있다는 말이다.

23) 因(其)大國之重 : 저본에는 '其'가 있으나, 俞樾(淸)의 견해에 의거하여 衍文으로 처리하였다. 그는 다음에 나오는 비슷한 문형의 "因强國之權" "因重國之形"에도 모두 '其'가 없다는 점을 그 근거로 제시하였다.(≪諸子平議≫) 戴望(淸)도 元本 및 劉本에도 '其'가 없다는 점을 지적하였다.(≪管子校正≫)

謂時彊國旣少我則合衆聚小하여 以攻彊大之國이니 如此者는 可以圖王이라

③ 彊國衆而言王勢者 愚人之智也 : 王業을 말할 때가 아니다.
非言王之時라

④ 彊國少而施霸道者 敗事之謀也 : 霸道를 시행할 때가 아니다.
非施霸之時라

무릇 神聖은 천하의 형세를 살펴 움직일 때와 머무를 때를 알고, 앞서거나 뒤서야 할 상황을 파악하며, 禍와 福이 생겨나는 문을 안다. 강한 나라가 많을 때는 먼저 擧兵하면 위태롭고, 나중에 거병하면 이롭다. 강한 나라가 적을 때는 먼저 거병하는 자가 王이 되고, 나중에 거병하는 자는 망한다. 싸우는 나라가 많을 때는 나중에 거병하면 霸者가 될 수 있고, 싸우는 나라가 적을 때는 먼저 거병하면 王者가 될 수 있다.

夫神聖은 **視天下之形**하여 **知動靜之時**하고 **視先後之稱**하며 **知禍福之門**이라 **彊國衆**이면 **先擧者危**하고 **後擧者利**①요 **彊國少**면 **先擧者王**하고 **後擧者亡**이요 **戰國衆**이면 **後擧可以霸**요 **戰國少**면 **先擧可以王**이라

① 彊國衆……後擧者利 : 강한 나라가 많을 때 먼저 거병하면 반드시 강한 나라에 의해 도모된다. 그러므로 위태롭다.
彊國衆에 先擧면 必爲彊者所圖라 故危라

아직 王者의 자질에 미치지 못한 사람의 마음은 반듯하지만 최상의 상태가 아니고, 〈아랫사람들에게〉 爵位를 나누어주지만 현명한 사람에게 양보하지 못하며, 현명하다고는 하지만 〈인재를 등용함에 있어서〉 나이 순서를 고려하지 못하고 무리 중에서 선택하지 않는다. 이는 〈왕이라고 하는〉 '큰 물건'을 탐하는 것일 뿐이다. 그러므로 참된 王의 모습은 위대하다. 무릇 先王들이 천하를 다툴 때는 반듯한 마음으로 하였고, 천하에 왕으로 설 때는 가지런한 태도로 하였으며, 천하를 다스릴 때는 평이한 도리로 하였다.

(夫)〔未〕王者之心[24]은 **方而不最**①하고 **列不讓賢**②하며 **賢不齒弟擇衆**③이니 **是貪大物也**④라

24) (夫)〔失〕王者之心 : 저본에는 '夫'로 되어 있으나, 앞뒤 문맥을 고려하여 '未'로 바로잡았다. 만약 원문처럼 "夫王者之心"으로 읽으면, 뒤에 이어지는 구절의 내용과 순조롭게 연결

是以王之形大也⑤라 **夫先王之爭天下也**에 **以方心**⑥하고 **其立之也**에 **以整齊**⑦하며 **其理之也**에 **以平易**⑧라

① 方而不最 : 마음이 비록 곧고 반듯하지만 아직 최상은 아니다.
心雖方直이나 未爲其最라

② 列不讓賢 : 비록 작위를 나누어주지만 현명하고 뛰어난 사람에게 양보하지 않는다.
雖列爵位나 不讓賢俊이라

③ 賢不齒弟擇衆 : 비록 '현명하다'고 일컬어지나 나이의 많고 적음을 가리지 않고, 또한 무리 중에서 선택하여 등용하지 않는다.
雖稱爲賢이나 無優劣齒第요 又非選衆而擧也라

④ 是貪大物也 : '大物'은 큰 보물의 지위를 가리킨다. 이러한 여러 가지가 있는 사람은 바로 〈왕이라는〉 큰 지위의 이익을 탐하는 것이지, 〈왕이라는〉 지위에 걸맞는 자질이 없다.
大物은 謂大寶之位라 有此數者는 是定貪大位之利而無得位之實也라

⑤ 王之形大也 : 〈王의 지위는〉 자잘한 술책으로 얻을 수 없다.
不可以小數得이라

⑥ 夫先王之爭天下也 以方心 : 마음이 반듯하고 최상이므로 천하를 다툴 수 있다.
心方而最니 故可以爭天下也라

⑦ 其立之也 以整齊 : 태도를 가지런히 정돈하므로 〈왕의 지위에〉 설 수 있다.
整而齊之니 故可立也라

⑧ 其理之也 以平易 : 〈다스리는 도리가〉 평이하므로 다스릴 수 있다.
平而易之니 故可理라

정치를 세우고 명령을 내릴 때는 人道를 쓰고, 爵位와 俸祿을 베풀 때는 地道를 쓰며, 국가 대사를 벌일 때는 天道를 쓴다. 그러므로 先王들이 정벌할 때는, 거역하는 자는 쳤으나 순종하는 자는 치지 않았고, 험준한 곳에 있는 자는 쳤으나 평지에 있는 자는 치지 않았으며, 지나치게 나가는 자는 쳤으나 미치지 못하는 자는 치지 않았다. 〈또한〉 국내의 사람들은 바른 도리로 부렸고, 제후들을 모이게 할 때는 권세로 이르게 하였다.

되지 않는다. 舊注에서는 "方而不最", "列不讓賢", "賢不齒弟擇衆", "是貪大物也" 등을 모두 부정적인 의미로 풀이하고 있다. 그리고 이러한 부정적 의미의 수식어들은 사실상 '王者之心'과 상반된다. 따라서 "夫王者之心"은 "未王者之心"의 오류로 보는 것이 타당하다. '夫'는 '未'의 誤字로 보인다. 참고로 郭沫若(中)은 '夫'를 '失'의 誤字로 보았다.(≪管子集校≫)

立政出令에 **用人道**①하고 **施爵祿**에 **用地道**②하며 **擧大事**에 **用天道**③라 **是故先王之伐也**는 **伐逆不伐順**하고 **伐險不伐易**(이)하며 **伐過不伐〔不〕及**④[25]이라 **四封之內**에 **以正使之**⑤하고 **諸侯之會**는 **以權致之**⑥라

① 立政出令 用人道 : 政令은 모름지기 백성의 마음에 합치되어야 한다.
政令須合人心이라
② 施爵祿 用地道 : 地道는 공평하며 사사로움이 없다.
地道平而無私라
③ 擧大事 用天道 : 마음이 天時에 응한 이후에 大事를 벌일 수 있다.
心應天時然後可以擧大事라
④ 伐過不伐〔不〕及 : 〈'伐過'는〉 너무 지나친 자를 정벌하는 것이다.
伐其太過者라
⑤ 以正使之 : 바른 도리로 사람을 부리면 사람들이 원망하지 않는다.
以正使之則人無怨이라
⑥ 以權致之 : 권세로 이르게 하면 감히 오지 않을 수 없다.
以權致之則不敢不來라

가까이 있으면서 복종하지 않는 자는 영토를 침범함으로서 근심하게 하고, 멀리 있으면서 말을 듣지 않는 자는 군대를 일으켜 위태롭게 한다. 고집부리면 정벌한다. 이는 武이다. 복종하면 편안히 대해준다. 이는 文이다. 문과 무 모두 충만한 것이 〈王者의〉 德이다.

近而不服者는 **以地患之**①하고 **遠而不聽者**는 **以刑危之**②라 **一而伐之**는 **武也**③요 **服而舍之**는 **文也**④니 **文武具滿**이 **德也**⑤라

① 近而不服者 以地患之 : 그 영토를 침범하면 스스로 복종하게 된다.
侵削其地則自服이라
② 遠而不聽者 以刑危之 : 군대를 일으켜 정벌한다.
興師以征之라

---

25) 伐過不伐〔不〕及 : 저본에는 '不'이 없으나, 戴望(淸)의 견해에 의거하여 보충하였다. 宋本 및 元本에는 '及' 앞에 '不'이 붙어 있다는 것이다.(≪管子校正≫) 丁士涵(淸)에 의하면, ≪說苑≫ 〈指武〉에도 "太公望曰 臣聞之 先王伐枉不伐順 伐嶮不伐易 伐過不伐不及"으로 되어 있다고 한다.(≪管子校本≫)

③ 一而伐之 武也 : 하나만을 고집하여 바뀌지 않으면 군대를 일으켜 정벌한다. 이것은 武에 해당한다.
守一不移면 興師伐之니 此其武也라

④ 服而舍之 文也 : 이미 복종하면 덕으로 대하고 편안하게 한다. 이것은 文에 해당한다.
旣服이면 舍之綏之以德이니 此其文也라

⑤ 文武具滿 德也 : 오직 文의 가르침과 武의 힘만이 그 덕을 가득 채울 수 있다.
唯文教武功이 可以滿其德이라

무릇 국가의 輕重과 强弱의 형세는, 제후들이 합하면 강해지고 홀로 고립되면 약해진다. 천리마도 백 필의 말로 번갈아 달리며 경쟁하면 반드시 피곤해지고, 한 세대의 최강자라 하더라도 천하가 힘을 합해 대항하면 반드시 쇠약해질 것이다. 강한 나라가 그 강함을 얻게 되는 것은 작은 나라들을 거두어들이기 때문이고, 그 강함을 잃게 되는 것은 자신의 강함만을 의지하기 때문이다. 작은 나라가 자신을 보존하는 것은 자신을 낮추기 때문이고, 자신의 〈나라를〉 잃는 것은 강한 나라를 떠나기 때문이다.

夫輕重彊弱之形은 **諸侯合則彊**하고 **孤則弱**이라 **驥之材**라도 **而百馬(伐)〔代〕**[26]**之**면 **驥必罷**(피)**矣**요 **彊最一(伐)〔代〕**[27]라도 **而天下共之**면 **國必弱矣**라 **彊國得之也**에 **以收小**하고 **其失之也**에 **以恃彊**이요 **小國得之也**에 **以制節**①[28]하고 **其失之也**에 **以離彊**②이라

① 小國得之也 以制節 : 제도가 절도에 합치하기 때문에 얻는다.
制度合節하니 故得之라

② 其失之也 以離彊 : 강한 나라를 떠나면 절도에 어그러지는 것이다. 그러므로 잃는다.
離彊則乖節者也라 故失이라

무릇 국가 규모의 크고 작음에 따라 서로 다른 계책을 지니고, 강하고 약함에 따

26) (伐)〔代〕: 저본에는 '伐'로 되어 있으나, 豬飼彦博(日)의 견해에 의거하여 '代'로 바로잡았다.(≪管子補正≫) 王念孫(淸)에 의하면 宋本에도 '代'로 되어 있다고 한다.(≪讀書雜志≫)

27) (伐)〔代〕: 저본에는 '伐'로 되어 있으나, 王念孫(淸)의 견해에 의거하여 '代'로 바로잡았다. 글자가 서로 유사함으로 인해 잘못 쓰여졌다는 것이다.(≪讀書雜志≫)

28) 小國得之也 以制節 : 王引之(淸)는 '制'는 '折'로 읽어야 한다고 주장하였다. ≪廣雅≫에 "制는 折이다〔制 折也〕"라고 말하고 있다는 것이다. 따라서 舊注는 잘못되었다고 보았다.(≪讀書雜志≫) 역자도 이를 따랐다.

라 서로 다른 모습을 취한다. 가까운 나라를 복종시켜서 멀리까지 영토를 넓히는 것은 王業을 이루는 나라의 모습이고, 작은 나라들을 모아 큰 나라를 공격하는 것은 적대적 정책을 펴는 나라의 모습이며, 오랑캐로 오랑캐를 공격하는 것은 중원 국가의 모습이고, 자신을 낮추고 강한 나라를 섬김으로써 죄를 피하는 것은 작은 나라의 모습이다.

夫國小大有謀하고 **彊弱有形**이니 **服近而(彊)〔疆〕遠**①[29]은 **王國之形也**요 **合小以攻大**는 **敵國之形也**요 **以負海攻負海**②는 **中國之形也**요 **折節事彊以避罪**는 **小國之形也**라

① 彊遠 : 강한 군대를 써서 멀리 있는 국가를 위협한다는 의미이다. 그러므로 '彊遠'이라 말한다.
謂用彊兵하여 威遠國이라 故曰 彊遠이라

② 以負海攻負海 : 오랑캐로 오랑캐를 공격한다는 의미이다. 오랑캐들은 바다를 등짐으로써 견고함을 삼는다. 그러므로 〈오랑캐를〉 '負海'라고 말한다.
謂以蠻夷攻蠻夷라 蠻夷는 負海以爲固라 故曰負海라

옛날부터 지금까지 먼저 난을 일으키고 때를 어기고 형세를 바꾸고도 功名을 이룰 수 있었던 자는 없었다. 항상 먼저 난을 일으키고 때를 어기고 형세를 바꾸면, 패하지 않은 경우가 없기 때문이다.

自古以至今히 **未嘗有(先能)〔能先〕**[30]**作難**하고 **違時易形**하여 **以立功名者無有**①라 **常先作難**하고 **違時易形**이면 **無不敗者也**라

① 無有 : 이러한 일이 없다는 말이다.
言無有此事也라

무릇 신하의 신분으로 임금을 정벌하여 천하를 바르게 하려는 자는, 무력으로만

29) 服近而(彊)〔疆〕遠 : 저본에는 '彊'으로 되어 있으나, 張佩綸(淸)의 견해에 의거하여 '疆'으로 바로잡았다.(≪管子學≫) 黎翔鳳(中)은 '强'은 '疆'과 통용될 수 있다고 보았다.(≪管子校注≫) 舊注에서는 '强遠'을 "강한 군대를 써서 멀리 있는 국가를 위협한다는 의미이다.〔謂用强兵威遠國〕"로 풀이하고 있는데, 역자는 따르지 않았다.

30) (先能)〔能先〕: 저본에는 '先能'으로 되어 있으나, 戴望(淸)의 견해에 의거하여 '能先'으로 바로잡았다. 宋本에는 '能先'으로 되어 있는데, 현재의 판본에는 앞뒤 글자가 뒤바뀌어 있다는 것이다.(≪管子校正≫)

공격하여 천하를 취하고자 해서는 안 된다. 반드시 먼저 계책을 정하고, 지형을 익히며, 권력의 추이를 이용하고, 동맹국들과 친교를 맺으며, 때를 살펴 움직여야 한다. 이렇게 하는 것이 王業을 이루는 사람의 전략이다.

夫欲臣伐君①**正四海者**는 **不可以兵獨攻而取也**②라 **必先定謀慮便地形**하고 **利權稱親與國**하며 **視時而動**이 **王者之術也**라

① 欲臣伐君 : 신하의 신분으로 군주를 정벌하는 것은, 湯王과 武王이 桀임금과 紂임금에 대한 경우와 같다.
以臣伐君은 若湯武之於桀紂也라
② 不可以兵獨攻而取也 : 자신을 낮추어 섬겨야 한다는 말이다.
謂當兼下事라

무릇 先王이 정벌 전쟁을 일으킬 때는, 擧兵은 반드시 義에 합당하게 하였고, 군대 사용은 반드시 포악한 자에게 하였으며, 형세를 살펴 〈용병의〉 可否를 알았고, 자신의 힘을 헤아려 상대를 공격하였으며, 공격이 성공하면 합당한 때임을 알았다. 그러므로 선왕이 정벌 전쟁을 벌일 때는 반드시 먼저 교전해본 이후에 공격하였고, 먼저 공격한 이후에 땅을 취하였다.

夫先王之伐也는 **擧之必義**하고 **用之必暴**①하며 **相形而知可**②하고 **量力而知攻**하며 **攻得而知時**라 **是故先王之伐也**는 **必先戰而後攻**하고 **先攻而後取地**니라

① 用之必暴 : 군대 사용은 반드시 포악하고 어지러운 자에게 가하였다.
其用師必加於暴亂이라
② 相形而知可 : 상대방의 혼란한 상황을 살핀다는 의미이다.
謂相其亂亡之形이라

그러므로 공격을 잘하는 사람은 자신의 병력을 헤아린 이후에 적의 병력을 공격하고, 자신의 군량을 헤아린 이후에 적의 군량을 공격하며, 자신의 군장비를 헤아린 이후에 적의 군장비를 공격한다. 병력으로 병력을 공격하되 적의 병력이 많으면 공격하지 않고, 군량으로 군량을 공격하되 적의 군량이 많으면 공격하지 않으며, 군장비로 군장비를 공격하되 적의 군장비가 많으면 공격하지 않는다. 견실한 곳을 피하고 허술한 곳을 공격하며, 견고한 곳을 피하고 취약한 곳을 공격하며,

어려운 곳을 피하고 쉬운 곳을 공격한다.

故善攻者는 **料衆以攻衆**①하고 **料食以攻食**하며 **料備以攻備**요 **以衆攻衆**하되 **衆存不攻**②하고 **以食攻食**하되 **食存不攻**하며 **以備攻備**하되 **備存不攻**이라 **釋實而攻虛**③하고 **釋堅而攻膬**하며 **釋難而攻易**(이)라

① 料衆以攻衆 : 아군의 병력의 다소를 헤아려 적의 병력을 대적할 만한 이후에 공격한다. 〈이하의〉 나머지도 이에 따른다.
量我衆寡하여 可敵彼衆然後攻이니 餘放此라
② 衆存不攻 : 적의 병력이 많으면 나는 적을 이길 수 없다. 그러므로 공격하지 않는다.
彼衆存則我不能亡之라 故不攻이라
③ 釋實而攻虛 : 적의 견실한 곳을 파악하여 그곳은 피한다.
知其實而避之라

무릇 나라들을 모여들게 하는 것은 옛것을 돈독히 하는 데 있지 않고, 세상을 다스리는 것은 남을 잘 공격하는 데 있지 않으며, 霸業과 王業은 부분적인 것을 잘 이루는 데 있지 않다.

夫搏國은 **不在敦古**①하고 **理世**는 **不在善攻**②하며 **霸王**은 **不在成曲**③이라

① 夫搏國 不在敦古 : 현재의 마땅함에 합치하는 데 있다. '搏'은 '모여들다'는 의미이다.
在於合今時之宜라 搏은 聚也라
② 不在善攻 : 형편에 따라 적절하게 시행하는 데 있다.
在於權宜라
③ 不在成曲 : 전체를 온전히 하는 데 있다.
在於全大體라

무릇 擧兵이 실패하면 나라가 위태로워지고, 刑罰이 지나치면 권력이 뒤집어지며, 계책이 평이하면 반드시 재앙이 되돌아오고, 계책이 적중하면 강함이 펼쳐지며, 공을 얻으면 명성이 따르고, 권세가 무거우면 명령이 시행된다. 진실로 이것은 〈불변하는〉 이치이다.

夫擧失而國危하고 **刑過而權倒**①하며 **謀易**(이)**而禍反**②하고 **計得而彊信**③하며 **功得而名從**하고 **權重而令行**이 **固其數也**④라

① 刑過而權倒 : 형벌이 이치를 벗어나면 권력이 뒤집어진다.
刑罰過理則權柄倒錯이라
② 謀易(이)而禍反 : 일을 꾸미는 계책이 평이한 술수이면 반드시 재앙이 되돌아온다.
謀事易數면 禍必反來라
③ 信 : 讀音은 '申'이다.
音申이라
④ 固其數也 : '數'는 '理'와 같다.
數는 猶理也라

무릇 강함을 다투는 나라는 반드시 먼저 계책, 형벌, 권세를 쟁취해야 한다. 군주를 기쁘게 하기도 하고 노여워하게도 하는 것은 계책이고, 국가의 권위를 가볍게 만들기도 하고 무겁게 만들기도 하는 것은 형벌이며, 군대를 진격하게 하기도 하고 후퇴하게 하기도 하는 것은 권세이다.

그러므로 계책에 밝으면, 군주가 원하는 것을 얻을 수 있고 명령을 시행할 수 있다. 형벌에 밝으면 큰 나라의 영토도 빼앗을 수 있고 강한 나라의 군대도 제어할 수 있다. 권세에 밝으면 천하의 군대를 일사불란하게 움직일 수 있고 제후들을 조회하게 할 수 있다.

夫爭彊之國은 **必先爭謀爭刑爭權**①이니 **令人主一喜一怒者**는 **謀也**②요 **令國一輕一重者**는 **刑也**③요 **令兵一進一退者**는 **權也**④라 **故精於謀則人主之願可得而令可行也**요 **精於刑則大國之地可奪**하고 **彊國之兵可圍也**요 **精於權則天下之兵可齊**하고 **諸侯之君可朝也**라

① 夫爭彊之國 必先爭謀爭刑爭權 : 먼저 이들 세 가지를 쟁취한 이후에 강함을 다툴 수 있다.
先此三爭하고 然後爭彊이라
② 令人主一喜一怒者 謀也 : 계책이 적중하면 군주가 기뻐하고, 계책이 실패하면 군주가 노여워한다.
謀得則喜하고 謀失則怒라
③ 令國一輕一重者 刑也 : 〈백성이〉 형벌을 두려워하면 국가의 권위가 무거워지고, 형벌을 대수롭지 않게 여기면 국가의 권위가 가벼워진다.
怒刑則重하고 喜刑則輕이라
④ 令兵一進一退者 權也 : 〈군대는〉 권세가 무거우면 진격하고, 권세가 가벼우면 후퇴한다.
權重則進하고 權輕則退라

무릇 神聖이 천하의 형세를 살펴보면, 세상이 도모하는 바를 알고, 군대가 공격할 바를 알며, 토지가 귀속되는 바를 알고, 명령이 시행되는 바를 안다. 무릇 미워하는 나라를 군대로 공격하고 이를 이롭게 여긴다면, 이는 이웃 나라들이 친하게 여기지 않게 되는 요인이 된다. 미워하는 나라를 권세로 흔들지만 이익을 적게 취하는 나라는 강국이 된다. 한 나라를 완전히 격파하고 그 영토를 후세에 전하는 자는 王者가 되지만, 한 나라를 완전히 격파하였으나 그 영토를 이웃 나라가 얻게 하는 자는 망한다.

夫神聖이 **視天下之刑**[31)]하면 **知世之所謀**하고 **知兵之所攻**하며 **知地之所歸**하고 **知令之所加矣**라 **夫兵攻所憎而利之**는 **此隣國之所不親也**①요 **權動所惡**(오)**而實寡歸者**는 **彊**②[32)]이라 **擅破一國**하여 **彊在後世者**는 **王**③[33)]이요 **擅破一國**하나 **彊在隣國者**는 **亡**④이라

① 夫兵攻所憎而利之 此隣國之所不親也 : 미워하는 나라를 군대로 공격하여, 공격이 성공하는 것을 이롭게 여기고 덕행과 의리를 베풀지 않으면, 이웃 나라들은 반드시 원망하며 친하게 다가오지 않는다.

兵攻所憎之國하여 而以攻得爲利하고 德義不施면 隣國必怨而不親이라

② 權動所惡而實寡歸者彊 : 그 위엄과 권세가 이미 미워하는 나라를 흔들 수 있으나, 사람들이 귀의하기에는 덕행과 의리의 실질이 적다면, 이런 나라는 단지 강한 나라일 뿐 霸者나 王者에는 이를 수 없다.

其威權이 旣動移所惡로되 而德義之實少爲人所歸면 如此는 但彊而已요 不能至霸王也라

③ 擅破一國……王 : 지금 한 나라를 완전히 격파하고 그 영토를 항상 지켜 후세에 전할 수 있으면, 그런 자는 王者가 된다.

今能專破一國하고 常守其彊하여 傳之後世면 如此者는 王也라

④ 擅破一國……亡 : 이미 한 나라를 격파하였으나 그 영토를 지킬 수 없어 이웃 나라가 그 영토를 얻게 하면, 이런 자는 망한다.

旣破一國이나 不能守彊하여 令隣國得之면 如此者는 亡也라

---

31) 夫神聖 視天下之刑 : 王念孫(淸)의 견해에 의거하여 '刑'을 '形'으로 읽었다. 고대에 '刑'과 '形'은 서로 통용되었다는 것이다.(≪讀書雜志≫)

32) 實寡歸者 强 : '實'의 의미에 대해 舊注와 주석가들 사이의 견해가 다르다. 구주에서는 '實'을 '德義之實'의 의미로 보았다. 그러나 豬飼彦博(日)이나 陶鴻慶(淸)은 '實'을 '利'의 의미로 보았다.(≪管子補正≫, ≪讀管子札記≫) 역자는 구주를 따르지 않고 후자의 견해를 취하였다.

33) 彊在後世者 王 : 舊注에 의거하면 여기서 '彊'은 '疆'의 의미로 사용되었다. 아래의 "彊在隣國者亡" 구절에서도 마찬가지이다.

제24편 자세히 살피고 묻다 問

내언7 內言 七

*'問'이란 〈小匡〉에서 언급된 '察問' 의 의미, 즉 국가를 다스릴 때 필요한 사항들에 대해 자세히 살피고 묻는다는 의미를 지닌다. 글의 첫머리에서 '問'의 기본 원칙을 제시하고, 이어서 전체 63개의 질문 항목을 나열하면서 이를 다시 24개의 영역으로 분류하고 있다. 단 마지막 부분에는 이상의 내용과 상관이 없는 〈制地〉라는 별도의 글이 달려 있다.

국가를 다스릴 때 살피고 물어야 할 것을 말한다.
謂爲國에 所當察問者라

무릇 군주가 조정에서 국정을 물어 살필 때는 기본 원칙이 있다. 덕 있는 사람에게 벼슬을 주면 대신들이 義를 진작시킬 것이고, 공을 세운 사람에게 俸祿을 주면 병사들이 죽음을 가볍게 여길 것이며, 사람들이 받드는 사람으로 병사들을 통솔하게 하면 상하가 화합하게 될 것이고, 능력 있는 사람에게 일을 맡기면 사람들이 功을 숭상할 것이며, 지은 죄에 합당하게 형벌을 내리면 사람들이 쉽게 송사를 벌이지 않을 것이고, 社稷과 宗廟를 어지럽히지 않으면 사람들이 존숭할 바가 있게 될 것이며, 국가 원로를 방치하지 않고 종친을 잊지 않으면 대신들이 원망하지 않을 것이고, 백성들의 급한 일을 모두 알아주면 대중들이 난을 일으키지

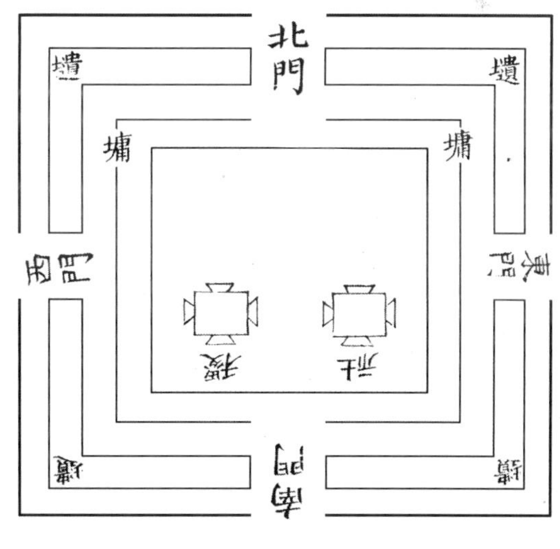

社稷

않을 것이다.

이상의 도를 행하면 나라에는 일정한 원칙이 있고, 사람들은 일의 처음과 끝에서 돌아갈 바를 알게 된다. 이러한 것이 霸王의 통치술이다. 이렇게 한 이후에 국정을 묻는 것이니, 묻는 일은 큰 공을 이룬 사람에게 먼저하고, 정사의 시행은 작은 일부터 한다.

凡立朝廷에 **問有本紀**①하니 **爵授有德則大臣興義**하고 **祿予有功則士輕死(節)**[1]하고 **上帥**(솔)**士以人之所戴則上下和**②하고 **授事以能則人上功**③하고 **審刑當罪則人不易**(이)**訟**④[2]하고 **無亂社稷宗廟則人有所宗**⑤하고 **毋遺老忘親則大臣不怨**⑥하고 **擧知人急**[3]**則衆不亂**이라 **行此道也**⑦[4]에 **國有常經**하고 **人知終始**니 **此霸王之術也**⑧라 **然後問事**니 **事先大功**⑨하고 **政自小始**⑩라

① 問有本紀 : 묻는 일에는 반드시 근본 원칙이 있다.
所問之事는 必有根本綱紀라

② 上帥(솔)士以人之所戴則上下和 : 병사들이 하는 바를 위에서 통솔하는 것이 모두 사람들이 우러러 받드는 바이다. 그러므로 상하가 화합한다.
上帥其士所爲者皆人之所戴仰이라 故上下和라

③ 授事以能則人上功 : 능력을 지닌 이후에 일을 맡는다. 그러므로 사람들이 功을 숭상한다.
有能然後得事라 故人上功也라

④ 審刑當罪則人不易訟 : '易'은 '서로'라는 의미이다. 형벌 주는 것이 모두 죄에 합당하므로 사람들이 서로 송사하지 않는다.
易은 猶交也라 所刑이 皆當其罪라 故人不交相訟이라

---

1) 士輕死(節) : 저본에는 '節'이 있으나, 丁士涵(淸)의 견해에 의거하여 衍文으로 처리하였다. '節'은 병사들이 가장 중시하는 것이기 때문에 '輕'으로 표현할 수 없다고 보았고, 따라서 '節'은 衍文이라는 것이다.(≪管子校本≫) 張佩綸(淸)도 어떤 판본에는 "士輕死"로 되어 있고 어떤 판본에는 "士死節"로 되어 있는데, 편집하는 사람이 이를 잘못 합쳐 "士輕死節"이 되었다고 보았다.(≪管子學≫)

2) 人不易(이)訟 : 舊注에서는 '易'를 '交'의 의미로 풀이하고 있다. 이에 대해 陶鴻慶(淸)은 尹知章(唐)이 '易'자의 의미를 제대로 이해하지 못하였다고 비판하였고(≪讀管子札記≫), 豬飼彦博(日)도 '易'는 곧 '輕易'의 의미로 보았다.(≪管子補正≫) 역자는 구주를 따르지 않고 도홍경 및 저사언박의 견해를 따랐다.

3) 擧知人急 : 舊注에서는 "곤란한 일을 들어서 사람들에게 보이면"으로 풀이하고 있다. 그러나 兪樾(淸)은 〈牧民〉의 "地辟擧則民留處"에 대한 尹知章(唐)의 注에 의거하여 '擧'를 '盡'으로 풀이해야 한다고 주장하였다.(≪諸子平議≫) 역자도 유월의 견해를 따랐다.

4) 行此道也 : 舊注에서는 이 구절을 앞의 "擧知人急則衆不亂"에 붙여 풀이하고 있다. 이에 대해 王念孫(淸)은 "行此道也"는 지금까지의 글을 총괄하면서 아래의 글을 일으키는 것으로 보아야 한다고 주장하였다.(≪讀書雜志≫) 전체 문맥으로 볼 때 왕염손의 주장이 타당하다.

⑤ 無亂社稷宗廟則人有所宗 : 사직과 종묘가 각각 그 바름을 얻으면, 사람들이 근본으로 삼을 바를 알게 된다.
社稷宗廟가 各得其正이면 則人知所宗이라

⑥ 毋遺老忘親 則大臣不怨 : 대신들이 국가의 원로가 아니면 군주가 몸소 그들을 잊지 않게 한다. 그러므로 원망하지 않는다.
大臣非國老면 則君親令不遺忘이라 故不怨이라

⑦ 擧知人急則衆不亂 行此道也 : '急'은 '곤란함'을 말한다. 곤란한 일을 들어서 사람들에게 보이면, 사람들이 그 길을 다시 시행하지 않는다.
急은 謂困難也라 擧困難之事以示人이면 則人不復行此道라

⑧ 國有常經……此霸王之術也 : 나라에 일정한 원칙이 있으면 사람들이 일의 시작과 끝에서 귀의할 바를 알게 된다. 이러한 것이 霸王의 통치술이다.
國有常經이면 則人知終始之所歸니 如此者는 霸王之術也라

⑨ 事先大功 : 큰 공을 이룬 사람에게 먼저 물으면 〈국가를 위해〉 수고한 신하들이 기뻐한다.
先問大功이면 則勞臣悅이라

⑩ 政自小始 : 정사를 행함에 있어 작은 것을 앞세우고, 은미한 것부터 시작하여 〈점차〉 크게 드러난 것에까지 이른다.
爲政에 先小從微而至著라

〈問 1〉

군왕의 일에 힘쓰다 죽은 자들의 孤兒 가운데 아직 농토와 집을 갖지 못한 사람이 있는가?

問 死事之孤에 **其未有田宅者有乎**①아

① 死事之孤 其未有田宅者有乎 : 아직 〈농토와 집을〉 갖지 못한 사람이 있으면 이를 제공한다. '死事孤'는 군왕의 일에 힘쓰다 죽은 사람의 자손을 말한다.
未有則給與之라 死事孤는 謂死王事之子孫也라

〈問 2〉

청장년 가운데 아직 軍役에 종사하지 않은 자는 몇 명인가?

問 少壯而未勝甲兵者幾何人①고

① 幾何人 : 그 숫자를 알면 미리 기준을 세운다.
知其數則預有所準이라

〈問 3〉

군왕의 일에 힘쓰다 죽은 사람의 아내는 그 일용 양식의 제공이 어떠한가?

問 死事之寡는 **其餼廩何如**①오

① 死事之寡 其餼廩何如 : '寡'는 〈군왕의 일에 힘쓰다〉 죽은 사람의 아내를 말한다. '餼廩(희름)'은 그 양식을 제공한다는 의미이다. '餼'는 날 음식이고, '廩'은 쌀과 조 종류이다.
寡는 謂其妻라 餼廩은 言給其餼廩이라 餼는 生食이요 廩은 米粟之屬也라

〈問 4〉

나라에 큰 공을 세운 사람은 어떤 관직의 관리를 하고 있는가?

問 國之有功大者는 **何官之吏也**①오

① 國之有功大者 何官之吏也 : 어떤 관직의 관리를 하고 있는지를 묻는 것은, 그 사람의 재능에 합당한가를 알고자 함이다.
問何官之吏는 欲知其材之所當이라

〈問 5〉

州의 대부는 어느 마을 출신의 선비이고, 지금 관리 또한 그를 어떻게 알고 추천하였는가?

問 州之大夫也는 **何里之士也**①오 **今吏亦何以明之矣**②오

① 州之大夫也 何里之士也 : 〈대부의〉 출신 지역을 묻는 것은, 그 지역의 풍속이 좋아하고 숭상하는 바를 알기 위해서이다.
問州里는 欲知其風俗所好尙이라

② 今吏亦何以明之矣 : 관리가 알게 된 바를 묻는 것은, 그가 내린 상의 厚薄을 알기 위해서이다.
問吏所明은 欲知其優賞厚薄이라

〈問 6〉

형벌의 심의는 일정한 규정이 있어 그에 의해 시행하니 바꿀 수 없는데, 지금 해당 사안이 오랫동안 미루어지고 있으니 어찌하려는 것인가?

問 刑論有常以行이라 **不可改也**니 **今其事之久留也何若**①고

① 刑論有常以行……今其事之久留也何若 : 죄가 이미 판결이 났다면 나라에는 일정한 규정이 있으니 그것을 마땅히 받들어 행해야 한다. 이것은 바꿀 수 없는 일이다. 그런데 지금 해당 사안이 오랫동안 미루어지고 있으니 장차 어찌하려고 하는가?
罪既論決이면 國有常科라 當奉而行之요 此不可改易者也니 今乃久留其事는 將如之何오

〈問 7〉

五官[5]에는 일정한 제도가 있고 官都에는 일정한 판단 기준이 있는데, 지금 일을 처리하지 않고 미루고 있는 것은 무엇을 기다리기 때문인가?

問 五官有度制하고 **官都有其常斷**이어늘 **今事之稽也**는 **何待**①오

① 五官有度制……何待 : '官都'는 여러 有司들을 총괄적으로 지휘하는 곳이다. 五官은 이미 각자의 제도가 있고, 官都 역시 자체적으로 일정한 판단 기준이 있다. 그런데 지금 일을 미루고 실행하지 않는 것은 장차 무엇을 기다리기 때문인가?
官都는 謂總攝諸司者也라 五官既各有制度하고 官都復自有常斷이어늘 今乃稽其事而不行은 將何待乎아

〈問 8〉

홀아비, 과부, 홀로 아이를 키우고 있는 과부, 병든 사람이 몇 명인가?

問 獨夫, 寡婦, 孤寡, 疾病者 幾何人也①오

① 幾何人也 : 그런 사람들의 숫자를 알면 마땅히 일용할 양식을 제공한다.
知其人數면 當有所廩餼라

---

5) 五官 : 동서남북 및 중앙에 설치한 관청을 말한다.

〈問 9〉

나라 밖으로 쫓겨난 사람은 어느 집안의 자제인가?

問 國之棄人은 **何族之子弟也**①오

① 國之棄人 何族之子弟也 : '棄人'은 허물이 있어 임용하지 않고 변방으로 쫓아낸 사람을 말한다. 그 사람의 친족을 묻는 것은, 거둘 사람이 있기를 바라기 때문이다.
棄人은 謂有過不齒하여 投之四裔者也라 問知其族은 欲有所收也라

〈問 10〉

고을의 良家에서 돌보는 사람은 몇 명인가?

問 鄕之良家에 **其所牧養者 幾何人矣**①오

① 鄕之良家……幾何人矣 : '良家'는 생활을 잘 꾸려 부자가 된 사람을 말한다. '牧養'은 그 사람이 스스로 생계를 꾸릴 수 없어 양가에서 전적으로 보살펴주는 것을 말한다. 양가에서 보살펴주는 사람의 숫자를 알고자 하는 것은, 〈양가의〉 부역을 면제해주기 위해서이다.
良家는 謂善營生以致富者요 牧養은 謂其人不能自存하여 良家全活之라 知其所養之數는 欲有所復除[6]也라

〈問 11〉

고을의 가난한 사람들 중 빚을 내어 살아가는 사람은 몇 집이나 되는가?

問 邑之貧人에 **債而食者 幾何家**①오

① 債而食者 幾何家 : '債而食'은 부자로부터 빚을 내어 생계를 유지하는 것을 말한다. 그런 집의 숫자를 알고자 하는 것은 빚을 면제해주기 위함이다.
債而食은 謂從富者出息以供食이라 知其家數는 欲有所矜免也라

〈問 12〉

과수원과 채마밭을 운영하면서 살아가는 집은 몇 가구인가? 밭을 개간하여 농사

6) 復除 : 부역을 면제해주다는 의미를 지닌다.

를 짓는 집은 몇 가구인가? 선비 신분으로 몸소 농사를 짓는 집은 몇 가구인가?

問 理園圃而食者 幾何家며 **人之開田而耕者 幾何家**며 **士之身耕者 幾何家**오

〈問 13〉

고을의 가난한 사람은 어느 집안의 후손인가?

問 鄕之貧人은 **何族之別也**①오

① 何族之別也 : 어떤 집안으로부터 갈라져 나온 후손인지 또는 公族의 후손인지를 알면, 마땅히 수용하여 구제해주어야 한다.
知從何族而別或從公族이면 當有所收恤也라

〈問 14〉

嫡長子가 형제들을 거두고 있는 집과 가난 때문에 형제들에게 의지하여 〈살아가는〉 집은 몇 가구인가?

問 宗子之收昆弟者와 **以貧從昆弟者 幾何家**①오

① 以貧從昆弟者 幾何家 : 가난하여 형제에 의지해 살아가는 자와 그를 따르는 자는 각각 몇 가구가 되는가?
以貧故從昆弟以求養者와 與之從者는 各有幾家也오

〈적장자 아닌〉 나머지 자식들 중 벼슬을 하고 封地를 소유하면서 현재 그 세금을 받는 자는 몇 명인가?

餘子仕而有田邑하고 **今入者 幾何人**①고

① 今入者 幾何人 : 〈'入者'는〉 封地의 세금을 받는 자를 말한다.
謂收入其稅者라

자제들이 효성으로 향리에 소문이 난 자는 몇 명인가?

子弟以孝聞於鄕里者 幾何人오

〈적장자 아닌〉 나머지 자식들 중 부모가 살아계신데도 봉양하지 않고 부모와 따로 사는 자는 몇 명인가?

餘子父母存이로되 **不養而出離者 幾何人**①고

① 出離者 幾何人 : '出離'는 부모와 따로 거처하는 것을 말한다.
出離는 謂父母在分居者라

선비들 가운데 농토가 있는데도 이를 사용하지 않는 자는 몇 명인가? 관리가 〈이런 일을 미워하지 않으면〉 어떤 일을 미워하겠는가?

士之有田而不使者 幾何人이며 **吏惡**(오)**何事**①리오

① 士之有田而不使者幾……吏惡(오)何事 : '不使'는 '사용하지 않는다'는 의미이다. 관리가 이런 일을 미워하지 않으면 어떤 일을 미워해야 할 것인가?
不使는 謂不用이라 其吏不惡此等이면 當惡何事리오

선비들 가운데 농토가 있는데도 농사를 짓지 않는 자는 몇 명인가? 그 자신은 어떤 일을 하고 있는가?

士之有田而不耕者 幾何人이며 **身何事**①오

① 身何事 : 이미 농사를 짓고 있지 않으면, 그 사람 자신은 어떤 일을 하고 있는가?
既不耕이면 此人身爲何事오

여러 신하들 가운데 爵位는 있는데 아직 농토를 소유하지 못한 자는 몇 명인가?

君[7]**臣**에 **有位而未有田者 幾何人**고

다른 나라에서 이주해 왔으나 아직 농토와 집을 소유하지 못한 자는 몇 가구인가?

外人之來從而未有田宅者 幾何家오

7) 君 : '群'으로 읽는다. 豬飼彦博(日)은 '群'으로 고쳐야 한다고 주장하였으나(≪管子補正≫), 王引之(淸)는 〈大匡〉에 의거하여 '群'으로 읽으면 된다고 보았다.(≪讀書雜志≫)

나라의 자제들 중 외국에서 떠돌고 있는 자는 몇 명인가?

國子弟之游于外者 幾何人고

가난한 선비로 대부에게 채무를 지고 있는 자는 몇 명인가?

貧士之受責於大夫者 幾何人①고

① 貧士之受責於大夫者 幾何人 : 가난한 선비로 재산이 없어 대부에게 채무를 지고 있는 자는 몇 명인가?
貧士無資하여 而被大夫債者는 有幾人고

관직이 미천하여 문서나 처리하고 있으나 그 자신은 선비로 자처하여, 자기 일을 家臣이 대신하게 하고 있는 자는 몇 명인가?

官賤行書하나 **身士以家臣自代者 幾何人**①고

① 官賤行書……幾何人 : 그 사람이 머무는 관직이 미천하여 스스로 문서나 작성하고 있으나, 그 자신은 선비를 자임하여 빈번히 家臣으로 자신의 일을 대신하게 하고 있다. 이렇게 하고 있는 사람의 숫자도 알아야 한다.
其人居官乃賤하여 自行文書이나 身任士職하여 輒以家臣自代하니 亦須知其數也라

承吏[8]의 관직에 있으면서 〈하사받은〉 농토나 俸祿이 없이 단지 일만 하고 있는 사람은 몇 명인가?

官承吏之無田饞①하고 **而徒理事者 幾何人**고

① 官承吏之無田饞 : '承吏'는 관직을 맡고 있으나 봉록이 없이 단지 일만 하는 관리를 말한다.
承吏는 謂攝官無饞而空理事라

여러 신하들 가운데 자신의 직위와 업무가 있으면서 대부에게 벼슬하고 있는 자가 몇 명인가?

8) 承吏 : 張佩綸(淸)은 '承史'의 오자로 보았다.(≪管子學≫) 중국 고대의 중앙과 지방의 하급 관리이다.

群臣有位事로되 **官大夫者**① **幾何人**고

① 群臣有位事 官大夫者 : 여러 신하들 가운데 자신의 직위와 업무가 있으나, 대부에게 빌붙어 벼슬하는 자가 있다.
群臣에 自有位事나 乃左官[9]於大夫라

외국인이 국내로 들어와 떠돌면서 대부의 집에 머물고 있는 자가 몇 명인가?

外人來游①하여 **在大夫之家者 幾何人**고

① 外人來遊 : '外人'은 외국인을 말한다.
外人은 謂外國人也라

마을의 자제들 가운데 농사에 힘써 다른 사람들의 모범이 되는 사람은 몇 명인가?

鄕子弟力田하여 **爲人率者**① **幾何人**고

① 鄕子弟……爲人率者 : 이미 스스로 농사에 힘쓰고, 또한 남들을 이끌 수 있다.
旣自力田하고 又能率人이라

도읍의 자제들 가운데 일정한 직업도 없이 사치스러운 생활을 하면서, 다른 자제들을 이끌고 농사에 힘쓰지 않고 사냥에만 힘쓰는 자는 몇 명인가?

國子弟之無上事하고 **衣食不節**하고 **率子弟不田弋獵者**① **幾何人**고

① 國子弟之無上事……率子弟不田弋獵者 : 이미 일정한 직업도 없이 다른 자제들을 이끌고 다니면서, 농사짓지 않고 단지 사냥만 한다.
旣無上事로되 乃率子弟不田하고 但弋獵이라

남녀가 법도가 없어 고을의 자제들과 난잡하게 사귀는 자가 있는가?

男女不整齊하여 **亂鄕子弟者**① **有乎**아

① 男女不整齊 亂鄕子弟者 : 예의로 교제하지 않는 자를 말한다.
謂不以禮交者라

---

9) 左官 : 천자를 섬기지 않고 제후를 섬기는 사람을 이른다.

〈問 15〉

남에게 곡식을 빌려주고서 계약서를 잡고 있는 집은 몇 가구인가?

問 人之貸粟米하고 **有別券者**① **幾何家**오

① 有別券者 : '別券'은 반쪽으로 나눈 계약서를 말한다.
別券은 謂分契也라

〈問 16〉

국가의 伏利[10] 중 백성이 위급할 때 활용할 수 있는 곳은 몇 군데인가?

問 國之伏利①에 **其可應人之急者 幾何所也**오

① 國之伏利 : '伏利'는 은폐되어 드러나지 않는 재화나 이익을 말한다. 즉 銅이나 銀이 나는 산, 그리고 물길을 터서 물을 댈 수 있는 도랑 같은 것을 말한다.
伏利는 謂貨利隱蔽不見이니 若銅銀山及溝瀆可決而漑灌者라

고을에서 백성들이 해롭게 여기는 것은 어떤 일인가?

人之所害於鄕里者 何物[11]**也**①오

① 人之所害於鄕里者 何物也 : 백성들이 해롭게 여기는 것은 어떤 일인가?
人之爲害者는 何物也오

〈問 17〉

병사들 가운데 농지와 집을 소유하고 있으면서 군대에 복무하고 있는 자는 몇 명인가?

問 士之有田宅하되 **身在陳列者 幾何人**고

10) 伏利 : 지하자원이나 천연자원 같은 잠재적 재화를 말한다.
11) 物 : 劉績(明)은 "物은 일이다〔物 事也〕"라고 하였다.(≪管子補註≫)

〈적장자가 아닌〉 나머지 자식들 중 군역에 종사할 할 수 있는 자들 가운데, 현재 군복무를 하고 있는 자는 몇 명인가?

餘子之勝甲兵有行伍者 幾何人고

〈問 18〉

남녀 가운데 뛰어난 재주가 있어 각종 장비와 기물을 제조할 수 있는 자는 몇 명인가? 처녀 가운데 女工의 일을 할 수 있는 자는 몇 명인가?

問 男女有巧伎하여 **能利備用者**① **幾何人**이며 **處女操工事者**② **幾何人**고

① 能利備用者 : 각종 장비와 기물의 제조를 잘할 수 있다.
能利備器之用이라

② 處女操工事者 : '女工의 일을 수행할 수 있다.'는 것은 화려하게 수놓은 일 등을 말한다.
能操女工之事는 謂綺繡之屬也라

〈問 19〉

나라에서 〈농사도 짓지 않고〉 남에게 얻어 먹고 사는 자는 몇 명인가?

(冗)〔問〕[12)] **國所開口而食者**① **幾何人**고

① 國所開口而食者 : 농사를 짓지 않고, 단지 입만 벌리고 남에 의존해 먹고 산다는 말이다.
言其不農作하고 直開口仰食[13)]이라

〈問 20〉

백성 한 사람당 몇 년 치의 식량을 보유하고 있는가?

問 一民有幾年之食也오

---

12) (冗)〔問〕: 저본에는 '冗'으로 되어 있으나, 兪樾(淸)의 견해에 의거하여 '問'으로 바로잡았다.(≪諸子平議≫)
13) 仰食 : 남에 의존해 먹고 사는 행위를 의미한다.

〈問 21〉

兵車는 총 몇 乘이 되는가?

問 兵車之計 幾何乘也오

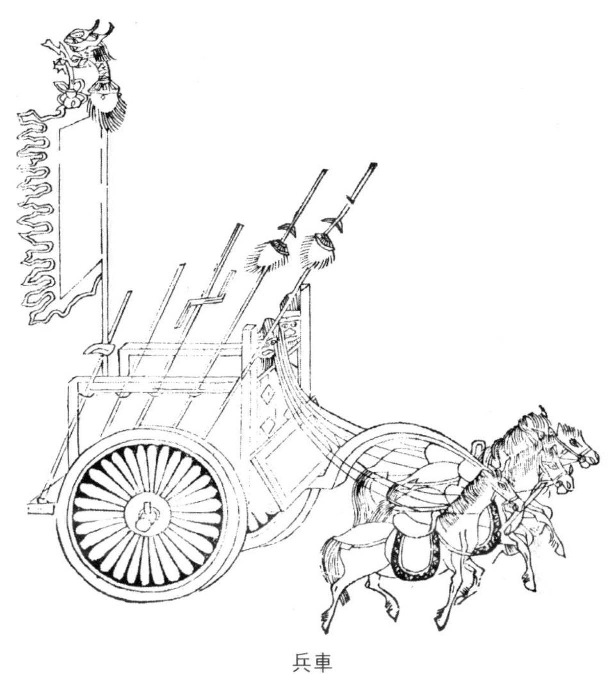
兵車

개인의 말을 끌어다가 개인의 수레에 멍에를 메어 완성할 수 있는 〈온전한〉 수레는 몇 乘이 되는가?

牽家馬軶家車者[1] **幾何乘**고

① 牽家馬 軶家車者 : '牽家馬'는 단지 말만 가지고 있다는 말이고, '軶家車'는 단지 수레만 가지고 있다는 말이다. 이 둘을 서로 배합함으로써 1乘의 온전한 수레를 완성한다.
牽家馬는 言直有馬요 軶家車는 言直有車니 相配以成乘이라

處士 중 덕행을 닦아 남을 가르치기에 충분하고, 무리를 이끌어 백성을 다스리게 할 수 있는 자가 몇 명인가?

處士修行하여 **足以教人**하고 **可使帥**(솔)**衆涖百姓者 幾何人**고

선비 가운데 나라가 위급할 때 부릴 수 있는 자는 몇 명인가?

士之急難可使者[1] **幾何人**고

① 士之急難可使者 : 나라가 위급할 때 부릴 수 있는 선비를 말한다.
謂士之可以急難使者라

기술이 뛰어나서 출전하면 군대를 이롭게 할 수 있고, 평상시에는 성곽을 수리하고 방비를 보완하고 굳건하게 할 수 있는 자는 몇 명인가?

工之巧하여 **出足以利軍伍**하고 **處可以修城郭**하고 **補守備者**① **幾何人**고

① 工之巧……補守備者 : 그 사람이 이미 뛰어난 기술을 지니고 있어, 출전하여 부리면 군대를 이롭게 할 수 있고, 평상시에는 성을 수리하고 방비를 보수할 수 있다.
其人旣有技巧하여 出用則能利軍하고 居處則可以修城補備也라

성안의 곡식과 군대의 군량으로 버틸 수 있는 기간이 몇 년이 되는가?

城粟軍糧其可以行이 **幾何年也**①오

① 城粟軍糧其可以行 幾何年也 : '行'은 '말미암아 경유하다'는 의미이다. '城粟'은 성을 지키는 곡식이고, '軍糧'은 출전하는 군대의 식량이다. 이 두 가지는 몇 년 동안 유지될 수 있느냐는 것이다.
行은 由經也라 城粟은 謂守城之粟이요 軍糧은 謂出軍之糧이니 二者는 可經幾年이오

관리들 가운데 나라가 위급할 때 부릴 수 있는 자는 몇 명인가?

吏之急難可使者 幾何人고

大夫가 자세히 기록한 기물 가운데 갑옷과 병기, 兵車, 각종 깃발, 북과 징, 장막, 통솔자 수레의 덮개 등은 몇 수레나 되는가? 대부가 기록한 비축한 기물 가운데 활과 쇠뇌의 활집, 양날 창과 그것의 집, 鉤弦(구현)[14]의 보관대, 긴 창과 미륵창의 집 등이 닳은 것은 어느 정도인가? 〈그것들 중〉 마땅히 수리해야 하는데 수리하지 않는 것들은 본래의 것과 비교할 때 어떤가? 그리고 기물들을 제조하고 수리하는 곳, 밖으로 꺼내어 사용하는 기물과 창고에 비축하는 기물, 기간이 지나 사용할 수 있는데 하지 않는 것은 무엇이 필요한가? 鄕과 師[15]에서 兵車와 짐수레를 만들고 수리하는 기구와 그들을 수선하고 있는 상황은 어떠한가?

大夫疏器①[16]에 **甲兵, 兵車, 旌旗, 鼓鐃, 帷幕, 帥車之載 幾何乘**②이며 **疏藏器**③에 **弓弩之**

14) 鉤弦(구현) : 활시위를 당길 때 사용하는 깍지이다.
15) 鄕과 師 : 모두 행정구역의 단위들이다. 〈小匡〉에서 管仲은 齊 桓公에게 "10連이 1鄕이 되고 鄕에는 良人을 둡니다. 그리고 3鄕이 1師가 됩니다.〔十連爲鄕 鄕有良人 三鄕一師〕"라고 하였다.

張④[17], **衣夾鋏**⑤, **鉤弦之造**⑥, **戈戟之**(緊)〔繄〕⑦[18]는 **其厲何若**⑧이며 **其宜修而不修者 故何視**⑨오 **而造修之**(官)〔館〕[19]과 **出器處器之具**와 **宜起而未起者**는 **何待**⑩며 **鄉**(師)〔帥〕[20]**車輜造修**는 **其繕何若**⑪오

① 大夫疏器 : '疏'는 그림으로 장식하는 것이다.
疏는 飾畫也라

② 帥車之載 幾何乘 : '載'는 수레 덮개를 말한다.
載는 謂其車蓋라

③ 疏藏器 : 그림으로 장식하며 비축할 만한 것이다.
疏畫而可以藏者라

④ 弓弩之張 : 펼칠 수 있는 활과 쇠뇌이다.
弓弩之可以張者라

⑤ 衣夾鋏 : '鋏(협)'은 양 날을 지닌 창이고, '衣夾'은 그것의 집을 말한다.
鋏은 兩刃鈹也요 衣夾은 謂其衣也라

⑥ 鉤弦之造 : '鉤弦'은 활시위를 당기는 것이다.
鉤弦은 所以挽弦이라

⑦ 戈戟之緊 : '緊'은 창의 딱딱한 부분을 가리킨다.
緊은 謂其堅強者라

⑧ 其厲何若 : 그 마모된 부분은 사용할 수 있는가 없는가?
其淬厲可用如何오

---

16) 疏器 : 舊注에서는 '疏'를 '飾畫'로 풀이하여 의미가 잘 통하지 않는다. 이에 대해 姚永概(淸)는 ≪漢書≫의 "數疏克過失" 구절에 대한 주에 의거하여 '疏'는 '條錄之' 즉 '조목조목 기록하다'는 의미로 풀이해야 한다고 주장하였다.(≪愼宜軒筆記≫) 역자도 요영개의 견해에 따랐다.

17) 張 : 張佩綸(淸)은 '韔(창)'으로 고쳐야 한다고 주장하였고, '韔'은 '弓室' 또는 '弓依' 즉 활집의 의미라고 보았다.(≪管子學≫) 역자는 '張'을 '韔'의 빌린 글자로 보고, 글자 자체는 수정하지 않았다.

18) (緊)〔繄〕 : 저본에는 '緊'으로 되어 있으나, 丁士涵(淸)의 견해에 의거하여 '繄(예)'로 바로잡았다. '繄'는 창을 넣어 보관하는 집이라고 한다.(≪管子校本≫) 舊注에서는 '緊'을 창의 딱딱한 부분으로 풀이하고 있다. 그러나 지금까지 나열된 것들은 모두 각종 병장기를 보관하는 도구와 관련되어 있다. 따라서 역자는 구주에 따르지 않고 정사함의 견해에 따랐다.

19) (官)〔館〕 : 저본에는 '官'으로 되어 있으나, 郭沫若(中)의 견해에 의거하여 '館'으로 바로잡았다.(≪管子集校≫)

20) (師)〔帥〕 : 저본에는 '師'로 되어 있으나, 安井衡(日)의 견해에 의거하여 '帥'로 바로잡았다.(≪管子纂詁≫)

⑨ 其宜修而不修者 故何視 : '視'는 '비교하다'는 의미이다. 마땅히 수리해야 할 기물은 본래의 것에 견주어볼 때 어떠한가?

視는 比也라 其器物宜脩者는 於故物에 何比오

⑩ 出器處器之具……何待 : '出器'는 밖으로 내어 사용할 수 있는 병기를 말한다. '處器'는 창고에 쌓아두어 비축하는 병기를 말한다. '起'는 일정한 기간이 지나면 사용할 수 있는 재료를 의미한다.

出器는 謂可出用之器요 處器는 謂貯庫而爲備者라 起는 謂其材所經日月可起用者也라

⑪ 鄕師車輜造修 : '輜'는 막고 가리는 부분이 있어 무거운 짐을 실을 수 있는 〈수레를〉 말한다.

輜는 謂車之有防蔽하여 可以重載者라

工尹이 쓸 재목을 벌채할 때는 봄·여름·가을 세 계절을 피해야 한다. 온갖 나무들을 심어놓고 병장기 제조를 겨울로 정해놓으면, 재질이 단단하고 양질이라 수요의 대비가 반드시 충분하다. 사람들에게 남는 병기가 있으면 이를 거두어 군영에 보관하여 나라의 일정한 법을 신중히 따르게 한다. 〈군대의 통솔자는〉 때때로 〈병사들, 그리고〉 말과 소의 살찌고 여윈 상태를 살펴 늙은 것과 죽은 것도 모두 열거한다. 이때 숲과 늪지대에서 풀을 뜯어 먹을 수 있는 말과 소의 숫자는 얼마이며, 죽어 나가고 새로 태어나는 숫자의 총합은 얼마인가? 성곽의 두터움과 얇음, 참호의 얕음과 깊음, 성문의 높음과 낮음, 수리해야 하는데 아직 수리하지 못한 곳 등을 군주는 반드시 수비하는 군대에게 살피게 한다. 각종 병기와 물건들은 보관할 설비를 갖추도록 하고, 장마철에는 각자 보관할 장소를 두도록 한다.

工尹伐材用에 **毋於三時**니 **群材乃植**하고 **而造器定冬**①이면 **完良備用必足**이라 **人有餘兵**이어든 **詭陳之行**하여 **以愼國常**②이라 **時簡稽帥馬牛之肥**胔하여 **其老而死者**를 **皆舉之**③니 **其就山藪林澤食薦者 幾何**④며 **出入死生之會**는 **幾何**⑤오 **若夫城郭之厚薄**과 **溝壑之淺深**과 **門閭之尊卑**와 **宜修而不修者**를 **上必幾之**⑥**守備之伍**라 **器物不失其具**하고 **淫雨而各有處藏**⑦이라

① 工尹伐材用……而造器定冬 : '工尹'은 기술관의 우두머리이다. '三時'는 봄·여름·가을을 말한다. 이들 계절에는 나무들이 바야흐로 자라고 있어 단단하지 않다. 그러므로 재목을 벌채할 수 없으니, 재목의 벌채는 반드시 겨울철에 행한다.

工尹은 工官之長이라 三時는 謂春夏秋라 此時木方生植하여 不堅이라 故不可伐材요 其伐材必以冬也라

② 人有餘兵……以愼國常 : 바야흐로 전쟁을 벌이려고 할 때, 사용하지 않는 남은 병기가 있으면 또한 거두어 이를 쌓아 대열로 만든다. 신중히 명령을 따르고 나라의 불변의 명령을 존중해야 한다.

方戰에 有餘兵不用이어늘 且詭而陳之하고 以爲行伍하며 當愼而聽命하고 遵國之常令也라

③ 時簡稽師馬牛之肥膌……皆擧之 : 군대의 통솔자는 병사들을 항상 선별하고 깊이 살핌으로써 그 능력 여부를 파악하여 내치거나 추천한다. 말과 소의 살찌고 여윈 것, 그리고 늙은 것과 죽은 것에 대해서도 모두 열거하여 그 숫자를 파악한다.

軍之統師는 常時簡選稽考之하여 以知其能不而有黜陟이라 至於馬牛肥膌와 及老而死者를 皆擧之하여 以知其數也라

④ 食薦者 幾何 : '薦'은 좋은 풀이다.

薦은 草之美者라

⑤ 出入死生之會 幾何 : '會'는 그 숫자를 합한 것을 말한다.

會는 謂合其數라

⑥ 上必幾之 : '幾'는 '살피다'는 의미이다. 군주는 반드시 살펴 알아야 한다.

幾는 察也니 君必察知之라

⑦ 器物不失其具 淊雨而各有處藏 : 기물은 비를 맞으면 반드시 썩게 된다. 그러므로 〈안전하게〉 보관할 곳이 있어야 한다.

器物遇雨면 必致腐敗라 故當有藏處라

〈問 22〉

兵部의 관리와 나라의 호걸 가운데 나라가 위태로울 때 앞뒤로 보좌할 수 있는 자는 몇 명인가? 무릇 전쟁은 위험한 물건이니, 적절한 때가 아닌 상황에서 승리하고 의롭지 않게 영토를 얻는 것은 복이 되지 못한다. 계책이 실패하여 전쟁에서 패하면 나라가 위태로우니, 계책을 신중히 해야 나라를 보존한다.

問 兵官之吏國之豪士에 **其急難足以先後者**는 **幾何人**①고 **夫兵事者**는 **危物也**니 **不時而勝**과 **不義而得**은 **未爲福也**②라 **失謀而敗**는 **國之危也**니 **愼謀乃保國**이라

① 兵官之吏國之豪士……幾何人 : 관리와 나라의 호걸은 나라가 위태로울 때 앞뒤로 보좌하게 할 수 있는 자들이니, 마땅히 그 숫자를 알아야 한다. 앞과 뒤에서 서로 이끄는 것을 '先後'라 한다. ≪詩經≫에 "내가 말하기를 '앞과 뒤가 있네'. 하였다."[21]라고 하였다.

---

21) 내가……하였다 : ≪詩經≫ 〈大雅 綿〉에 나오는 구절이다.

官吏國豪는 有急難可令之先後者니 當知其數라 相道前後 曰先後니 詩曰 予曰有先後라

② 不時而勝……未爲福也 : 반드시 時와 義에 적합한 이후에 복이 된다.
必合於時義 然後爲福이라

〈問 23〉

사람을 가르치고 선발하는 자들은 무슨 일을 하는가?

問 所以敎選人者 何事①오

① 所以敎選人者 何事 : 사람을 가르치고 선발하는 자들은 무슨 일을 하느냐고 묻는 것은, 그들이 근면한지를 알고자 함이고, 또한 그들의 재능과 쓸모를 살피기 위함이다.
其敎人其選人者 問以何事는 欲知其勤이요 且觀其材用也라

〈問 24〉

官都[22]의 직책을 맡고 있는 자는 그 직위와 일을 몇 년 동안 하고 있는가?

問 執官都者 其位事幾何年矣①오

① 執官都者 其位事幾何年矣 : 官都의 직책을 맡고 있는 자에게 관직 지위와 담당 업무 그리고 재직 기간을 묻는다.
執官都之職者 問其官位及執事와 弁建立之年數라

황무지를 개간하여 농가나 성읍에 도움을 준 자는 몇 명인가?

所辟草萊하여 **有益於家邑者 幾何矣**오

백성들이 이익을 내는데 도움이 되었다고 封表[23]할 것은 어떤 것인가?

所封表以益人之生利者 何物也①오

① 所封表以益人之生利者 何物也 : 사업 가운데 사람들을 가장 이롭게 하는 것은 마침내 封表하여 보여주게 되는데, 그러한 사업이 무엇이냐는 것이다.

---

22) 官都 : 중앙 행정부서의 우두머리나 지방 관청의 장관을 이른다.
23) 封表 : 흙을 쌓아두어 표지로 삼는다는 의미이다.

謂其事業最可以益人者를 遂封表以示之니 問知是何物也라

성곽을 건축하고, 담장의 끊어진 곳을 수리하고, 외부로 통하는 길과 봉쇄된 궐문을 끊고, 방어용 도랑을 깊이 파는 등과 같이 백성들이 영토를 지키는 데 도움을 주는 것은 어떤 곳인가?

所築城郭하고 **修牆閉**하고 **絶通道阨闕**하고 **深防溝**하여 **以益人之地守者 何所也**①오

① 所築城郭……何所也 : '牆閉'는 담장에 막힌 곳이 있는 곳을 말한다. 비록 통하는 길이라 하더라도 방해가 되는 것은 끊어 막는다. 봉쇄된 궐문은 빈 곳이니 또한 끊어야 한다. 무릇 이런 조치는 영토를 지키는 자가 그 비용을 줄이는 방법들이다. 그러므로 "영토 지키는 데 도움이 된다."고 말하는 것이다.
牆閉는 謂築牆有所遮閉라 雖通路而爲妨礙者를 絶塞之라 阨闕은 空之處니 亦當絶之라 凡此는 守地者所以省其功費라 故曰 益地守라

도적을 잡아서 백성의 해로움을 제거한 것은 얼마나 되는가?

所捕盜賊하여 **除人害者 幾何矣**오

制地

땅을 다스릴 때 군주가 다음과 같이 말하였다. 나라를 다스리는 도에 있어 땅의 덕이 으뜸이 된다. 군주와 신하 사이의 예, 아버지와 아들 사이의 친함, 만인을 덮어 기름, 관청에 저장된 재물, 군대를 강하게 하고 나라를 보존하는 것, 성곽의 험준함, 사방 변방으로 통하는 길은 모두 땅에서 얻는다.

制地에 **君曰**[24)]**理國之道**는 **地德爲首**①니 **君臣之禮**②와 **父子之親**③과 **覆**(부)**育萬人**④과 **官府**

24) 制地 君曰 : '制地' 이하의 문장은 지금까지의 내용과 다르다. 따라서 何如璋(淸)은 이 이하의 글은 별도의 편으로 '制地'는 그 제목이 된다고 보았다.(≪管子析疑≫) 반면에 黎翔鳳(中)은 '制地'를 땅을 획정하는 계책으로 풀이하고, 이 이하의 내용은 지금까지의 내용을 총괄하는 마무리 글로 보았다.(≪管子校注≫) 한편, 郭沫若(中)은 '制地君'을 古書의 제목으로 보았다.(≪管子集校≫) 역자는 하여장의 견해에 의거하여 '制地' 이하를 별도의 글로 처리하고 '制地'를 제목으로 삼았다. 古本에도 '制地' 이하의 문장이 나오지 않고 있으며, 저본에서도 行을 바꾸어 별도의 글로 처리하고 있다.

之藏과 **彊兵保國**과 **城郭之險**과 **外應四極**⑤은 **具取之地**⑥니라

① 制地……地德爲首 : 땅을 다스릴 때 군주가 이 말을 하였다. 그러므로 '曰'이라고 하는 것이다. 땅을 본받아 정치를 행한다. 그러므로 "땅의 덕이 으뜸이 된다."라고 말한다.
當制地之時에 君爲此言이라 故言曰이라 法地以爲政이라 故曰 地德爲首라

② 君臣之禮 : 땅에는 높고 낮음이 있는 것이, 군주와 신하 사이의 예와 같다.
地有高下니 君臣之禮也라

③ 父子之親 : 높은 땅은 아래로 덮어주고 낮은 땅은 위로 받드니, 아버지와 아들의 친함과 같다.
高地下覆하고 下地上承이니 父子之親也라

④ 覆(부)育萬人 : 온갖 재화가 땅에서 나오니 사람들이 얻어서 생활한다. 그러므로 "만인을 덮어 기른다."라고 말하는 것이다.
百貨出於地하니 人得以生焉이라 故曰.覆育萬人이라

⑤ 官府之藏……外應四極 : '四極'은 나라의 사방 변방을 말한다. '관청' 이하 모두 땅이 아니면 자리잡을 곳이 없다.
四極은 謂國之四鄙也라 自官府以下 非地則無所容居라 自官府以下는 非地則無所容居라

⑥ 具取之地 : 무릇 이들은 모두 땅에 말미암아 이루어진다. 그러므로 "모두 땅에서 얻는다."라고 말한다.
凡此는 皆因地而成이라 故曰 具取之地라

그리고 시장은 천지의 재화가 갖추어진 곳이고, 만인이 교역하고 이익을 얻는 곳이며, 도에 정확히 합치되는 곳이다.

백성이 거칠어도 가혹하게 대하지 말고 〈단지〉 땅의 이로움을 다하게 하면, 그들의 삶이 고르게 되어 나라를 보존하게 될 것이다.

각자 서로 다른 자신의 위치를 주관하여, 중상모략하는 사람이 그 덕을 어지럽히거나 널리 폐하지 않게 하면 九軍의 친함이 이루어진다.

而市者는 **天地之財具也**①요 **而萬人之所和而利也**②요 **正是道也**③라 **民荒無苛**하고 **人盡地之職**이면 **一保其國**④이라 **各主異位**하여 **毋使讒人亂普而德**이면 **營九軍之親**⑤이라

① 市者 天地之財具也 : 천지의 재화를 구하는 자는, 산에 오르지 않고 바다에 들어가지 않아도 시장에서 구하고 얻을 수 있다. 그러므로 "천지의 재화가 갖추어진 곳이다."라고 말하는 것이다.
求天地之財는 不登山하고 不入海하되 於市求而得之라 故曰 天地之財具라

② 萬人之所和而利也 : '和'는 '교역'을 말한다. 만인은 시장에 말미암아 교역하고 이익을 얻는다.

和는 謂交易也라 萬人이 因市交易而得利라

③ 正是道也 : 시장은 도의 이치에 정확히 합치된다는 말이다.

言市正合道之理라

④ 民荒無苛……一保其國 : 거친 사람들을 다스리고자 하면, 그들을 가혹하고 모질게 할 필요 없이 단지 땅의 이로움을 다하게 하면 된다. 〈그러면〉 그들은 자연히 고르게 되고 나라를 보존하게 될 것이다.

欲理荒人에 無得苛虐이니 但使盡地之職이면 自然齊一而保國也라

⑤ 各主異位……營九軍之親 : 군주 이하로 각자의 위치가 다르니, 각자 자신의 위치를 주관하게 하여, 중상모략하는 사람이 그 덕을 서로 어지럽히고 널리 폐하지 않게 한다. 이와 같으면 九軍의 친함이 저절로 이루어진다.

自君以下로 其位旣異하니 當各主之하여 無使讒人交亂하고 普廢其德이라 如此則九軍之親自營也라

關門은 제후들이 중원으로 들어오는 변방 지역의 길이고, 다른 나라의 재물이 들어오는 문이며, 만인이 출입하는 길이다. 도로 이용 법령을 명확히 하고 거듭 고지하여, 관문에서 세금을 징수한 자는 시장에서 세금을 징수하지 말고, 시장에서 세금을 징수한 자는 관문에서 징수하지 말며, 빈 수레는 검사하지 말고, 보부상에게는 세금을 징수하지 않는다. 이렇게 하여 멀리 있는 사람도 오게 한다. 이러한 법령을 전국 16개의 도로에 동일하게 적용한다.

關者는 **諸侯之陬隧也**①요 **而外財之門戶也**②요 **萬人之道行也**③니 **明道以重告之**④하여 **征於關者**는 **勿征於市**⑤하고 **征於市者**는 **勿征於關**⑥하고 **虛車勿索**⑦하고 **徒負勿入**⑧하여 **以來遠人**⑨이니 **十六道同身**⑩이라

① 諸侯之陬隧也 : 귀퉁이(변방) 길이라는 의미이다.

謂陬隅之道也라

② 外財之門戶也 : 다른 나라의 재물이 그곳을 통해 들어온다.

他國之財 因之而入이라

③ 萬人之道行也 : 그곳을 통하여 출입한다는 말이다.

謂因此出入이라

④ 明道以重告之 : 도로를 이용하는 데 따른 법령을 명확히 밝히고 거듭 고지해야 한다.

當明道路之令하고 再重而告之라

⑤ 征於關者 勿征於市 : '征於關(관문에서 세금을 징수함)'은 行商에 대한 말이다.
征於關은 謂行商也라

⑥ 征於市者 勿征於關 : '征於市(시장에서 세금을 징수함)'는 坐賈[25]에 대한 말이다.
征於市는 謂坐賈라

⑦ 虛車勿索 : 빈 수레를 검사하는 것은 번거로움만 더한다.
索虛車는 益其煩擾라

⑧ 徒負勿入 : 보부상의 재화는 적다. 그러므로 세금을 거둬들이지 않게 한다.
徒負貨既寡라 故勿令入其征이라

⑨ 以來遠人 : 관문의 세금이 이와 같으면 멀리 있는 사람을 오게 할 수 있다.
關征如此면 可以來遠人이라

⑩ 十六道同 : 제나라에는 무릇 16개의 길이 있었는데, 모두 관문을 설치하고 이러한 법령을 동일하게 적용하였다.
齊國凡有十六道니 皆置關하고 竝同此令이라

〈關門을 출입하는 자들이〉 몸 밖의 일을 조심하면 그들의 이름을 잘 살핀다. 그들의 이름을 살피고 그들의 안색을 살피며 그들의 일을 바로잡고 그들의 덕을 고찰하여 그들의 외면을 관찰한다. 이렇게 하면 권모술수를 쓰는 사람을 후대하지 않게 되고, 이로써 꾸민 덕을 곤란하게 만든다. 나라에 미혹됨이 없게 하는 것이 행인을 관장하는 사람의 직무이다.

身外事謹이면 **則聽其名**①이니 **視其名**하고 **視其色**②하고 **是其事**하고 **稽其德**③하여 **以觀其外**④**則無敦於權人**이니 **以困貌德**⑤이라 **國則不惑**이 **行之職也**⑥라

① 身外事謹 則聽其名 : 관문을 출입하는 자들이 몸 밖의 일을 이미 조심하여 명령을 따르면, 그 이름의 진위를 잘 살펴야 한다는 말이다.
謂出入於關者 身外之事를 既謹而從令이면 則當聽其名之眞僞也라

② 視其名 視其色 : 이미 그 이름의 진위를 파악했으면, 또다시 그 안색의 옳고 그름을 살펴야 한다.
既知其名이면 又須視其色之是非라

③ 是其事 稽其德 : 이미 그 안색을 파악했으면, 또다시 그 사람이 맡은 일을 바르게 하여 그 덕에 합치하는지를 살펴야 한다.

---

25) 坐賈 : 한 자리에서 앉아 장사하는 사람을 말한다. 다니면서 장사하는 行商과 대비된다.

既知其色이면 又須是正其事하여 以考合其德也라

④ 以觀其外 : 이미 그 사람의 덕을 파악했으면, 또다시 그 사람의 외면을 관찰하여 그 사람의 덕과 비교해본다.

既知其德이면 又觀其外하여 以校量之라

⑤ 無敦於權人 以困貌德 : '敦'은 '두텁게 하다'는 의미이다. 이와 같이 비교하고 관찰하면 권모술수에 능한 사람은 그 권모술수를 두텁게 하지 못한다. 비교와 관찰이 행해지면 매우 곤란한 경우와 부당한 행위가 이 때문에 생겨나지 못한다. 그러므로 "이로써 꾸민 덕을 곤란하게 한다."고 말한다.

敦은 猶厚也라 校察如此면 則權詐之人이 無以成其厚요 校察行이면 則困厚姦非 因而不生이라 故曰 以困貌德이라

⑥ 國則不惑 行之職也 : 나라에 간사한 사람이 없으므로 미혹되지 않는 것이다. 무릇 이렇게 하는 것이 행인들을 관장하는 사람의 직무이다.

國無姦人이니 所以不惑이라 凡此가 掌行者之職이라

변방의 관리에게 일러 "작은 이익에 집착하면 믿음을 상하게 되고, 작은 일에 분노하면 義를 상하게 되며, 편벽된 믿음은 덕을 상하게 하니, 후덕하고 온화함으로 사방의 제후들과 친교를 맺어 이로써 용모와 덕을 따르고, 그렇게 한 이후에 사방의 변방에 있는 사람들을 향하라."라고 하였다.

법을 지키는 관리들에게 "법도를 집행할 때는 반드시 명확히 하여 常道를 잃지 않도록 하라."라고 하였다.[26)]

問於邊吏曰 小利害信하고 **小怒傷義**하고 **邊信傷德**①이니 **厚和構四國**하여 **以順貌德**②하고 **後鄉四極**③이라 **令守法之官**(日)〔曰〕[27)] **行**④**度必明**하여 **無失經常**⑤하라

① 邊信傷德 : 편벽된 사람은 믿음을 잃으므로 덕을 상하게 한다.

邊人失信하니 故傷德也라

② 厚和構四國 以順貌德 : 성품이 후덕하고 온화하면 사방의 나라들과 친교를 맺을 수 있다. 사방의 나라들이 몰려 오는 것은 모두 성실함과 믿음 때문이다. 그러므로 "이로써 용모와 덕을 따른다."라고 말한다.

---

26) 법을……하였다 : 이 구절의 해석은 舊注에 따르지 않았다.

27) (日)〔曰〕: 저본에는 '日'로 되어 있으나, 王念孫(淸)의 견해에 의거하여 '曰'로 바로잡았다. '日'은 '曰'의 오자로 보아야 한다는 것이다.(≪讀書雜志≫) 舊注에서는 '日'을 '날마다'로 풀이하고 있는데, 역자는 이를 따르지 않았다.

敦厚而和면 可以構結四國이라 四國之來는 皆以誠信이라 故曰 以順貎德이라

③ 後鄕四極 : 이미 사방의 나라들과 친교를 맺었으면 그 후에는 사방의 변방을 향하여 그들을 어루만져 편안하게 한다.

既結四國하고 然後向四極而撫安之라

④ 令守法之官日行 : 또한 법을 지키는 관리에게 명령하여, 날마다 변방과 관문을 순찰하게 한다.

又令守法之官하여 日行邊鄙與關塞라

⑤ 度必明 無失經常 : 순찰할 때 반드시 그 제도를 잘 밝혀 常道에서 벗어나지 않도록 한다.

其巡行之時에 必明其制度하여 無得失於經常이라

第25편 모실 謀失

내언8 內言 八 (결락)

明 吳郡 趙氏本
唐 司空 房玄齡 註

제26편 경계해야 할 사항 戒
내언 內言 九

＊이 편에서는 管仲이 齊 桓公에게 통치자가 주의해야 할 여러 가지 경계 사항에 대해 일러주고 있다. 백성의 고단한 삶과 민생을 잘 살펴야 한다는 점, 끊임없이 자기 수양에 힘써야 한다는 점, 아첨하는 자들을 경계해야 한다는 점, 아녀자나 미천한 사람의 말도 때에 따라 귀담아 들어야 한다는 점 등에 대해 충고하고 있다. 마지막 부분에서는 죽어가는 관중이 자신의 사후에 齊나라 국정을 걱정하면서, 환공에게 사람을 쓰고 버리는 일에 관해 이러저러한 충고를 하고 있는 점이 인상적이다.

桓公이 동쪽으로 유람을 떠나려고 하면서 管仲에게 물었다.

"과인이 이번 유람을 轉斛(전곡)에서 출발하여 남쪽으로 琅邪(낭야)에 이르려고 하는데, 司馬[1]가 말하기를 '先王의 유람도 이와 같을 뿐입니다.'라고 하였소. 무슨 뜻이오?"

관중이 대답하였다.

"선왕의 유람은, 봄에 출발하여 농사짓는 자들이 본업에 힘쓰지 않는지를 살폈으니 이를 '游'라고 하였고, 가을에 출발하여 부족한 자를 보충해주었으니 이를 '夕'이라 하였습니다. 무릇 무리를 몰고 다니면서 백성의 식량이나 축내는 것은 '亡'이라 하고, 즐거움을 좇다가 돌아올 줄 모르는 것은 '荒'이라 합니다. 선왕에게는 백성에게 '유'나 '석'의 은혜를 베푸는 행위는 있어도 그 자신에게 '망'이나 '황'의 행위를

1) 司馬 : 張佩綸(淸)에 의하면 앞서 〈小匡〉에서 언급되었던 王子城父를 가리킨다.(≪管子學≫)

저지르는 일은 없었습니다."

환공이 물러나 두 번 절하면서 말하였다.

"보배와 같은 법도로다!"

桓公將東游에 **問於管仲曰 我游猶軸轉斛**①[2]하여 **南至琅邪**로되 **司馬曰 亦先王之游已**라하니 **何謂也**②오 **管仲對曰 先王之游也**에 **春出**하여 **原農事之不本者**를 **謂之游**③요 **秋出**하여 **補人之不足者**를 **謂之夕**④이라 **夫師行而糧食其民者**는 **謂之亡**⑤이요 **從樂而不反者**는 **謂之荒**이라 **先王**은 **有游夕之業於人**이요 **無荒亡之行於身**니이다 **桓公退**하여 **再拜命曰 寶法也**⑥로다

① 我游猶軸轉斛 : 나의 유람은 반드시 구제하는 바가 있는 것과 같아서, 마치 바퀴 축이 구르면서 斛이나 石의 식량을 나르는 것과 같음을 말한 것이다.
言我之遊必有所濟니 猶軸之轉載斛石이라

② 南至琅邪……何謂也 : 봄에 남쪽으로 여행을 하려고 하였으므로 司馬가 정령으로 先王의 유람을 규정한 것이다. 桓公이 그 의미를 깨닫지 못하였으므로 管仲에게 물었다.
春遊而南行이라 故司馬正令之爲先王之遊니 公未達其意라 故問管仲이라

③ 原農事之不本者 謂之游 : '原'은 '살피다'는 의미이다. 농사짓는 자들이 본업에 힘쓰지 않는지 마땅히 깊이 살펴야 한다.
原은 察也라 農事不依本務를 當原察之라

④ 秋出……謂之夕 : 가을은 수확의 계절이다. 아직 부족한 자가 있으면 보충해주어야 한다.
秋爲西成[3]이니 尙有不足者면 當補之라

⑤ 夫師行而糧食其民者 謂之亡 : 무리로 몰려다니면서 이루는 공도 없이 헛되이 양식만 축내면, 이와 같은 자는 반드시 망한다.
師行無成功하고 空費糧食이면 如此者는 必亡이라

⑥ 寶法也 : 그 법도는 보배로 여길 만하다는 말이다.
謂其法可寶也라

管仲이 다시 桓公에게 말하였다.

"날개가 없어도 날아가는 것은 소리이고, 뿌리가 없어도 단단한 것은 심정이며,

---

2) 我游猶軸轉斛 : 王引之(淸)는 '猶'를 '欲'의 의미로 읽어야 한다고 보았다. 고대에 '猶'와 '欲'은 서로 통용되었다는 것이다. 그리고 '軸'은 '由'로 읽어야 한다고 하였다.(≪讀書雜志≫) 이 경우 '轉斛'은 지명이 된다. 舊注에서는 '轉斛'을 '斛石의 식량을 옮기다'는 의미로 풀이하고 있는데, 역자는 이를 따르지 않았다.

3) 西成 : 가을철에 곡식이 이미 익어, 농사짓는 사람들이 '농사의 완성'을 고하는 것을 의미한다.

방향은 없지만 부유한 것은 생명입니다. 公께서도 백성의 심정을 공고히 하시고, 말을 신중히 하시며, 자신의 생명을 엄히 존중하십시오. 이렇게 하는 것이 도를 빛나게 하는 것입니다."

환공이 물러나 두 번 절하고 말하였다.

"이 말을 잘 따르겠소."

管仲復於桓公曰 無翼而飛者는 **聲也**①요 **無根而固者**는 **情也**②요 **無方而富者**는 **生也**③니 **公亦固情謹聲**하여 **以嚴尊生**④하소서 **此謂道之榮**⑤이니이다 **桓公退再拜〔曰〕**[4] **請若此言**⑥하리라

① 無翼而飛者 聲也 : 대문 안 뜰에서 말을 하여도 반드시 천 리 밖에서 반응한다. 그러므로 "날개가 없어도 날아간다."고 말하는 것이다.
出言門廷이라도 千里必應이니 故曰無翼而飛라

② 無根而固者 情也 : 같은 배를 타고 강을 건널 때, 胡人과 越人이 〈서로에 대해〉 딴마음을 품을까 걱정하지 않는 것은 상대의 심정을 알기 때문이다. 그러므로 "뿌리가 없어도 단단하다."고 말하는 것이다.
同舟而濟에 胡越不患異心은 知其情也니 故曰 無根而固라

③ 無方而富者 生也 : 〈군주의〉 생명이 온전하면 사방팔방에서 달려오며, 생명이 다하면 기러기 털도 움직이지 않는다. 그러므로 "방향은 없지만 부유하다."라고 말한다. 아무도 생명이 존재하는 곳을 모르므로 "방향이 없다."라고 말한다.
生全則萬方輻湊요 生盡則鴻毛不振이라 故曰無方而富也라 莫知生所在니 故曰無方也라

④ 公亦固情謹聲 以嚴尊生 : 백성의 심정을 공고히 하고, 군주의 말과 가르침을 신중히 하며, 엄중히 방비함으로써 군주의 생명을 존엄하게 해야 한다는 의미이다.
言當固物情謹聲教하고 嚴爲防禦하여 以尊其生이라

⑤ 此謂道之榮 : 이 세 가지는 도를 따르고 빛나게 하는 것이라는 의미이다.
謂此三者는 順道而光榮이라

⑥ 請若此言 : '若'은 '따르다'는 의미이다.
若은 順也라

管仲이 다시 桓公에게 말하였다.

"책임이 무겁기로는 자신의 몸만 한 것이 없고, 길에서 두려워해야 할 것으로는 입만 한 것이 없으며, 기간이 멀기를 바라는 먼 것으로는 壽命만 한 것이 없습니

---

4) 〔曰〕 : 저본에는 '曰'이 없으나, 문맥을 고려하여 보충하였다.

다. 책임을 무겁게 여기고, 두려운 마음으로 길을 걸으며, 긴 수명에 이르는 것은 오직 군자만이 할 수 있습니다."

환공이 물러나면서 두 번 절하고 말하였다.

"선생은 이런 말로 종종 과인을 가르쳐주시오."

管仲復於桓公曰 任之重者莫如身①이요 **塗之畏者莫如口**②요 **期而遠者莫如年**③이니 **以重任行畏塗**하고 **至遠期**는 **唯君子乃能矣**니이다 **桓公退**하여 **再拜之曰 夫子數以此言者**로 **敎寡人**하라

① 任之重者莫如身 : 온갖 일과 행위는 몸이 아니면 행할 수 없다. 그러므로 "책임이 무겁다."고 말하는 것이다.
萬事萬行이 非身不擧라 故曰 重任이라

② 塗之畏者莫如口 : 〈입은〉 樞機가 발동하는 곳이고, 영광과 욕됨을 주관한다. 그러므로 두려워할 만하다.
樞機之發이요 榮辱之主니 故可畏也라

③ 期而遠者莫如年 : 요절하는 것은 일상적으로 듣는 일이지만, 백수를 누리는 것은 실로 드물다. 그러므로 '遠期'라고 말하는 것이다.
殤夭日聞이나 期頤實寡라 故曰 遠期[5)]也라

관중이 대답하였다.

"맛있는 음식을 먹고 움직이고 쉬는 것은 생명을 기르는 것입니다. 좋아함과 싫어함, 기뻐함과 화냄, 슬퍼함과 즐거워함은 생명의 변화입니다. 듣고 보는 것이 사물에 합당함은 생명의 덕입니다. 그러므로 성인은 맛있는 음식을 조절하고, 움직이고 쉬는 것을 때에 맞게 하며, 좋아함과 싫어함, 기뻐함과 화냄, 슬퍼함과 즐거워함의 여섯 가지 기운을 제어하고, 음악과 女色에 빠지는 것을 막습니다. 〈따라서〉 몸에서 나쁜 행위가 이루어지지 않고, 입에서 거슬리는 말이 나오지 않고, 고요히 하여 생명을 안정시키는 사람이 성인입니다.

管仲對曰 滋味動靜은 **生之養也**요 **好惡**(오), **喜怒**, **哀樂**은 **生之變也**요 **聰明當物**은 **生之德也**①라 **是故聖人**은 **齊滋味而時動靜**②하고 **御正六氣之變**③하고 **禁止聲色之淫**④이니 **邪行亡乎體**하고 **違言不存口**⑤하고 **靜**(無)〔**然**〕[6)] **定生**이 **聖也**⑥니이다

5) 遠期 : 본문에는 '期而遠者'로 되어 있다.
6) (無)〔然〕: 저본에는 '無'로 되어 있으나, 劉績(明)의 ≪管子補註≫에 의거하여 '然'으로 바

① 聰明當物 生之德也 : 예가 아니면 보지도 않고 듣지도 않는다. 그러므로 "사물에 합당함"이라 말한다.
非禮勿視聽하니 故曰 當物이라

② 聖人 齊滋味而時動靜 : 자신의 생명을 기르기 위한 것이다.
所以養其生也라

③ 御正六氣之變 : 변화에 순응하기 위한 것이다. '六氣'는 곧 좋아함과 싫어함, 기뻐함과 화냄, 슬퍼함과 즐거워함이다.
所以循其變也라 六氣는 卽好惡喜怒哀樂이라

④ 禁止聲色之淫 : 자신의 덕을 이루기 위한 것이다.
所以成其德이라

⑤ 邪行亡乎體 違言不存口 : 몸에 나쁜 행위가 없으면 말은 반드시 순조롭다.
體無邪行이면 口言必順이라

⑥ 靜(無)〔然〕定生 聖也 : 고요해지고자 하면 생명이 안정된다. 이와 같은 사람이 성인이다.
欲靜則生定이니 如此者 聖也라

仁은 안에서 나오고, 義는 밖에서 일어납니다. 仁은 진실로 천하로 이익을 삼지 않고, 義는 진실로 천하로 명성으로 삼지 않습니다. 仁한 사람은 진실로 대신 왕노릇 하지 않고, 義로운 사람은 진실로 칠십 세가 되면 정치에서 물러납니다. 그러므로 성인은 덕을 높이고 공을 낮추며 道를 존중하고 物을 천시하며, 道德을 몸에 갖추고 있으므로 物에 의해 유혹되지 않습니다. 그러므로 몸이 초가집에 머물고 있어도 두려워하는 생각이 없고, 천하를 다스려도 교만한 기색이 없습니다. 이같이 한 이후에 천하의 왕이 될 수 있습니다.

仁從中出이요 **義從外作**[①]이니 **仁故不以天下爲利**하고 **義故不以天下爲名**[②]하며 **仁故不代王**[③]하고 **義故七十而致政**[④]이니이다 **是故聖人上德而下功**하고 **尊道而賤物**[⑤]하며 **道德當身**이라 **故不以物惑**[⑥]이니 **是故身在草茅之中而無懾意**[⑦]하고 **南面聽天下而無驕色**[⑧]이라 **如此而後**에 **可以爲天下王**이니이다

① 行從中出 義從外作 : 仁은 마음에서 생겨난다. 그러므로 "안에서 나온다"고 말한다. 義는 사태에 근거하여 판단한다. 그러므로 "밖에서 일어난다"고 말한다.
仁自心生이니 故曰中出이요 義因事斷이니 故曰 外作이라

로잡았다.

② 仁故不以天下爲利 義故不以天下爲名 : 만약 천하로 名利를 삼는다면 仁義가 아니다.
若以天下爲名利면 則非仁義也라
③ 仁故不代王 : 道로 군주를 보필하지 않고 대신 왕 노릇 하는 자는 仁하지 않다.
不以道輔君하고 而代之王者는 非仁也
④ 義故七十而致政 : 늙어서 정치에서 물러나지 않으면 탐욕스러운 자일 뿐이니 義롭지 않다.
老而不致政은 貪冒者耳니 非義也라
⑤ 尊道而賤物 : '物'은 名利와 관련된 일을 가리킨다.
物은 謂名利之事라
⑥ 道德當身 故不以物惑 : 몸에 진실로 道德이 있으면 어찌 名利의 외물이 유혹할 수 있겠는가?
身苟有道德이면 豈名利之物能惑哉리오
⑦ 無懼意 : 〈몸에 지닌〉 道德이 무거우니 어찌 두려움이 있겠는가?
道德爲重이니 何懼之有리오
⑧ 南面聽天下而無驕色 : 〈天下라는〉 神器는 홀연히 오는 것이니[7] 어찌 교만함이 있겠는가?
神器儻來니 何驕之有리오

德이라 불리는 것은 움직이지 않아도 빠르고, 서로 알려주지 않아도 잘 알며, 행함이 없어도 잘 이루고, 부르지 않아도 잘 이릅니다. 이런 것이 덕입니다.

그러므로 하늘은 움직이지 않아도 사계절이 운행하니 만물이 변화합니다. 〈이와 마찬가지로〉 군주는 움직이지 않아도 政令이 베풀어져 아래로 내려가니 온갖 공이 이루어지고, 마음은 움직이지 않아도 四肢와 耳目을 부리니 만물의 실정을 파악하게 됩니다.

교류가 적어도 많은 사람과 친한 것을 '知人'이라 하고, 하는 일이 적어도 공을 이루는 것을 '知用'이라 하며, 하나를 들어도 만물을 꿰뚫어 보는 것을 '知道'라고 합니다. 말이 많아도 합당하지 않으면 말이 적은 것만 못하고, 많이 배웠어도 자신을 돌이켜보지 않으면 반드시 나쁜 행위가 있게 됩니다.

孝弟(효도와 공손함)는 仁의 할아버지이고, 忠信(충성스러움과 미더움)은 교우관계의 경사입니다. 안으로 孝弟를 살피지 않고 밖으로 忠信을 바르게 하지 않으면서,

---

7) 神器는……것이니 : ≪老子≫ 29장에서 다음과 같이 말하였다. "천하는 神器이니 억지로 도모할 수 없다. 억지로 도모하는 자는 그르치고, 잡고자 하는 자는 놓친다.〔天下神器 不可爲也 爲者敗之 執者失之〕"

孝·弟·忠·信 이 네 가지 근본 윤리를 놓아버린 채 학문만 하는 자는 자기 몸을 망치는 자입니다."

所以謂德者는 **不動而疾**①하고 **不相告而知**②하며 **不爲而成**③하고 **不召而至**니 **是德也**④라 **故天不動**이나 **四時云下而萬物化**⑤하고 **君不動**이나 **政令陳下而萬功成**⑥하며 **心不動**이나 **使四肢耳目而萬物情〔得〕**⑦[8]이라 **寡交多親**을 **謂之知人**⑧이요 **寡事成功**을 **謂之知用**⑨이요 **聞一言以貫萬物**을 **謂之知道**⑩라 **多言而不當**은 **不如其寡也**⑪요 **博學而不自反**은 **必有邪**⑫니 **孝弟者**는 **仁之祖也**⑬요 **忠信者**는 **交之慶也**⑭라 **內不考孝弟**⑮하고 **外不正忠信**⑯하고 **澤**[9]**其四經**[10]**而誦學者**는 **是亡其身者也**⑰니이다

① 德者 不動而疾 : 덕은 반드시 신명에 감응한다. 그러므로 움직이지 않아도 빠르다.
德必冥通이니 故不動而疾이라

② 不相告而知 : 문과 창 밖을 나서지 않아도 천하를 안다.[11]
不出戶牖로되 以知天下라

③ 不爲而成 : 행하는 것이 없으면서도 하지 않음이 없다.[12]
無爲而無不爲라

④ 不召而至 是德也 : 같은 소리는 서로 반응하고 같은 기운은 서로 찾는다. 이와 같으면 지극한 덕이라 할 수 있다.
同聲相應하고 同氣相求니 如此者는 可謂至德也라

⑤ 天不動 四時云下而萬物化 : 하늘은 항상 함이 없다. 그러므로 "움직이지 않는다"고 말한다. 그러나 사계절이 운행하므로 만물이 변화한다. '云'은 움직이는 모습이다.
天常無爲하니 故曰 不動이라 然四時云下하니 故萬物化라 云은 運動貌也라

⑥ 君不動 政令陳下而萬功成 : 군주 또한 항상 함이 없다. 그러므로 "움직이지 않는다"고 말한다. 그러나 政令이 베풀어져 아래로 내려가니 온갖 것들이 이루어진다.
君亦常無爲하니 故曰 不動이라 然政令陳列而下니 故萬物成也라

---

8) 萬物情〔得〕: 저본에는 '得'이 없으나, 劉績(明)의 ≪管子補註≫에 의거하여 보충하였다. 舊注에도 "萬物莫不得其情也"로 되어 있는 것으로 볼 때, 房玄齡이 본 판본에는 본래 '得'자가 있었던 것으로 보인다.

9) 澤 : 釋으로 읽는다. 王念孫(淸)에 의하면 고대에는 '舍', '釋', '澤'이 서로 통용되었다고 한다.(≪讀書雜志≫)

10) 四經 : 舊注에서는 ≪詩經≫·≪書經≫·≪禮經≫·≪樂經≫의 네 가지 경전으로 풀이하고 있다. 그러나 王念孫(淸)은 이는 잘못된 풀이이고, 앞에서 언급된 孝·弟·忠·信의 네 가지 근본 윤리를 가리킨다고 보았다.(≪讀書雜志≫) 역자도 왕염손의 견해를 따랐다.

11) 문과……안다 : ≪老子≫ 47장에 나오는 "문 밖을 나서지 않아도 천하를 알고, 창 밖을 내다보지 않아도 천도를 안다〔不出戶 知天下 不窺牖 見天道〕" 구절을 차용하고 있다.

12) 행하는……없다 : ≪老子≫ 37장에 나오는 말이다.

⑦ 心不動 使四肢耳目而萬物情〔得〕: 마음 또한 항상 함이 없다. 그러므로 "움직이지 않는다"고 말한다. 그러나 四肢와 耳目이 마음으로부터 부림을 받으니, 만물 가운데 그 실정을 파악하지 못하는 것이 없게 된다.

心亦常無爲하니 故曰 不動이라 然四肢耳目이 自心使하니 萬物莫不得其情也라

⑧ 寡交多親 謂之知人 : 사람을 잘 파악하므로 교류가 적어도 많은 사람과 친할 수 있기 때문이다.

以其知人하니 故能交寡而親多라

⑨ 寡事成功 謂之知用 : 사용할 줄 알므로 하는 일이 적어도 공을 이룰 수 있기 때문이다.

以其知用하니 故能事寡而功成이라

⑩ 聞一言以貫萬物 謂之知道 : 도를 알므로 한마디만 들어도 만물을 꿰뚫을 수 있기 때문이다.

以其知道니 故能聞一言而得萬物貫也라

⑪ 多言而不當 不如其寡也 : 그러므로 "개는 잘 짖는다고 하여 좋은 개로 여기지 않고, 사람은 말이 많다고 하여 賢人으로 여기지 않는다."고 말한다.

故曰 狗不以善吠爲良하고 人不以多言爲賢이라

⑫ 博學而不自反 必有邪 : 많이 배워도 돌이켜 자신을 닦지 않아 마음이 태만한 자는, 반드시 나쁜 행위를 지니게 된다.

博學而不反修於其身하여 心曼衍者는 故必有邪行이라

⑬ 孝弟者 仁之祖也 : 仁은 孝弟로부터 생겨난다. 그러므로 〈孝弟는〉 仁의 '할아버지〔祖〕'가 된다.

仁從孝弟生이라 故爲仁祖라

⑭ 忠信者 交之慶也 : 충성스럽고 미더운 마음을 지니고 있으므로 사귀는 벗의 좋은 일을 축하할 수 있다.

有忠信之心이라 故能慶交友之善이라

⑮ 內不考孝弟 : 仁하지 않다는 말이다.

言不仁이라

⑯ 外不正忠信 : 우애 있지 않다는 말이다.

言不友라

⑰ 澤其四經而誦學者 是亡其身者也 : '四經'은 ≪詩經≫·≪書經≫·≪禮經≫·≪樂經≫을 말한다. 孝弟와 忠信의 마음이 없는 상태에서 단지 사경의 큰 은택을 단순히 외우는 것만으로 배움을 삼는 자는 四經으로 인해 신세를 망칠 수 있다.

四經은 謂詩書禮樂이라 旣無孝弟忠信하고 空使四經流澤[13]을 徒爲誦學者는 卽四經可以亡身也라

---

13) 流澤 : 널리 베푸는 큰 은택을 의미한다. ≪文選≫에 실린 班彪의 〈王命論〉에 "그런 이후에 정성이 神明에 통하고 流澤이 백성에게 더해진다.〔然後精誠通於神明 流澤加於生民〕"라는 말이 나온다.

다음날 桓公이 곡식 창고 부근에서 새 사냥을 하고 있을 때 管仲과 隰朋이 알현하러 갔다. 환공이 두 사람을 바라보고서는 활을 거두고 팔목 토시를 풀고서 그들을 맞이하면서 말하였다.

"저 기러기들은 봄에 북쪽으로 갔다가 가을에 남쪽으로 날아오면서 마땅한 때를 잃지 않소. 무릇 저들에게 날개가 있기 때문에 천하에서 자유로이 그 뜻을 펼치는 것이 아니겠소? 지금 과인이 천하에서 뜻을 얻지 못하는 것은 모두 그대들 두 사람의 근심이 아니겠소?"

廩

환공이 거듭 말하였으나 두 사람은 대답하지 않았다.

桓公明日弋在廩①에 **管仲・隰朋朝**어늘 **公望二子**하고 **弛弓脫釬**②**而迎之曰 今夫鴻鵠**은 **春北而秋南而不失其時**하니 **夫唯有羽翼**하여 **以通其意於天下乎**아 **今孤之不得意於天下**는 **非皆二子之憂也**③오 **桓公再言**이나 **二子不對**라

① 弋在廩 : '廩(름)'은 곡식을 쌓아두는 곳이다. 날짐승들이 많이 모여들므로 여기서 사냥을 한 것이다.
廩은 所以盛米粟이라 禽鳥或多集焉하니 故於此弋也라

② 脫釬 : '釬(한)'은 활시위로부터 〈팔을〉 보호하는 〈토시〉이다.
釬은 所以扞弦이라

③ 非皆二子之憂也 : 두 사람이 〈환공의〉 날개가 될 수 없으므로 근심을 맞게 된 것이다.
二子不能爲羽翼이니 所以當憂라

桓公이 말하였다.

"寡人이 이미 말했는데 두 사람은 어찌 대답하지 않는 것이오?"

관중이 대답하였다.

"지금 백성은 노고를 걱정하고 있는데 군주께서는 수시로 백성을 동원하고, 백성은 굶주림을 걱정하고 있는데 군주께서는 세금을 무겁게 거둬들이며, 백성은 죽음을

걱정하고 있는데 군주께서는 형벌을 각박하게 하고 있습니다. 이렇게 하면서 또한 아첨하는 자를 가까이하고 유덕한 이를 멀리하고 있습니다. 비록 기러기에게 날개가 있고 큰 강을 건널 노가 있다 할지라도, 군주께 무엇을 해드릴 수 있겠습니까?"

이에 환공이 겸연쩍어하면서 뒷걸음쳐 물러났다.

桓公曰 孤旣言矣로되 **二子何不對乎**아 **管仲對曰 今夫人患勞**어늘 **而上使不時**하고 **人患饑**어늘 **而上重斂焉**하며 **人患死**어늘 **而上急刑焉**이요 **如此而又近有色**① **而遠有德**②하니 **雖鴻鵠之有翼**하고 **濟大水之有舟楫也**라도 **其將若君何**③리잇가 **桓公**이 **蹵然逡遁**이라

① 近有色 : 아첨하는 자를 친하게 대한다.
親治容이라

② 遠有德 : 賢人과 俊傑을 멀리한다.
疎賢俊이라

③ 雖鴻鵠之有翼……其將若君何 : 날지 않으면 비록 날개가 있어도 도움이 되지 않고, 물을 건너지 않으면 비록 노가 있어도 쓰지 못하며, 귀담아듣지 않으면 비록 바른말을 하여도 헛되다. 그러므로 "군주께 무엇을 해드릴 수 있겠습니까?"라고 말하는 것이다.
不飛면 雖羽翼無益하고 不濟면 雖舟楫徒施하며 不聽이면 雖讜言空設이라 故曰 其將若君何라

管仲이 말하였다.

"옛날에 先王이 백성을 다스릴 때는, 대개 백성이 노고를 걱정하면 군주는 때에 맞게 백성을 부렸으니, 그러면 백성이 노고를 걱정하지 않게 되었습니다. 백성이 굶주림을 걱정하면 군주는 세금을 줄여주었으니, 그러면 백성은 굶주림을 걱정하지 않게 되었습니다. 백성이 죽음을 걱정하면 형벌을 관대히 하여주었으니, 그러면 백성이 죽음을 걱정하지 않게 되었습니다. 이같이 하면서 덕 있는 이를 가까이하고 아첨하는 자를 멀리하자, 나라 안의 사람들은 마치 부모처럼 군주를 바라보았고, 나라 밖의 사람들은 마치 흘러 들어오는 물처럼 군주에게 귀의하였습니다."

管仲曰 昔先王之理人也에 **蓋人有患勞而上使之以時**면 **則人不患勞也**요 **人患饑而上薄斂焉**이면 **則人不患饑矣**요 **人患死而上寬刑焉**이면 **則人不患死矣**니 **如此而近有德**하고 **而遠有色**이면 **則四封之內視君**을 **其猶父母邪**요 **四方之外歸君**을 **其猶流水乎**인저

이에 桓公이 사냥을 그친 뒤 수레 손잡이를 당겨 수레에 올라타고 직접 수레를

몰면서, 管仲을 왼쪽에 태우고[14] 습棚도 함께 태웠다. 다음달 3일 환공이 관중과 습붕을 사당으로 들어오게 하고, 두 번 절하고 머리를 숙인 후 말하였다.

"과인이 두 분의 말을 들으니 귀가 밝아지고 눈이 환해졌소. 과인은 감히 이 말을 혼자 들을 수 없어 조상에게 올리는 것이오."

관중과 습붕이 두 번 절하고 머리를 숙이면서 말하였다.

"군주께서 왕이 되신다면 이는 신의 말 때문이 아니라 군주의 가르침 때문입니다."

公轂射하고 **援綏而乘**하여 **自御**어늘 **管仲爲左**하고 **隰朋參乘**이라 **朔月三日**에 **進二子於里官**①[15]하고 **再拜頓首曰 孤之聞二子之言也**에 **耳加聰而視加明**하니 **於孤不敢獨聽之**하여 **薦之先祖**②호라 **管仲, 隰朋再拜頓首曰 如君之王也**③면 **此非臣之言也**요 **君之敎也**④니이다

① 進二子於里官 : '里官'은 里尉를 말한다. 齊나라 법에 인재 천거는 반드시 이위로부터 시작하였다. 그러므로 이관에게 管仲과 隰朋 두 사람을 천거하게 하여, 장차 구별하여 쓰려는 것이다.

里官은 謂里尉也라 齊國之法에 擧賢必自里尉始라 故令里官進二子하여 將旌別而用之也라

② 薦之先祖 : 그 말한 바를 진술하여 조상의 사당에 올린다는 말이다.

謂陳其所言하여 以薦祖廟라

③ 如君之王也 : 군주가 이같이 할 수 있으면 왕이 될 수 있다.

君能如此면 可以王也라

④ 此非臣之言也 君之敎也 : 이것은 비록 신하의 말이기는 하지만 반드시 군주가 이를 사용한 이후에 가르침을 이룬다. 그러므로 "군주의 가르침입니다."라고 말하는 것이다.

此雖臣言이나 必君用之然後成敎라 故曰 君之敎라

이에 환공이 관중과 맹세를 하면서 다음과 같이 명령하였다.

"노인과 어린이는 즉시 형벌을 가하지 않고 세 번 용서한 이후에 그 죄를 다스린다. 關門은 살피기만 하고 세금을 징수하지 않고, 시장은 물건으로 세금을 거둬들이고 돈을 받지 않는다. 삼림과 늪지대는 때에 맞게 출입을 금지하거나 해제하되

---

14) 管仲을……태우고 : 고대에 수레를 탈 때 존귀한 사람은 왼쪽에 타고, 마부는 가운데에, 그리고 호위병은 오른쪽에 자리잡았다. 따라서 관중을 왼쪽에 태웠다는 것은 관중을 높이고 존중한다는 의미이다.

15) 進二子於里官 : 豬飼彦博(日)은 '里官'을 '釐宮'의 誤字로 보았으며, 이것은 곧 제 환공의 부친인 釐公을 모시는 사당이라는 것이다.(≪管子補正≫) 舊注에서는 '里官'을 '里尉' 즉 지방의 하급관리로 보고, 里尉로 하여금 관중과 습붕 두 사람을 천거하게 하였다고 풀이하고 있는데, 문맥상 적절하지 않다.

세금을 거두어들이지 않는다."

〈이렇게 하자〉 풀이 많은 늪지 근처의 鹽田으로 사람들이 몰려드는 것이 마치 시장과 같았다.

환공은 병사들을 3년 동안 훈련시켰고, 4년째에는 뛰어난 자를 선발하여 우두머리로 삼았다. 5년째에는 비로소 전차를 움직여, 마침내 남으로 楚나라를 공격하여 施城 부근까지 이르렀고, 북으로는 山戎을 공격하여 〈그곳에서 나는〉 움파[16]와 잠두콩[17]을 가지고 나와 천하에 보급하였다. 그리고 세 번이나 천자를 보필하였고, 아홉 번이나 제후들과 회합하였다.

於是에 **管仲與桓公盟誓爲令曰 老弱勿刑**하여 **參**(삼)**宥有後弊**①하고 **關幾而不正**하고 **市正而不布**②하고 **山林梁澤**을 **以時禁發而不正也**③요 **草封澤鹽者之歸之也譬若市人**④이라 **三年教人**하고 **四年選賢以爲長**하고 **五年始興車踐乘**하여 **遂南伐楚**에 **(門)**[18]**傳施城**⑤하고 **北伐山戎**에 **出冬蔥與戎叔**하여 **布之天下**⑥하고 **果三(匡)〔輔〕**[19]**天子而九合諸侯**하니라

① 老弱勿刑 參(삼)宥有後弊 : 노인과 어린이 가운데 형벌을 받을 자는 즉시 형벌을 집행하지 않고 반드시 세 번 용서한 이후에 단죄하였다. '三宥(세 가지 용서)'는 곧 ≪주례≫의 '三宥'를 말하니, 첫째는 '알지 못함'이고, 둘째는 '실수'이며, 셋째는 '어린이와 노인'이다.
老弱犯刑者는 無卽刑之요 必三寬宥而後斷罪라 三宥는 卽周禮三宥니 一曰不識이요 二曰過悞요 三曰悼耄也라

② 市正而不布 : '布'는 돈을 말한다. 해당 물건으로 세금을 거둬들이고 구태여 돈과 구분하지 않았다.
布는 謂錢也라 卽其物而正之하고 不必分錢이라

③ 山林梁澤 以時禁發而不正也 : 수달이 물고기를 늘어놓고 제사 지낸 이후에[20] 늪에 들어가고, 승냥이가 짐승들을 늘어놓고 제사 지낸 이후에 산림에 들어갔다.
獺祭魚然後入梁澤하고 豺祭獸然後入山林也라

16) 움파 : 겨울에 움 속에서 자란, 빛이 누런 파를 이른다.
17) 잠두콩 : 콩과에 속하는 한해살이풀로, 형태는 네모지고 속이 비어 있으며 줄기는 1m 정도 자란다.
18) (門) : 저본에는 '門'이 있으나, 丁士涵(淸)의 견해에 의거하여 衍文으로 처리하였다.(≪管子校本≫)
19) (匡)〔輔〕 : 저본에는 '匡'으로 되어 있으나, 郭沫若(中)의 견해에 의거하여 '輔'로 바로잡았다.(≪管子集校≫)
20) 수달이……이후에 : 이 말은 ≪禮記≫ 〈月令〉의 "동풍이 얼음을 녹이면 겨울잠을 자던 것들이 깨어나기 시작하고, 물고기가 위로 올라와 얼음 밑에서 노닐며, 수달이 물고기를 늘어놓고 제사 지낸다.〔東風解凍 蟄蟲始振蘇 魚上負氷 獺祭魚〕"라는 말에서 빌린 것이다.

④ 草封澤鹽者之歸之也譬若市人 : '草封澤'은 풀이 많은 늪지대를 말한다. 풀을 베어 쌓아 올려 소금을 졸이는 데 사용할 수 있다. 그곳에 소금이 많으므로 거기로 몰려드는 사람들이 마치 시장바닥과 같았다. 〈사람들이 몰려드는 것을〉 금지하지 않았다는 의미이다.
草封澤은 謂澤多草라 刈積成封하여 可用煮鹽者也라 其處旣多鹽하니 故歸者譬若市人이라 言不設禁也라

⑤ (門)傅施城 : '施城'은 초나라 지명이다. 그 아래에 가까이 이르렀다는 말이다.
施城은 楚城名이라 謂附至其下라

⑥ 北伐山戎……布之天下 : 山戎에 冬葱과 戎叔이 있다. 지금 그곳을 정벌하였으므로 그 식물이 천하에 널리 전파되었다. '戎叔'은 잠두콩이다.
山戎有冬葱, 戎叔이라 今伐之하니 故其物布天下라 戎叔은 胡豆라

桓公이 궁 밖에 머물면서 솥으로 끓인 음식을 먹지 않았다. 〈그러자〉 中婦諸子[21)]가 궁녀들에게 말하였다.

"어찌해서 따라 나가 모시지 않는가? 군주께서 出行하려고 하시네."

환공이 화를 내면서 말하였다.

"내가 출행한다고 누가 그러더냐?"

궁녀들이 말하였다.

"저희들은 중부제자에게 들었습니다."

환공이 중부제자를 불러 말하였다.

"너는 어디서 내가 출행한다고 들었느냐?"

중부제자가 대답하였다.

"제가 듣기로, 군주가 궁 밖에서 머물면서 솥에 끓인 음식을 먹지 않는다는 것은, 나라 안의 근심이 없으면 반드시 나라 밖의 근심이 있기 때문이라고 들었습니다. 지금 군주께서 궁 밖에서 머물면서 솥에 끓인 음식을 드시지 않는 것은 나라 안의 근심이 있기 때문이 아닙니다. 이 때문에 저는 군주께서 출행하시려고 하는 것을 알게 되었습니다."

환공이 말하였다.

"좋다. 이 계획은 내가 너와 더불어 의논하려고 하던 것은 아니었으나, 너의 말

21) 中婦諸子 : 舊注에서는 군주의 시중을 드는 궁중의 內官으로 풀이하였다. 반면에 黎翔鳳(中)은 〈小匡〉에 나오는 齊 桓公의 사촌누이로 보았다.(≪管子校注≫)

이 여기까지 이르렀으니 내가 너에게 물어보겠다. 과인은 제후들을 오게 하려고 하는데 그들이 오지 않으니 어찌하면 좋겠느냐?"

중부제자가 말하였다.

"臣妾은 다른 사람을 제대로 접대하지 않고서 남이 보낸 布織을 받아본 적이 없습니다. 생각건대 〈군주께서〉 살피지 못한 점이 있을 듯합니다."

다음날, 管仲이 조회하러 들어오자 환공이 이 일을 관중에게 말해주었다. 그러자 관중이 말하였다.

"이는 聖人의 말입니다. 군주께서는 반드시 실행하도록 하십시오."

桓公外舍而不鼎饋①어늘 **中婦諸子謂宮人**호대 **盍不出從乎**아 **君將有行**②이라하니 **宮人皆出從**이어늘 **公怒曰 孰謂我有行者**아 **宮人曰 賤妾聞之中婦諸子**니이다 **公召中婦諸子曰 女焉聞吾有行也**오 **對曰 妾人聞之**호니 **君外舍而不鼎饋**면 **非有內憂**면 **必有外患**이라 **今君外舍而不鼎饋**하시니 **君非有內憂也**니 **妾是以知君之將有行也**니이다 **公曰 善**타 **此非吾所與女及也**로되 **而言乃至焉**③하니 **吾是以語女**하리라 **吾欲致諸侯而不至**하니 **爲之奈何**④오 **中婦諸子曰 自妾之身之不爲人持接也**⑤요 **未嘗得人之布織也**라 **意者更容不審耶**⑥니이다 **明日管仲朝**어늘 **公告之**하니 **管仲曰 此聖人之言也**니 **君必行也**⑦니이다

① 外舍而不鼎饋 : '外舍'는 궁 밖으로 나가 숙박하였다는 의미이다. 솥으로 음식을 끓이지 않고 먹었다는 것은 그 음식이 성대하지 않았다는 의미이다.
外舍는 謂出宿於外라 不以鼎饋食은 言其饌不盛也라

② 中婦諸子謂宮人……君將有行 : '中婦諸子'는 내관의 호칭이다. 군주가 장차 出行을 하려고 하는데 어찌해서 따라나서지 않는가? '盍(합)'은 '어찌 않는가?'라는 의미이다.
中婦諸子는 內官之號라 君將有行이어늘 何不出乎아 盍은 何不也라

③ 此非吾所與女及也 而言乃至焉 : '나는 본래 너와 더불어 이 계획을 준비하려던 것이 아니었으나, 지금 너의 말이 여기까지 이를 수 있었다는 것은, 네가 나의 계획을 알 수 있었다는 말이다.'라는 의미이다.
言我本不與汝及此謀어늘 今汝言乃能至於此하니 謂能知我謀也라

④ 吾欲致諸侯而不至 爲之柰何 : 나는 제후들을 나에게 오도록 하려고 하는데 오지 않는다. 지금 그들을 오게 하려면 어떻게 해야 하는가?
我欲諸侯之至而不至하니 今欲令其至인댄 如何乎아

⑤ 自妾之身之不爲人持接也 : '爲'는 '與'와 같다. 신첩은 깊은 궁궐 안에 있어 일찍이 밖으로 나가 다른 사람을 상대하면서 접대해본 적이 없다는 말이다.
爲는 猶與也라 言妾身在深宮之中이니 未嘗得出하여 與人相持而接對라

⑥ 未嘗得人之布織也 意者更容不審邪 : 궁궐 내에는 이미 織紝의 일이 적고, 또한 외부 사람의 布織을 얻어본 적이 없다는 말이다. 이 사람은 이미 人事에 어두우니 군대의 계책을 묻는 것은 합당하지 않다는 말이다. 대개 알지 못하는 것을 내세워 군주의 행위를 멈추게 하였다. 그러므로 자신이 살피지 못한 일에 대해 스스로 다시금 생각할 필요가 있다고 말하였다.

言宮中旣少織紝之事하고 又不得外人之布織이라 言此者旣昧於人事하니 不當訪以軍謀라 蓋託不知하여 以止君之行也라 故言更當容我思其不審之事라

⑦ 此聖人之言也 君必行也 : 中婦諸子가 군주를 멈추게 하여 出行하지 않게 하였으니, 이는 성인의 말에 합치된다는 말이다. 그러므로 군주로 하여금 그녀의 말을 실행하게 하였다.

謂中婦諸子止君不行이니 此合聖人之言也라 故令君行之라

管仲이 병이 들자, 桓公이 병문안 가서 말하였다.

"仲父(중보)의 병이 깊으니, 그대의 속마음을 숨겨서는 안 되오. 그대가 불행히 병에서 일어나지 못한다면, 과인은 齊나라의 정치를 누구에게 맡겨야 하오?"

관중이 머뭇거리며 대답하지 못하였다. 그러자 환공이 물었다.

"鮑叔의 사람됨은 어떠하오?"

管子가 대답하였다.

"포숙은 군자입니다. 千乘의 나라를 주더라도 합당한 이유가 아니면 받지 않을 것입니다. 그러나 정사를 담당할 수는 없습니다. 그의 사람됨이 선한 사람을 좋아하고 악한 사람을 미워하는 것이 너무 심합니다. 한 가지 악행을 보면 죽을 때까지 잊지 못합니다."

管仲寢疾이어늘 **桓公往問之曰 仲父之疾甚也**니 **若不可諱矣**라 **不幸而不起此疾**이면 **彼政我將安移之**오 **管仲未對**어늘 **桓公曰 鮑叔之爲人何如**오 **管子對曰 鮑叔君子也**라 **千乘之國**을 **不以其道予之**면 **不受也**①리이다 **雖然**이나 **不可以爲政**이니 **其爲人也好善而惡惡**(오악)**已甚**②하여 **見一惡**이면 **終身不忘**이니이다

① 千乘之國……不受也 : 비록 천승의 나라를 준다고 하더라도, 올바른 도가 아니면 그는 결코 받지 않을 것이다.

雖與千乘之國이라도 不以其道면 彼必不受라

② 好善而惡惡(오악)已 : '已'는 '太'와 같다. 악인을 미워하는 것이 너무 심하다는 말이다.

已는 猶太也라 言憎惡惡人太甚이라

桓公이 말하였다.

"그러면 누가 좋겠소?"

管仲이 대답하였다.

"隰朋이 좋습니다. 그의 사람됨은 원대한 일을 알기를 좋아하고 아랫사람에게 묻기를 좋아합니다. 제가 듣기에 남에게 덕을 주는 사람은 '어질다' 하고, 남에게 재물을 주는 사람은 '선량하다' 했습니다. 선행으로 남을 이기는 자는 남을 복종시킬 수 없으나, 선행으로 남을 기르는 자는 남을 복종시키지 못하는 경우가 없습니다. 나라에는 알지 못하는 政務가 있는 법이고, 집안에는 알지 못하는 집안일이 있는 법입니다. 이런 일에 적합한 사람은 반드시 습붕일 것입니다!

또한 습붕의 사람됨은 집안에 머물고 있어도 조정의 일을 잊지 않고, 조정에 머물고 있어도 집안일을 잊지 않으며, 임금을 섬기는 데 있어 두마음이 없고, 또한 자신의 신분도 잊지 않습니다. 〈또 일찍이〉 齊나라의 돈을 들여 가난한 집 50호를 구제한 적이 있는데 그 사람들이 누가 도와주었는지를 알지 못하였습니다. 〈그러니〉 습붕은 참으로 어질다고 할 것입니다."

桓公曰 然則孰可오 **管仲對曰 隰朋可**니이다 **朋之爲人**은 **好上識而下問**①이라 **臣聞之**호니 **以德予人者**를 **謂之仁**이요 **以財予人者**를 **謂之良**이요 **以善勝人者**는 **未有能服人者也**②요 **以善養人者**는 **未有不服人者也**라 **於國有所不知政**하고 **於家有所不知事**니 **必則朋乎**③인저 **且朋之爲人也**는 **居其家**에 **不忘公門**하고 **居公門**에 **不忘其家**하며 **事君不二其心**하고 **亦不忘其身**이라 **擧齊國之幣**하여 (握)〔**振**〕[22]**路家五十室**이로되 **其人不知也**니 **大仁也哉其朋乎**④인저

① 好上識而下問 : '上識'은 원대한 일을 알기를 좋아한다는 말이다.
上識은 謂好知遠大之事라

② 以善勝人者 未有能服人者也 : 선행으로 남을 이기면 남 또한 나를 이기려는 마음을 내게 된다. 그러므로 복종하지 않는다.
以善勝人이면 人亦生勝己之心이니 故不服이라

③ 於國有所不知政……必則朋乎 : 만약 모든 일을 알려고 하면 나에게 일이 몰려 장차 감당하지 못하고 실패하게 된다. 습붕은 모르는 일을 인정할 수 있으니, 정사를 그에게 맡길 수 있다.

22) (握)〔振〕: 저본에는 '握'으로 되어 있으나, 王引之(淸)의 견해에 의거하여 '振'으로 바로잡았다. 글자 형태가 서로 비슷함으로 인해 잘못 쓰여진 글자라는 것이다. 그리고 '振'은 곧 '擧救'의 의미라고 하였다.(≪讀書雜志≫)

若皆知之면 則事鍾於己하여 將不勝任而敗라 朋能有所不知니 故可以移政이라

④ 擧齊國之幣……大仁也哉其朋乎 : '握'은 '持'의 의미이다. 언젠가 齊나라 국고의 돈을 가지고 나와 곤궁한 집안 50호에게 나누어주었다. 그 일이 커서 드러나기 쉽다는 의미이다. 이는 모두 별도로 주관하는 관리가 있어서 습붕이 간여할 수 없었는데 힘써 이를 처리하였다. 이른바 '나라에는 알지 못하는 정무가 있다'는 것이니, 그 어떤 것도 모두 포용하여 싣는 천지의 덕에 합치한다. 그러므로 "습붕은 참으로 어질다고 할 것입니다."라고 말하는 것이다.

握은 持也라 或有擧齊國之幣하여 持與路旁之家五十室이니 言其事大而且易(이)顯이라 此皆自有主司하여 朋能不干預而强知此니 所謂於國有所不知政이라 合於天地之無不容載라 故曰大仁哉其朋乎也라

桓公이 또 물었다.

"불행히 仲父(중보)를 잃는다면 여러 大夫 중 누가 나라를 안정시킬 수 있겠소?"

管仲이 대답하였다.

"군주께서는 아직도 질문을 끝내기가 두려우십니까? 鮑叔牙의 사람됨은 강직하고, 賓胥無의 사람됨은 선량하며, 寧戚의 사람됨은 일처리를 잘하고, 孫在의 사람됨은 말을 잘합니다."

환공이 말하였다.

"이 네 사람을 그 누가 능가할 수 있겠소? 과인이 이들 모두 신하로 삼고 있는데, 그것만으로는 나라가 안정되지 않는다는 것은 어째서 그렇소?"

관중이 대답하였다.

"포숙의 사람됨은 강직함을 좋아하지만 나라를 위해 자신의 강직함을 굽힐 줄 모르고, 빈서무의 사람됨은 선량함을 좋아하지만 나라를 위해 자신의 선량함을 굽힐 줄 모르며, 영척의 사람됨은 일에는 뛰어나지만 〈재물 축적에 대한 욕망이 커서〉 만족하여 그칠 줄 모르고, 손재의 사람됨은 말을 잘하지만 신용을 받고서도 침묵할 줄 모릅니다. 신이 듣건데, 〈자연의 이치는〉 줄어들었다가도 늘어나고 가득 찼다가도 비워진다고 하였습니다. 백성과 더불어 굽히고 펼치고 하면서, 나라를 안정시켜 계속 이어갈 수 있는 자는 隰朋만이 가능합니다. 습붕의 사람됨은 움직일 때는 반드시 힘을 헤아리고 일을 거행할 때는 반드시 기량을 살핍니다."

말을 끝내고 나서 관중은 슬프게 탄식하였다.

“하늘이 습붕을 낸 것은 나 管夷吾의 혀로 삼기 위해서였다. 이제 몸이 죽으니 혀가 어찌 살아남을 것인가!”

公又問曰 不幸而失仲父也면 **二三大夫者**에 **其猶能以國寧乎**아 **管仲對曰 君請矍已乎**①아 **鮑叔牙之爲人也好直**하고 **賓胥無之爲人也好善**하며 **寧戚之爲人也能事**하고 **孫在之爲人也善言**이니이다 **公曰 此四子者 其孰能一人之上也**오 **寡人幷而臣之**로되 **則其不以國寧**은 **何也**②오 **對曰 鮑叔之爲人**은 **好直而不能以國詘**③하고 **賓胥無之爲人也**는 **好善而不能以國詘**하며 **寧戚之爲人**은 **能事而不能以足息**④하고 **孫在之爲人**은 **善言而不能以信默**⑤이라 **臣聞之**호되 **消息盈虛**니 **與百姓詘信然後能以國寧勿已者**는 **朋其可乎**인저 **朋之爲人也**는 **動必量力**하고 **擧必量技**니이다 **言終**에 **喟然而歎曰 天之生朋**은 **以爲夷吾舌也**니 **其身死**에 **舌焉得生哉**⑥리오

① 君請矍已乎 : ‘矍已’는 두려워하는 바가 있어 아직 질문이 그치지 않았다는 말이다.
矍已는 謂有所驚懼而問未止也라

② 此四子者……何也 : ‘이들 네 사람은 모두 뛰어난 재주를 지니고 있어 아무도 그들을 능가할 수 없고, 지금 나는 이들 모두 신하로 삼고 있다. 그런데도 나라가 여전히 안정되지 않는다는 것은 어째서인가?’라는 의미이다.
言四子皆有超絶之材하여 無人能過其上이라 今吾幷得臣之로되 國尙不寧은 何也오

③ 好直不能以國詘 : 나라를 위해 그의 강직함을 굽힐 수 없다.
不能爲國以屈其直也라

④ 寧戚之爲人 能事而不能以足息 : 寧戚은 농사 재배기술에 뛰어나지만 재물 축적에 욕심이 많아, 만족하여 그칠 줄 모른다.
寧戚善於農植이나 貪於積聚하여 不能知足而息也라

⑤ 孫在之爲人 善言而不能以信默 : 그가 진술한 말은 이미 신용을 받고 있지만, 오히려 침묵할 줄 모른다. 이들 네 사람은 모두 능력에 대한 긍지가 너무 지나쳐서 때에 따라 적절히 굽히고 펼 줄 모른다. 그러므로 나라가 안정되지 않는다.
其所陳言이 旣見信用이나 尙不能默이라 凡此四子는 皆矜能太過하여 不能與時屈伸이라 故國不寧也라

⑥ 喟然而歎曰……舌焉得生哉 : 습붕 또한 자기를 따라 일찍 죽어 齊나라 정사를 오래 돌볼 수 없다는 말이다. 그러므로 슬프게 탄식한 것이다. 아직 일어나지 않은 일을 미리 알았으니, 이것이 관이오가 성인으로 칭송받는 까닭이다.
言朋亦將隨己早亡하여 不得久理齊政이라 故哀歎也라 以先知未然이라 夷吾所以稱聖也라

管仲이 말하였다.

"무릇 江나라와 黃나라는 楚나라에 가까우니, 齊나라의 신하가 되어 죽음을 무릅쓰겠습니까? 군주께서는 반드시 그들을 초나라에 돌려주고 맡기십시오. 군주께서 돌려주지 않으면 초나라가 반드시 그들을 합병할 것입니다. 합병하려 하는데 구해주러 가지 않으면 옳지 않고, 구하러 가면 이 일로부터 난리가 시작될 것입니다."

桓公이 대답하였다.

"알겠소."

管仲曰 夫江 黃之國이 **近於楚**하니 **爲臣死乎**[①]잇가 **君必歸之楚而寄之**[②]하소서 **君不歸**면 **楚必私之**리니 **私之而不救也則不可**요 **救之則亂自此始矣**[③]리이다 **桓公曰 諾**다

① 夫江黃之國……爲臣死乎 : 두 나라는 이미 초나라와 가까우니 반드시 초나라에 신하 노릇을 할 것이다. 어찌 제나라의 신하가 되어 죽음을 무릅쓰겠는가?
二國旣近於楚하여 必臣於楚니 豈爲齊臣而死乎아

② 君必歸之 楚而寄之 : 두 나라를 초나라에 돌려주어 마치 초나라에 맡기는 것처럼 하면, 초나라는 그들 나라를 합병하지 못할 것이고 제나라는 오히려 우러러보임이 있을 것이다.
以二國歸楚하여 若寄託然이면 則楚不得爲私하고 而齊猶有望이라

③ 君不歸……救之則亂自此始矣 : 초나라가 이미 두 나라를 합병하면 두 나라에 어려움이 있더라도 제나라는 반드시 구하지 못한다. 한번 구하지 못하게 되면 〈이후에도〉 구할 수 없다. 내가 구해주어도 저들이 신하로 복종하지 않으면 원한을 맺게 된다. 그러므로 "이 일로부터 난리가 시작됩니다."라고 말하는 것이다.
楚旣私二國하면 二國有難이라도 齊必不救니 一爲不救면 則不可救요 此救彼不臣이면 則構怨矣라 故曰 亂自此始라

管仲이 또 말하였다.

"동쪽 성곽에 개 한 마리가 왕왕 짖으면서 아침저녁으로 이빨을 드러내고 있기에, 제가 말뚝에 묶어 사람들을 물지 못하게 하였습니다. 지금 저 易牙(역아)는 자기 자식도 사랑할 수 없는데 어찌 전하를 사랑할 수 있겠습니까? 전하께서는 반드시 그를 내치십시오."

桓公이 대답하였다.

"그렇게 하겠소."

管子가 또 말하였다.

"북쪽 성곽에 개 한 마리가 왕왕 짖으면서 아침저녁으로 이빨을 드러내고 있기

에, 제가 말뚝에 묶어 사람들을 물지 못하게 하였습니다. 지금 저 豎刁(수조)는 자기 몸도 사랑하지 않는데 어찌 전하를 사랑할 수 있겠습니까? 전하께서는 반드시 그를 내치십시오."

환공이 대답하였다.

"그렇게 하겠소."

관자가 또 말하였다.

"서쪽 성곽에 개 한 마리가 왕왕 짖으면서 아침저녁으로 이빨을 드러내고 있기에, 제가 말뚝에 묶어 사람들을 물지 못하게 하였습니다. 지금 저 衛나라 공자 開方은 千乘 나라의 太子 지위를 버리고 전하를 섬기고 있습니다. 그가 원하는 것은 전하의 자리이니, 장차 천승의 나라를 넘어서는 욕심을 부릴 것입니다. 전하께서는 반드시 그를 내치십시오."

환공이 대답하였다.

"그렇게 하겠소."

마침내 관자가 숨을 거두었고, 그가 죽은 지 열 달 후에 隰朋도 죽었다.

管仲又言曰 東郭有狗嘊嘊하여 **旦暮欲齧**이어늘 **我猳而不使也**라 **今夫易牙**는 **子之不能愛**어늘 **將安能愛君**이리오 **君必去之**하소서 **公曰 諾**①다 **管子又言曰 北郭有狗**嘊嘊하여 **旦暮欲齧**이어늘 **我猳而不使也**라 **今夫豎刁**는 **其身之不愛**어든 **焉能愛君**이리오 **君必去之**하소서 **公曰 諾**다 **管子又言曰 西郭有狗**嘊嘊하여 **旦暮欲齧**이어늘 **我猳而不使也**라 **今夫衛公子開方**은 **去其千乘之太子而臣事君**이니 **是所願也**는 **得於君者**라 **是將欲過其千乘也**②니 **君必去之**하소서 **桓公曰 諾**다 **管子遂卒**하고 **卒十月**에 隰**朋亦卒**이라

① 東郭有狗嘊嘊……諾 : '동쪽 성곽의 개'는 易牙를 비유한다. 그 사람됨이 잔인하여 개와 같다는 의미이다. '猳(가)'는 나무로 개를 묶어두는 것을 말한다. 그 '가(猳)'라는 소리를 취하여 뜻으로 삼으면 〈국가의 家와 통하니〉 곧 국가를 의미한다. 역아는 결국 나라를 망하게 하고 집안을 파멸시킬 수 있는 자이니, 이런 자는 부리면 안 되고 반드시 제거해야 한다는 의미이다.

東郭之狗는 喩易牙라 言其人殘忍하여 同於狗矣라 猳는 謂以木連狗라 取聲爲義면 卽國家也라 言易牙終能亡國滅家니 此不當使요 必須去之也라

② 今夫衛公子開方……是將欲過其千乘也 : 開方은 衛나라에 있었으면 마땅히 군주 자리를 이어받게 되어 있다. 그런데 지금 그것을 버리고 제나라를 섬기고 있으니, 그가 바라

는 것은 단지 千乘 규모의 나라에 그치지 않는다. 그의 뜻은 반드시 제나라를 얻는 것이고, 그렇게 된 이후에야 그가 바라는 바에 합당하게 될 것이다.

開方在衛에 當嗣君之位로되 今棄而事齊는 則所望不只千乘也요 其意必得齊國然後稱所望也라

桓公이 易牙와 豎刁 그리고 衛나라 公子 開方을 내쳤다. 그러나 맛있는 음식이 이르지 않자 역아를 다시 불러들였고, 궁궐 안이 혼란스러워지자 수조를 다시 불러들였으며, 달콤하고 아첨하는 말이 귓가에 들리지 않자 위나라 공자 개방을 다시 불러들였다. 환공은 안으로 국력을 헤아리지 않고 밖으로 외교 문제를 고려하지 않은 채 힘으로 이웃 나라들을 공격하였다.

환공이 죽자 여섯 명의 아들이 모두 군주 자리에 오르려고 하였다. 그 틈을 타 역아가 밖으로는 위나라 공자와, 안으로는 수조와 공모하여 관리들을 죽이고 공자 無虧(무휴)를 군주 자리에 세웠다. 그러므로 환공은 죽은 지 7일이 지나도록 殮襲을 하지 못하였고, 9개월이 되도록 장사를 지내지 못하였다.

孝公[23]이 宋나라로 달아나자, 宋 襄公이 제후들을 거느리고 齊나라를 공격하여 甗(언) 땅에서 제나라 군대를 크게 무찔렀으며, 공자 무휴를 죽이고 효공을 세우고 돌아갔다. 송 양공은 13년 동안 재위하였고, 제 환공은 42년 동안 재위하였다.

桓公去易牙, 豎刁, 衛公子開方이라 **五味不至**하여 **於是乎復反易牙**하고 **宮中亂**하여 **復反豎刁**하며 **利言卑辭不在側**하여 **復反衛公子開方**이라 **桓公內不量力**하고 **外不量交**하고 **而力伐四隣**이라 **公薨**에 **六子皆求立**하니 **易牙〔外〕[24]與衛公子**하고 **內與豎刁**하여 **因共殺群吏**하고 **而立公子無虧**라 **故公死七日不斂**하고 **九月不葬**이라 **孝公犇宋**하니 **宋襄公率**(솔)**諸侯以伐齊**하여 **戰於甗**에 **大敗齊師**하고 **殺公子無虧**하고 **立孝公而還**이라 **襄公立十三年**이요 **桓公立四十二年**이라

23) 孝公 : 나중에 송 양공의 도움을 받아 제나라 군주 자리에 오르는 공자 昭를 말한다.
24) 〔外〕 : 저본에는 '外'가 없으나, 丁士涵(淸)의 견해에 의거하여 보충하였다.(≪管子校本≫)

제27편 지도 地圖

단어 1 短語 一

*'地圖'는 지리의 형세와 상황을 가리키는 것으로, 본 편에서는 用兵할 때 우선 군대 통솔자가 지리 형세를 숙지할 필요성에 대해 강조하고 있다. 이어서 용병에 '三具' 즉 군주의 밝음, 재상의 지혜로움, 장수의 능력을 갖추어야 한다는 점에 대해 언급하고 있다. 비록 짧은 글이지만 ≪管子≫ 의 군사사상에 대한 중요한 자료를 제공하고 있다.

무릇 군대를 통솔하는 자는 반드시 먼저 地圖를 상세히 알아야 한다. 구불구불하고 험한 길, 수레를 뜨게 할 수 있는 깊은 물, 이름난 산, 큰 계곡, 늘 물이 흐르는 냇물, 산마루와 평지, 구릉이 있는 위치, 풀이 무성한 곳, 나무숲, 부들과 갈대가 무성한 곳, 도로의 멀고 가까움, 성곽의 크고 작음, 이름난 읍과 폐허가 된 읍, 메마른 땅과 경작할 수 있는 땅 등을 반드시 모두 알아야 한다. 그리고 지형이 들쑥날쑥 서로 겹치는 곳을 모두 마음속에 파악한 이후에 군대를 움직이고 읍을 습격할 수 있다.

움직일 때와 머무를 때의 선후를 알고 지형의 이점을 놓치지 않는 것, 이러한 것이 地圖의 통상적인 역할이다.

凡兵主者는 **必先審知地圖**니 **轘轅之險**①과 **濫車之水**②와 **名山**과 **通谷**과 **經川**③과 **陵陸**과 **丘阜之所在**와 **苴草**④와 **林木**과 **蒲葦之所茂**와 **道里之遠近**과 **城郭之大小**와 **名邑**과 **廢邑**과 **困殖之地**⑤를 **必盡知之**⑥하고 **地形之出入相錯者**를 **盡藏之**⑦**然後可以行軍襲邑**이라 **擧錯知先後**하고 **不失地利**는 **此地圖之常也**라

① 轘轅之險 : 도로의 형태가 수레의 끌채처럼 굽고 또 구불구불한 것을 말한다. 緱氏(구씨)[1] 동남쪽에 轘轅道(환원도)라는 길이 있는데, 그 형태가 바로 그러하다.
謂路形若轅而又轘曲이라 緱氏東南에 有轘轅道가 是也라

② 濫車之水 : 그 물이 깊어 수레를 뜨게 할 수 있다.
其水深渺하여 能泛車라

③ 經川 : 항상 물이 흐르는 냇물을 말한다.

1) 緱氏(구씨) : 고대의 지명으로 현재의 하남성 偃師縣 동남쪽에 있다.

謂常川也라

④ 苴草 : '苴草'는 풀이 무성하여 덮어 가릴 수 있는 것을 말한다.
苴草는 謂其草深茂하여 能有所覆藏이라

⑤ 困殖之地 : '困'은 땅이 메말라 곡식을 심을 수 없는 곳을 말한다. '殖'은 경작한 밭으로 곡식을 뿌려 기를 수 있는 곳을 말한다.
困은 謂其地墝埆하여 不可種藝요 殖은 謂壤田可播殖者也라

⑥ 必盡知之 : 무릇 이러한 것들은 모두 군대를 통솔하는 자가 알아야 한다.
凡此는 皆兵主所當知라

⑦ 盡藏之 : '藏'은 마음속에 품는다는 말이다.
藏은 謂包蘊在心이라

병력의 많고 적음, 병사의 훈련됨과 미숙함, 무기의 좋고 나쁨 등을 모두 알아야 한다. 이것이 곧 知形(군대의 형편을 앎)이다. '지형'은 知能(군대의 능력을 앎)만 못하고, '지능'은 知意(적의 의도를 앎)만 못하다. 그러므로 군대의 통솔자는 반드시 세 가지를 갖추는 자이니, '군주의 밝음', '재상의 지혜로움', '장수의 능력'을 가리켜 '세 가지가 갖추어짐〔參具〕'이라 한다.

人之衆寡와 **士之精麤**와 **器之功苦**를 **盡知之**니 **此乃知形者也**①라 **知形**이 **不如知能**이요 **知能**이 **不如知意**라 **故主兵必參具者也**니 **主明, 相知, 將能之謂參具**②라

① 此乃知形者也 : '形'은 군대의 형편을 말한다.
形은 謂兵之形이라

② 主明……將能之謂參具 : '밝음', '지혜로움', '유능함' 세 가지가 합쳐지니, 따라서 이를 '參具(삼구)'라 한다.
明·智·能三者合하니 故謂之參具라

그러므로 장차 명령을 내려 병사들을 움직이려 할 때 작전 일정을 정한다. 먼저 정벌 대상을 정하고, 신하·고관·부형·총신·좌우 측근들이 전쟁의 승패를 의론하지 못하게 하는 것은 군주의 임무이다.

故將出令發士에 **期有日數矣**라 **宿定所征伐之國**①하고 **使群臣, 大吏, 父兄, 便**辟, **左右不能議成敗**는 **人主之任也**②라

① 宿定所征伐之國 : '宿'은 '먼저'라는 의미이다.

宿은 猶先也라

② 使群臣……人主之任也 : 일의 성패에 대해서는 총명한 군주가 홀로 마음속에서 판단한다. 그러므로 신하들이 의론할 수 없는 것이다.

事之成敗를 明主獨斷之於心이라 故其臣不能議라

공로를 의논하고 상벌을 시행할 때 감히 賢人을 가리고 사적으로 편애하지 않고, 재화를 사용하여 군대에서 필요로 하는 것을 공급하며, 관리들을 엄숙하고 공경하는 태도를 유지하게 하여 감히 게으르거나 삿된 행위를 하지 못하게 하면서 군주의 명령을 기다리게 하는 것은 재상의 임무이다.

論功勞行賞罰에 **不敢蔽賢**①**有私**하고 **行用貨財**하여 **供給軍之求索**②하고 **使百吏肅敬**하여 **不敢解怠行邪**하여 **以待君之令**은 **相室之任也**라

① 不敢蔽賢 : 감히 현명하고 유능한 자를 은폐하지 않는다.

不敢蔽隱賢能이라

② 行用貨財 供給軍之求索 : 竇嬰(두영)[2]과 李牧(이목)[3]이 하였던 것처럼, 재상이 간혹 사적인 재물을 사용하여 군대에서 필요로 하는 것을 공급하는 것을 말한다.

言相室이 或用私財하여 供軍所求니 若竇嬰, 李牧之爲也라

무기와 장비를 수선하고 훈련된 병사들을 선발하며, 군대를 훈련하고 什伍 편제를 연결하며, 두루 천하 사정을 파악하고 기미와 책략을 잘 살피는 것, 이런 것이 군대를 통솔하는 자 〈즉 장수의〉 일이다.

繕器械하고 **選練士**하고 **爲教服**①하고 **連什伍**②하고 **徧知天下**하고 **審御機數**는 **此兵主之事也**라

① 爲教服 : 규율을 제정하여 병사들을 훈련시킨다.

設教令하여 使士服習이라

② 連什伍 : 군대의 什伍 편제를 서로 연결시켜 통일적 체제를 지니게 한다.

使其什伍를 各相鉤連하여 有所統屬이라

---

2) 竇嬰(두영) : ?~B.C. 131. 西漢 중기의 외척이자 관료로, 자는 王孫이다. 景帝 시대에 발생한 吳楚七國의 난을 진압한 공으로 魏其侯에 봉해졌고 武帝 시기에 승상을 역임했다. 그러나 당시의 실권자 田蚡과의 불화로 인해 결국 모함을 받아 사형에 처해졌다.

3) 李牧(이목) : ?~B.C. 228. 전국시대 趙나라의 재상이자 장군이다. 조나라 말기에 활약한 대표적인 명장으로 손꼽힌다. 벼슬이 相國에 이르렀으며 武安軍의 칭호를 받았다.

제28편 근심을 살피다 參患

단어 2 短語 二

*'參患'은 '근심거리를 살피다'는 의미이다. 그러나 제목에 나타난 이 의미는 이 편의 앞부분에만 해당된다. 앞부분에서는 너무 강해도 근심이 되고 너무 약해도 근심이 된다는 점을 말하면서, 강함과 약함 사이에 머무를 것을 충고하고 있다. 그러나 이후 이어지는 부분에서는 주로 군대 존재의 중요성과 그 운영방식에 대해 언급한다. 즉 군대는 군주의 존엄과 국가의 안위를 좌우하는 핵심이 된다는 점, 그리고 군대를 운영할 때 거기에 들어가는 비용의 문제를 거론하면서 用兵 계책의 중요성에 대해 말하고 있다.

너무 강해도 근심이 있고, 너무 약해도 근심이 있으니, 반드시 강함과 약함 사이를 자세히 살펴 스스로 근심 없음에 이른다.

太彊亦有患하고 **太弱亦有患**이니 **必參詳彊弱之中**하여 **自致於無患也**라

무릇 군주가 포악하면 침략을 당하고 나약하면 시해당한다. 포악하다는 것은 어떤 것인가? 남을 쉽게 죽이는 것을 포악하다고 한다. 나약하다는 것은 어떤 것인가? 남을 죽이는 것을 나약하다고 한다. 이들은 모두 피차 잘못됨이 있다.

凡人主者는 **猛毅則伐**하고 **懦弱則殺**이니 **猛毅者何也**오 **輕誅殺人之謂猛毅**요 **懦弱者何也**오 **重誅殺人之謂懦弱**이니 **此皆有失彼此**라

무릇 남을 쉽게 죽이는 자는 죄 없는 자를 죽이게 되고, 남을 쉽게 죽이지 못하는 자는 죄 있는 자를 놓아주게 된다. 그러므로 군주가 죄 없는 자를 죽이면 바른길을 걷는 자가 불안해하고, 죄 있는 자를 놓아주면 사악한 짓을 행하는 자가 변하지 않게 된다. 바른길을 걷는 자가 불안하면 재능 있는 사람들이 달아나게 되고, 사악한 짓을 행하는 자가 변하지 않으면 신하들이 朋黨을 짓게 된다. 재능 있는 사

람들이 달아나면 반드시 외부 침략이 있게 되고, 신하들이 붕당을 지으면 반드시 내란이 있게 된다. 그러므로 "포악하면 침략을 당하고, 나약한 자는 시해당한다." 고 말하는 것이다.

凡輕誅者는 **殺不辜**요 **而重誅者**는 **失有罪**라 **故上殺不辜則道正者不安**하고 **上失有罪則行邪者不變**이니 **道正者不安則才能之人去亡**하고 **行邪者不變則群臣朋黨**이요 **才能之人去亡則宜有外難**[①]하고 **群臣朋黨則宜有內亂**[②]이라 **故曰 猛毅曰伐**하고 **懦弱者殺也**라

① 才能之人去亡則宜有外難 : 유능한 선비가 달아나면 반드시 이웃 나라를 이끌고 침략해 온다. 그러므로 외부의 침략이 있게 된다.
能士去亡하면 必構隣來伐이라 故有外難也라

② 群臣朋黨 則宜有內亂 : 신하들이 붕당을 지으면 개가 변하여 호랑이가 되니, 찬탈과 시해가 항상 이것으로 인해 생겨난다. 그러므로 내란이 있게 된다.
群臣朋黨則狗變爲虎니 簒殺常因是生이라 故有內亂也라

군주가 비천해지느냐 존귀해지느냐, 나라가 안정되느냐 위태로워지느냐를 결정하는 것으로 군대보다 중요한 것이 없다. 그러므로 포악한 나라를 정벌하는 것은 반드시 군대로 하고, 편벽된 백성을 제어하는 것은 반드시 형벌로 한다. 그러므로 군대는 밖으로는 포악한 나라를 정벌하고 안으로는 사악한 짓을 금지한다. 따라서 군대는 군주를 존귀하게 하고 나라를 안정되게 하는 근간이니 폐할 수 없다.

그러나 세상의 군주는 그렇지 않다. 즉 대외적으로 군대를 통하지 않고 포악한 나라를 정벌하려고 하니 자국의 영토가 반드시 깎이게 되고, 대내적으로는 형벌을 통하지 않고 사악한 자를 없애려고 하니 나라가 반드시 어지러워지게 된다.

君之所以卑尊과 **國之所以安危者**는 **莫要於兵**이라 **故誅暴國必以兵**하고 **禁辟民必以刑**이니 **然則兵者外以誅暴**하고 **內以禁邪**라 **故兵者**는 **尊主安國之經也**니 **不可廢也**라 **若夫世主則不然**하여 **外不以兵而欲誅暴則地必虧矣**[①]요 **內不以刑而欲盡邪則國必亂矣**[②]라

① 外不以兵而欲誅暴則地必虧矣 : 군대 없이 포악한 자를 주벌하려고 하면, 포악한 자가 반드시 침략해 들어온다. 그러므로 영토가 깎이게 되는 것이다.
無兵으로 誅暴면 暴必內侵이라 故地虧라

② 內不以刑而欲盡邪則國必亂矣 : 형벌 없이 사악한 자를 제지하려고 하면, 사악한 자가 반드시 윗사람을 공격한다. 그러므로 나라가 어지러워지게 되는 것이다.

無刑으로 禁邪면 邪必上侵이라 故國亂이라

그러므로 무릇 군대를 운영하는 비용은 다음과 같다. 적을 세 번 놀라게 하는 비용은 군대가 한 번 적국까지 이르는 비용에 해당하고, 세 번 적국에 이르는 비용은 군대를 한 번 주둔하는 비용에 해당하며, 군대를 세 번 주둔하는 비용은 한 번 전쟁을 벌이는 비용에 해당한다. 그러므로 한 번 군대를 동원하면 10년 동안 쌓은 국력이 탕진되고, 한 번 벌이는 전쟁의 비용은 여러 대 동안 쌓은 功力을 모두 소모하게 된다.

故凡用兵之計는 **三驚當一至**①하고 **三至當一軍**②[1]하고 **三軍當一戰**③이라 **故一期之師**에 **十年之蓄積殫**④하고 **一戰之費**에 **累代之功盡**⑤이라

① 三驚當一至 : '驚'은 위엄을 드러내고 무력을 보여 적을 놀라게 하여 두려워하도록 만들 수 있는 것을 말한다. 이와 같은 일을 세 번 하면, 〈그 비용이〉 군대가 한 번 적국에 이르는 것에 해당할 수 있다.
驚은 謂耀威示武하여 能驚敵使懼라 如此者三에 可當師之一至敵國이라

② 三至當一軍 : 군대가 세 번 적국에 이르는 것은 군대를 한 번 주둔하는 비용에 해당할 수 있다.
師之三至는 可當一軍之用이라

③ 三軍當一戰 : 군대를 세 번 주둔하는 것은 한 번 전쟁하는 功力에 해당할 수 있다.
軍之三用은 可成一戰之功이라

④ 一期之師 十年之蓄積殫 : 군대를 한 번 동원하면 10년 동안 축적한 것을 소진할 수 있다.
師行一期에 能盡十年之蓄積이라

⑤ 一戰之費 累代之功盡 : 나라의 전력을 기울인 一戰에 여러 대 동안 쌓아온 功力을 소진할 수 있다.
傾國一戰에 能盡累代之功이라

지금 칼날이 교차하고 병사들이 접전한 이후에 이를 이롭게 여긴다면 이는 전쟁에서 스스로 패한 것이다. 城을 공격하고 邑을 포위하는데, 방어하는 쪽이 자식을 바꾸어 잡아먹고 해골을 부수어 불을 피우는 지경에까지 이른다면, 공격하면 저절로 무너진다.

---

1) 三至當一軍 : 여기서 '軍'은 '주둔하다'는 의미로 쓰였다. 가령 ≪春秋左氏傳≫ 桓公 6년의 "軍於瑕以待之" 구절에 대한 주에서, "又師所駐曰軍(또한 군대가 머무르는 것을 '軍'이라 한다)"라고 하였다.

이 때문에 성인은 작게 정벌하고 크게 바로잡음에 있어, 天時를 놓치지 않고 地利를 헛되이 하지 않고 吉日을 사용하고 吉夢을 얻는데, 그 계산이 반드시 경비 계산에서 나온다. 그러므로 경비 계산이 반드시 먼저 정해진 이후에 국경에서 출병해야 하는 것이니, 경비 계산이 아직 정해지지 않았는데 국경에서 출병하면 전쟁하면, 스스로 패하고 공격하면 스스로 무너진다.

今交刃接兵而後利之는 **則戰之自(勝)〔敗〕者也**①[2]요 **攻城圍邑**에 **主人易子而食之**[3]하고 **析骸而爨之**는 **則攻之自拔者也**②라 **是以聖人**은 **小征而大匡**에 **不失天時**하고 **不空地利**하고 **用日維夢**하니 **其數(不)〔必〕出於計**③[4]라 **故計必先定而兵出於竟**이니 **計未定而兵出於竟**은 **則戰之自敗**하고 **攻之自毁者也**라

① 今交刃接兵而後利之 則戰之自(勝)〔敗〕者也 : 칼날이 교차하고 병사들이 접전하면 반드시 병졸들이 죽고 칼날이 부러지며 재화가 헛되이 소모된다. 비록 적에게 승리를 빼앗기지 않더라도 그에 앞서 이미 자신을 이기는 것이다.

交刃接兵하면 必卒喪刃折하고 貨財空耗니 雖未被敵勝이라도 先已自勝이라

② 攻城圍邑……則攻之自拔者也 : 가장이 자식을 잡아먹고 해골로 불을 피우는 지경이면, 공격하는 자는 반드시 지혜가 다하고 힘이 소진되며 재물이 모두 소모되고 병사들이 죽은 상태에 이르게 된다. 〈이런 지경에 이르면〉 비록 성이 공격받지 않아도 먼저 이미 스스로 무너진다. 무릇 이런 것들은 모두 어리석은 군주의 용병으로 좋은 계책이 아니다.

主人食子爨骸면 攻者必智窮力竭하고 財殫士喪이니 城雖未攻이라도 先已自拔이라 凡此는 皆庸主之師요 非善計者라

---

2) 戰之自(勝)〔敗〕者也 : 저본에는 '勝'으로 되어 있으나, 丁士涵(淸)의 견해에 의거하여 '敗'로 바로잡았다. 아래 문장에서 "戰之自敗"라는 구절이 나오고, 〈七法〉에서도 '敗'가 '勝'으로 잘못 표기된 적이 있다는 것이며, 그리고 "戰之自敗"는 뒤에 나오는 "攻之自拔"과 같은 의미가 된다는 것이다.(≪管子校本≫) 舊注에서는 "雖未被敵勝 先已自勝"으로 풀이하고 있는데, 본문의 의미와 부합하지 않으므로 따르지 않았다.

3) 主人易子而食之 : 전쟁 중 자기 영토에서 방어를 하는 쪽을 '主'라고 칭하였다. 가령 ≪孫臏兵法≫ 〈客主人分〉에서 "兵有客之分 有主人之分……客倍主人半 然可敵也(전쟁에는 공격자와 방어자의 구분이 있다.……공격하는 쪽이 2배가 되고 방어하는 쪽이 절반이 되면 서로 대적할 수 있다.)"라고 하였다.

4) 其數(不)〔必〕出於計 : 저본에는 '不'로 되어 있으나, 丁士涵(淸)의 견해에 의거하여 '必'로 바로잡았다. 舊注에서 "其數從何而生 皆出於計謀者也"라고 하였으므로, 尹知章(唐)이 본 판본에는 분명히 "不出於計"로 되어 있지 않았을 것이라는 주장이다. 그리고 그는 〈七法〉에도 "其數多少 其要必出於計"라는 구절이 나온다는 점을 또 하나의 증거로 삼았다.(≪管子校本≫)

③ 是以聖人小……其數(不)〔必〕出於計 : '小征'은 포악한 나라를 정벌하는 것을 말한다. '大匡'은 천하를 바르게 하는 것을 말한다. 이미 天時에 합치하고 또 地利을 얻고 길일을 사용하고 길몽을 받으니 그 계산이 어디로부터 나오는가? 모두 비용 계산에서 나온다.
小征은 謂誅暴國이요 大匡은 謂正天下라 旣合天時하고 又得地利하고 用吉日襲吉夢이니 其數從何而生이리오 皆出於計謀也라

많은 백성을 얻었더라도 그들의 마음을 얻지 못하면 홀로 〈싸우러〉 가는 것과 같고, 무기가 날카롭지 않으면 〈무기를〉 잡고 있지 않은 것과 같고, 갑옷이 견고하고 치밀하지 않으면 단벌 옷만 있는 것과 같고, 쇠뇌가 화살을 멀리까지 날릴 수 없으면 짧은 무기를 가지고 〈싸우는〉 것과 같고, 화살을 쏘아도 적중할 수 없으면 화살이 없는 것과 같고, 적중해도 깊이 들어갈 수 없으면 화살촉이 없는 화살과 같고, 무장하지 않은 병사들을 거느리는 것은 단벌 옷만 입고 있는 자들을 〈거느리는〉 것과 같고, 짧은 병기로 장거리 화살에 대응하는 것은 앉아서 죽음을 기다리는 것과 같다.

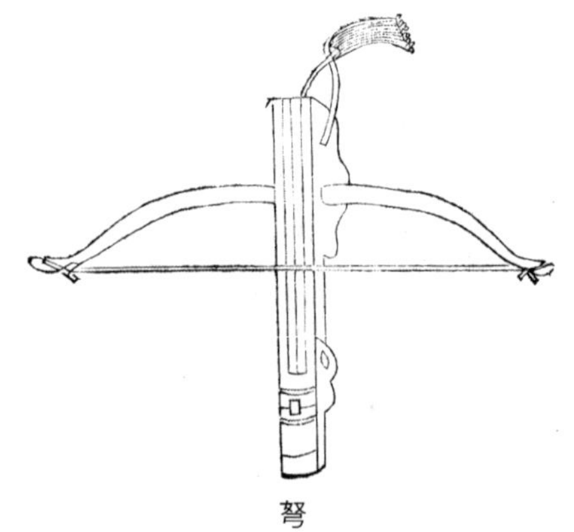
弩

得衆而不得其心은 **則與獨行者同實**[①]이요 **兵不完利**는 **與無操者同實**이요 **甲不堅密**은 **與俴者同實**[②]이요 **弩不可以及遠**은 **與短兵同實**이요 **射而不能中**은 **與無矢者同實**이요 **中而不能入**은 **與無鏃者同實**이요 **將徒人**은 **與俴者同實**[③]이요 **短兵待遠矢**는 **與坐而待死者同實**[④]이라

① 得衆而不得其心 則與獨行者同實 : 백성의 마음을 얻지 못하면 백성이 배반하고 도망가게 된다. 그러므로 홀로 가는 것과 같다.
不得其心이면 則叛亡至라 故與獨行同實也라

② 與俴者同實 : '俴'은 갑옷 없이 단벌 옷만 입은 자를 말한다.
俴은 謂無甲單衣者라

③ 將徒人 與俴者同實 : '徒人'은 병기와 갑옷이 없는 자를 말한다. '俴'은 단벌 옷만 입는 것을 말한다. 사람이 비록 많다 할지라도 병기와 갑옷이 없으면 단벌 옷만 입고 있는 사람과 같다.
徒人은 謂無兵甲者요 俴은 單也라 人雖衆이라도 無兵甲이면 則與單人同也라

④ 短兵待遠矢 與坐而待死者同實 : 장거리 화살이 이르면 짧은 병기로는 대응할 수 없으

니, 그러면 앉아서 죽음을 맞게 된다.
遠矢至에 短兵不能應이니 則坐而受死也라

그러므로 무릇 군대는 크게 살펴보아야 할 것이 있으니, 반드시 먼저 무기를 살펴보고 병사를 살펴보고 장수를 살펴보고 군주를 살펴보아야 한다. 그러므로 "무기가 조악하여 날카롭지 않으면 병사들을 남에게 넘겨주는 것이고, 병사들이 부릴 수 없는 상태면 장수를 남에게 넘겨주는 것이고, 장수가 전쟁을 알지 못하면 군주를 남에게 넘겨주는 것이고, 군주가 전쟁에 힘쓰지 않으면 나라를 남에게 넘겨주는 것이다."라고 말한다.

그러므로 '장수'라는 첫 번째 무기가 완성되고 용감하게 전진하는 병사들이 갖추어지면 천하 사람들이 싸울 마음을 먹지 못하게 되고, '무기'라는 두 번째 무기가 완성되고 적을 놀라게 하는 병사들이 갖추어지면 천하 사람들이 성을 지키지 못하고, '일치된 국가'라는 세 번째 무기가 완성되고 유세하는 사람들이 갖추어지면 천하 사람들이 무리를 모으지 못하게 된다.

故凡兵有大論이니 **必先論其器**하고 **論其士**하고 **論其將**하고 **論其主**라 **故曰 器濫惡不利者**는 **以其士予人也**요 **士不可用者**는 **以其將予人也**요 **將不知兵者**는 **以其主予人也**요 **主不積務于兵者**는 **以其國予人也**라 **故一器成**하고 **往夫具**면 **而天下無戰心**①하고 **二器成**하고 **驚夫具**하면 **而天下無守城**②하고 **三器成**하고 **游夫具**면 **而天下無聚衆**③이라

① 一器成……而天下無戰心 : '一器'는 장수라는 무기이다. 이 무기가 이미 완성되고 용감하게 전진하는 병사들이 또한 갖추어지면 천하 사람들이 감히 그들과 전쟁하려는 마음을 품지 못한다.
一器는 謂師[5]之器라 其器旣成하고 敢往之夫又具면 則天下不敢生心與戰也라

② 二器成……而天下無守城 : '二器'는 군대라는 무기이다. 이 무기가 이미 완성되고 적을 놀라게 하는 병사들이 또한 갖추어지면 천하 사람들은 감히 성을 지키고 막지 못한다.
二器는 謂軍之器라 其器旣成하고 驚敵之夫又具면 則天下不敢守城而禦也라

③ 三器成……而天下無聚衆 : '三器'는 일치된 국가라는 무기이다. 이 무기가 이미 완성되고 유세에 힘쓰는 사람들이 또한 갖추어지면 천하의 대중이 두려워하여 스스로 흩어진다.

---

5) 師 : '帥'로 읽었다. 고대에 '師'와 '帥'는 종종 통용되었다. ≪管子≫에서도 이런 사례를 자주 찾아볼 수 있다.

三器는 謂一國之器라 其器旣成하고 遊務之夫又具면 則天下之衆이 懼而自散也라

이른바 전쟁할 마음이 없다는 것은, 전쟁하면 반드시 이기지 못할 것을 알기 때문에 "전쟁할 마음이 없다."고 말하는 것이다. 이른바 성을 지키지 못한다는 것은, 성이 반드시 공략될 것을 알기 때문에 "성을 지키지 못한다."고 말하는 것이다. 이른바 무리를 모으지 못한다는 것은, 무리가 반드시 흩어질 것을 알기 때문에 "무리를 모으지 못한다."고 말하는 것이다.

所謂無戰心者는 **知戰必不勝**이라 **故曰 無戰心**이라 **所謂無守城者**는 **知城必拔**이라 **故曰 無守城**이라 **所謂無聚衆者**는 **知衆必散**이라 **故曰 無聚衆**이라

제29편 분수를 알아야 제정할 수 있다 制分
단어 3 短語 三

*'制分'이라는 제목은 이 편의 마지막 구절에 나오는 "必知制之分然後能制……制天下有分"에서 취한 것으로 보인다. 그리고 그 주요 내용은 用兵術에 관한 것이다. 즉 천하를 제어하기 위해서는 용병이 불가피한데, 용병술을 구체적으로 어떻게 전개할 것인가에 대해 언급하고 있다. 앞의 〈地圖〉, 〈參患〉 등과 더불어 ≪管子≫의 용병론에 대해 알 수 있는 중요한 자료가 된다.

무릇 用兵에서 우선 힘써야 하는 것은, 성인과 현명한 선비에게 높은 벼슬을 아끼지 않는 일이고, 지략과 재능이 있는 사람에게 관직을 아끼지 않은 일이고, 재주와 용기가 있는 사람에게 많은 俸祿을 아끼지 않는 일이고, 귀 밝고 눈 밝은 이에게 재물을 아끼지 않는 일이다. 그러므로 伯夷와 叔齊는 죽고 난 이후에 갑자기 유명해진 것이 아니라 이전의 행위들이 많이 닦여 있었기 때문이고, 武王은 甲子日 아침에 갑자기 승리하게 된 것이 아니라 이전의 정치가 많이 善했기 때문이다.

凡兵之所以先爭①은 **聖人賢士**에 **不爲愛尊爵**②하고 **道術知能**에 **不爲愛官職**③하고 **巧伎勇力**에 **不爲愛重祿**하고 **聰耳明目**에 **不爲愛金財**라 **故伯夷, 叔齊**는 **非於死之日而後有名也**라 **其前行多修矣**④요 **武王**은 **非於甲子之朝而後勝也**라 **其前政多善矣**⑤라

① 凡兵之所以先爭 : 용병을 하고자 할 때 앞서 힘써야 할 것은 아래와 같은 일들이라는 말이다.
謂欲用兵에 所當先而爭爲者는 謂下事라

② 聖人賢士 不爲愛尊爵 : 성인이나 현명한 선비가 있으면, 높은 벼슬을 더해주고 〈봉록을〉 아까워하지 않는다.
有聖人賢士면 則以尊爵加之而不愛惜也라

③ 道術知能 不爲愛官職 : 지략과 능력을 지니고 있으면 관직을 부여한다.
有道術智能이면 則以官職加之라

④ 伯夷叔齊……其前行多修矣 : 〈백이와 숙제는〉 이전의 행위가 많이 닦여 있었으므로 죽

은 이후에 이름이 있게 된 것이다.

由前行多修니 故死後有名이라

⑤ 武王……其前政多善矣 : 이전의 정치가 많이 善했으므로, 〈牧野에서 殷나라 紂와 전쟁한〉 甲子日 一戰에서 크게 승리하게 된 것이다.

由前政多善이니 故甲子之朝에 一戰大勝이라

그러므로 작은 征伐 전쟁을 벌일 때는 천 리를 두루 살펴야 하는 것이니, 담장을 쌓을 때 10명이 모여 일할 때도 하루에 다섯 번은 살핀다. 큰 정벌 전쟁을 벌일 때는 천하를 두루 살펴야 하니, 〈책임자는〉 하루에 한 번씩 살피면서 〈정보를 얻기 위해〉 재물을 쓰기도 하고 눈 밝고 귀 밝은 자를 쓰기도 한다. 그러므로 用兵을 잘하는 자는 해자와 보루는 없애도 '눈과 귀'는 둔다.

故小征에 **千里徧知之**①니 **築堵之牆**하여 **十人之聚**에 **日五間之**②요 **大征**에 **徧知天下**③니 **日一間之**하고 **散金財用聰明也**④라 **故善用兵者**는 **無溝壘而有耳目**⑤이라

① 小征 千里徧知之 : '小征'은 제후의 무리로 정벌하는 것을 말한다. 옛날에 제후들 가운데 대국은 500리의 영지를 소유한 나라였다. 지금 무리를 이끌고 정벌 전쟁에 나가게 되면 자신의 나라와 적국을 모두 알아야 한다. 그러므로 1,000리를 두루 살핀다.

小征은 謂以諸侯之衆有所征이라 古者에 諸侯大國은 有五百里者라 今旣擧衆而征에 己國與敵國을 皆當知之라 故徧知千里라

② 築堵之牆……日五間之 : '間'은 '살피다'는 의미이다. 가령 한 길 높이의 담장을 쌓느라고 10명 정도 모여 작업을 하고 있다면 주인은 하루에 다섯 번 정도 살펴볼 것이다. 하물며 전쟁이라는 큰 일을 벌일 때 두루 살피지 않을 수 있는가?

間은 謂私候之라 假令築一堵之牆에 或十人聚作이면 主者猶日五候之어든 況戎事之大를 可以不徧知哉리오

③ 大征 徧知天下 : '大征'은 천하의 무리로 정벌 전쟁을 벌이는 것을 말한다. 천자는 천하를 한집안으로 여긴다. 그러므로 천하를 두루 살핀다.

大征은 謂以天下之衆으로 有所征伐이라 天子는 以天下爲家니 故徧知天下也라

④ 日一間之 散金財用聰明也 : 무릇 많은 무리를 움직일 때 책임을 맡은 자는 하루에 한 번씩 살핀다. 그리고 살필 때는 혹 재물을 흩어 상을 주면서 높이 칭찬하기도 하고, 혹 눈 밝고 귀 밝은 자를 써서 자신이 생각하지 못한 것을 헤아리기도 한다.

夫動衆에 當令主者 日一間候之니 其間候之也에 或散金財하여 有所募賞하고 或用聰明하여 度(탁)其不虞也라

⑤ 無溝壘而有耳目 : '溝壘'는 작은 것을 방어함을 말하고, '耳目'은 멀리 내다보고 듣는 것을 말한다.
溝壘는 防禦小요 耳目은 視聽遠이라

군대는 소리 내어 경계하지 않고, 구차하게 무리를 소집하지 않으며, 함부로 움직이지 않고, 무리해서 진격하지 않는다. 소리 내어 경계하면 적이 경계하게 되고, 구차하게 무리를 소집하면 〈정작 필요할 때〉 무리를 쓸 수 없게 되며, 함부로 움직이면 병사들이 곤경에 빠지게 되고, 무리해서 진격하면 정예 병사들이 좌절하게 된다.

그러므로 무릇 用兵을 하는 자는 견고한 곳을 공격하면 단단하여 침입하기 힘들고, 허술한 곳을 공략하면 신묘하게 무너진다. 견고한 곳을 공격하였는데도 허술하게 느껴지는 것은 〈공격하는〉 병사들이 강하기 때문이고, 허술한 곳을 공격하였는데도 견고하게 느껴지는 것은 〈공격하는〉 병사들이 허술하기 때문이다. 그러므로 강한 병사들은 견고한 곳을 공격하게 하고, 허술한 병사들은 허술한 곳을 공격하게 한다.

백정 坦(탄)이 하루아침에 소 아홉 마리를 잡아 해체하였는데도 그의 칼은 쇠도 자를 수 있을 정도였으니, 이는 칼날이 소의 결 사이로 움직였기 때문이다.[1)]

兵은 **不呼儆**하고 **不苟聚**하고 **不妄行**하고 **不强進**이니 **呼儆則敵人戒**하고 **苟聚則衆不用**①하고 **妄行則群卒困**하고 **强進則銳士挫**라 **故凡用兵者**는 **攻堅則軔**②하고 **乘瑕則神**③이니 **攻堅則瑕者堅**④하고 **乘瑕則堅者瑕**⑤라 **故堅其堅者**하고 **瑕其瑕者**⑥라 **屠牛坦**이 **朝解九牛**로되 **而刀可以莫鐵**⑦은 **則刃游間也**⑧라

① 苟聚則衆不用 : 일 없이 무리를 소집하면 〈결국에는〉 반드시 무리를 쓸 수 없게 되니, 마치 周 幽王이 거짓 봉화를 올린 것과 같게 된다.[2)]

---

1) 백정……때문이다 : 이와 관련된 이야기가 ≪莊子≫ 〈養生主〉에 '庖丁解牛'의 우화로 등장한다.
2) 周幽王이……된다 : 周 幽王의 왕후는 褒姒(포사)였는데 좀처럼 웃지 않았다. 이에 유왕은 거짓 봉화를 올려 제후들을 驪山(여산) 앞으로 소집하였다. 제후들은 황급히 여산 앞에 달려왔으나, 봉화가 적의 침범 때문이 아니라는 것을 알아차리고는 낭패스러운 표정을 지으며 돌아갔다. 포사는 이 광경을 보고 이를 드러내며 크게 웃었다. 이에 유왕은 포사를 위해 이런 행위를 여러 차례 하였다. 얼마 후 유왕에게 원한을 품은 申侯가 犬戎족과 함께 鎬京을 공격하였다. 유왕은 다급히 봉화를 올렸으나, 제후들은 예전처럼 또 거짓 봉화인 줄 알고 아무도 도우러 오지 않았다.

無事徒聚면 衆必不用이니 若周幽之僞烽也라

② 攻堅則韌 : '韌(인)'은 견고한 것의 이름이다. 공격하는 곳이 이미 굳건하면 견고하여 들어가기 어렵다.

韌은 牢固之名也라 所攻旣堅이면 則韌而難入이라

③ 乘瑕則神 : '瑕(하)'는 허술하고 약하다는 말이다. 공략하는 곳이 이미 약하면 한순간에 무너져버리니 마치 신묘한 작용이 일어나는 것과 같다.

瑕는 謂虛脆也라 所乘旣脆면 繣然瓦解하니 故若神이라

④ 攻堅則瑕者堅 : 공격하는 곳이 비록 견고해도 무르게 만들 수 있는 것은 병사들이 강하기 때문이다.

所攻雖堅이라도 能令脆者는 則以士卒堅强故也라

⑤ 乘瑕則堅者瑕 : 공략하는 곳이 비록 약하더라도 오히려 견고한 곳이 되는 것은 병사들이 나약하기 때문이다.

所乘雖脆라도 却爲堅者는 則以士卒脆弱故也라

⑥ 堅其堅者 瑕其瑕者 : 강한 병사들은 견고한 곳을 공격하고, 약한 병사들은 약한 곳을 공격한다는 말이다.

謂强卒攻堅하고 弱卒攻脆라

⑦ 刀可以莫鐵 : '莫'는 '자르다'는 의미이다.

莫은 猶削也라

⑧ 刃游間也 : 칼날이 〈소의〉 결 사이로 움직이므로 칼이 훼손되지 않는다.

刃遊理間하니 故刀不虧라

그러므로 遷都가 순조롭지 않으면 궁핍하여 부족하게 될 것이고, 적국의 人事가 문란하면 10명으로 100명을 물리칠 수 있으며, 적국의 軍備가 제대로 작동하지 않으면 절반의 병력으로 두 배가 되는 적군을 격파할 수 있다.

그러므로 군사 작전을 펼치는 자는 완성된 성과 해자를 갖춘 적을 공격하지 않고, 도를 지닌 자는 군주를 잃은 적국을 도모하지 않는다.[3] 그러므로 아군이 다가가는 것을 아무도 모르게 하면 적에게 이르렀어도 적이 아군을 막을 수 없고, 아군이 떠나가는 것을 아무도 모르게 하면 아군이 떠난다 해도 적이 이를 멈추게 할 수 없다. 적군이 비록 많다 하더라도 저지할 수 없다.

3) 군사……않는다 : 舊注에서는 원문의 '行'을 '先覘之' 즉 '앞서 엿보다'로 풀이하고 있다. 그러나 '行'을 '先覘之'로 해석할 근거가 없고, 이러한 풀이는 문맥상으로도 적합하지 않다. 따라서 역자는 구주를 따르지 않았다.

故天道不行이면 **屈不足**①이요 **從人事荒亂**이면 **以十破百**②이요 **器備不行**이면 **以半擊倍**③라 **故軍爭者**는 **不行於完城池**④하고 **有道者**는 **不行於無君**⑤이라 **故莫知其將至也**⑥면 **至而不可圉**요 **莫知其將去也**⑦면 **去而不可止**라 **敵人雖衆**이라도 **不能止待**[4]⑧라

① 天道不行 屈不足 : 용병을 하는 자는 반드시 천도를 따른다. 만약 천도가 순조롭지 않으면 반드시 궁핍하여 부족하게 될 것이다.
用兵者는 必順天道니 若及天道之不行이면 必屈竭而不足이라

② 從人事荒亂 以十破百 : 적국의 人事가 이미 문란하므로 10명으로 100명을 물리칠 수 있다.
敵國人事가 旣荒且亂하니 故十可破百이라

③ 器備不行 以半擊倍 : 적국의 군비가 제대로 작동할 수 없으므로, 아군이 비록 절반밖에 되지 않아도 두 배가 되는 적을 격파할 수 있다.
敵國器備不可施行이니 故此雖半이라도 可以擊彼之倍라

④ 軍爭者 不行於完城池 : '行'은 '앞서 엿보다'는 의미이다. 군사 작전을 하고자 하는 자가 적의 성과 해자를 앞서 살피면, 적이 이를 알고 대비하게 된다.
行은 謂先覘之也라 欲以軍爭而行其城池면 彼則知而備之也라

⑤ 有道者 不行於無君 : 적의 군주 없음을 앞서 살피면 또한 적이 알고 대비할까 두렵다.
覘彼無君이면 亦恐知而有備라

⑥ 莫知其將至也 : 이미 앞서 살피지 않고 은밀히 습격하면 군대가 다가가는 것도 모르게 되는 것이다.
旣不先覘以潛襲하면 所以不知其將至라

⑦ 至而不可圉 莫知其將去也 : '不可圉'라는 것은 반드시 은밀히 달아나는 것이다. 그러므로 그들이 떠나가는 것을 모른다. '楚나라 장막에 까마귀만 있다'[5]는 고사와 같다.
不可圉者는 必潛而遁이라 故不知其將去라 楚幕有烏之比라

⑧ 去而不可止……不能止 : 떠나는 것을 이미 저지할 수 없으니, 비록 많은 무리가 있더라도 어떻게 저지할 수 있겠는가?
去旣不可止니 雖衆何能止리오

---

4) 不能止待 : 舊注에서는 '待'를 아래 구절에 붙여 "待治者所道富也"로 읽고 있다. 그러나 劉績(明)으로부터 시작하여 王引之(淸)와 張佩綸(淸) 등이 밝혔듯이 '待'는 "不能止"에 붙여 읽어야 한다.(≪管子補註≫, ≪讀書雜志≫, ≪管子學≫)

5) 楚나라……있다 : ≪春秋左氏傳≫ 莊公 28년 조에 나오는 고사이다. 楚나라가 鄭나라를 공격하였는데, 정나라가 다른 제후국들의 도움을 받아 초나라 군대를 추격하게 되었다. 이에 다급해진 초나라 군대는 한밤중에 군막을 놓아둔 채 몰래 달아났다. 얼마 후 정나라 군대가 초나라 진영에 다가가니, 군막 위에 까마귀만 앉아 있었다고 한다.

다스림은 부유함으로 가는 길이지만 다스린다고 반드시 부유해지는 것은 아니니, 반드시 부유해질 수 있는 조치를 알고 나서야 부유해질 수 있다. 부유함은 강함으로 가는 길이지만 부유하다고 반드시 강해지는 것은 아니니, 강해지는 계책을 알고 나서야 강해질 수 있다. 강함은 승리로 가는 길이지만 강하다고 반드시 승리하는 것은 아니니, 반드시 승리하는 이치를 알고 나서야 승리할 수 있다. 승리는 제어함으로 가는 길이지만 승리한다고 반드시 제어하는 것은 아니니, 반드시 제어하는 명분을 알고 나서야 제어할 수 있다.

그러므로 나라를 다스림에는 무기가 있고, 나라를 부유하게 만듦에는 조치가 있고, 나라를 강하게 만듦에는 방법이 있고, 적국에 승리를 거둠에는 이치가 있고, 천하를 제어하는 데는 명분이 있다.

治者所道富也로되 **治而未必富也**[①]니 **必知富之事然後**에 **能富**요 **富者所道强也**로되 **而富未必强也**[②]니 **必知强之數然後**에 **能强**이요 **强者所道勝也**로되 **而强未必勝也**니 **必知勝之理然後**에 **能勝**이요 **勝者所道制也**이나 **而勝未必制也**로되 **必知制之分然後**에 **能制**라 **是故治國有器**하고 **富國有事**하고 **强國有數**하고 **勝國有理**하고 **制天下有分**이라

① 治者所道富也 治而未必富也 : 기대하는 바가 있어 다스려지는데, 그 다스림의 도는 마땅히 부유해야 하지만 반드시 부유하게 할 수 있는 것은 아니다.
有所待而治니 其道當富而未必能富라

② 富者所道强也 而富未必强也 : 부유함은 그 도가 마땅히 강함을 도모하지만 반드시 강하게 할 수 있는 것은 아니다.
富者는 其道當强而未必能强也라

附錄

1.≪管子 2≫ 參考書目

◇ 底本

- ≪管子≫, 唐房玄齡注, 浙江書局 二十二子本

◇ 底本 관련자료

- ≪宋本管子≫, 房玄齡(唐)注, 國學基本典籍叢刊, 國家圖書館出版社, 2018.
- ≪管子≫, 房玄齡(唐)註, 線裝1函6冊, 中華再造善本(唐宋編・子部), 北京圖書館出版社, 2004.
- ≪管子補注：子海精華編≫, 劉績(明) 補注, 姜濤點校, 鳳凰出版社, 2016.
- ≪管子榷(全3冊)≫, 朱長春(明), 江蘇大學出版社, 2018.
- ≪管子房注釋解≫, 陳慶照 李障天, 齊魯書社, 2001.
- ≪管子新注≫, 姜濤, 齊魯書社, 2006.
- ≪管子集校：郭沫若全集・歷史編 第5冊～第8冊≫, 郭沫若, 人民出版社, 1984.
- ≪管子輕重篇新詮(上・下)：新編諸子集成≫, 馬非百, 中華書局, 1979.
- ≪管子全譯：中國歷代名著全譯叢書≫, 謝浩范 朱迎平, 貴州人民出版社, 1996.
- ≪管子今詮≫, 石一參, 中國書店影印, 1988.
- ≪管子校注(上・中・下)：新編諸子集成≫, 黎翔鳳, 中華書局, 2004.
- ≪管子今註今譯(上・下)≫, 李勉, 臺灣商務印書館, 1988.
- ≪管子(全2冊)：中華經典名著全本全注全譯≫, 李山 軒新麗, 中華書局, 2019.
- ≪管子：中國古典名著譯注叢書≫, 李遠燕 李文娟, 廣州出版社, 2006.
- ≪管子解說(上・下)：中華傳統文化經典解說≫, 張小木, 華夏出版社, 2010.
- ≪管子通解(上・下)≫, 趙守正, 北京經濟學院出版社, 1989.
- ≪管子直解≫, 周瀚光 朱幼文 戴洪才, 復旦大學出版社, 2000.
- ≪新譯管子讀本(上・下)≫, 湯孝純, 三民書局, 1995.
- ≪管子逐字索引：先秦兩漢古籍逐字索引叢刊≫, 劉殿爵 編輯, 商務印書館(香港), 2001.

◇ 經部

• ≪論語集註大全≫, 朱熹 集註, 胡廣 等 編, 朝鮮 內閣本, 影印本, 學民出版社
• ≪孟子集註大全≫, 朱熹 集註, 胡廣 等 編, 朝鮮 內閣本, 影印本, 學民出版社
• ≪書傳大全≫, 蔡忱 集傳, 胡廣 等 編, 朝鮮 內閣本, 影印本, 學民出版社
• ≪說文解字≫, 許愼 撰, 文淵閣四庫全書, 臺灣商務印書館, 1986.
• ≪周易傳義大全≫, 程頤 傳, 朱熹 本義, 胡廣 等 編, 朝鮮 內閣本, 影印本, 學民出版社

◇ 子部

• ≪老子≫, 王弼(魏) 註, 文淵閣四庫全書, 臺灣商務印書館, 1986.
• ≪呂氏春秋≫, 呂不韋(秦), 高誘(漢) 註, 文淵閣四庫全書, 臺灣商務印書館, 1986.
• ≪淮南子≫, 劉安(漢), 高誘(漢) 註, 文淵閣四庫全書, 臺灣商務印書館, 1986.
• ≪論衡≫, 王充(漢), 文淵閣四庫全書, 臺灣商務印書館, 1986.

◇ 研究著 및 번역서

〔한국〕

• 김필수 외, ≪관자 : 경세의 바이블 한국 최초 완역 관자≫, 소나무, 2006.
• 류웨이화 외, 곽신환 옮김, ≪직하철학 : 직하학사≫, 철학과현실사, 1995.
• 류쩌화, 장현근 옮김, ≪중국정치사상사1 : 선진≫, 글항아리, 2019.
• 바이시, 이임찬 옮김, ≪직하학 연구 : 중국 고대의 사상적 자유와 백가쟁명≫, 소나무, 2013.
• 신동준, ≪관자 : 사상 최초의 정치경제학서≫, 인간사랑, 2015.
• 신동준, ≪관자 평전 : 일생에 한번은 관자를 만나라≫, 리더북스, 2017.
• 신창호, ≪관자 : 최고의 국가건설을 위한 현실주의≫, 살림, 2013.
• 신창호, ≪사람 하나를 심어 백을 얻어야 : 교육과 배려의 시선으로 읽는 관자≫, 서현사, 2009.
• 이석명, ≪노자와 황로학≫, 소와당, 2010.
• 정원명, 최대우 · 이경환 옮김, ≪중국황로학≫, 부크크, 2018.

〔중국〕

- 耿振東, ≪管子學史≫, 商務印書館, 2018.
- 龔　武　主編, ≪管學新論　1≫, 安徽人民出版社, 2018.
- 鞏曰國, ≪管子版本研究≫, 齊魯書社, 2016.
- 郭　麗, ≪管子文獻學硏究≫, 中國海洋大學出版社, 2007.
- 郭　麗, ≪簡帛文獻與管子研究≫, 方志出版社, 2015.
- 郭　麗, ≪管子版本研究通論/管子通論叢書≫, 齊魯書社, 2019.
- 國光紅, ≪齊長城與管子：齊長城經濟文化考察≫, 文物出版社, 2019.
- 樂愛國, ≪管子的科技思想/中國科技思想研究文庫≫, 科學出版社, 2004.
- 鄧加榮　張靖, ≪管子思想鉤沉≫, 中國社會科學出版社, 2015.
- 戴東雄, ≪管子的法律思想≫, 臺北中央文物供應社, 1985.
- 巫寶三, ≪管子經濟思想研究≫, 中國社會科學出版社, 1989.
- 徐漢昌, ≪管子思想研究：中國哲學叢刊≫, 臺灣學生書局, 1990.
- 邵先鋒, ≪管子與晏子春秋治國思想比較研究≫, 齊魯書社, 2008.
- 蘇　暢, ≪管子城市思想研究：中國城市營建史研究書系≫, 中國建築工業出版社, 2010.
- 楊紀榮・孫繼成, ≪管子境外研究通論：以歐美・東亞爲中心/"管子通論"叢書≫, 齊魯書社, 2019.
- 王京龍　等, ≪論管子：管子通論叢書≫, 齊魯書社, 2019.
- 王叔岷, ≪諸子斠證≫, 中華書局, 1985.
- 任繼亮, ≪管子經濟思想研究：輕重論史話≫, 中國社會科學出版社, 2005.
- 袁　闖, ≪管子與中國文化：元典文化叢書≫, 河南大學出版社, 1998.
- 張固也, ≪管子研究：中國典籍與文化研究叢書≫, 齊魯書社, 2006.
- 張　力, ≪管仲評傳≫, 四川大學出版社, 2005.
- 張連偉, ≪管子哲學思想研究：儒道釋博士論文叢書≫, 巴蜀書社, 2008.
- 張豔麗, ≪管子思想研究概要：管子通論≫, 齊魯書社, 2019.
- 張友直, ≪管子貨幣思想考釋≫, 北京大學出版社, 2002.
- 戰化軍, ≪管子其人其書及管氏家族研究：管子通論≫, 齊魯書社, 2019.
- 戰化軍, ≪管仲評傳≫, 齊魯書社, 2001.
- 周俊敏, ≪管子經濟倫理思想研究≫, 岳麓書社, 2003.

- 池萬興, ≪先秦文化和管子硏究≫, 人民出版社, 2015.
- 池萬興, ≪管子硏究≫, 高等教育出版社, 2004.
- 陳鼓應, ≪管子四篇詮釋 : 稷下道家代表作解析≫, 商務印書館, 2006.
- 陳書儀, ≪管子大傳≫, 齊魯書社, 2008.
- 郝繼東, ≪淸代管學文獻硏究≫, 中國社會科學出版社, 2014.
- 胡家聰, ≪管子新探≫, 中國社會科學出版社, 1995.
- 胡家聰, ≪稷下爭鳴與黃老新學≫, 中國社會科學出版社, 1998.

〔일본〕

- 金谷治, ≪管子の硏究 : 中國古代思想史の一面≫, 岩波書店, 1987.
- 遠藤哲夫, ≪管子(上中下) : 新釋漢文大系≫, 明治書院, 1989~1992.
- 原宗子, ≪古代中國の開發と環境: 管子地員篇硏究≫, 硏文出版, 2001.
- 宣兆琦, ≪図說管子 : 生涯と功績≫, 國書刊行會, 2020.

〔서양〕

- Michael Loewe ed, Early Chinese Texts: A Bibliographical Guide, Institute of East Asian Studies, 1994.
- Allyn Rickett, Guanzi: Political, Economic, and Philosophical Essays from Early China, 2 vols, Princeton University Press, 1998.
- Dan G. Reid, The Thread of Dao: Unraveling early Daoist oral traditions in GuanZi's Purifying the Heart-Mind(Bai Xin), Art of the Heart-Mind(Xin Shu), and Internal Cultivation (Nei Ye), Center Ring Publications, 2019.
- Harold D. Roth, Original Tao: Inward Training (Nei-yeh) and the Foundations of Taoist Mysticism, Columbia University Press, 2004.

2. ≪管子 2≫ 參考圖版 目錄

3. 春秋列國圖

※ QR코드를 스캔하면 ≪春秋列國圖≫를 볼 수 있습니다.

春秋列國圖

4. ≪管子≫ 總目次

※ QR코드를 스캔하면 ≪管子≫의 총목차를 볼 수 있습니다.

總目次

5. ≪管子≫ 解 題

※ QR코드를 스캔하면 ≪管子≫의 해제를 볼 수 있습니다.

解題

責任飜譯

李錫明

高麗大學校 哲學科 博士(東洋哲學專攻)
泰東古典研究所 漢文硏修課程 修了
中國 北京大學校 博士後科程 修了
全北大學校 HK教授 歷任
江原大學校 哲學科 出講(現)
고전&人 研究所 所長(現)

論文 및 譯書

論文 〈淮南子의 無爲論 研究〉(박사학위논문) 〈吳澄의 ≪道德眞經注≫에 나타난 '以儒解老'의 해석경향과 그 철학적 특징〉 〈蘇轍의 ≪老子解≫에 나타난 '以儒解老'의 해석과 그 정치철학적 의미〉 〈王安石의 ≪老子注≫ 및 「論老子」에 나타난 '以儒解老'의 해석경향과 그 정치철학적 의미에 관한 연구〉 〈杜光庭의 "心寂忘境"의 수양론〉 〈성현영 ≪道德經開題序決義疏≫의 道佛〉융합적 수양론과 一中無爲〉 〈≪여씨춘추≫의 양생론과 황로학〉 〈≪여씨춘추≫의 '帝者同氣'의 정치철학과 時令사상〉 〈≪노자지귀≫의 비판정신과 무위정치론〉 〈≪회남자≫의 時令사상과 음양오행론〉 〈≪老子想爾注≫를 통해 본 노자사상의 종교화 작업〉 〈≪老子道德經河上公章句≫의 長生不死사상과 그 도교적 맹아〉〈解老·喩老〉의 황로학적 성격과 그 사상사적 의미〉 〈≪抱朴子外篇≫에 나타난 葛洪의 사회정치사상〉 등

著書 ≪노자와 황로학≫ ≪회남자-한대지식의 집대성≫ ≪노자, 비움과 낮춤의 철학≫ ≪장자, 나를 깨우다≫ 등

譯書 ≪文子≫ ≪노자도덕경사상공장구≫ ≪회남자≫ ≪노자≫ 등

共同飜譯

金帝蘭

高麗大學校 哲學科 博士(東洋哲學專攻)
泰東古典研究所 漢文硏修課程 修了
高麗大學校 哲學研究所, 東國大學校 佛教文化研究院 研究教授 歷任
高麗大學校 哲學科 講義教授(現)

論文 및 譯書

論文 〈熊十力 哲學思想 研究〉(박사학위 논문) 〈한·중·일 근대불교의 사회진화론에 대한 대응양식 비교〉 〈송대유학에 미친 불교의 영향〉 〈당군의 철학에 나타난 동서융합의 논리- 유학, 헤겔철학과 화엄불교의 융합〉 등

著書 ≪한마음, 두 개의 문, 원효의 대승기신론 소·별기≫ ≪쉽게 읽히는 동양철학 이야기≫

譯書 ≪신유식론(新唯識論)≫(上·下), ≪심체와 성체≫(共譯)

東洋古典譯註叢書 142

譯註 管子 2　　　　　　　　　　정가 29,000원

2021년 12월 30일 초판 발행
2022년 05월 30일 초판 2쇄

企劃編輯　東洋古典飜譯編輯委員會
責任飜譯　李錫明
共同飜譯　金帝蘭
常任原文校閱 吳圭根
飜譯硏究管理 南賢熙
潤　文　南賢熙
校　訂　朴相水 南賢熙
裝　幀　김진디자인

發 行 人　朴洪植
發 行 處　社團法人 傳統文化硏究會

등록 : 1989. 7. 3. 제1-936호
서울시 종로구 삼일대로 428 낙원빌딩 411호
전화 : (02)762-8401　전송 : (02)747-0083
전자우편 : juntong@juntong.or.kr
홈페이지 : juntong.or.kr
사이버書堂 : cyberseodang.or.kr
온라인서점 : book.cyberseodang.or.kr

인쇄처 : 한국법령정보주식회사(02-462-3860)
총　판 : 한국출판협동조합(070-7119-1750)

ISBN 979-11-5794-504-7 94150
978-89-85395-71-7 (세트)